D1726042

Gast • Legion

Für Thomas,
Freund und Namensvetter.
Gott sei seiner armen Seele gnädig.

Die
Legion

Thomas Gast

Mit dem 2ᵉ Rep in den
Krisenherden dieser Erde

Motor
buch
Verlag

Impressum

Einbandgestaltung: Dos Luis Santos

Titelbild: US Army

Bildnachweis: alle Bilder, soweit nichts anderes vermerkt:
Archiv Thomas Gast

Eine Haftung des Autors oder des Verlages und seiner Beauftragten für Personen-, Sach- und Vermögensschäden ist ausgeschlossen.

ISBN: 978-3-613-03154-8

1. Auflage 2010

Sie finden uns im Internet unter www.motorbuch-verlag.de

Lektor: Martin Gollnick
Innengestaltung: Anita Ament, Leonberg
Druck und Bindung: Conzella, 85609 Aschheim-Dornach
Printed in Germany

Inhalt

»Ich bin ein freier Mensch. Ich will unter keinen Umständen ein Allerweltsmensch sein. Ich habe ein Recht darauf, aus dem Rahmen zu fallen. Ich wünsche mir Chancen, nicht Sicherheiten. Ich will kein ausgehaltener Bürger sein, gedemütigt und abgestumpft, weil der Staat für mich sorgt. Ich will dem Risiko begegnen, mich nach etwas sehnen und es verwirklichen, Schiffbruch erleiden und Erfolg haben. Ich lehne es ab, mir den eigenen Antrieb mit einem Trinkgeld abkaufen zu lassen. Lieber will ich den Schwierigkeiten des Lebens entgegentreten, als ein gesichertes Dasein zu führen; lieber die gespannte Erregung des eigenen Erfolges statt die dumpfe Ruhe Utopiens. Ich will weder meine Freiheit gegen Wohltaten hergeben, noch meine Menschenwürde gegen milde Gaben. Ich habe gelernt, selbst für mich zu handeln, der Welt gerade ins Gesicht zu sehen und zu bekennen: dies ist mein Werk.«

Albert Schweitzer

»Es ist eine gefährliche Sache, aus deiner Haustür hinauszugehen. Du betrittst die Straße, und wenn du nicht auf deine Füße aufpasst, kann man nicht wissen, wohin sie dich tragen!«

Bilbo in »Der Herr der Ringe«

»Die Überlebenden von Dien Bien Phu erzählten von der Schlacht, vom Versagen der Führung, von der schrecklichen Überraschung, als plötzlich Artilleriefeuer auf ihre unzureichenden Stellungen trommelte. Ein Thai-Bataillon war sofort übergelaufen. Die übrigen farbigen Truppen hatten sich passiv verhalten. Und Deckung gesucht. Wirklich gekämpft bis aufs Messer haben lediglich die französischen Fallschirmjäger, und die Fremdenlegionäre, zu 80 % Deutsche, seien zum Sterben angetreten wie in einer mythischen Gotenschlacht.«

Peter Scholl-Latour

Vorwort

Mythos ... Staatenlos ... Verrucht?

Camarón de Tejeda, sprich Camerone. April 1863. Eine im Nichts verlorene, winzige mexikanische Hazienda sechzig Kilometer westlich von Veracruz, deren Name erst durch eine Handvoll französischer Soldaten in aller Munde gebracht und berühmt wurde. Durch einen Akt von Heroismus der bis heute seinesgleichen sucht ... Und der sich wiederholt, ähnlich, einundzwanzig Jahre später:

Tonkin. Kein Geringerer als General Négrier persönlich sagte zu den Männern, die hier im Einsatz waren: »Vous êtes soldats pour mourir. Je vous envoie là où l'on meurt! – Ihr seid Soldaten, um zu sterben. Ich werde euch dahin schicken, wo man stirbt!« Wir befinden uns in Tuyen Quang, im Jahr 1884. Der Gegner: Les Pavillons Noirs. Rebellen, irreguläre vietnamesische Elitesoldaten, vorangetrieben von den Chinesen. Das Terrain: Dschungel. Ein immenser Teppich, grün in tausend und abertausend Facetten, und darüber hinaus – der sichere Tod.

Es waren Männer desselben Schlages, ja derselben Einheit, die Marshall Viscount Alanbrooke Jahre später folgendermaßen beschrieb: »Die eindrucksvollste Vereinigung von wirklich kämpfenden Männern, die ich je gesehen habe. Männer, die mit erhobenem Kopf einhermarschieren, als würde die Welt ihnen gehören. Zähe, hart aussehende Männer, welche ihre Waffen wunderbar zur Schau tragen und in präziser Manier marschieren. Das sind Teufel, keine Männer!«

Indochina. Ein magisches Wort, welches Sehnsüchte weckt. Spricht man es langsam aus und schließt dabei die Augen, hört man Kriegstrommeln schlagen und sieht hagere Gestalten Schulter an Schulter durch Reisfelder stapfen. Soldaten, welche es gewohnt sind, dem Feind und sich selbst das Letzte abzuverlangen. Man spürt den Monsunregen auf seiner Haut, sieht braune Dschunken auf dem roten Fluss lautlos dahin gleiten. Im Schatten der Schwingen des

Das Abzeichen der Légion Étranger, die siebenflammige Granate.

Drachen von Annam[1] vibriert ein Gebräu aus unzähligen Stimmen. Ein Kunterbunt aus Lauten: Donnernde Befehle, sanfte Töne, abwägend, melodisch, bestimmt. Soldaten flüstern ihren Mädchen zärtliche Dinge ins Ohr, in einer Bar in Hanoi, der Stadt zwischen zwei Flüssen. Man bildet sich ein, die Wasserpuppentheater an den Ufern des Hoan-Kiem-Sees zu sehen, ja man ist mitten drin, ist Beobachter und Akteur zugleich.

Doch plötzlich, wie aus weiter Ferne: Das Donnern tausender Kanonen, das Stapfen tausender und abertausender nackter Füße auf verborgenen Pfaden mitten im Dschungel, Verblüffung, ein Gerücht, drei Worte: Dien-Bien-Phu! Unwillkürlich hält die Welt ihren Atem an. Eine Tragödie, kollektiv und doch aus zahllosen Einzelschicksalen bestehend, nimmt ihren Lauf. Müde Gesichter, leere Munitionsgurte, ein einsames Grab mit einem hölzernem Kreuz, auf dem steht, dass hier ein Soldat ruht, ein Franzose angeblich: Franzose geworden nicht durch das ursprünglich erhaltene Blut, sondern durch das hier vergossene ... Pas par le sang reçue, mais par le sang versé!

Nordafrika. Marokko, Tunesien, Algerien. Wer erinnert sich nicht an die hinreißend schöne, verführerische und anrüchige Marlene Dietrich, Seite an Seite mit Gary Cooper in Morocco? Säbelrasseln, Zähneknirschen: Der Putsch von Algier. Alles verloren, woran man geglaubt hat, wofür Freunde und Waffenbrüder gestorben sind, hingeschieden, einsam, dort, wo der Schirokko, dieser heiße Wüstenwind, bläst.

Wer kennt nicht la môme Piaf, den kleinen Spatz – Edith Piaf? Diese kleine Frau mit der grandiosen, unnachahmlichen Stimme: »... Il était mince il était beau, il sentait bon le sable chaud!«[2] Zaire. Wer hat nicht schon von diesen legendären Fallschirmjägern gehört, die 1978 in Kolwesi im Herzen Schwarzafrikas Hunderte von Geiseln befreiten. In einer aus dem Handgelenk geschüttelten Operation, die beispiellos, ja brillant war.

La Légion Étrangère – Die Fremdenlegion.

Dreizehn Lettern, die sich eng aneinanderreihen. Dreizehn Buchstaben, von denen jeder einzelne einen Hauch von Abenteuer verströmt. Buchstaben, die klingen wie – Romantik, Effizienz, Verwegenheit und Heldentum.

Und Nostalgie? Es ist seltsam still geworden um die Legion. Hat sie ihren Mythos eingebüßt? Hat die Fremdenlegion ihre Romantik in die längst erkalteten Grüfte Indochinas gelegt – sie darin begraben? Wo ist der Hauch von Abenteuer geblieben? In den Wadis oder auf den Djebels Marokkos oder Algeriens, für immer verloren? Nein. Ganz sicher: Nein!

Haben sich auch die Zeiten geändert, die Fremdenlegion ist sich selbst treu geblieben. Der Legionär von heute ist identisch mit dem, der September 1918 mit aufgepflanztem Bajonett

---

[1] Königreich Annam: Ehemaliges (ab 1883) französisches Protektorat und Teil des späteren Französisch-Indochina. Annam bezeichnet weite Teile Südostasiens und einen Großteil Vietnams zwischen Cochinchina im Süden und Tonkin im Norden. Begrenzt im Westen von Kambodscha und Laos und im Osten vom Südchinesischen Meer, ist Hue die bedeutendste Stadt Annams. Annam ist schlicht der alte, chinesische Name für Zentral-Vietnam. Der Drache von Annam ist ein Orden, 1886 vom Kaiser Dong Khanh der Nguyen-Dynastie gestiftet. Die Fremdenlegion hat die Drachenfigur als Hintergrund für Bataillons- bzw. Regimentsabzeichen, u. a. auch für das 2e Bataillon Étranger de Parachutistes, (2e BEP) und anschließend für das 2e Regiment Étranger de Parachutistes (2e REP) übernommen. Den Mekong nennt man auch den Neun-Drachen-Fluss, Vietnam das Land der Drachen und die berühmte Halong-Bucht die Bucht des herabsteigenden Drachen.

[2] Textzeile aus dem Chanson »Mon Légionnaire« (1937) von Edith Piaf (»... er war schlank, er war schön, er roch gut nach heißem Wüstensand!«)

Schulter an Schulter mit seinen Kameraden die Hindenburglinie (Siegfriedstellung) stürmte – und siegte. Es wird eine Zeit kommen, in der man den Abenteuern der heutigen Legion genauso viel Aufmerksamkeit widmet, wie man heutzutage mit größter Bewunderung die Taten der Fremdenlegion des vergangenen Jahrhunderts beklatscht.

Von dem Heute will ich berichten, nicht von anno dazumal, doch zwei Dinge vorweg. Zuerst möchte ich – bevor es ein anderer tut – hier festhalten, dass dieses Werk keinen literarischen Anspruch erhebt. Ich hoffe aber, dass der Unterhaltungswert sowie die Informationen über die Fremdenlegion den Mangel an schriftstellerischer Eleganz aufwiegen. Ich will schreiben, was wahr ist, punkt.

Weiterhin: Wer dieses Buch aufschlägt in der Erwartung, jede Seite sei mit Blut besudelt und auf jeder zweiten werde sich ein muskelbepackter Fremdenlegionär allein, furchtlos und ohne eine Schramme abzubekommen erfolgreich gegen eine ganze Armee behaupten, der wird enttäuscht werden. Keines von diesen Klischees oder Hirngespinsten ist in diesem Buch zu finden, wer solche Geschichten sucht, sollte vielleicht besser ins Kino gehen oder ein Buch mit fiktiver Helden-Story lesen.

Der Fremdenlegionär von heute ist ein hervorragend ausgebildeter Soldat. Ein Profi mit technischem Verständnis, welcher mit modernen und modernsten Waffensystemen mühelos umzugehen weiß. Er ist robust, mental stark, weil freiwillig, höchst motiviert und äußerst diszipliniert. Und er ist Spezialist. Je nachdem, für welche Art Einsatz oder für welche Waffengattung er sich entschieden hat, ist er Fallschirmjäger, Panzersoldat, Pionier oder Infanterist. Sonderausbildungen folgen: Koch, Scharfschütze, Sekretär, Kampfschwimmer, Krankenpfleger, Saboteur, Musiker, Kommandosoldat, Fahrer, Gebirgsjäger ... Die Liste geht unendlich weiter. Eines sind sie jedoch alle, egal, ob Pionier oder Fallschirmjäger, ob Koch oder Kampfschimmer: Sie sind Kämpfer. Hervorragende Kämpfer, wenn es sein muss.

Über die Fremdenlegion wurde bereits in zahlreichen Büchern geschrieben, auch viel Unsinn. Unsinn zu schreiben, davor bin auch ich nicht gefeit, nur habe ich einen enormen Vorteil: Ich war dabei, bin bis zum Schluss geblieben, siebzehn Jahre lang! Ich verließ die Legion durch die Vordertür, mit Stolz und Wehmut im Herzen. Meine Recherchen heißen Erinnerungen. Erinnerungen daran, wie ich die Legion von Anfang 1985 bis Anfang 2002 erlebte.

Ausdrücklich ist es nicht meine Absicht, die Fremdenlegion zu verherrlichen. Kritik werde ich in diesem Buch üben, wenn sie angebracht ist, und genauso verfahre ich mit Lob und Anerkennung. Wenn Letztere überwiegen: Dann war's eben so!

Häufig wurde mir die Frage gestellt: »Wie ist sie denn nun, die Legion?« Es fiel mir immer nur diese eine Antwort ein.

Am Anfang:

Ein zusammengewürfelter Haufen auf der Suche nach einem gemeinsamen Ideal.

Währendessen:

Effizienz. Schlagkraft. Ohne Zweifel die bestgeölte Kampfmaschine der Welt, die überall, wo sie auftaucht, Spuren hinterlässt. Spuren von Großzügigkeit, von Gerechtigkeit und von Toleranz. Spuren von absoluter Professionalität, von Kameraderie und von etwas, was man jenseits des Rheins l'amour du travail bien fait nennt, also etwa die Neigung, seine Arbeit gut zu verrichten oder auch den Willen, sich den gestellten Aufgaben mit Liebe und Hingabe zu widmen.

Danach:

Es gibt kein danach. Einmal Legionär, immer Legionär!

Um es also mit einem einzigen Wort auf den Punkt zu bringen: *Bravo!*

Um nun die Fremdenlegion so darzustellen, wie ich sie erlebt habe, müsste ich ein Manuskript von etwa dreitausend Seiten verfassen, denn ich habe sie empfunden im Hass und in der Bewunderung, in der Angst wie auch in Momenten der Verneinung der Angst, im scharfen Einsatz ebenso wie im routinemäßigen Alltag. Man kann siebzehn Jahre Legion nicht vollständig in ein Buch wie dieses pressen, das ist unmöglich.

Aus diesen wie auch aus anderen Gründen müssen die Ereignisse also verkürzt wiedergegeben werden, und darüber hinaus wird sogar die ein oder andere gemachte Erfahrung und das ein oder andere Erlebnis von mir bewusst unangesprochen bleiben. Das geschieht ebenso aus Respekt anderen gegenüber wie auch aus der Notwendigkeit heraus, manchen Dingen gegenüber einen gewissen Abstand zu wahren, manch Ding einfach ruhen zu lassen.

Sicherlich werde ich unbewusst ebenso wie ganz gezielt versuchen, mit den Vorurteilen aufzuräumen, die man dieser Truppe gegenüber immer noch hegt, aber ich glaube, was ich hier zu erzählen habe, wird für sich selbst sprechen.

Alle Personen, die in meiner Danksagung namentlich erwähnt werden, sind real, ihre Namen echt. Es kommen aber auch fiktive Namen vor. Die Personen, welche sich hinter diesen fiktiven Namen verbergen, sind aber ebenso völlig real. Falls Personen mit diesen erdachten Namen tatsächlich existieren, so ist das also reiner Zufall. Den General Rollet gab es natürlich ebenso wie die in den Fußnoten oder die im Anhang erwähnten Persönlichkeiten.

Alle Begebenheiten haben sich so zugetragen, wie sie niedergeschrieben sind. Da jedoch Irren menschlich ist, kann es durchaus vorkommen, dass von der chronologischen Reihenfolge her einiges durcheinander geraten ist. Das bitte ich zu entschuldigen. Ich lasse mich gerne belehren. Dies ist nicht das Buch eines Militärhistorikers über die Légion Étrangère, sondern eher ein persönliches über mich und meine Jahre in der Fremdenlegion.

Es kommen Passagen vor, in welchen ich Anekdoten wiedergebe, die nicht mich persönlich betreffen und von denen ich nur durch die Hand am Ohr erfahren habe. Falls sich hier jemand wiedererkennt und mit der Faust droht ... Ich hoffe, der Schaden hält sich in Grenzen!

Die Seiten zum Thema Weltgeschichte am Anfang einiger Kapitel habe ich hinzugefügt, damit sich der Leser zeitlich zurechtfindet. Ebenfalls auf diesen Seiten zu lesen sind einige Auszüge/Fakten aus der Geschichte der Fremdenlegion.

Wer selbst in der Fremdenlegion gedient hat, findet sich in meinen Berichten sofort wieder und wird sicherlich hin und wieder einen entzückten oder auch zornigen Ausruf des Erkennens von sich geben, denn es ist ein Ding der Unmöglichkeit, die alten Zeiten wieder vor Augen geführt zu bekommen und davon unberührt zu bleiben. Es gibt Namen, Orte, Geschehnisse, gewisse Abläufe, Gerüche und Farben, die sind wie Gesichter aus alten Zeiten oder wie Geschichten aus der Kindheit: Man hat sie vergessen. Eindrücke von der Legion jedoch vergisst man nie, und liegen sie noch soweit zurück! Die Fremdenlegion hat ihr eigenes Flair, ihre eigenen Farben und Gerüche, ihren eigenen unbeirrbaren, unbestechlichen Charakter. Beiseite schieben? Ja. Vergessen? Niemals! Es reicht manchmal schon ein Fingerschnippen, ein von einem wildfremden Menschen leise geflüstertes Wort in der Straßenbahn, der flüchtige Anblick eines Soldaten in Uniform ... Und alles ist wieder da. Alles. Man ist wieder mittendrin.

Ich wäre der glücklichste Mensch der Welt, wenn mir das gelingen würde: Erlebtes wieder aufleben zu lassen, um so ein Lachen oder ein Nachdenken oder sogar Tränen in die Gesichter einiger zu zaubern. Vielleicht sind es bei einigen Tränen der Wut und der Trauer, weil ich Begrabenes wieder zutage fördere. Ich hoffe dennoch, dass das Lacher und das Nachdenken überwiegen.

Wenn ich etwas weiter oben von einigen Personen und deren Anerkennung schrieb, hat das Gründe: Einzig und allein in der Fremdenlegion war es mir vergönnt, Charaktere kennen zu lernen, die mich in einem derart hohen Maße positiv beeindruckt haben. Ob es nun der eine oder andere Offizier war, der mich durch seine natürliche Autorität, seine Kompetenz, seine Herzensgüte oder auch durch seine gnadenlose Härte sofort an sich fesselte; ob der Unteroffizier, dem Angst ein Fremdwort war; ob der Gefreite, der mit mir nachts durch die stillen, engen Gassen der Elendsviertel in N'djamena, die heiteren Straßen Calvis oder durch die gefährlichen Quartiers in Bangui, der Bacongo oder der Kouanga schlich, auf der Suche nach einer offenen Bar, um dort für alles Geld der Welt einen letzten Drink zu mir zu nehmen, bevor der Sturm der Realität, der Einsätze oder der Ausbildung des kommenden Tages wieder über uns hinwegfegen würde ... Chapeau! Hut ab! Das Potenzial wertvoller Menschen in der Fremdenlegion ist unerschöpflich. Zu dieser Erkenntnis kam ich sehr schnell.

Das der Mitläufer und der unbedeutenden Personen allerdings ist wohl ebenso unerschöpflich. Doch auch diese entwickelten sich meist mit jedem Tag, den sie länger in der Legion verbrachten, zu interessanten Menschen. Das war und ist wohl eine Frage der Zeit und des Umfeldes, wobei hier die Menschen – Ausbilder, Vorgesetzte, vor allem die schon älteren Unteroffiziere, etc. – eine enorme und in aller Regel positive Rolle spielten.

Es ist schon ein langer Prozess, in der Legion sich selbst und seinen Platz zu finden, doch hier ist das Umfeld günstig, denn hier wird niemand auf Grund seines Aussehens, seiner Rasse, seiner Religion oder Herkunft benachteiligt.

Was treibt einen Menschen dazu, zur Legion zu gehen? Diese Frage höre ich oft. Ich sage mir dann immer, dass die Gründe für einen solchen Wahnsinn von Person zu Person variieren. Meist ist der wahre Grund so tief in der dunklen Seele des einzelnen vergraben, dass es ein Leben bräuchte, eine passende Antwort darauf zu finden. Auf solche Fragen folgen meist auch Diskussionen, die niemals enden wollen und aus denen ich mich raushalte, nur um mich selbst im Stillen zu fragen: »Warum bin ich denn zur Legion?«

Im Februar 1985 hätte ich keine Antwort auf diese Frage gewusst. Ich hätte mich wortlos umgedreht und mir darüber nicht weiter den Kopf zerbrochen. Heute, mit etwas Abstand, habe ich mir selbst eine Antwort zusammengebastelt, mit der ich halbwegs zufrieden bin. Was den Rest von diesem »halbwegs« betrifft ... Ich wage zu bezweifeln, dass ich je eine vollständige Antwort finden werde.

Siebzehn Jahre in der Fremdenlegion. Kein Hass brennt, keine Unvernunft währt so lange, aber so lange bleibt auch keine Besonnenheit ungetrübt und herrscht schon gar kein Zwang. Was war es also? Vielleicht sollte ich die Frage zunächst andersherum stellen: »Warum bin ich *nicht* zur Fremdenlegion?« Hier wird es einfacher: Ich bin nicht etwa deshalb zur Fremdenlegion, weil

- ich ein Verbrecher war. Dazu war ich zu freiheitsliebend, zu ehrlich auch.
- ich ein überzeugter Soldat war (was
  sicherlich den Leser überrascht, der erfährt, dass ich insgesamt 21 Jahre meines Lebens
  dem Soldatentum widmete und auch heute noch einen ähnlichen Beruf ausübe). Dafür
  war und bin ich allgemein zu friedfertig, auch zu rebellisch!
- ich den Hang dazu hatte, jemanden umzubringen. Ganz und gar nicht! Die Notwendigkeit
  aber, einen Gegner zu neutralisieren, habe ich stets akzeptiert aus der tiefen Überzeugung
  und auch dem begründeten Wissen heraus, dass oft nur so das eigene Leben, das der
  Kameraden bzw. der Untergebenen und Vorgesetzten oder gar das Leben der anvertrau-
  ten Schützlinge gerettet werden konnte. Schien mitunter auch das eigene Leben belang-
  los, das der Kameraden war es nie. Priorität hatten immer der Auftrag und das Leben der
  Schützlinge.
- ich in finanziellen Nöten war. Obwohl die Fremdenlegion ein Arbeitgeber ist, der überdurchschnittlich gut, ja sehr gut bezahlt, war das für mich kein Motiv. Geld hatte ich irgendwie immer genug, vor, während und nach meiner Legionszeit. Es hatte für mich nie
  einen gehobenen Stellenwert.
- ich mich für irgendetwas selbst bestrafen wollte. Ein Narr war ich nie!

Nun, warum bin ich zur Fremdenlegion? Wahnsinn? Romantik gar ..? Hier kommen wir der Sache schon näher, und das, obwohl allein das Wort »Romantik« in den Hochburgen der Fremdenlegion verpönt ist. Aber für mich war die Fremdenlegion tatsächlich die sprichwörtliche
Brücke, über die ich in die Fremde gelangen konnte. Andere Kulturen kennen lernen, Abenteuer erleben, etwas tun, was niemand, den ich damals kannte, auch nur in Erwägung gezogen
hätte. Darum ging es mir.
Das Unbekannte reizte mich, auch die Gefahren. Ich hatte dieses rätselhafte Verlangen, an
meine Grenzen zu gehen. Auch zu erleben, was es heißt, Leid zu ertragen: Zu hungern, zu
dursten, zu frieren und mir die Haut von den Füßen zu marschieren.
So viel vorweg: Die Legion hat mich in diesen meinen Erwartungen nicht enttäuscht!
Und dann war da noch etwas, man mag es mir glauben oder nicht. Das Wort »Fremdenlegion« selbst. Es zog mich magisch an. Auch heute noch läuft es mir eiskalt den Rücken hinunter, wenn ich »Fremdenlegion« höre, denke oder lese ... Oder mich einfach daran erinnere.
Heute, mit fast fünfzig, ist der Wunsch, noch einmal diese Abenteuer zu erleben, wieder die
Stimmen meiner Chefs zu hören, wenn sie sagen »... en avant la Légion!«, genauso groß wie
damals.

»Was hat dir das Leben in der Legion gebracht?«, fragen manche. Im Gegensatz zu dem »Warum« gibt es hier keine Gräber dunkler Seelen. Die Antwort liegt auf der Hand: Ich habe mich
selbst gefunden! Ich weiß nun die alltäglichen Kleinigkeiten besser zu schätzen. Der gut ge-
deckte Frühstückstisch ... für viele Normalität, für mich heute ein Schatz. Ein Schluck kühles
Wasser, wenn man Durst hat ... gar nichts? Für mich kostbarer als ein Lottogewinn! Die Worte »geht nicht« oder »unmöglich« haben für mich ihren Sinn verloren, weil die Legion mich ge-
lehrt hat, dass es immer ein »Voran« gibt, dass alles möglich ist. Ich habe gelernt, über den Tel-

lerrand zu schauen, und mir verboten, zu essen, wenn neben mir jemand hungert. Durch meine Reisen mit der Legion in fremde Länder ist mir sehr bewusst geworden, dass gerade in Europa viele Menschen im Überfluss leben und auch noch so tun, als stünde dieser Überfluss ihnen zu. Menschen, die nicht begreifen wollen, dass nicht weit weg von uns Trauer, Leid und Armut herrschen. Die ihre Augen schließen vor all dem Elend, das uns umgibt.

Ich habe gelernt, zu teilen, mit wenig auszukommen. Ich habe die Bedeutung des Wortes Toleranz gelernt, und dass die Interessen des Einzelnen immer erst hinter den Interessen der Gemeinschaft kommen. Keine Universität der Welt hätte mir mehr Wissen vermitteln können als die Schule »Fremdenlegion«. Ich habe aber auch erfahren, dass das Leben sehr schnell zu Ende sein kann, und weiß nun, dass ich jeden Tag erleben will, als wäre er mein letzter. Und genau das taten wir auch, damals schon. Wir, die Legionäre.

Einmal der Legion den Rücken zugewandt, habe ich zunächst mit Schrecken feststellen müssen, dass in meiner Seele ein rastloses »Monster« schläft. Ein ziemlich harmloses zwar, aber immerhin. Auf der breiten Brust dieses Monsters stand in großen grünroten Buchstaben: »Einmal Legionär, immer Legionär!«

Nur ein dummer Spruch? Von wegen! Man kann nicht siebzehn Jahre in der Legion gewesen sein, dann nach Deutschland oder egal wohin zurückkehren und so tun, als wäre nie etwas geschehen. Meine Familie hat manchmal viel damit zu tun, dieses Monster – ist es einmal wach – zu besänftigen. Mal gelingt es, mal nicht. Gelingt es nicht, kommt es schon mal vor, dass ich meinen Rucksack packe und – sei es auch im tiefsten Winter – für zwei, drei Tage nur mit meinem Hund in die nahen Wälder verschwinde. Auf meiner Schulter saß ein kleiner Teufel, der mich rief!

Im Wald wird dann das Zelt aufgeschlagen, ein Feuer gemacht und eine Flasche Rotwein geköpft. Das Ziel ist immer, drei Tage später mit einem Lächeln wieder daheim zu erscheinen. Hungrig, unrasiert und nachdenklich. Und mit dem Wissen, den Teufel »Legion« auch diesmal wieder nicht bezwungen zu haben und so auf den nächsten, wohl wiederum vergeblichen Versuch hoffen zu müssen. Doch das wird immer seltener, obwohl es sicher nie ganz aufhören wird.

Und dann gibt es auch noch diese impertinenten Fragen: Alles Säufer, Verbrecher, Söldner, Homosexuelle? Bitte vergessen Sie das!

Säufer? Ivrognes? Viele, die so etwas behaupten oder irgendwo aufgeschnappt haben, vergessen – oder wissen nicht – dass Legionäre oft tage-, wochen-, ja gar monatelang im Einsatz oder im Gelände bei der Ausbildung sind. Im Einsatz wird nicht getrunken, und bei der Ausbildung nur dann, wenn es grünes Licht von oben gibt. Wenn dann also ein Legionär, der lange Wochen im Einsatz war, harte Entbehrungen hinter sich hat und vielleicht sein Leben riskierte, mal einen über den Durst trinkt, wenn er wieder in der Garnison ist: Ein Säufer? Mit Sicherheit nicht, aber lassen wir's dabei.

Verbrecher oder, wie Capitaine Borelli sagen würde: »Ramassis d'étrangers sans honneurs et sans foi!?«[3] Schon möglich, aber was ist denn ein Verbrecher? Ein Mann, der sein Land verlässt, weil ihm dort alles zu viel wird mit Frau und Kind (und Hund), Schulden ihn plagen, Langeweile ihn tötet oder andere mit dem Finger auf ihn zeigen, weil er nicht in die Form passt, in die man ihn zwängen will? Gut, dann besteht die Legion vielleicht nur aus Verbrechern. Wenn man unter »Verbrecher« jedoch jemanden versteht, der ein Kapitalverbrechen begangen hat wie Mord, Totschlag oder Ähnliches, so hat dieser keine Chance, in die Legion zu kommen. Solche Verbrecher nimmt die Legion nicht auf, seit Jahrzehnten nicht mehr. Die Legion ist keine Zufluchtstätte für Verbrecher!

Die Fremdenlegion von heute ist modern und hochflexibel. Sie sucht den Soldaten, der – intelligent und selbstbewusst – mit der steigenden Flut der an ihn gestellten Anforderungen Schritt hält. Der über all dem Wissen und Spezialistentum, das moderne Hightech-Waffensysteme, Instrumente, Fahrzeuge und andere Ausrüstung erfordern, vor allem eines nicht aus dem Auge verliert: Es ist der Mensch, der zählt! Jeder einzelne Legionär zählt, ist wichtig, hat seine Stärken und Schwächen und, noch wichtiger: Er hat seinen Platz.

Söldner? Mercenaires? Mit aller Entschiedenheit: Nein! Ich fühlte mich nie als Söldner. Die Fremdenlegion ist Teil der französischen Streitkräfte, basta. Ob jemand das wahrhaben will oder nicht. Das ist zumindest, was auf dem Papier steht. Wir aber waren Legionäre ... Wiederum basta!

Was die Homosexualität anbelangt, so ist sie mir in all den Jahren nie begegnet. Mit Sicherheit kann ich aber sagen, dass es, wenn überhaupt, nur Einzelfälle gab, diese dann aber hart bestraft wurden.

Tatsächlich unterscheidet sich die Legion sehr von den anderen Truppenteilen. Traditionen spielen hier eine enorme Rolle. Die Lieder, les chants Légion, mal tief, schwer und süß wie die Sünde, mal sarkastisch, mal herzerfrischend, meist mit einer zweiten oder auch dritten Stimme. Der bedächtige Marsch-Schritt, achtundachtzig pas (Schritt) pro Minute (im Gegensatz zum Rest der französischen Armee, deren Schrittzahl so um die hundertzweiundzwanzig Schritt pro Minute beträgt), le code d'honneur du légionnaire (Ehrenkodex, siehe Anhang), la ceinture bleu (blauer Gürtel der Parade- und Wachuniform), la cravate verte (grüne Krawatte) und das képi blanc (das weiße képi), la grenade (sept flammes, Granate mit sieben Flammen, übernommen vom Vorgängerregiment, dem Regiment Hohenlohe), Camerone (siehe Anhang) sowie unzählige andere Besonderheiten machen die Legion aus.

Die Art und Weise zu rekrutieren ist einzigartig auf dieser Welt. Beeindruckend ist der unerschütterliche Zusammenhalt der Truppe, diese cohésion, die den Unterschied ausmacht, wenn es hart auf hart kommt.

Die Legion kommt nicht und setzt sich ins gemachte Nest, sie verändert. Sie verändert zum Besseren! Ich habe es nie anders erlebt oder anders getan. (Und wenn es nur das weiß Anmalen einiger Steine mitten in der Wüste war, was auch seinen Sinn und Zweck hatte.) Das Gefühl, angekommen zu sein, Mitglied einer großen Familie sein zu dürfen. »Legio Patria Nostra« (aus dem Lateinischen: Die Legion ist unser Vaterland) – das waren und sind nicht nur Worte. Und schrieb (oder las) man nicht schon allzu oft: »Wenn ein Legionär stirbt, wen kümmert das schon?« Es ist schon mehr als nur ein Körnchen Wahrheit an alldem. L'amour du travail bien

---

[3] Zeile aus einem Gedicht von Capitaine de Borelli, Dichter und Offizier der Fremdenlegion, das dieser zu Ehren des Legionärs Thiebald Streibler schrieb, der 1885 bei der Belagerung von Tuyen Quang (Tonkin) für Capitaine de Borelli sein Leben gab. (Ein Haufen Fremder, ohne Ehre, ohne Glauben und Treue!?)

fait? Das beste Beispiel, welches mir dazu spontan in den Sinn kommt, ist folgendes. Im Mai 1997 in Kongo Brazzaville sagte unser Regimentskommandeur vor allen Offizieren und Unteroffizieren des Regiments folgenden Satz, der mich nachhaltig beeindruckte und mich einmal mehr in meiner Einschätzung der Legion bestätigte: »Wenn Paris entscheidet, dass wir (das 2^e REP[4]) in den Krieg ziehen[5], sind wir die verdammt besten Soldaten der Welt. Und wenn sie (die in Paris) entscheiden, dass wir sämtliche Scheißhäuser von Paris putzen sollen ... sind wir die verdammt besten Scheißhaus-Putzer der Welt, und danach gibt es keine Stadt auf diesem Planeten mehr, deren Scheißhäuser sauberer sind!«

Was er damit ausdrücken wollte, dürfte klar sein. Es ist unwesentlich, mit welchen Aufgaben man Einheiten der Fremdenlegion konfrontiert – zwischen wichtig oder unwichtig sollen andere entscheiden –, die Legion wird immer an ihre Grenzen gehen, um die ihr gestellten Aufgaben par excellence zu erfüllen. Jedem der an sie herangetragenen Aufträge schenkt die Legion höchste Aufmerksamkeit, und sicherlich trägt das dazu bei, sie von anderen Einheiten grundsätzlich zu unterscheiden. Es gibt keine niederen Aufgaben oder unwichtigen Aufträge!

Warum schreibe ich dieses Buch? Dafür gibt es nicht viele Gründe, denn wie gesagt, über die Legion gibt es bereits Bücher wie Sand am Meer. Ausschlaggebend für mich war wohl eine Bemerkung meiner Frau. Wir hatten uns gerade – was sehr selten vorkommt – über die Fremdenlegion unterhalten, und ihr war aufgefallen, wie extrem ich alles Erlebte banalisierte. Und da sagte sie: »Was dir banal erscheint, ist für andere vielleicht höchst spannend!«

Diese Aussage beschäftigte mich und bewirkte schließlich, was ich nie für möglich gehalten hatte – Der Wunsch, meine Erfahrungen und Erlebnisse niederzuschreiben, wuchs von Minute zu Minute, und das Resultat liegt jetzt gerade vor Ihnen. Ich hatte wohl vergessen, dass es ein »nicht möglich« gar nicht gibt für einen Legionär.

Zum Abschluss dieses Vorwortes noch eine Angelegenheit, die mir persönlich sehr wichtig ist. Im Jahr 2006 stieß ich im Internet zufälligerweise auf einen Artikel, der von einem UN-Beobachter verfasst worden war. Darin empörte sich dieser über sogenannte »Killereinheiten wie die 82nd Airborne-Division und die französische Fremdenlegion«. Es ging in dem Artikel um Missbrauch, Korruption, Vergewaltigung oder Misshandlung von Schutzbefohlenen und sogar deren willkürliche Tötung bei humanitären Aufträgen. Ich zitiere: »Zuerst einmal: wenn ein Einsatz nicht der Kriegführung, sondern der humanitären Hilfe dienen soll, dann darf man keine ›Killereinheiten‹ entsenden. Die französische Fremdenlegion oder die 82. Luftlandedivision der USA sind harte bis brutale Kampftruppen, die in humanitärem Kontext völlig fehl am Platz sind.«

Wie von selbst versteht es sich, dass ich diesen guten Mann sofort per Mail kontaktiert habe. Ich schrieb in etwa folgendes:

Guten Tag, Herr XY (sein Name ist mir natürlich bekannt.) Ich bin durch Zufall auf folgende Zeilen gestoßen (Text s.o.), die, soviel ich weiß, von ihrer Hand stammen. Zunächst: Wer so etwas Absurdes schreibt, hat von dem, was er schreibt, wenig Ahnung. Oder er ist sehr schlecht informiert. Oder (wahrscheinlich) beides! Humanitäre Einsätze hatten wir, die Sie unwissend Kil-

---

[4] 2e Regiment Étranger de Parachutistes, 2. Fallschirmjäger-Regiment der Fremdenlegion. Dieses Regiment ist in Calvi auf Korsika stationiert.

[5] Dass wir uns schon fast mitten im Krieg befanden, konnte er zu dieser Stunde noch nicht wissen.

lereinheiten nennen, oft – ein Auflisten halte ich an dieser Stelle für überflüssig –. und jeder dieser Einsätze wurde brillant gemeistert. Bei all diesen Einsätzen hat die Fremdenlegion zahlreiche Leben gerettet, Menschen geholfen, die in Not waren, ihnen Obdach, Nahrung, Medikamente zur Verfügung gestellt und sich bravourös und vorbildlich in den Dienst aller dort Leidtragenden gestellt. Keine Einheit – und ich kenne sie alle, nach 20 Jahren Armee, die Welt ist schließlich klein – hätte besser, humaner und gleichzeitig effizienter diesen humanitären Aufgaben gerecht werden können. Nie werden Sie eine Einheit finden, welche disziplinierter und uneigennütziger ihren jeweiligen Auftrag wahrnimmt als die Fremdenlegion, egal, ob der Einsatz der Kriegsführung dient oder ob es ein humanitärer Einsatz ist.

Für uns war es auch immer selbstverständlich, dass wir auch für humanitäre Aufgaben unser Leben aufs Spiel setzten. Ich habe andere Einheiten gesehen, die Geld annahmen von Menschen in Not. Ich sah Einheiten, die für horrende Preise Armeerationen an hungernde Menschen verkauften, um sich zu bereichern ... All so etwas gab es bei der Fremdenlegion nie und wird es dort auch nie geben. Ja – Sie sollten sich besser informieren!

Mit freundlichen Grüßen, Gast T.

Dass eine Antwort auf mein Schreiben seinerseits ausblieb, muss hier nicht ausdrücklich erwähnt werden.

Auch wenn es einigen Herrschaften nicht passt: In den Kellern der Fremdenlegion lohnt sich ein Stöbern nicht, es liegen dort keine verscharrten Skelette.

Auch deshalb kann ich nach 17 Jahren Zugehörigkeit nur sagen:

Danke, Legion.

Alte Geister, die ich rief

King Khalid International Airport
Riyadh, Kingdom of Saudi Arabia, Mai 2005

Der Flug AF 512 aus Paris hatte eine Stunde Verspätung. Noch vor einem Jahr hätte ich mir spätestens jetzt eine Zigarette angesteckt und genüsslich daran gezogen, doch das Rauchen hatte ich mir inzwischen abgewöhnt.

Das Thermometer in der Eingangshalle zeigte fünfundvierzig Grad Celsius, die Luft war zum schneiden dick und ich wurde von einer regen Menschenmasse schier erdrückt. Größtenteils waren es Filipinos, Pakistani oder Inder, die um ihre verschnürten Ballen herum am Boden saßen und dort ihrer Heimat entgegenfieberten.

Ich wartete auf zwei Männer, und Oliver war einer davon. Wir hatten Oliver damals, fast zwanzig Jahre zuvor, auch »die Wildgans« genannt. Etwas nervös war ich schon, doch diese Unrast schwand völlig, als ich Oliver und Dorjek über den weißen Marmor auf mich zukommen sah. Das breite Grinsen in Olivers Gesicht konnte die Gewissheit nicht beiseite fegen, dass die Wildgans wohl nie wieder so elegant abheben würde, wie sie das früher getan hatte: Oliver hatte gut und gerne vierzig Pfund zugenommen, seit ich ihn zum letzten Mal gesehen hatte, und er hinkte leicht. »Sein Hund!«, schoss es mir durch den Kopf. Ich hatte von der Geschichte gehört.

»Oliver!« Meine Freude war echt. Ich musste an mich halten, ihn nicht an meine Brust zu drücken. Nicht vor Dorjek, diesem Fremden an seiner Seite. Oliver war ebenso wie ich Deutscher. Er kam aus Schleswig-Holstein, ein echter »Wikinger« also, und genau so sah er auch aus. Groß, blondes, ins Rot übergehendes kurz geschorenes Haar und blaue, intelligente Augen, die unablässig nach eventuellen Gefahren Ausschau hielten. Kurz stellte er mich Dorjek vor, einem, wie sich herausstellte, sympathischen Deutsch-Polen, der später auch für kurze Zeit unser stellvertretender Teamleader sein sollte.

Als wir ein paar Minuten später mit einem gepanzerten Toyota-Geländewagen Richtung Riad-Stadtmitte fuhren, gab ich beiden einen kurzen Überblick über das, was sie bei unserer neuen Aufgabe erwarten würde. »Ziemlich langweilige Angelegenheit. Wir bewachen den Botschafter der Delegation der Europäischen Kommission.«

Ihr betroffenes Schweigen sagte alles. »Das machen bei uns Rentner!«, stieß Oliver grinsend nach einer Weile aus, um dann sarkastisch hinzuzufügen: »Aber das sind wir beide ja auch schon!« Damit spielte er darauf an, dass wir aufgrund unserer Zeit bei der Fremdenlegion bereits eine monatliche Pension bezogen. In diesem Sinne hatte er recht, doch ich fühlte mich ganz und gar nicht als Rentner. Körperlich war ich noch genau so fit wie zehn Jahre zuvor, und ich kannte meinen Job.

Bitte missverstehen Sie mich nicht: Die Arbeit war nicht langweilig, sie entbehrte nur jeglicher Dynamik und jeglicher Aktion. Oliver und ich hatten jahrelang in der Armee gedient, die – allen anderen Formationen voraus – für sich beanspruchen kann, Dynamik, Effizienz und eben die Aktion der Sturmtruppen ohne wenn und aber zu vereinen, oder, um es anders auszudrücken: Ran an den Feind, drauf und drüber! Alles, was nach unserem Ausscheiden aus der Fremdenlegion folgte, war von daher gesehen eher eintönig, und ein Job wie der bevorstehende konnte von daher nur Zwischenstation sein auf dem Weg zu anderen Horizonten.

Auch Dorjek machte ein ziemlich langes Gesicht. Wenn er auch kein Legionär gewesen war, so doch ein Mann der Tat. An den Spitzen seiner Stiefel in seinem Gepäck befand sich immer noch Staub aus Bagdad, und vielleicht klebte auch der ein oder andere Tropfen Blut an ihnen. Alle drei wussten wir, dass Riad zu dieser Zeit zwar immer noch ein heißes Pflaster war, doch nicht mehr ganz so gefährlich wie noch zwei Jahre zuvor, als eine Attentatswelle die nächste jagte.

Kurz: Langeweile würde unser ärgster Feind sein. Da ich schon etwas länger im Land weilte, hatte ich mich bereits darauf eingestellt. Um diesem unscheinbaren, doch heimtückischen Feind auszuweichen, hatte ich mich Hals über Kopf in diverse Zeitvertreibe gestürzt. In meiner Freizeit machte ich Sport bis an die Grenze des Vertretbaren und war – vor allem nachts – viel unterwegs bei sogenannten »Recces«, den Aufklärungs-Fahrten.

Unser Teamleader erwartete von uns, dass wir die Stadt in- und auswendig kannten. Kein einfaches Unterfangen, denn Riad hatte knappe drei Million Einwohner, und die Innenstadt war ein Labyrinth aus hunderten von namenlosen Gassen.

Als ob das noch nicht reichen würde, hatte ich mir einen Arabischlehrer genommen, den ich dreimal die Woche besuchte. Ahmed war Ägypter und früher Lehrer an der amerikanischen Botschaft in Riad. Er war für mich – ohne dass er das wusste oder jemals erfahren würde – eine gute Informationsquelle: Über ihn hatte ich den Finger am Puls des Mannes auf der Straße! Mit der Zeit genügte mir auch das nicht mehr. Es kam vor, dass ich mir einen Bart wachsen ließ, meine ältesten Klamotten trug und mich dann unter Inder und Pakistani mischte. Vor allem in Al-Batha, dem alten Riad. Nicht weit entfernt von Al-Batha, nämlich in Al-dirah (gesprochen Ad-dirah), war auch der Platz zu finden, wo die fast allwöchentlichen Hinrichtungen stattfanden. Den Verurteilten wurde in aller Öffentlichkeit vor neugierigem Publikum mit einem langen Schwert der Kopf abgeschlagen. Ich überlegte lange Zeit, ob ich mir das ansehen sollte, hatte dann jedoch für mich entschieden, dass diese Menschen auch ohne mich in den Tod gehen konnten. Ich habe mir aber von Freunden, die es mit angesehen haben, sagen lassen, dass dies ein schneller und gnädiger Tod sei. Nicht zu vergleichen jedenfalls mit dem abscheulichen Tod durch die gräuslichen Todesspritzen oder den elektrischen Stuhl in den USA.

Einige Wochen nach Olivers Ankunft in Riad rief mich der Teamleader in sein Büro. Mart, so wurde er von allen genannt, war einige Jahre jünger als ich, hatte aber bereits Haarausfall, was wohl seine ständig schlechte Laune erklärte. »Nimm dir den Traktor« – unser gepanzerter Toyota hieß so, aufgrund seiner Beschleunigung von Null auf Hundert in etwa einer Stunde – »und fahr zum Flughafen. Wir bekommen Verstärkung!« Er reichte mir den Personalbogen über den Tisch. »Vielleicht kennst du ihn ja. Er war auch in der Legion. Sein Name ist Fratelli. Ange Fratelli.«

Ange. Donnerwetter! Und ob ich ihn kannte! Ange war im Milieu bekannt wie ein bunter Hund. Wir hatten zusammen in Französisch Guyana gedient. Nach seinem Ausscheiden aus der Fremdenlegion hatte er sich dazu entschlossen, einen Schritt weiter zu gehen. Er tat sich mit den ganz großen des »internationalen Sicherheitsgewerbes« zusammen und machte sich unter den »Wölfen[6]« sehr schnell einen Namen. Mir war es ein Rätsel, was Ange hier zu suchen hatte. Im Irak hätte jede Sicherheitsfirma das Doppelte bezahlt, um ihn zu bekommen, als Teamleader versteht sich. Er war vom Fach. Ein absoluter Profi! Jemand »sans peur et sans reproche (ohne Furcht und Tadel)«, einer also, dem Angst ein Fremdwort war und der fehlerfrei, methodisch und präzise arbeitete.

Ich stand also wieder einmal in der Eingangshalle am Flughafen, doch diesmal mit einer dumpfen Vorahnung. Ange war ein Korse, wie er im Buche stand. Groß, dunkles Haar, dunkle Augen und mit tiefen Falten auf der Stirn, kam er mir lachend entgegen. »Schön, dich zu sehen, Thomas!« Ohne zu zögern, ergriff ich seine Hand und schüttelte sie kräftig. »Welcher Wind treibt dich hierher? Hat man dir etwa nicht gesagt, dass sogar Grobiane wie du hier Anzug und Krawatte tragen müssen?«

Ein schnippisches Grinsen erschien in seinem Gesicht. »Ich habe dich beobachtet!«, sagte er betont langsam, und irgendetwas in seiner Stimme gefiel mir dabei gar nicht. Etwas verwirrt sah ich auf die Uhr. »Wenn wir nicht gleich losfahren, geraten wir in die Rushhour. Dann ist auf Riads Straßen die Hölle los. Du solltest etwas schlafen, denn deine Arbeit beginnt mit der Früh-

---

[6] So nennt man namhafte altgediente bzw. ehemalige Söldner

schicht, das heißt in genau vier Stunden.« Er hatte nicht zugehört, tat zumindest so. »Es war das erste Mal, dass wir auf verschiedenen Seiten kämpften! Wir lagen alle da oben, haben gewartet, bis sie euch endlich abzogen.« Ich konnte mich nicht länger verstellen und so tun, als ahnte ich nicht, wovon er sprach. Die Neugier brachte mich schier um. »Du warst in Brazzaville?« Er nickte. »Und ob ich da war. Wären nicht die Legionäre vom 2^e REP dort unten gewesen und du mittendrin, wer weiß ... Vielleicht hätte Monsieur uns früher losgelassen.«

Wen er mit »Monsieur« meinte, war in unseren Kreisen kein Geheimnis. Er brauchte mir auch kein Bild davon malen, was geschehen wäre, wenn es zu einer frühzeitigen Konfrontation gekommen wäre. Sie waren gekommen, um einen Kandidaten in eine bessere Position zu bringen. Eine Horde Profis! Alles, was Rang und Namen hatte, lag damals in den Wäldern westlich von Brazzaville, und wir hatten nichts davon geahnt ...

Brazzaville! Ich verband den Namen dieser Stadt im Herzen Afrikas mit einem persönlichen Misserfolg, welcher mir die Entscheidung, die schon seit geraumer Zeit in mir heranreifte – die Legion zu verlassen – auf tragische Art und Weise erleichterte. Oh ja, ich erinnerte mich an jene Nacht und an die Ereignisse in der Avenue Schoelcher, unweit vom centre culturelle française. Es war am 7. Juni 1997. In dieser Nacht wehte der Wind des Todes durch die Straßen Brazzavilles. Ich erinnere mich, als wäre es erst gestern gewesen.

* * *

»... Sag dem Sergent-Chef, er soll Gefechtsbereitschaft herstellen und dann den Zug antreten lassen. Ich bin beim Capitaine zur Befehlsausgabe!« Ribbo, ein Spanier, der zugleich Sergent de jour[7] war, witterte Aktion. Er sprang sofort auf. »Oui, Chef! Mais ...« »Kein aber«, befahl ich. »Das Lotterleben ist vorbei, mach schon!«

Er bewegte sich keinen Zentimeter vom Fleck. Verärgert und etwas irritiert sah ich ihn an. Ribbo war nun seit fast einem Jahr mein wohl bester Gruppenführer. Er war zuverlässig und hatte, wie fast alle meiner Soldaten, die Feuertaufe längst hinter sich. Ich war stolz, ihn in meinen Reihen zu haben, hütete mich aber, ihm das zu sagen. Er benötigte hin und wieder eine starke Hand, die sein südländisches Temperament zügelte. Sein Gesicht war vor Aufregung gerötet. »Chef. Geht es endlich los?« Ich atmete laut und tief aus. »Ja, Ribbo«, sagte ich nachdenklich. »Es sieht so aus!«

Während ich in Windeseile meine Kampfstiefel schnürte, dachte ich an die vergangenen Jahre und war zufrieden. Was ich in der Legion bis jetzt geschafft hatte, war, wie ein Offizier sich ausdrücken würde, ein parcours sans faute, eine fehlerfreie Laufbahn. Vom einfachen Legionär, der dreimal am Tag Toiletten geputzt hatte, bis zum Zugführer, dem fünfunddreißig hart gesottene Legionäre hierher nach Afrika folgten. Zugführer in der Fremdenlegion! Ein Traum war für mich in Erfüllung gegangen. Es gab auf der ganzen Welt keine höhere Auszeichnung für einen wie mich. Doch diese Traumkarriere neigte sich, ohne dass ich es ahnte, einem schnellen Ende zu.

---

[7] Unteroffizier, verantwortlich für den geregelten Tagesablauf.

Februar 1985, Aubagne

- Mordanschlag auf Rüstungsmanager: Bei einem Attentat von Terroristen der Roten Armee Fraktion (RAF) in Gauting bei München stirbt am 1. Februar 1985 der Chef des Luftfahrtunternehmens Motoren- und Turbinen-Union, Ernst Zimmermann.
- Hochzeit von O.J. Simpson und Nicole Brown Simpson.
- Madonna mit »Like A Virgin« in den Top-Charts.
- In Kambodscha erobern die vietnamesischen Besatzungstruppen das Hauptquartier der Roten Khmer.
- Der längste und aufwendigste Titelkampf in der Geschichte der Schachweltmeisterschaften zwischen Anatolij Karpow und Herausforderer Garri Kasparow wird nach über fünf Monaten und 48 Partien abgebrochen und annulliert.
- Die erste Folge des Dreiteilers »Das Boot« nach dem Roman von Lothar-Günther Buchheim wird von der ARD ausgestrahlt.

Übrigens: Auch im Februar, aber bereits im Jahr 1863, genau am 7., beginnt für die Fremdenlegion das mexikanische Abenteuer. Zwei Bataillone gehen in Oran (algerische Küsten- und Hafenstadt) an Bord, Richtung Vera Cruz. Ihr erster ernstzunehmender Feind hieß »Vomito Negro«, das Gelbfieber.

Erste Schritte

»Quand on a bouffé son pognon
Ou gâché pour un coup d'cochon
Toute sa carrière
On prend ses godasses sur son dos
Et l'on file au fond d'un paquebot aux Légionnaires«
Aus »Aux Légionnaires«[8]

Es war ein langer Weg von meinem heimischen Oberfranken bis zur Rue d'Ostende in Straßburg. Wir schrieben den 4. Februar 1985. Die Wolken hingen tief, alles war grau in grau, und es regnete schon den ganzen Tag. Ich suchte bei mir nach den ersten Anzeichen von Bedauern, von Angst oder gar von Reue, doch meine Gefühle waren ganz anderer Natur. Jetzt, da ich den Schritt bis hierher gewagt hatte, wuchs meine Entschlusskraft mit jeder Sekunde, die verging. Ich war im Reinen mit mir selbst. Ich wusste wenig, um nicht zu sagen nichts über die Fremdenlegion, doch einer Sache war ich mir sicher: Wenn die Zeit gekommen war, den Vertrag zu unterschreiben, würde meine Hand nicht zittern. Ich kam mit der Einstellung, dass ich mit geleisteter Unterschrift mein Wort gab und dass ich mich an dieses auch halten würde. Dabei war es mir von vorneherein egal, was man von mir erwarten würde, welche Strapazen ich über mich ergehen lassen musste oder ob mein Leben nur noch die Hälfte wert war, weil man mich – wie ich es nicht anders erwartete – sofort in eine Kampfeinheit eingliedern würde.

Ein Mann in Uniform öffnete mir die Tür. Sein Aussehen entsprach in etwa dem, wie ich mir einen Fremdenlegionär immer schon vorgestellt hatte. Nicht etwa ein muskelbepackter Riese mit Narben im Gesicht, sondern eine hohe, hagere und sympathische Gestalt mit buschigen Augenbrauen und Bart stand vor mir. Er lächelte wissend, wobei mich seine intelligenten Augen von oben bis unten neugierig musterten. Abschätzend, nicht geringschätzig!

Er trug eine Sportjacke über seiner khakifarbenen Uniform, sodass ich seine Dienstgradabzeichen nicht erkennen konnte. Vorsichtigerweise tat ich so, als stünde ein General vor mir. »Du willst in die Fremdenlegion?« Mit Daumen und Zeigefinger zwirbelte er seine Bartspitzen. »Na, dann komm mal rein!« Sein Deutsch war fast perfekt: Gott sei dank, denn ich sprach kein Wort französisch! Er wies mit dem Kopf auf einen kurzen Flur, an dessen Ende sich rechts eine Art Wartesaal befand. »Du findest da drin was zum Schmökern. Es sind Broschüren über die Legion. Sieh dir alles gut an. Wenn du in einer Stunde immer noch hier bist, muss ich wohl davon ausgehen, dass du es wirklich ernst meinst.« Ich nickte ungestüm, denn seine Worte klangen wie eine Frage, zumal er abwägend seine Augenbrauen hob.

Diese Stunde, war sie auch sehr aufschlussreich, dauerte mir viel zu lange. Natürlich war ich nervös und stellte mir selbst tausenderlei Fragen, doch Neugier und Ungeduld – was würde als nächstes geschehen? – waren weitaus größer als meine Zweifel.

---

[8] Lied der Fremdenlegion aus der ersten Epoche zwischen 1831 und 1939. »Wenn man all sein Geld verprasst, oder aus einer üblen Laune heraus und wegen einer krummen Tour seine Kariere vermasselt hat, wirft man seine Latschen auf den Rücken und verzieht sich ins hinterste Eck eines Ozeandampfers bei den Legionären.«

Zunächst einmal geschah überhaupt nichts. Mir wurde ein Zimmer zugewiesen, in dem sechs Betten, ein Tisch und einige Stühle standen. Anscheinend war ich der einzige Anwärter an diesem Tag, denn ich sah weder Gepäck noch Bettzeug. Die dunkelgrauen Spinde aus Metall waren allesamt leer.

Ich hatte mir, wie bereits erwähnt, schon im Vorfeld viele Fragen gestellt. Unter anderem auch diese: Würde die Legion Unterschiede machen zwischen den Freiwilligen, die bereits in einer anderen Armee gedient, und denen, die noch nie eine Waffe in der Hand gehalten hatten? Oder warfen sie hier alle Neuankömmlinge in einen Topf?

Ich hatte als Soldat auf Zeit bereits vier Jahre in der Bundeswehr gedient, zunächst im FschJgBtl 252[9] und dann, nach der Umgliederung auf Heeresstruktur Vier, im FschJgBtl 253, wo ich den Dienstgrad eines Stabsunteroffiziers erreicht hatte. Neben Einzelkämpfer- (im Sauwald), Absetzer- und auch Freifallerlehrgang in Altenstadt an der Luftlande- und Lufttransportschule hatte ich noch diverse Ausbildungen hinter mir wie z. B. Lade- und Verlaste-Lehrgang (ebenfalls an der LL/LTS), Sperren und Sprengen (Pionier-Schule in München), Schießlehrer für Handfeuerwaffen (Infanterie-Schule Hammelburg), französischer Kommandolehrgang (Centre d'Entraînement Commando in Breisach) etc.

Die Antwort auf meine Frage erhielt ich prompt am nächsten Tag: »Vergiss, wer du warst oder was du bisher getan hast. Ab heute bist du Legionär!«, sagte mir der Mann vom Vortag, ein Caporal-Chef, wie ich inzwischen in Erfahrung gebracht hatte.

Er sagte es in einem Tonfall, der mir eine enorme Last von den Schultern nahm. Ich war auf alles gefasst gewesen, nur nicht auf das. Aus den Worten »Ab heute bist du Legionär« hörte ich heraus: Du bist willkommen! Da steckte Wärme dahinter, und für diese Art Wärme war ich sehr empfänglich.

Dieser Tag wurde ein ziemlich bedeutsamer. Jedem von uns, wir waren inzwischen vier, wurden die Haare geschnitten. Boule a zéro! (Theoretisch Glatze, in der Praxis aber etwa 2 Millimeter). Fragebogen wurden ausgefüllt und die (Vor-)Verträge unterschrieben. Vielleicht gab es in diesem Vertrag eine Klausel, die besagte, dass man nach einer gewissen Probezeit die Legion wieder verlassen kann. Wir wurden jedoch nicht ausdrücklich darauf hingewiesen. Für mich spielte das ohnehin keine Rolle mehr. Man hatte mich nicht abgewiesen. Ich hatte es geschafft! Vorläufig zumindest. Meinen nagelneuen Reisepass und meine Klamotten, die ich hier abgeben musste, sah ich lange Jahre nicht wieder, doch das war mir einerlei.

Zwei Tage später saßen wir bereits im Zug, der uns nach Marseille bringen sollte. Von dort ging es auf Lastwagen weiter Richtung Aubagne zum 1er RE.[10]

CSI[11] hieß unsere nächste Etappe.

---

[9] Fallschirmjäger-Bataillone der Schwarzwaldbrigade (Luftlande-Brigade 25, Teil der damaligen 1. Luftlandedivision), damals stationiert in Nagold.

[10] 1er Régiment Étranger, Erstes Fremden-Regiment

[11] Centre de Sélection et d'Incorporation, Auswahl- und Eingliederungszentrum

1er Régiment Étranger (1e RE)

»Nous marchons gaiement en cadence,
malgré le vent malgré la pluie.
Les meilleurs soldats de la France ...«
Aus »Nous sommes tous des volontaires«[12]

»En marchant dans le soleil levant,
Tête haute et les cheveux dans le vent,
Légionnaire, soit fier de ton Bataillon,
Le premier de la Légion.«
Aus »Adieu, adieu, o Bel-Abbès«[13]

Was damals und auch heute Aubagne in Südfrankreich für uns Legionäre darstellte bzw. darstellt, war vor noch nicht allzu langer Zeit (bis 1962) Sidi-Bel-Abbès in Algerien gewesen: Die »portion centrale« des 1er RE und somit »la maison mère«[14] der Fremdenlegion – die Stelle, an der alle Fäden zusammenlaufen.

Das Quartier Viénot[15] in Aubagne – es trug diesen Namen schon in Sidi-Bel-Abbès – war für mich schon deshalb ein fast mythischer Ort, weil hier das Ehrenmal der Fremdenlegion, das »monument aux morts« steht.Die Idee zur Errichtung eines Ehrenmals stammte von General Rollet. Dieser charismatische Vater der Fremdenlegion – man nannte ihn so, weil er sich beharrlich und aller Opposition und allen Hindernissen zum Trotz für bessere Lebensbedingungen seiner Legionäre eingesetzt hat, besonders auch für deren Eingliederung in das

Abzeichen des 1er RE.

Zivilleben nach der Legion – plante schon im Jahr 1927, für die Feier zum hundertjährigen Bestehen der Fremdenlegion im Jahr 1931 ein Monument errichten zu lassen, das an alle Kriege erinnern sollte, in denen die Legion bis dahin eingesetzt worden war: Ein Sockel, darauf eine Art rechteckiges Grabmal, und auf diesem Mausoleum ein auf Palmen gebetteter Globus. An den vier Ecken befinden sich Statuen, die bewaffnete, Wache stehende Legionäre aus verschiedenen markanten Epochen verkörpern:

---

[12] »Wir sind alles Freiwillige«, Lied des 1. Fremdenregiments (1er RE) der Fremdenlegion. »Wir marschieren fröhlich im Gleichschritt, Wind und Regen zum Trotz. Die besten Soldaten Frankreichs ...«

[13] Lied des 1. Bataillons des 1er REI aus der zweiten Epoche 1940–1954. »Der aufgehenden Sonne entgegen marschierend, den Kopf erhoben, die Haare im Wind. Sei stolz auf dein Bataillon, Legionär! Das 1. der Legion!«

[14] Frei übersetzt: Mutterhaus der Fremdenlegion

[15] Colonel (Oberst) Viénot war einst Chef de Corps (Regimentskommandeur) des 1er Régiment de la Légion Étrangère, des 1. Regiments der Fremdenlegion

Das monument aux morts. (Foto: Davide Besta)

- Erste Epoche von der Gründung der Fremdenlegion (der 10. März 1831 gilt als offizielles Datum für die Aufstellung der Fremdenlegion) bis hin zu den Feldzügen auf der Halbinsel Krim (1854–1856) und dem Krieg in Italien (1859).
- Zweite Epoche mit dem mexikanischen Engagement (1863–1867).
- Dritte Epoche mit den kolonialen Eroberungen um die Jahrhundertwende.
- Vierte Epoche mit dem Ersten Weltkrieg (1914–1918).

Die Skulpturen waren aus Bronze, und jede einzelne wog an die drei Tonnen. Die Erdteile des Globus zeigten vergoldet Meilensteine aus der Geschichte der Fremdenlegion. Auf dem Mausoleum, dessen Kern aus Beton und dessen Äußeres aus Onyx bestand, einem quarzähnlichem Mineral, stand in goldenen Lettern:

La Légion à ses morts 1831–1931, später hinzugefügt wurden noch die Jahreszahlen 1931-1981. Auf der anderen Seite des Monuments ist der Wahlspruch der Legion zu lesen: Honneur et Fidélité, Ehre und Treue. Man munkelt, dass in das Grabmal erbeutete Waffen, vor allem aber auch Munition eingelassen wurden. Das fertige Ehrenmal wog mehr als 60 Tonnen (manche reden sogar von 80 Tonnen), und es war wahrhaftig außergewöhnlich.

Am Ende des »voie sacrée« ragt das monument aux morts in den Himmel.

Zwar stammte die Idee für dieses Ehrenmal von General Rollet, und für den Entwurf und die künstlerische Fertigung zeichneten ein bekannter Maler sowie ein Bildhauer verantwortlich, doch war es letztlich der einfache Legionär, der mit seiner Arbeitskraft die Verwirklichung dieses Werkes erst möglich gemacht hatte.

Als Algerien die Unabhängigkeit erlangte, wurde das Ehrenmal 1962 von Sidi-Bel-Abbès nach Aubagne transferiert, wo es am Ende des voie sacrée[16] in den Himmel ragt. Man kann sich vorstellen, dass ich im Laufe der Jahre oft nach Aubagne kam. Jedes Mal wirkte dieses Ehrenmal wie ein Schock auf mich, vor allem, weil ich um seine Geschichte wusste. Immer empfand ich bei seinem Anblick ähnlich: Anfangs will ich es ignorieren, weil es wie ein Ding aus einer fremden Welt anmutet. Je näher ich dann komme, desto mehr rückt es ins Zentrum meiner Betrachtung, bis es mich schließlich völlig fesselt, bis alles andere daneben verblasst.

---

[16] Wörtlich: Heiliger Weg. Hier ist der Weg gemeint, der kurz hinter dem Kaserneneingang beginnt und direkt über den Paradeplatz zum monument aux morts führt.

* * *

Die Zeit im 1er RE ist mir nur vage in Erinnerung geblieben. Unser Gebäude im Quartier war etwas abseits und wir wurden so von den schon echten Legionären regelrecht abgeschirmt. Wir trugen muffige Sportanzüge, und in der dritten Woche auch schon das grüne Beret (natürlich nicht zusammen), doch soviel ich mich erinnere beides ohne irgendwelche distinkten Abzeichen. Vom képi blanc als Kopfbedeckung konnten wir zu dieser Zeit nur träumen.

Alles in allem war ich ungefähr 23 Tage in Aubagne. Für jede neu angebrochene Woche – je nachdem, in welcher Rekrutierungsphase wir uns gerade befanden – bekamen wir andersfarbige Litzen. Gelb in der ersten Woche, gefolgt von Grün und dann Rot. Rot bedeutete damals, dass bisher alle Tests erfolgreich durchgeführt wurden und einer weiteren Verwendung, d. h. der Versetzung nach Castelnaudary, nichts mehr im Wege stand. Das Gebäude, in dem wir untergebracht waren, es war der Sitz der ehemaligen PILE[17] Süd, hatte zwei Etagen. Ganz oben waren irgendwelche Büros, die wir nie zu Gesicht bekamen. Wenn wir über die Männer sprachen, die dort ein und aus gingen, wurden unsere Stimmen merkwürdig leise. »Mit denen ist nicht gut Kirschen essen!«, sagte ein Marokkaner zu mir.

Es war derselbe, der mich Tags darauf wegen einer unsinnigen Kleinigkeit mit einem Messer bedrohte. Vielleicht war er ein guter Messerkämpfer, aber vom Faustkampf hatte er wohl nie etwas gehört. Unser Disput endete damit, dass sein Opinel[18] irgendwo unter dem Tisch landete und er einige Tage lang ein blaues Auge zur Schau stellte.

Von meinem Fenster aus konnte ich die Berge sehen. Nachts zirpten die Zikaden, und ein warmer, milder Wind vom Mittelmeer lockte verheißungsvoll. Irgendwo hinter diesem Meer lag meine Zukunft. Ich wollte plötzlich nicht mehr warten, sondern alles auf einmal haben. Ich war schon weit weg von Zuhause, wurde aber von einem unwiderstehlichen Fernweh gepackt. Was ich genau suchte? Ich weiß es nicht! Vielleicht hatte mir folgender Vers von einem Autor, dessen Name mir jetzt nicht einfällt, den Kopf verdreht:

»... hinter den Lichtern einer fernen, fernen Stadt, schlummert meine Liebe im Verborgenen, also gab ich meinem Herzen einen festen, festen Stoss und begab mich auf die Wanderung um die nächste Straßenbiegung!«

Ich glaube, diese Zeilen in einem Buch von Louis L'Amour gelesen zu haben, dessen Bücher ich in frühester Kindheit regelrecht verschlungen hatte.

»Wach auf, Gast!« Ich hatte mit offenen Augen geträumt. »Der Sergent de semaine (Unteroffizier vom Dienst) will dich sehen!« Chef d'étage Schmidt, ein Deutscher Intellektueller, der ein paar Tage darauf desertierte, stand offenen Mundes vor mir. »Sieht reichlich nach Ärger aus!« Der Chef d'étage, meist ein Frankophone, also ein bereits französisch sprechender Leidensgenosse, der dadurch Punkte sammelte, dass er uns bis aufs Blut mit nicht enden wollenden Arbeiten, den sogenannten corvées, triezte, schob sich ins Zimmer. Hinter ihm erschien schon eine wuchtige Gestalt, in der ich den Sergent de semaine erkannte.

---

[17] Poste d'Information de la Légion Étrangère, Informationsstelle der Fremdenlegion.
[18] Kleines Brotzeitmesser mit einem hölzernen, nussbraunen Griff.

»Mokhtar, der Marokkaner, ist spurlos verschwunden!«, verkündete er mit seinem belgischen Akzent. Er studierte mein Gesicht genau, während er dies sagte. »Du hast nicht zufällig 'ne Ahnung, warum und weshalb?«

Ich begriff sofort. Die Meinungsverschiedenheit zwischen mir und Mokhtar hatte die Runde gemacht. Leugnen war wohl das Dümmste, was ich tun konnte, und so erzählte ich ihm, was geschehen war, obwohl ich wusste, dass eine Schlägerei die sofortige Entlassung zur Folge haben konnte – zumindest in der Phase, in der wir uns damals befanden. Vielleicht täuschte ich mich, aber ich glaubte, in den Augen des Mannes vor mir einen Ausdruck von Genugtuung und stillschweigender Anerkennung zu sehen. Die Sache ging für mich glimpflich aus, denn ich hörte nie wieder etwas von dem Vorfall.

Die nächsten Tage wurden von zahlreichen Arbeiten geprägt: Corvée chiot (Toiletten reinigen), corvée quartier (den Exerzierplatz und die Wege um das Gebäude von Zigarettenkippen und sonstigen Relikten säubern), corvée foyer (Reinigen der Kantine) und corvée ordinaire (Reinigen des Speisesaals). Natürlich gab es auch Arbeiten außerhalb vom Quartier Viénot, beispielsweise in Puyloubier. Diese Institution der Invaliden der Fremdenlegion[19] hatte mich damals zutiefst beeindruckt, und das tut sie auch heute noch.

---

[19] L'Institution des Invalides de la Légion Étrangère in Puyloubier, Domaine Capitaine Danjou. Die IILE wurde 1954 ins Leben gerufen. Ihr ursprünglicher Zweck war es, die verwundeten Veteranen des Indochinakrieges aufzunehmen. Die Einrichtung beherbergt heute neben Invaliden aber auch gesunde Anciens – Ex-Legionäre, die heimatlos sind oder sich schlicht mit der Integration in das Zivilleben schwer tun. Wer hier aufgenommen wird, erhält in der Regel ein Einzelzimmer und wird in mustergültiger Art und Weise ärztlich betreut. Den Bewohnern steht ein Restaurant zur Verfügung, es gibt verschiedene Freizeitangebote und die Möglichkeit, zu arbeiten. Der Wein, welcher auf der Domäne selbst hergestellt wird, wird zum größten Teil an die verschiedenen Regimenter der Legion in Frankreich und in Übersee geliefert. Er ist aber auch vor Ort (oder via Internet) käuflich zu erwerben.

Gedenktafel für die gefallenen Legionäre in Puyloubier. (Foto: Davide Besta)

Allein diese Idee: Großartig! Obwohl ich gekommen war, um dort den Küchenboden zu schrubben, diverse Küchengeräte zu reinigen, Essensreste von schmutzigen Tablettes zu fegen und den Müll zu entsorgen, konnte ich nicht umhin, die alten Legionäre, die hier wohnten, zu bewundern. Die Legion bot ihnen hier – wieder, möchte ich sagen – eine Heimat. Sicherlich hatten sie es im Leben nicht leicht gehabt, hier aber blühten sie auf. Ein Lächeln hier, ein freundliche Begrüßung da – ich sah nur ausgeglichene Gesichter. Tagsüber – sofern ihre Gesundheit dies zuließ – fabrizierten sie Keramik: Tassen, Teller und Krüge. Sie widmeten sich der Landwirtschaft oder arbeiteten in den Weinbergen (Syrahs, Cabernet-Sauvignons und Grenaches), wo sie den süffigen Puyloubier herstellten. Auch Olivenöl wurde produziert! Es war und ist eine Anlaufstation für diejenigen, die der Legion gedient hatten (nicht sich der Legion bedient!) und die sich, vielleicht auch auf Grund ihres Einzelgängertums und ihrer militärischen Vergangenheit und Veranlagung, mit der Eingliederung ins Zivilleben schwer taten oder gar daran scheiterten.

Es waren anciens, Ehemalige, Veteranen, meist große, eckige und stille Männer. Viele von ihnen waren Kämpfer im Indochinakrieg gewesen, hatten zwischen 1954 und 1961 in Algerien (Krieg um die Unabhängigkeit Algeriens) gedient oder beides. Ohne Ironie nannte man sie auch les sentinelles du soir, die Wächter des Abends.

Legio Patria Nostra ... Das machte Sinn, besonders, wenn man die Worte auf die IILE bezog! Eines Tages schließlich gab es eine ganze Reihe von Tests. Hauptsächlich wurden bei diesen Tests die Urteilsfähigkeit, eine gewisse Portion Logik sowie auch die emotionale Seite der Kandidaten geprüft. Ich erinnere mich an irgendwelche Zahnräder, die sich in alle Richtungen dreh-

In der Domaine Capitaine Danjou bauen Ex-Legionäre den süffigen Puyloubier an. (Foto: Davide Besta)

ten, nur nicht in die, die ich vermutet hätte. Ich war eher praktischer Natur, und ich fürchtete nach diesen Tests schon eine mittlere Katastrophe.

Danach kamen die ärztlichen und sportlichen Examen. Diese zu bestehen, hatte ich keine Angst. Bevor ich nach Straßburg fuhr, hatte ich mir acht Wochen lang durch morgendliche Waldläufe und eine recht spartanische Lebensweise den notwendigen Schliff gegeben. Deshalb empfand ich das, was man von mir forderte, als machbar.

Langsam wurde es ernst, und ich fürchtete schon, am Horizont dunkle Wolken aufziehen zu sehen. Man hörte so einiges, vor allem von der »Gestapo« ... Wir nannten sie so, die BSLE[20]. Die Gestapo, munkelte man schon damals, war Teil des französischen Geheimdienstes. Kameraden versprachen mir ein Kreuzverhör, wie es schlimmer nicht sein konnte.

Die Gestapo hatte ihre Räume im obersten Stockwerk unseres Gebäudes. Zweimal insgesamt mussten wir diese Örtlichkeiten betreten, wobei beim zweiten Mal schon feststand, ob man bleiben durfte oder wieder mit dem Zug dorthin zurückgeschickt wurde, wo man angeheuert hatte.

Als ich auf Geheiß einen der Räume betrat, ahnte ich, dass der Mann vor mir längst alles über mich wusste.

»Hast du jemals schon Drogen genommen?«

Ein Caporal-Chef, der hinter ihm stand, übersetzte.

»Haschisch«, gab ich zu, während die Angst mir die Kehle zuschnürte.

»Politisch aktiv?« Er hob seinen Blick von meiner Akte und sah mich zum ersten Mal direkt an. »Nein, so siehst du nicht aus! Sag mir, bist du homosexuell, hattest du was mit Männern?«

Ich sah also nicht so aus wie ein Politiker, möglicherweise aber wie ein Schwuler!?

Der Caporal-Chef grinste. »Ein bisschen Spaß muss sein. Der Chef (Sergent-Chef) meint das nicht so. Sag einfach ja oder nein.«

»Natürlich nicht«, erwiderte ich einerseits empört und andererseits erleichtert. Erleichtert war ich deshalb, weil der Caporal-Chef einen Dialekt sprach, den ich nur allzu gut kannte.

»Nun denn«, sagte der Sergent-Chef mit dem Ansatz eines Lächelns. »Um so besser. Wie sieht es bei dir mit Vorstrafen aus?«

Meine Erleichterung wich purem Entsetzen. Mit zwölf hatte ich mal ein Zwanzig-Liter-Bierfass gemopst. Der Lastwagen einer Brauerei hatte des Nachts einen Unfall auf der Autobahn direkt hinter unserem Garten. Die Bierfässer lagen über die ganze Wiese zerstreut, und der Biergeruch lockte alle Anwohner aus den Häusern. Wir waren eine kinderreiche Familie und alles andere als wohlhabend, im Gegenteil. Armut bestimmte unseren Alltag. Meine Mutter hatte immer für alles im Leben kämpfen müssen. Das Wort Vater stand nicht in meinem Lexikon, es war für mich ein Fremdwort. Bei uns gab's drei Mal die Woche Brotsuppe, und ich musste mir lustige Sticker aus Stoff auf die schon viel zu kurzen Hosen nähen, um so die Löcher darunter zu verstecken. Neue kaufen kam gar nicht in Frage.

Als mich meine Mutter in dieser Nacht mit Schubkarre und Taschenlampe bewaffnet losschickte, sah ich an ihrem Blick schon, dass ich hier etwas tat, was nicht ganz amtlich war,

---

[20] Bureau des Statistiques de la Légion Étrangère, wörtlich übersetzt: Büro der Statistik der Fremdenlegion. Von uns Gestapo (Geheime Staatspolizei) genannt.

doch ich sah auch die Not hinter diesem Blick – ein Fass Bier konnte man verkaufen, und das bedeutete, dass vielleicht am Sonntag ein wenig Fleisch auf den Teller kam. So zögerte ich keine Sekunde. Draußen angekommen, stellte ich rasch fest, dass ich nicht der einzige war.

Tags darauf sammelte die Polizei in sämtlichen Häusern im Umkreis von mehreren hundert Metern dann alle Fässer wieder ein. Ein mysteriöser Beobachter hatte wohl eine Liste geführt und alle verpfiffen. So viel zu meinen Vorstrafen.

Zu meiner größten Überraschung lachte der Sergent-Chef ebenso laut wie der Caporal-Chef, als ich ihnen davon erzählte.

* * *

Bezüglich der CAPLE[21], deren Dach man von hier aus durch die Pinienheide schimmern sehen konnte, eine, besser gesagt zwei Anekdoten.

Die eines Deutschen nämlich, der sich bei der Legion bis zum Offizier hochgearbeitet hatte und welcher eine der markantesten Figuren der Legion unserer damaligen Epoche war. Nennen wir ihn Grünewald[22]. Es ging um die Geschichte eines Caporals, auf den nach seiner Rückkehr aus Übersee statt Urlaub eine satte Gefängnisstrafe wartete, und danach vielleicht die nicht gerade rühmliche Entlassung. Was er angestellt hatte, um so in die Klemme zu geraten, weiß heute keiner mehr so genau. Ist aber auch nicht so wichtig. Als sich dieser Caporal also bei Capitaine Grünewald zum Rapport meldete und ihn dieser mit »Repos et bonjour mon fils, qu'est-ce que tu as branlé encore la bas? – Guten Tag, mein Junge, was hast du denn da drüben wieder angestellt?« empfing, antwortete der Caporal mutig und frech mit »Bonjour mon père – Guten Tag, mein Vater«, was eine ungeheuerliche Anmaßung war, und erzählte ihm dann die ganze Geschichte und wie diese sich zugetragen hatte.

Der Capitaine soll ob des Mutes so von dem Caporal beeindruckt gewesen sein, dass er sofort an seine Bar ging, den besten Cognac und zwei Gläser herausholte und mit diesem anstieß. Danach genügte ein Anruf an höchster Stelle, und die Sache mit dem Knast und der Entlassung war Schnee von gestern. Der Caporal hatte stattdessen Urlaub bekommen.

* * *

Es gab im Quartier Viénot eine Straße, die nach eben diesem Capitaine benannt war, die Grünewald-Straße! Capitaine Grünewald war einst ein REP-Mann, hatte sich sozusagen seine Sporen in Calvi verdient. Von seinem Fenster in der CAPLE aus hatte nun der Capitaine die beste Sicht auf seine Straße. Diese lag unweit des Museums der Fremdenlegion. Jedem verbot er, sie zu benutzen. Jedem – außer Legionären des 2e REP. Benutzte ein anderer sie, holte Grünewald seinen Luftdruck-Karabiner hervor und schoss ohne zu zögern auf diesen »Flegel«.

Doch das nur am Rande.

---

[21] Compagnie Administrative et de Passage de la Legion Étrangère, temporäre Übergangsstelle bei Versetzungen, Kommandierungen, etc.
[22] Name fiktiv

* * *

Nun – wir trugen bereits die roten Litzen – hieß es nach Einbruch der Dunkelheit Wache schieben. Es war, so empfand ich es zumindest, reine Schikane. Schikane mit Hintergrund, allerdings! Wir lernten so, uns in Geduld zu üben, schon auch mal Verantwortung zu übernehmen. Vielleicht wollte man auch dem einen oder anderen noch die Gelegenheit geben, das Weite zu suchen. Waffen hatten wir keine, dafür aber alte Parkas, die, dem Aussehen nach noch aus der Zeit der Grabenkriege stammend, nicht mehr ganz nach Rosen dufteten und bei Regen nichts taugten.

Angesichts der Tatsache aber, dass der Spuk Aubagne bald zu Ende sein würde, war uns das so ziemlich egal. Mit geschwellter Brust nahmen wir unsere Standardausrüstung und Bekleidung in Empfang. Der Tag, an dem wir das begehrte képi blanc tragen durften, rückte mit riesigen Schritten näher.

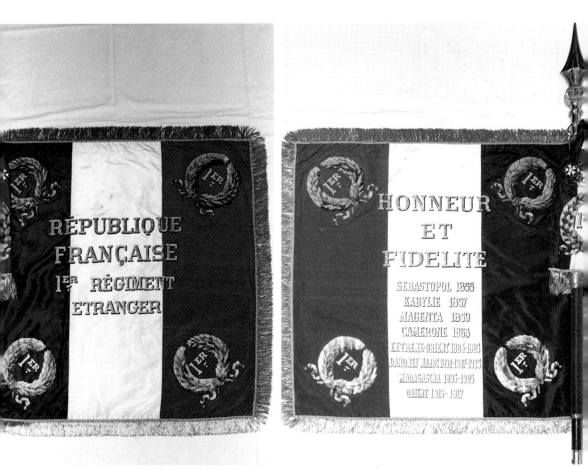

Vorder- und Rückseite der Fahne des 1er Régiment Étrangere.

4ème Régiment Étranger (4e RE)

»A travers pierres et dunes,
S'en vont les képis blancs,
Sous le soleil, clair de lune,
Nous marchons en chantant,
Vers Bechar ou vers Casa,
Dans toutes les directions,
Nous repartons au combat,
Pour la gloire de la Légion.«[23]
Marschlied des 4e RE

»La rue appartient à celui qui y descend.
La rue appartient au drapeau des képis blancs.«
Aus »Képi Blanc«[24]

Castelnaudary, März 1985

Castelnaudary verkörperte für mich vom ersten Augenblick an eine Tür, die ich nur leicht anzustupsen brauchte, um sofort beide Beine im Wasser zu haben. Wasser, das bedeutete in diesem Fall Mittelmeer, und Mittelmeer bedeutete für mich das Sprungbrett zu den Abenteuern, von denen ich damals träumte.

Dieses schöne Städtchen in der Region Languedoc-Roussillon, das damals etwa zehntausend Einwohner zählte, unterschied sich auf den ersten Blick nicht sehr von den anderen Orten. Ein typisches Provinz-Städtchen halt, bekannt für sein hervorragendes Cassoulet, den im Backofen gegarten Eintopf aus Bohnen, Speck, Schweinefleisch und leckeren Würstchen.

Abzeichen des 4e RE.

Der canal de midi sowie die Brüder Spanghero, die zu den besten Rugbyspielern zählten, die je für Frankreich spielten, verliehen dem Ort seine besondere Note, doch wirklich weltbekannt wurde er erst, nachdem 1976 die Fremdenlegion hier ihre Zelte aufgeschlagen hatte.

Den Rucksack sowie den schweren Seesack mussten wir vom Bahnhof bis zum Quartier tragen. Das Quartier Lapasset war winzig. Winzig von der Fläche des Kasernengeländes her als auch von der Stärke der hier stationierten Kräfte: Eine Kompanie für die Ausbildung der Kader (CIC); drei Ausbildungskompanien für die neuen Rekruten (CEV) und eine Stabs- und Versorgungskompanie (CCSR).

---

[23] »Über Steine und Dünen hinweg ziehen die weißen Käppis, unter der heißen Sonne und im Mondschein marschieren wir singend nach Béchar oder nach Casa. In jede Richtung ziehen wir entschlossen in den Kampf, für den Ruhm der Fremdenlegion.« (Bechar = Colomb Bechar, Stadt in Algerien; Casa = Casablanca)

[24] Traditionslied des 4e RE, ursprünglich deutsches Panzerlied »Ob's stürmt oder schneit«, 1933, Oberleutnant Kurt Wiehle. »Die Strasse gehört dem, der über sie hinweg marschiert. Die Strasse gehört dem Banner der weißen Käppis.«

Der Chef der ersten Kompanie, in die ich versetzt wurde, war ein vierschrötiger deutscher Hauptmann. Er sah aus, wie man sich einen Vorgesetzten der Fremdenlegion vorstellt: Groß, bullig und mit einem energischen Kinn, das wilde Entschlossenheit ausdrückte. Der ganze Mann eine Mischung aus Kraft und Ausdauer pur, gepaart mit Unerschrockenheit und Intelligenz. Sein Gesicht glich dem einer Bulldogge. Mein erstes Fazit: Ein Mann, mit dem man sich besser nicht anlegt!

Später, als ich ihn etwas besser kannte, wurde ich noch mehr in dieser Ansicht bestärkt, doch ich erfuhr auch, dass hinter dieser harten Schale eine durchaus umgängliche Seele steckte. Heustenbach, so wollen wir ihn nennen, hatte sich schon zu Lebzeiten einen Namen in der Legion gemacht, hatte er es doch vom simplen Legionär bis zum Offizier, zum Hauptmann gebracht. Er war aber zu dieser Zeit bereits am Ende seiner Karriere angelangt und nahm schon kurz darauf seinen wohlverdienten Abschied (retraite). Ich höre seine Stimme heute noch klar und deutlich, wie er einmal ironisch und vielleicht leicht verbittert auf Deutsch zu mir meinte: »Die Legion kann einen wie mich gar nicht in Rente schicken, denn wenn sie mich zur Tür rausschmeißen, klettere ich vom Fenster wieder rein, und das so lange, bis sie mich in Ruhe lassen und ich bleiben darf!« Capitaine Heustenbach kam, wenn ich richtig informiert bin, ein paar Jahre später in Kuwait als Zivilist beim Entschärfen einer Mine ums Leben.

Kurz, und damit kein Missverständnis aufkommt, sei hier (wieder unter dem Vorbehalt, dass meine Informationen den Tatsachen entsprechen) erwähnt, dass der Putschversuch des 1er REP im April 1961 in Alger (Algerien) mit einer der Auslöser dafür war, dass man sagte: Jeder Offizier, der eine Kampfeinheit unter seinem Befehl hat, muss Franzose sein, Franzose von Geburt. Das ist eine Version, die zumindest inoffiziell ihre Runden machte. Eine, mit der man leben konnte. Ich nehme an, dass dahinter natürlich auch politische Motive noch eine Rolle spielten, was nur verständlich wäre. Weiterhin war es aber dennoch jedem Interessenten – ob Franzose oder nicht – möglich, bei Eignung in der Fremdenlegion Offizier zu werden und es bis hin zum Dienstgrad eines Commandant oder Lieutenant-Colonel zu bringen.

Unsere Bleibe für die nächsten vier Monate war ein Saal, in dem 45 Betten standen, jeweils drei übereinander. Der Boden war eine Zumutung aus knarrenden Holzdielen und die Enge beängstigend. Egal wohin man sich auch drehte, immer stieß man jemanden oder eckte irgendwo an. Die Luft war stickig, und es herrschte eine Stimmung ganz besonderer Art.

Auf engsten Raum waren hier Männer aus über fünfzehn Nationen zusammengepfercht, die sich nie vorher gesehen und die keine gemeinsame Sprache hatten. Chinesen, Engländer, Japaner, Afrikaner, Skandinavier, Russen, Peruaner ... und, und, und. Und Deutsche.

Männer verschiedener Rassen und verschiedener Religionen, junge Männer und alte, einsame Wölfe und Schafe, die sich nur in der Menge behaupten konnten. Männer aus verschiedenen sozialen Schichten. Ehemalige Direktoren und Straßenfeger, leitende Angestellte und Vagabunden, Bordellbesitzer und gescheiterte Theologen, Metzger und Anwälte, ehemalige Soldaten und solche, die nicht wussten, dass eine Waffe töten konnte. Wir hatten, wie ich erfahren sollte, auch einen Offizier, den Piloten einer MiG 24 unter uns. Männer, deren Motive für den Eintritt in die Legion ebenso verschieden waren wie Sonne und Mond. Und nun sollten sie sich vier Monate lang alles teilen, sich vertrauen, durch Schweiß und Blut eine Einheit werden, im Guten wie im Bösen?

Hier in diesem Saal bildeten sich auch die ersten Gruppen: In einer Ecke die Rumänen, eine Art Mafia unter sich, in der anderen Engländer, die schon auf den Falklandinseln zusammen Tee getrunken hatten. Etwas weiter ehemalige Fallschirmjäger der Französischen Armee, die unter kanadischer oder belgischer Nationalität angeheuert hatten, und irgendwo dazwischen einige schüchterne Asiaten und neugierige Einzelgänger wie ich.

Dies war ein Ort, an dem man sich vorsehen musste, das wurde mir sofort klar. Vor allem nachts, wenn die Ausbilder gerne mal ein Auge zudrückten und mal hier und mal da die Fetzen flogen. Meine Überlegung dazu war einfach: Behaupte dich oder werde dominiert!

✳ ✳ ✳

»In jedem Zug hängt sich einer auf, bevor es auf die Farmen geht!« Der Engländer war mir auf Anhieb sympathisch. Etwas schwerfällig reichte er mir die Hand. Dabei sah er zur Decke hoch, wo er wohl glaubte, an deren hölzernen Balken noch ein Seil pendeln zu sehen.

Natürlich glaubte ich ihm kein Wort. Diese und ähnliche Geschichten hatte ich zwar auch schon gehört, aber für mich waren das allenfalls Märchen. Ich fühlte mich mental stark genug, um dem Druck standzuhalten und die an mich gestellten Anforderungen zu erfüllen. Stark genug, selbst außergewöhnliche Schikanen, die möglicherweise auf mich zukommen würden, durchzustehen. Ich wurde nur dann schwach, wenn es persönlich wurde. Persönlich wurde es für mich beispielsweise immer dann, wenn Rassismus ins Spiel kam. Doch dem bin ich in der Legion nie begegnet. Manchmal, vor allem hier in Castel, hatte ich natürlich Zweifel. In solchen Augenblicken hielt ich mir mein Ziel vor Augen, und das war, so lächerlich es damals klingen mochte: Zugführer in der Fremdenlegion werden!

»Thompson«, sagte der Engländer mit dem Ansatz eines Lächelns und reichte mir seine Hand. »Wenn du Ärger hast, dann ruf mich. Mein Bett und mein Spind sind unterm Fenster dort.« Mehr sagte er nicht. Er war kein sehr gesprächiger Geselle. Mir fiel auf, dass die meisten einen respektvollen Bogen um ihn machten. Vielleicht war es, weil er gut und gerne hundertzehn gut verteilte Kilo auf die Waage brachte und sich dennoch tänzelnd leicht und sicher bewegte.

Ich wurde in meinen Gedanken abgelenkt, weil plötzlich ein Wirbelwind zur Tür herein gefegt kam: »S 2 vorm Gebäude antreten!« Wir sahen uns gegenseitig fragend an. »Und zwar im Sportzeug. Kurze Hose, Turnschuhe, Seife und das Handtuch nicht vergessen.«

So brachten wir in Erfahrung, dass wir dem zweiten Zug angehörten. Auf dem Exerzierplatz angekommen, stand schon wieder der irische Caporal, der Wirbelwind vor uns. Er war knapp einen Kopf kleiner als ich. So ein Energiebündel hatte ich noch nie gesehen. »En position! Solange der Zug nicht vollständig ist, wird gepumpt. En bas, a haut, en bas, a haut – runter, rauf!« Und so ging es in einem fort. Pumpen, les pompes, das hieß Liegestützen machen. Zwischendurch fegte der Caporal durch unsere Reihen und verteilte Fußtritte[25]. »En bas, a haut!« Als die Nachzügler endlich die Treppe heruntergestürmt kamen, lagen wir alle längst mit der Nase im Dreck. In unseren Armen war Pudding, und die Moral focht ihren ersten schweren Kampf aus. Der Einzige, der immer noch im Takt und unbeirrbar wie eine Lokomotive Liegestütze machte, war Thompson. Er kam mir vor wie ein Dampfer, der seelenruhig seine Bahnen zog, obwohl die See um ihn herum tobte.

Als ich es einmal wagte, den Kopf zu heben, fiel mein Blick auf ein geöffnetes Fenster, in dessen Rahmen eine große Gestalt mit kaltem Grinsen zu uns hinabstarrte: Capitaine Heustenbach!

***

Die Duschen waren nicht im Gebäude, sondern dahinter. Im Laufschritt legten wir die knappen hundert Meter zurück, nur um zu erfahren, dass wir genau drei Minuten Zeit hatten, uns zu duschen und wieder anzutreten.

Am nächsten Tag bekamen wir die Zusatzausrüstung. Die Bekleidungskammer lag außerhalb der Kaserne, und wieder waren wir im Laufschritt und in einer sauberen Reihe unterwegs. Das wohl markanteste Teil der Ausrüstung war der sogenannte trois-quarts, ein Dreiviertel-Mantel – bis knapp über die Knie reichend – von dunkelbrauner Farbe. Dick, schwer und im Spind den meisten Platz einnehmend, hatten wir ihn nie benutzt.

Es stellte sich bald heraus, dass der eigentliche Zweck der Grundausbildung in Castelnaudary nicht der war, schon hier hervorragende Soldaten aus uns zu machen. Hier sollte uns die Seele der Fremdenlegion eingehaucht werden: Disziplin, Tradition, Lieder der Legion, Respekt den Vorgesetzten gegenüber, Erlernen des code d'honneur du légionnaire[26] und der französischen Sprache. Auch sollten wir hier schon mal mit einigen Waffen vertraut gemacht werden, und nicht zuletzt eine akzeptable körperliche Fitness erlangen.

Die binômage spielte beim Erlernen der französischen Sprache eine entscheidende Rolle. Binôme heißt frei übersetzt »Paar«. Das binôme war und ist sozusagen die Basis für die erfolgreiche Eingliederung in die Familie. Die Sache erschien zunächst einfach. Jedem, der nicht der französischen Sprache mächtig war, wurde von Beginn an ein binôme zugeteilt. Das war meist ein Franzose oder zumindest ein Französisch sprechender Legionär. Ständig klebten die beiden von nun an zusammen, wobei es die Aufgabe des Französisch Sprechenden war, dem anderen alles zu übersetzten, und zwar so, dass es den normalen Tagesablauf nicht beeinträchtigte. Und nun die Kehrseite für den Armen: Wenn ich zum Beispiel der Ausbildung nicht folgen konnte, weil ich das ein oder andere Wort nicht verstand, dann wurde mein binôme zur Rechenschaft gezogen, und Gnade ihm Gott. Mit einem Satz heißer Ohren war es dann keineswegs immer getan! Entging mir immer noch der Text eines Liedes oder sprach ich Wörter falsch aus, verbrachten er und ich unsere Nächte, die eh schon kurz genug waren, damit, bei Kerzenlicht das aufzuarbeiten, was die anderen uns schon voraushatten. In Sachen Sprache war er also für mich ein wandelndes Lexikon. Geht es dann nach einigen Wochen zum ersten Mal in die Stadt, läuft nicht ein hübsches braunhaariges Mädchen aus der Provinz an meiner

---

[25] Mit dieser Art Schikane konnte ich umgehen. Mir war sehr bewusst, dass es ohne nicht ging. Dieser Fußtritt soll in Wirklichkeit nicht sagen: »Ich will dir wehtun«, er soll vielmehr vermitteln, dass hier ein gemeinsames Ziel erreicht werden soll. Aus jedem von uns sollte später in den Regimentern ein professioneller Soldat werden. Als solcher im scharfen Einsatz muss man agieren, reagieren, auf Zack sein und versuchen, als Sieger das Gefechtsfeld zu verlassen. Ein Fußtritt in der Ausbildung hat, wenn man es aus dieser Perspektive sieht, vielleicht Jahre später so manch ein Leben gerettet! Veteranen können mich darin nur bestätigen. Es gibt auch Gefechtsfelder, auf denen keine Kugeln hin und her fliegen: Das ganze Leben ist eins! Der Kandidat, den ein Fußtritt hier und da jetzt schon aus der Bahn warf, war für alle Gefechtsfelder des Lebens ungeeignet.

[26] Ehrencodex (siehe Anhang)

Seite, sondern mein ruppiger binôme, der mir sagt, wie ich auf französisch ein Bier bestelle oder ein paar umständliche Worte auf ein Stück Papier kritzle, um sie doch noch einem Mädchen heimlich zuzustecken. Den ceinture bleue[27] – ich sage hier »den«, obwohl das Wort im Französischen feminin ist – zum Beispiel kann man nur mit einem binôme anlegen, und im Einsatz ist das binôme-Paar unzertrennlich. Der eine ist des anderen Lebensversicherung!

* * *

»As-tu vu le fanion du légionnaire,
As-tu vu le fanion de la Légion,
On nous appelle les fortes têtes,
On a mauvaise réputation,
Mais on s'en fout comme d'une musette,
On est fier d'être à la Légion, à la
Légion ...«
Aus »Le fanion de la Légion«[28]

Dieses Lied, es war das erste, welches man uns beibrachte, noch lange vor dem Regimentslied, wird mich wohl verfolgen bis ins Grab. Unser Zugführer, ein spanischer Adjudant-Chef mit einem Dali-Bart und dem Temperament eines Stierkämpfers, liebte dieses Lied, während uns ein Schauer über den Rücken lief, wenn er nach dem Abendessen (La légion est dure mais la gamelle est sûre – Die Legion ist hart, aber zu essen kriegt jeder!) mit mächtiger Bassstimme rief: »Garde vous! Le ton!«
Im Kreis marschierend, sangen wir es einmal, fünfmal, wir sangen es noch, als um Mitternacht die Wache ihre Runden im Quartier drehte. Wer dann dachte, es sei Schluss, täuschte sich gewaltig. Ausgerüstet mit einer savon de Marseille, der Kernseife aus der gleichnamigen Stadt, und einer Bürste, hieß es Klamotten waschen und zum Trocknen aufhängen. Lag man dann endlich im Bett, im Saal, in dem es nach Schweiß und anderen Ausdünstungen roch, kam das Unausweichliche: Das Gemurmel flüsternder Stimmen und die Querelen der Legionäre untereinander. Einige Abrechnungen und Einschüchterungsversuche, bis dann kurz vor Sonnenaufgang endlich Ruhe einkehrte. Kurz bevor wir zur Farm Bel-Air verlegten, kam es zu einem kleinen Zwischenfall, der mir bis heute eine Lehre ist, und mein Lehrer war niemand anderer als Thompson, der längst mehr für mich war als nur ein Kumpel: Wir waren Freunde geworden!
Jeder von uns besaß damals zwei paar Stiefel – Rangers, die wir sorgsam hegten und pflegten. War der Kampfanzug zu groß und fielen die Handschuhe zu klein aus, so war das kein Beinbruch, die Stiefel aber, das war 'ne andere Geschichte. Gut sitzende Stiefel waren ebenso wichtig wie das tägliche Abendbrot. Passten sie nicht, konnte das ins Auge gehen.

---

[27] Blauer Gürtel, bis 1882 zum Schutz der Nieren und inneren Organe gedacht und unter der Uniform getragen, heute ein nicht wegzudenkendes Attribut der Parade- und Wachuniform.
[28] Le fanion de la Légion – Die Flagge der Legion, Traditionslied der Fremdenlegion von 1930. »Hast du das Banner der Legionäre gesehen? Schau hin, die Flagge der Fremdenlegion! Man nennt uns alle Sturköpfe! Wir haben einen schlechten Ruf! Doch all das ist uns egal. Denn wir sind stolz darauf, bei der Legion zu sein.«

Ich saß gerade auf der Treppe, die hinauf in unseren Saal führte, und polierte meine Kampfstiefel, als ein Schatten auf mich fiel. »Schön von dir, dass du mir die Arbeit ersparst!« Es waren Erdogan und sein binôme. Erdogan war Türke. Ein Boxer, ein Straßenkämpfer übelster Sorte. Instinktiv sah ich an ihm vorbei, und tatsächlich: Sein bester Freund lümmelte scheinheilig ein paar Stufen tiefer herum, während er sorgfältig den Treppenaufgang überwachte, und ein weiterer Kumpel kontrollierte das darüber liegende Stockwerk. Sie waren zu dritt! Ich wollte aufstehen, doch Erdogan drückte mich mit beiden Händen auf die hölzernen Stufen zurück. Es roch nicht nach Ärger, der Ärger war schon längst da.

»Was willst du von mir?« Ich versuchte, meiner Stimme einen festen Klang zu geben. Gleichzeitig sah ich mich nach Thompson um: Nichts! Auch vom Caporal de jour war weit und breit nichts zu sehen. »Die Stiefel«, sagte er leise. »Gute Arbeit hast du da geleistet, und nun gib sie schon her.« Sein binôme schob sich unauffällig näher an uns heran. »Sie gehören mir. Lass mich in Ruhe, Erdogan.« Wo blieb nur Thompson?

Plötzlich schnellte Erdogans Hand vor und griff nach dem glatten Leder, während im selben Augenblick sein binôme schwer die Hand auf meine Schulter fallen ließ. Man brauchte mir kein Bild zu malen, um mir begreiflich zu machen, was sich hier abspielte. »Es waren deine«, hörte ich Erdogan sagen. »Jetzt haben sie den Besitzer gewechselt! Und wehe, wenn du …«

Noch bevor er ausgesprochen hatte, stürzte sich Thompson – keiner von uns hatte ihn kommen sehen – mit einem wilden Schrei, der mir durch Mark und Bein drang, auf die beiden. In einem wilden Durcheinander krachten sie die Stufen hinab, während Thompson mächtige Schläge nach rechts und links verteilte. Eine Minute später war alles vorbei. Thompson kam, meine Stiefel in der Rechten, grinsend die Stufen hoch. Er blutete an der Stirn, aber es war, wie sich nachher rausstellte, nicht sein Blut. »Egal, wie viel es sind«, sagte er und gab mir mein Eigentum zurück, »lass niemals zu, dass dich jemand berührt, wenn du es nicht willst! Niemals, hörst du?«

Ich wollte ihm sagen, dass ich in der gegebenen Situation wohl keine Chance gehabt hätte und dass sie Kleinholz aus mir gemacht hätten. Wollte sagen, dass ich wegen der Stiefel keinen Krieg anzuzetteln gewillt war. Aber ich schwieg. Später dann kam ich noch drei- oder viermal in ähnliche Situationen, und jedes Mal beherzigte ich, was Thompson damals zu mir gesagt hatte. Und ich fuhr immer gut damit. Angriff ist manchmal wohl doch die beste Verteidigung!

Weitere ärztliche Untersuchungen folgten. Ich erinnere mich noch sehr gut an den Mann, der in der Krankenstation uneingeschränkt herrschte. Obwohl er nur den Dienstgrad eines Adjudant (für uns war das schon ein Rang, vor dem wir massenhaft Respekt hatten) bekleidete, schritt er dort einher und gab sich wie ein General, was er in gewissem Sinne auch war. Sicherlich war dieser Mann eine anerkannte Kapazität, doch uns kam er nicht ganz geheuer vor mit seiner Nickelbrille, seinen kalten, schlauen Augen und seinem Schäferhund, der ihm auf Schritt und Tritt folgte. Er redete nicht, er schrie. Er sah uns nicht an, sondern durchbohrte uns mit seinem Blick, unter dem sogar Thompson schrumpfte, und das sollte was heißen! Ich kann mich nicht erinnern, ihn je lächelnd gesehen zu haben. Er war von der Sorte Mann, der man nachts nicht über den Weg laufen wollte und bei dem man, sah man ihn von Weitem, instinktiv die Luft anhielt und erst wieder durchatmete, wenn er an einem vorbei und nicht mehr zu sehen war.

Zärtlich nannten wir ihn – heimlich natürlich – Dr. Mabuse. Am ersten Wochenende verabreichte er uns jedem zwei Spritzen in den Rücken. Für was diese Spritzen auch immer gedacht waren: Unser Caporal wollte, dass wir in Bewegung blieben, ohne jedoch Schwerstarbeit zu verrichten. Auf den Knien kriechend, kratzten wir mit unserem Opinel die oberste Schicht von den Dielen des Holzbodens, um ihn danach zu wachsen und auf Hochglanz zu polieren. Unser seltsamer Doktor mit den Haifischaugen hatte uns eindeutig das Wochenende vermasselt. Dass sich hinter seinen kalten Augen keine Grausamkeit, sondern Intelligenz und Herzensgüte versteckten, und dass dieser Mann sein Leben lang aufopfernd und bis an die Grenzen des Möglichen der Legion gedient hatte, erfuhr ich erst einige Jahre später.

Es gab Augenblicke, die uns nicht ganz geheuer vorkamen, weil wir körperlich ausnahmsweise nicht gefordert wurden. Dazu gehörten die Stunden, in denen uns der Caporal beibrachte, wie man das Hemd der Uniform bügelt, das Bett bezieht oder die Stiefel am besten auf Hochglanz bringt. Das Hemd hatte je zwei Falten links und rechts auf jedem Ärmel, drei links und drei rechts jeweils senkrecht über der Brusttasche und auf dem Rücken zwei Falten horizontal und drei zentriert vertikal. Die Falten mussten so scharf sein, dass man sich daran schneiden konnte, und die Abstände zwischen ihnen waren vorne auf der Brust jeweils 3,5 und an den Armen und auf dem Rücken 5,3 Zentimeter. Diese Maße entsprachen fast haargenau denen einer Streichholzschachtel, je nachdem, ob man sie in der Höhe oder in der Breite anlegte. Die Sergenten hatten ein geübtes Auge. Lagen die Falten zu weit auseinander oder fehlte gar ein Millimeter, folgte die Bestrafung auf dem Fuß. War es vor einem Ausgang in die Stadt (dreimal in vier Monaten: Zweimal Ausgang sechs Stunden und einmal drei Stunden!), dann wurde der Ausgang gestrichen. Ansonsten drehte man mit dem Rucksack ein paar Dutzend Runden um den Exerzierplatz. Jede vollendete Runde musste dann lautstark angekündigt werden: »Quarante-six, quarante-sept, quarante-huit ...« Und dann immer wieder diese Pompes.

* * *

»Gast!« Ich nahm Grundstellung an. »À vos ordres, Sergent?« »Matricule, numéro d'Famas et groupe sanguine!?« Die matricule war eine individuelle sechsstellige Erkennungsnummer, und die Famas war ab diesem Zeitpunkt unsere Waffe. Die Waffennummer, die matricule sowie seine Blutgruppe nicht auswendig zu wissen, hätte auch hier ernsthafte Folgen gehabt, eine Woche Toiletten schrubben mindestens. Der Sergent grinste bereits voller Vorfreude, doch meine Antwort kam wie aus der Pistole geschossen. Ich hatte gelernt, mein Französisch klang fast perfekt.

Der Sergent war verblüfft. »Wer ist dein binôme, Gast?« »Engagé volontaire Bannhoultz, Sergent.« »Gut.« Er sah sich über meine Schulter hinweg bereits nach einem neuen Opfer um. »Sag Bannhoultz, dass ich mit seiner Arbeit zufrieden bin!« Ich hatte wohl gemerkt, dass er nicht gesagt hatte »mit deiner Arbeit«! Ich musste auf der Hut sein.

Am Ende der ersten Woche fuhren wir mit den Simcas und den alten Dodges (Lastwagen) auf die Farm Bel-Air. Dass es für uns kein Spaziergang werden würde, darauf hatten wir uns eingestellt. Horrorgeschichten gingen rum. Sie erzählten davon, dass hier jedes Mal gut ein halbes Dutzend Legionäre bei Fluchtversuchen ertappt und erschossen würden. Ich gab nicht viel drauf. Solche und ähnliche Geschichten wurden in aller Regel von Deserteuren erzählt, wenn sie nach Hause kamen, um auf diese Art ihrer Flucht einen abenteuerlichen Touch zu geben. Was ich im Laufe meiner langen Jahre in der Fremdenlegion immer wieder festgestellt habe, war, dass der Legionär ein Soldat des Geländes par excellence ist. Manöver, Ausbildung, Einsätze und lange, lange Märsche – das war die Essenz, von der wir zehrten. Die Bequemlichkeiten eines festen Quartiers taten zwar ab und zu gut, aber im Grunde genommen zog es uns hinaus. Die Farmen des 4^e RE waren das Instrument schlechthin, um den jungen Legionär auf dieses Leben aus dem Rucksack vorzubereiten. Sie vermittelten ihm Rustikalität, Zusammenhalt, brachten ihn der Natur näher, und das alles im täglichen Schweiße seines Angesichts. Ich übertreibe sicherlich nicht, wenn ich behaupte, dass die Farmen die Basis, die Schmiede und der Kitt für unseren Zusammenhalt waren. Dieser Klassengeist wiederum war ausschlaggebend für das hohe Ansehen, welches wir genossen, und natürlich für unsere Erfolge!

Bel-Air war eine Farm etwa siebzehn Kilometer von Lapasset entfernt. Es handelte sich um ein einziges großes Gebäude. Dieses lag auf einer Lichtung, die von allen Seiten von einem dichten Wald umgeben war. Es führten nur ein Schotterweg sowie ein paar Schleichwege dorthin. Die Infrastruktur war mehr als rustikal. Nichts war warm, rosig oder etwa bequem. Zwar gab es fließendes Wasser, aber beim Duschen war es meist kalt bis lauwarm, und obwohl es elektrischen Strom gab, konnte man das Eis innen von den Fenstern kratzen. Es gab einen Fußballplatz, doch einen Ball bekamen wir selten zu sehen.

»Sieh dir das verdammte Seil an«, flüsterte Thompson mir zu, als wir unser Gepäck abluden. »Die Hälfte wird es nicht schaffen, wetten?« Mein Magen knurrte, und die nagelneuen Kampfstiefel drückten. Ich sah rüber zum Seil. Es war gut und gerne zwei Meter länger und alles in allem dünner als das, welches wir vom Quartier Lapasset schon kannten. Ich pfiff leise durch die Zähne. »Kann schon sein, Thompson. Aber denk dran, dass du das Seil nicht runterreißen, sondern an ihm hochklettern sollst!«

Wir lachten beide, duckten aber sofort die Köpfe, als der Caporal de jour mit grimmiger Miene in unsere Richtung sah. Eine halbe Stunde später gab es Brotzeit (casse-croûte): Sardinen, Weißbrot und Wasser mit einem rotem Sirup drin, doch vorher gab es den »Apéritif«. Uns erwartete nicht etwa ein Martini on the rocks, Apéritif nannten wir vielmehr die sportlichen Einheiten vor dem Mittag- und Abendessen: Eine gesalzene Serie Liegestütze, Sit-ups und dann das Seil hoch. Thompson runzelte die Stirn: »Wenn das mal gut geht!«

Der erste, der vor dem Seil stand, war Ho, ein schmächtiger Vietnamese. Er fraß das Seil richtiggehend in sich hinein. Ich schätzte, dass er die acht Meter in sechs Sekunden geschafft hatte. Der nächste Kandidat machte sich bereit. Sein Name war Kaiser, ein dickwanstiger Ostdeutscher. Kaiser, obwohl er beim Laufen gut mithielt, stand mit dem Seil auf Kriegsfuß. Mit Mühe und Not schaffte er es gerade bis zur roten Markierung ganz oben, aber dann verließen ihn die Kräfte, und als er hinuntersah, auch der Mut.

Mit einem lauten Aufschrei ließ er sich fallen, hielt aber das Seil den ganzen Weg nach unten noch mit beiden Händen umklammert. Wimmernd rollte er sich am Fuße des Seiles zusammen. Seine Hände waren blutig, sein Mund weit geöffnet. Zum Dank für seine Bravour bekam er jedoch keinen Orden, sondern einen gewaltigen Fußtritt vom Caporal. »Debout, crétin. Au prochain! – Steh auf, Idiot. Der nächste!«

Der Schwierigkeitsgrad der Ausbildung selber hielt sich in Grenzen. Was uns zusetzte, war die Kälte – es war März. Der Schnee lag knöcheltief und die Temperatur weit unter dem Gefrierpunkt. Hinzu kamen der Schlafmangel und die Tatsache, dass wir ständig Hunger hatten. Das Essen war ganz in Ordnung, aber für die körperlichen Leistungen, die Tag und Nacht von uns gefordert wurden, war es quantitativ eindeutig zu wenig. Jeden zweiten Tag gab es steak hachée und flageolets (weiße Zwergbohnen mit Hacksteak), was uns bald zum Hals raus hing. Obwohl ich körperlich vielen um einiges überlegen war, litt ich genauso. Das führte ich auf die Tatsache zurück, dass ich mich nicht zurückhielt und immer hundert Prozent gab, mich total verausgabte. Nichtsdestotrotz spürte ich, wie mein Körper sich veränderte. Ich wurde sehniger, und das ein oder andere Fettpolster, das die vier Jahre bei den deutschen Fallschirmjägern überlebt hatte, war verschwunden.

Der Tagesablauf war fast immer derselbe.

05h00   Wecken

Viele von uns waren da aber schon auf, weil die Anzahl der Waschbecken nicht ausreichend war und wir durch früheres Aufstehen etwas mehr Zeit für das Frühstück rausschinden konnten.

05h02   Appell (Man beachte: Zwei Minuten nach dem Wecken!)

Die Stärke wurde festgestellt. Wir mussten so lange im Stillgestanden neben den Betten stehen, bis der Caporal durch die Reihen gegangen war und alle Legionäre namentlich aufgerufen hatte. Fast jeden dritten Tag hatten wir einen oder mehrere Deserteure. Die meisten wurden schon am gleichen Tag wieder erwischt und kamen sofort ins Gefängnis. Später jedoch stießen diese dann wieder zu uns und beendeten meist auch die Grundausbildung. So viel zu dem halben Dutzend Deserteure, die man angeblich auf der Flucht erschoss!

Zwischen Appell und dem Antreten zum Sport mussten die ganzen corvées erledigt werden. Für Körperpflege, Betten machen, Frühstücken etc. war die Zeit also sehr knapp bemessen.

06h30   Antreten im Sportanzug

Footing! Laufen war angesagt. Bereits nach ein paar Tagen auf der Farm liefen wir in den sogenannten groupes des forces, d. h., es wurden drei verschiedene Laufgruppen zusammengestellt, denen jeder von uns seinem Niveau entsprechend zugeteilt wurde. Die Strecke war von der Distanz her dieselbe, nur der Laufrhythmus war unterschiedlich.

Zurück vom Laufen war meist sofort Waffen- und Geräte-Empfang für die folgenden Ausbildungen. Angetreten wurde dann im Kampfanzug mit ANP (Gasmaske), Helm, bidon (1,5-l-Wasserflasche), pelle US (zusammenklappbarer Spaten), bretelles (Koppeltragehilfe mit Magazintaschen und Waffenputzzeug für die Famas) und je nach Ansage Rucksack oder musette (kleine Kampftasche). Meist war auch schweres Gerät dabei wie etwa Stacheldraht-Rollen, Schaufeln, Sandsäcke, Kollektivwaffen wie Maschinengewehre und Panzerfäuste oder auch Optik und Funkgeräte. Schreibzeug war immer am Mann, ebenso wie das Opinel und der Kompass. Dazu wurde auf der Schulter das foulard getragen. Das foulard war nichts anders als ein Tuch, das allein durch seine Farbe die Kompaniezugehörigkeit klärte.

08h30–12h30   Ausbildung

Waffenausbildung; Schießen; Gefechtsausbildung; Orientieren im Gelände; Funkausbildung ... ich erspare mir den Rest. Die Ausbildung war sehr umfassend, ging aber nicht in die Tiefe, da dies zu hundert Prozent in der Vollausbildung in den einzelnen Regimentern geschehen würde. Und immer wieder Lieder, Traditionen, Disziplin und die nicht wegzudenkenden Liegestützen!

12h30–14h00   Mittagspause

Neunzig Minuten Mittagspause, das hieß eine halbe Stunde essen und dann eine Stunde Marsch mit Gesang!

14h00–18h00   Ausbildung wie am Vormittag

18h00–20h00   Abendbrot

Meist hatten wir hier die Gelegenheit, im Foyer, das in der Waffenkammer war, Dinge wie Schokoladenriegel, Kuchen, Zigaretten, Getränke etc. zu kaufen.

20h00–23h00   Ausbildung

Erlernen der französischen Sprache; taktische Gefechtsausbildung; Hindernisbahn bei Nacht. Sehr oft übten wir das Anschleichen. Auf dem Bauch robbend, im Matsch und im Schnee, unter einem Stacheldrahtverhau hindurch ... Lautlos, den anzugreifenden Feind fest im Auge, froren wir bis aufs Knochenmark, doch das gehörte zu unserem Metier dazu, so wie zu dem des Bäckers das Backen von Brötchen gehört.

Danach wurden die Waffen und das Gerät gereinigt und wieder abgegeben. Es war inzwischen Mitternacht! Ging alles gut, war der Tag beendet. Hatten wir Pech, und das hatten wir so etwa jede zweite Nacht, dann hatte der Caporal de jour nach unserem corvée quartier noch einen Zigarettenstummel am Boden gefunden. Dieser wurde dann offiziell beigesetzt, d. h., wir mussten ein Loch buddeln, 2 Meter lang, 80 Zentimeter breit und 1,6 Meter tief, und die Zigarette darin mit allen Ehren beerdigen. Irgendwann zwischendrin wuschen wir Sport- und Kampfanzug. Von Hand und mit kaltem Wasser! Das Zeug rechtzeitig wieder trocken zu kriegen war dann immer so 'ne Sache.

Vor dem Schlafengehen war der zweite Appell fällig. Wir schliefen meist schon im Stehen. Die Wache für das Camp bzw. unser Gebäude stellten wir selber. War man dann auch noch für die Wache eingeteilt, blieb man am besten gleich auf ... ein Hinlegen lohnte sich nicht mehr.

Wie schon angesprochen, war die FAMAS unsere Standard Waffe. Die fusil d'assaut de la manufacture d'arme St. Etienne war ein hübsches kleines Spielzeug mit – wie ich später noch mehrfach feststellen sollte – unglaublicher Wirkung am Mann. Sie unterschied sich nicht allzu sehr von den anderen auf dem Markt befindlichen Sturmwaffen, sodass ich von technischen Erläuterungen hier absehen kann. Mir neu war die Tatsache, dass man die Auszieherkralle, den extracteur, links oder rechts einbauen konnte, je nachdem, ob man Links- oder Rechtshänder war. Der Wangenschutz musste dann angepasst werden, dies geschah durch einen einfachen Handgriff. Das Geschoss hat, wie gesagt, eine verheerende Wirkung. Es reagiert beim Aufschlag auf ein Hindernis (Weichkörper), indem es ausweicht, sich dreht und eventuell bricht und sich den leichtesten Weg sucht, und der ist dann meist spiralenförmig durch den ganzen Körper. Einschuss am Oberschenkel mit Austritt des Geschosses im Oberkörper oder umgekehrt ist keine Seltenheit. Bonjour les dégâts![29]

Ich kann mich gut erinnern, dass sich während des Marsches képi blanc eine Teilstrecke unendlich lange bergauf hinzog. Wir waren bis dahin ziemlich flott marschiert, und jeder von uns hatte bereits Blasen an den Füßen. Außerdem machte uns der nun ständig fallende Regen schwer zu schaffen. Der Rucksack wog schwer auf unserem Rücken, und die Trageriemen hinterließen auf den Schultern wundgescheuerte Stellen. Plötzlich war mein binôme an meiner Seite. Er hinkte und war fast am Ende seiner Kräfte.

»Erdogan macht schlapp!«, stöhnte er und marschierte stoisch und mit gebeugtem Kopf neben mir her. Er wollte den Anschluss nicht verlieren, denn das hieße, sich bergauf im Laufschritt die Seele aus dem Leib zu rennen. Ich blieb stehen und sah mich um. Knapp zehn Meter hinter mir trottete Thompson in meinen Spuren. Er trug zusätzlich zu seinem eigenen Rucksack noch einen zweiten, den er sich quer über die Schulter gelegt hatte. »Wo ist der Türke? Ist es schlimm?«, fragte ich ihn. Dass der Rucksack Erdogan gehörte, sah ich am Namensschild. Thompson, der nicht stehen blieb, um seinen Schwung nicht zu verlieren, grinste im Vorbeigehen. »Ich hab dem Idioten gesagt, dass er vor dem Marsch in seine Stiefel pissen soll, damit das Leder weich wird. Er wollte nicht hören, typisch Türke halt. Dickköpfe, alles Dickköpfe!«

Als wir knapp eine Viertelstunde später auf dem Berg ankamen, stand schon der Zugführer am Wegrand. Er sah aus wie aus dem Ei gepellt. Die Enden seines Schnurrbarts hingen schwungvoll nach unten, vollführten am Unterkiefer einen eleganten Bogen und richteten sich dann wieder auf. Die Hände auf dem Rücken verschränkt, sah er uns scheinbar gleichgültig entgegen. »Antreten!« Sein Befehl war kurz, knapp und ohne Widerruf. Die Rücksäcke immer noch auf dem Rücken, formierten wir uns rasch in einer Dreierreihe und nahmen Grundstellung an. Nur mit Mühe konnten wir gerade stehen. Der Zugführer trat vor Thompson.

»Wessen Sack ist das?«

»Das ist der Sack von engagé volontaire Erdogan, à vos ordres, mon Adjudant-Chef!«

»Und wo ist engagé volontaire Erdogan?«

Sein Gesicht war nur eine Handbreit von dem Thompsons entfernt.

»Ich weiß es nicht, mon Adjudant-Chef.«

Rometto, so hieß der Zugführer, rümpfte die Nase. »Du weißt es nicht!?«, sagte er gedehnt. »Sein binôme ... Hat engagé volontaire Erdogan auch so etwas wie einen binôme?«

Er war inzwischen in die hinterste Reihe getreten und genau vor Erdogans binôme stehen geblieben. Dieser hatte dicken Schweiß auf der Stirn und wurde mit einem Male kreidebleich.

»Weißt du etwa auch nicht, wo dein binôme ist?«

»Ich ...«

»Was bist du?«, unterbrach ihn Adjudant-Chef Rometto schroff. Er spuckte aus und hielt ihm die geballte Faust unter die Nase. »Ich sage dir, was du bist. Eine schäbige Kanalratte, die seinen Freund im Stich lässt, das bist du! Wären wir an der Front, würde ich dich auf der Stelle erschießen! Euch alle! Und nun runter mit euch, in den Dreck. Ratten gehören in den Dreck!«

Während wir den Berg auf dem Bauch runterrobbten, hörten wir seine donnernde Stimme unheilvoll über unseren Köpfen: »Legionäre halten zusammen. Niemand bleibt zurück, niemals,

---

[29] Da haben wir den Salat. Hier wohl eher frei zu übersetzen, etwa mit »Schöne Bescherung!«

hört ihr: NIEMALS! Es ist nicht damit getan, den code d'honneur du légionnaire auswendig zu lernen, leben müsst ihr ihn. Leben!« Wir robbten solange bergab, bis wir Löcher in den Hosen hatten und das Stöhnen einiger lauter war als die Stimme des Adjudant-Chefs.

Erdogan lag mit geschwollenen Knöcheln am Fuße des Berges. Der Zug war wieder vollzählig! Wir hatten an diesem Tag etwas sehr Wesentliches erfahren, besser gesagt, uns wäre fast das Wichtigste entgangen. Etwas, worauf die Stärke der Fremdenlegion basierte: Der Zusammenhalt, die cohésion! Nie wieder, solange ich zurückdenken kann, ist uns (mir) so etwas noch mal passiert. Der Marsch képi blanc dauerte zwei Tage. Er führte uns auf einer Strecke von zirka siebzig Kilometern zur Pont du Garde in der Nähe von Nîmes. Diese Brücke wurde 50 v. Chr. von den Römern gebaut und war herrlich anzusehen. Für uns jedoch war es einerlei, wer sie gebaut hatte und warum. Wir hatten Blasen und Schwielen an den Füßen und waren so ziemlich am Ende. Wenn es etwas gab, was wir mit gierigen Blicken bedachten, ja richtig verschlangen, dann war es sicher nur eines: Unser képi blanc!

Endlich war es so weit. Die Zeremonie, die dem Marsch folgte, war schlicht und einfach und dazu angetan, unseren Stolz offen zu zeigen. Ja, wir waren verdammt stolz, es bis hierher geschafft zu haben. Wir hatten ein Ziel, und weder die willkürlichen Schikanen unserer Ausbilder noch die Kälte, die körperliche Pein oder die Erschöpfung hatten uns von diesem Ziel abgebracht. Ein Viertel der Legionäre, die mit uns auf die Farm gekommen waren, war desertiert, wir aber waren geblieben! Fast euphorisch zitierten wir den code d'honneur du légionnaire.

»Coiffez vos képis blancs!« Es war getan. Capitaine Heustenbach, für uns damals ein gottähnliches Wesen, drückte uns danach einzeln die Hand und hatte für jeden ein persönliches Wort übrig. Camerone stand vor der Tür! So waren wir die nächsten Tage mit dem Aufbau einer Kirmes beschäftigt. In dieser Zeit ließen die Ausbilder die Zügel ein klein wenig schleifen, und das war nur gut so.

Der Leser, der nicht weiß, was Camerone für die Legion verkörpert, findet am Ende des Buches eine kleine Abhandlung darüber.

Nach Camerone ging die Ausbildung weiter. Weitere Sporttests waren angesagt. Diesmal war es konkret: Test Cooper; la corde (Erklimmen eines Seiles von sechs Metern Höhe, ohne dass dabei die Beine benutzt werden dürfen), vier Klimmzüge, vierzig Sit-ups, zwanzig pompes und neunzig Meter mit einem Sandsack rennen, auf Zeit versteht sich. Hinzu kam der huit mille TAP, der Acht-Kilometer-Lauf im Kampfanzug mit Rucksack, Helm und Waffe. Man bereitete uns auf den Raid[30] vor und so auf das Erlangen des CTE 00, des Certificat Technique Élémentaire. Die beiden Nullen bedeuten in diesem Fall infanterie légère, leichte Infanterie. Mit dem Erlangen des képi wurde täglich mehr von uns erwartet, und so wurden wir zur Bewachung der Kaserne Lapasset herangezogen. Die Komposition der Wache ist kein Geheimnis. Sie variierte von Garnison zu Garnison. Meist war sie wie folgt: Ein Sergent als Chef de poste (Wachhabender Unteroffizier), zwei Caporäle als grades de relève (Stellvertreter des Wachhabenden Unteroffiziers und verantwortlich für die Wachablösung), ein Clairon (Trompetenspieler) und sechs oder acht Legionäre als Wachposten tagsüber, die nachts durch den renfort de nuit

---

[30] Unter Raid versteht man den Marsch am Ende der Grundausbildung im 4e RE in Castelnaudary. Dieser Marsch geht über 130 bis 150 Kilometer, führt über Berg und Tal durch überwiegend schwieriges Gelände und dauert drei bis fünf Tage.

Camerone 2004: Feierstunde am monument aux morts in Aubagne. (Foto: Davide Besta)

(Wachverstärkung bei Eintritt der Dunkelheit) verstärkt wurden. Der Wachanzug bestand aus dem képi mit der jugulaire[31], dem Hemd mit den épaulettes de tradition[32], Medaillen und Spezialistenabzeichen (Springerabzeichen etc., was wir natürlich noch nicht hatten), sofern vorhanden, dem Regimentsabzeichen la pucelle[33] und dem Abzeichen des zugehörigen Truppenteiles, ein Abzeichen aus Stoff, dass sich, halb verdeckt von den Fransen der épaulettes, auf dem Ärmel befand. Die cravate verte[34] (die man nur zum Winterwachanzug unter dem Blouson trug und natürlich zum Ausgehanzug) war mit äußerster Sorgfalt gebunden. Am Bund, zwischen Hose und Hemd bzw. dem Blouson, wurde der ceinture bleue geschlungen, und darüber ein olivefarbenes Koppel mit einer Magazintasche. Das Bajonett trug man links am Koppel. Seine Schneide verlief genau längs der Hosenfalte. Die Hosenbeine wurden mit Gummis bis über die erste Schnalle der Kampfstiefel gezogen und dort eingehakt. Dieser Anzug war ein Aushängeschild des Zuges, des Zugführers und nicht zuletzt der Legion. Eine Falte da, wo sie nicht hingehörte, und die Bestrafung war immédiate (sofort). Man hatte die FAMAS mit den Riemen vor die Brust geschnallt, Mündung nach links oben und mit aufgepflanztem Bajonett.

Die Wache dauerte insgesamt vierundzwanzig Stunden. Tagsüber war es uns selbst in den Pausen meist verboten, uns hinzusetzen, weil darunter ja das untadelige Aussehen und der ebensolche Sitz des Anzugs Schaden hätten nehmen können. Erst nachts, mit dem Eintreffen des renfort de nuit, konnten wir etwas entspannen, weil wir dann auch den Paradeanzug gegen den Kampfanzug eintauschen durften. Die vier Monate in Castelnaudary waren also im Wesentlichen gekennzeichnet durch folgende Schwerpunkte:

- Ärztliche und sportliche Tests.
- Aufenthalt auf der Farm Bel Air. Solide Ausbildung.
- Marsch képi blanc.
- Raid, Drei-Tages-Marsch als Bestandteil der Prüfungen zur Erlangung des CTE 00.

Für das CTE 00 mussten wir alles in den vier Monaten Erlernte wiedergeben. Während des mehrtägigen Raids, der gefechtsmäßig durchgeführt wurde, wurden uns auch immer wieder Hinterhalte gestellt, um unsere Reaktionen zu testen. Was mir persönlich sehr intensiv in Erinnerung blieb, waren einige sternklare Nächte, in denen unsere Gruppe am Lagerfeuer saß und wir Biwaklieder sangen. Der Rauch von Holzfeuer weckt auch heute manchmal noch Sehnsüchte in mir, und ich muss zusehen, dass es mich nicht noch mal in die Fremde zieht! Am Ende des CTE gab es Beurteilungen. Da ich als Bester abschnitt, durfte ich mir das Regiment aussuchen, in dem ich weiter dienen sollte. Alle meiner Kameraden drängten mich geradezu, ins 2e REP zu gehen, weil in diesem Eliteregiment die Chancen, schnell zum ersten scharfen Einsatz zu kommen, am höchsten waren und man dort auch, wie sie meinten, die meisten Medaillen erwerben konnte. Ich teilte diese Euphorie nicht unbedingt. Mich zog es in ein Regiment

---

[31] Lederner Kinnriemen
[32] Breite, grüne Schulterklappen mit roten Fransen. Getragen seit 1868, verschwanden sie in den Jahren 1884 bis 1887 und 1915. Seit 1930 und dank General Rollet schmücken sie wieder den Paradeanzug der Legionäre. Sie sind ein Erbe der alten Schweizer Garden.
[33] Das auf einem Stück Leder von der Brustasche hängende Regimentsabzeichen
[34] Grüne Krawatte. Wurde 1933/34 zum ersten Mal getragen, und dann wieder 1945 bis heute. Es gibt auch ein Lied (und auch ein Buch) der Fremdenlegion mit dem Titel Cravate Verte et Képi Blanc.

nach Übersee, und hier hatte ich die Qual der Wahl. Djibouti, Französisch-Guyana oder etwa Tahiti oder gar Mayotte!? Tahiti und somit das 5e RE[35] schloss ich von vorneherein aus, weil dort keine reinen Kampftruppen stationiert waren, ebensowenig wie in Mayotte beim DLEM[36]. Djibouti mit der 13^e DBLE[37] war nicht zuletzt dafür bekannt, dass man einen ganz schönen Batzen Geld verdienen konnte, doch dafür war ich nicht in die Legion eingetreten. Also blieb Guyana[38], wo mich Abenteuer pur erwarten sollte. Ich sollte diese Entscheidung nie bereuen! Meinen treuen Gefährten Thompson verlor ich aus den Augen. Ich nehme an, er ist schon kurz nach der Ausbildung desertiert. Die Legion ist nicht so groß (damalige Stärke etwa 7000 Mann aus über 100 Nationen), und man läuft sich immer wieder mal hier oder da über den Weg, Thompson hingegen sah ich nie wieder.

---

[35] 5e Régiment Étranger. Das 5. Fremden-Regiment, damals stationiert in Tahiti, inzwischen jedoch aufgelöst.

[36] Détachement de Légion Étrangère de Mayotte. In Mayotte im Indischen Ozean stationierter Truppenteil der Fremdenlegion.

[37] 13e Demi-Brigade de Légion Etrangère. 13. Halb-Brigade der Fremdenlegion, stationiert in Djibouti und damit eine der Übersee-Einheiten der Legion. Speziell ausgebildet im Wüstenkampf.

[38] Guyane française oder Französisch-Guyana, Südamerika.

Juli 1985, Französisch-Guyana

- Tod Heinrich Bölls.
- Der irische Rockmusiker Bob Geldof veranstaltet zeitgleich in London und Philadelphia das Marathon-Konzert Live Aid für die Hungernden in Afrika.
- Der Franzose Bernard Hinault gewinnt die 72. Tour de France.
- Willkür in Südafrika: Die südafri-kanische Regierung verhängt am 20. Juli 1985 über36 Provinzen den Ausnahmezustand, um der Unruhe unter der schwar-zen Bevölkerungsmehrheit Herr zu werden. Die Behörden des Apartheid-Regimes können Festnahmen und Wohnungsdurchsuchungen ohne richterli-chen Befehl vornehmen, sowie unliebsame Nachrichten in Presse, Radio und Fernsehen zensieren.
- Florida: In Küstengewässern entdecken US-Profitaucher das Wrack einer 1622 gesunkenen spanischen Galeere, deren Ladung auf 400 Millionen Dollar geschätzt wird.

Auch im Juli, aber im Jahr 1945, genau am 1., wird aus dem RMLE (Régiment de Marche de la Légion Étrangère) das 3e REI (siehe folgende Seiten).

3ᵉᵐᵉ Régiment Étranger d'Infanterie (3ᵉ REI)

*Adieu vieille Europe,
que le diable t'emporte![39]*

*»Mein Regiment, mein Heimatland.
Mein Mutter hab ich nie gekannt.
Mein Vater starb schon früh im Feld, ja Feld.
Ich bin allein auf dieser Welt.«*
Aus »Anne Marie«[40]

1

Man hatte uns in Aubagne mit Zivilkleidung ausgestattet, die wohl noch aus der Zeit des Algerienkrieges stammte. Ich trug einen dunkelbraunen Anzug, dessen viel zu lange und weite Hose wie ein Segel im Wind um meine Beine schlotterte. Die Ärmel wiederum waren zu kurz. Johansson, einen Zwei-Meter-Riesen aus Schweden, hatten sie aus Verzweiflung in einen Sportanzug gezwängt: Auch der größte Anzug wollte ihm nicht passen. Es war schon was dran, wenn manche behaupteten, dass ein Soldat in Zivil eine schlechte Figur abgibt.

Von Paris Charles De Gaulle ging es in einem Nonstop-Flug fast zehn Stunden lang nach Martinique, wo die Maschine während eines kurzen Zwischenstopps aufgetankt wurde. Danach flogen wir weiter nach Cayenne Rochambeau.

Das Erste, was ich spürte, als sich die Türen des Flugzeuges öffneten, war diese drückende Schwüle. Die Luft stand, und die Luftfeuchtigkeit war so hoch, dass man um jedes Quäntchen Sauerstoff kämpfen musste.

Vom Flugzeug aus hatte ich das Land – ein immenser grüner Teppich – ziemlich flach in Erinnerung: Ein Trugschluss, wie ich später feststellen musste. Als wir in Richtung Kourou fuhren, kamen wir an der Europarakete Ariane vorbei. Auftrag der Ariane war es, Satelliten in den Transferorbit zu bringen, was immer genau das auch heißen mochte.

Ich habe mir sagen lassen, dass die Lage des Weltraumbahnhofs direkt in der Nähe des Äquators den Flug beziehungsweise den Start der Ariane besonders begünstigte, und hier wären wir schon bei einer der besonders schwierigen Hauptaufgaben des 3ᵉ REI: Der Bewachung der Weltraum-Europarakete Ariane. (Auch heute noch trägt das Regiment wesentlich zum Schutz des CSG, des Centre Spatial Guyanaise also des Weltraum-Zentrums in Guyana bei.) Ein weiterer Auftrag war die Überwachung der Grenzen. Diese Grenze bestand im Osten und im Westen auf natürliche Weise aus den Flüssen Oyapock und Maroni. Im Süden gab es die

---

[39] Auszug aus einem Lied der Fremdenlegion aus der 1. Epoche. »Adieu altes Europa, der Teufel soll dich holen!«

[40] Lied des 3ᵉ REI. Ursprünglich deutsches Soldatenlied im Ersten Weltkrieg

Eine Ariane 44L auf dem Weltraumbahnhof Kourou.

1986 bei der Bewachung der Ariane.

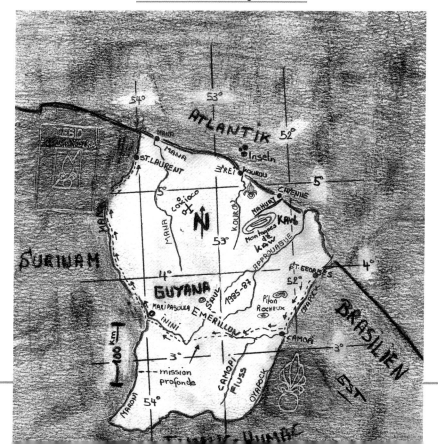

sogenannte grüne Grenze. Dort war der Grenzverlauf zwischen Brasilien und Guyana nur schwer nachzuvollziehen. Als grober Anhaltspunkt gilt das sagenumwobene Tumuc-Humac-Massiv, und für die Verfeinerung sorgten die Grenzsteine. Von denen gab es nur sieben. Diese zu finden, das war mit eine unserer schwierigsten Aufgaben. Sie waren ungefähr mannshoch (meist etwas kleiner), und der Dschungel hatte sie sich regelrecht einverleibt.

Da wir oft nur Kartenmaterial zur Verfügung hatten, welches sehr ungenau war, und wir uns hauptsächlich auf den Azimut (grob: Marschkompasszahl) in Verbindung mit der ungefähren, im Gelände oft mit Schrittzahl gemessenen Distanz verlassen mussten, war das sogar verdammt schwer. Eine Abweichung von einem Grad in der Richtung oder um hundert Meter in der Distanz, und das Suchen begann. Gab es Fehler sowohl in der Richtung als auch in der Distanz: Gute Nacht! Über GPS (Global Positioning System) verfügten wir damals noch lange nicht.

Das Quartier Forget[41], 1985 von drei Seiten total vom amazonischen Regenwald umgeben und auf der offenen Seite nicht weit vom Meer entfernt, war, wie die Kaserne Lapasset, ziemlich klein. Unmittelbar hinter dem Eingangstor, den poste de police (Wachgebäude) links lassend, saß auf einem kleinen, mit Gras bewachsenen Hügel eine Statue aus Bronze. Sie zeigte einen Soldaten aus der Zeit des frühen Tonkin-Kriegs (ab Nov. 1883). Er hielt ein Gewehr in der rechten Hand, während die Linke auf seinem Knie ruhte. Sein Tropenhelm glitzerte golden in der Sonne, und er hatte den Kopf Richtung Cayenne gedreht. Nachdenklich starrte er so in die Ferne. Diesem Soldaten hatten die taulards, die Gefängnisinsassen des Regiments, den Spitznamen »Manolito« verpasst.

Das 3e Régiment Étranger d'Infanterie war, wie gesagt, klein. Die dort stationierten Einheiten waren eine CCS – Compagnie de Commandement et de Soutien, Stabs- und Versorgungskompanie –, die zweite und dritte Kampfkompanie und die CE – die Compagnie d'Équipement, eine Pionier-Kompanie mit schwerem Gerät, das hauptsächlich zum Straßenbau geeignet war. Innerhalb der CCS gab es eine sogenannte cellule forêt, die Zelle oder Abteilung Urwald, für mich das Kernstück dieses Regimentes. Diese Zelle war verantwortlich für die gesamte Ausbildung, soweit sie den Dschungel betraf. Dazu gehörten die Kurzlehrgänge, genannt stages brousses, welche Einführungslehrgänge waren, die den Neuankömmling mit den neuen Lebensbedingungen im Urwald vertraut machten, die Dschungelkampf-Ausbildung für die Kampfkompanien und Lehrgänge für das Überleben und das Orientieren im amazonischen Regenwald. Neben den eigenen Leuten bildete diese Zelle aber auch noch die jungen Offiziere von Saint-Cyr und Angehörige von Spezialeinheiten aus aller Welt in all diesen Gebieten aus (GIGN, Commandos marine fr., Ledernacken, US Special Forces, Navy-Seals etc.). Die Ausbildungen (die der Spezialeinheiten ausgenommen) wurden anfangs in den Dschungelcamps Fabert und Mattei durchgeführt.

Erst, als dann so nach und nach das Camp Szuts in Regina mehr oder weniger fertig gestellt war, fanden alle weiteren Ausbildungen dort im CEFE (Centre d'Entrâinement à la Forêt Equatoriale – Ausbildungszentrum für den Dschungelkampf) statt.

---

[41] Chef de Bataillon (Commandant / Major) Forget kam im Oktober 1950 während der tragischen Ereignisse bei der Evakuierung von Cao Bang auf der Route Coloniale 4 in Indochina an der Spitze seiner Männer ums Leben.

[42] CEA: compagnie d'éclairage et d'appui – schwere Kompanie, siehe weiter unten im Text.

Die CE war damals noch eine Einheit, bestehend hauptsächlich aus Pionieren und später dann – als CEA[42] ab 1986 – ein Mix aus Pionier- und Luftabwehr-Soldaten. Die Pioniere trugen alle einen langen Vollbart. Ich kannte sie als robuste Männer, die alle positiven Eigenschaften eines Fremdenlegionärs in sich vereinten. Sie standen damals am Scheideweg zwischen althergebracht und modern, zwischen altem Pioniersgeist und moderner Technik, wobei: Der alte Pioniersgeist und die althergebrachten Methoden dieser Truppe haben sich mit Sicherheit bewährt, während moderne Konstruktions-Verfahren, wie fein ausgeklügelt sie auch sein mochten, im Umfeld Dschungel nicht selten jeden Wert verloren ...

Die CE war, als ich in Guyana ankam, gerade dabei, eine Straße quer durch den Dschungel zu bauen, und zwar von Regina nach Saint-Georges, einem kleinen Ort an der brasilianischen Grenze. Vorher hatte sie aber längst schon mit dem Bau einer Straße von Cayenne bis runter an die brasilianische Grenze begonnen: Ein abenteuerliches Unternehmen, bei welchem bis dahin schon so manche Träne und noch mehr Blut geflossen war.

Wenn die CE geschlossen durch das Quartier Forget marschierte und dabei ihr Lied »en algérie« erklang, war das Knistern pur. Alle Fenster öffneten sich, jeder legte die Arbeit nieder um sie singen zu hören, und noch heute läuft es mir eiskalt und siedend heiß den Rücken hinunter, wenn ich die tiefen, rauen Stimmen vernehme. Bravo, dort marschiert die Seele der Legion!, dachte ich jedes Mal.

Die SADA – Section d'Autodéfense Anti-Aérien, Zug Fliegerabwehr – war als Teil der CEA (einst CE) hauptsächlich ins Leben gerufen worden, um mit ihren 20-mm-Kanonen und später auch mit den Mistral-Boden-Luft-Raketen kurzer Reichweite den Himmel über der Ariane feindfrei zu halten. Doch diese Phase kam erst viel später. Ich rede hier teilweise schon von der Entwicklung der Einheit zu Zeiten, da ich das Regiment längst wieder verlassen hatte.

Die Kampfkompanien Zwei und Drei verbrachten die meiste Zeit im Dschungel. Wenn ich mein Beispiel nehme, so kam ich in den zwei Jahren in Guyana auf nicht weniger als 425 Tage, in denen ich mich ausschließlich im Dschungel aufhielt. Mir wuchs schon Moos auf dem Rücken! Die Aufträge waren vielfältig: Entweder stand gerade eine mission fluviale oder eine mission profonde an oder andere Dschungel-bezogene Ausbildungen. Erstere spielte sich hauptsächlich in den Pirogen und somit auf dem Flüssen ab, wogegen die mission profonde quer durch den Dschungel führte, doch von beiden werde ich noch ausgiebig berichten, wenn es so weit ist. Jede Kompanie musste natürlich auch dann und wann in den sauren Apfel beißen und den Dienst innerhalb des Regimentes versehen (compagnie de service). Das war dann die Kompanie, welche die Wache und den Interventionszug (DO), die Köche, Küchenhilfen und Krankenpfleger stellen musste. Sie musste die Fahrer auf Abruf bereithalten und auch Soldaten in die Kleiderkammer schicken. Natürlich stellte diese Kompanie auch den Offizier vom Wachdienst und seinen Stellvertreter. Und diese Liste ist noch weit davon entfernt, vollständig zu sein, es genügt hier jedoch zu wissen, dass die compangie de service eine Woche lang zu hundert Prozent aus dem Verkehr gezogen war! Eine Ausbildung in dieser Zeit war da fast unmöglich, denn die Züge waren alle um etwa zwei Drittel in ihrer Stärke reduziert ... von vereinzelten Ausnahmen abgesehen, hatte die Legion damals keine Zivilisten in ihren Camps.

Die Gebäude der einzelnen Kompanien waren um den zentralen Exerzierplatz angelegt. Nur der Puff (ähnlich eines Bordell Militaire Contrôlé) war außerhalb gelegen. Ja, wir hatten ein Bordell, und diese Tatsache war nicht zu unserem Nachteil, wie man sich vielleicht denken kann. Auch dazu später noch mehr.

In einem Käfig, der zwischen der Unteroffiziersmesse und dem Schwimmbad stand, lief ein Jaguar-Pärchen unruhig auf und ab. Es waren schöne, kräftige Tiere, wie ich sie später auch in freier Wildbahn beobachten durfte. Die beiden bekamen übrigens später auch Nachwuchs.

In Kourou, einer Stadt mittlerer Größe knapp einen Kilometer vom Camp entfernt, tummelten sich Menschen aller Rassen und Herkünfte: Amérindiens, (Emerillons, Arawaks und Galibis), Kreolen, Europäer, hauptsächlich Franzosen, Ingenieure und Techniker der CNES[43], Huren aus Brasilien und aus der Dominikanischen Republik, Goldgräber, Libanesen, Abkömmlinge der bagnards, der um die Jahrhundertwende in Cayenne und auf den Inseln internierten Sträflinge (Guyana war bis kurz nach dem Zweiten Weltkrieg eine Sträflingskolonie. Wer hat nicht schon von Henri Charrière alias Papillon gehört oder von der Dreyfus-Affäre?), Holländer aus Surinam – und mittendrin wir, Legionäre aus aller Herren Länder.

Es waren also alle Voraussetzungen dafür gegeben, dass mein Aufenthalt in dem Regiment, das weltweit als *der* Experte im Dschungelkampf galt, zu einem phantastischen Abenteuer werden würde.

2

»Dans la brume la rocaille.
Légionnaire tu combats.
Malgré l'ennemi, la mitraille.
Légionnaire tu vaincras.«[44]

Ein Flair alter Kolonialzeiten haftete diesem Regiment an. Europa war weit weg, und mir war es, als hätte sich hier eine Tür in die Vergangenheit geöffnet. Vergangenheit oder nicht, die erste Überraschung kam bereits mit Riesenschritten näher. Wir waren gerade, vom Flughafen kommend, durch das Tor des Quartiers gefahren, wo der Marmon (kleiner Lastwagen) vor einem weiß gestrichenen Gebäude zum Stehen kam. Kaum abgestiegen, hörten wir hinter uns eine Stimme.

»Wer von euch ist in die dritte Kompanie versetzt worden?« Der légionnaire de première classe (Gefreiter), der mit dem gelben foulard, dem Schultertuch in der Farbe der dritten Kompanie, vor uns stand, hatte den Elsass-Lothringer Akzent. Wir hoben alle die Hand, und es war Oliver, der die fa-tale Frage stellte: »Und du ... Bist du auch in der Dritten?«

Woher zum Teufel sollten wir auch wissen, dass die Schikanen in den Regimentern übergangslos weitergingen? Niemand hatte uns darauf vorbereitet, dass wir hier – am Anfang zumindest – sogar die Gefreiten siezen mussten. Kaum hatte Oliver das letzte Wort gesprochen, lagen wir schon wieder in der Horizontalen und absolvierten knappe drei bis vier Dutzend Liegestütze.

---

[43] Centre National d'Études Spatiales, französische Weltraumagentur
[44] Aus dem Lied der 3. Kompanie des 3e REI. »In dichtem Nebel und undurchdringlichen Felsenlandschaften kämpfst du, Legionär, und wirst den Kampf gewinnen, als Sieger aus ihm hervorgehen, dem feindlichen Maschinengewehrfeuer zum Trotz.«

***

Zu uns Neuankömmlingen gehörte zunächst Aldo, ein bärbeißiger Jugoslawe. Aldo war zweierlei: Verlässlichkeit und Humor. Er war ausgebildeter Krankenpfleger und eine Kapazität auf seinem Gebiet. War er in der Nähe, wenn wir im Dschungel unterwegs waren, fühlten wir uns irgendwie geborgen. Schon nach kurzer Zeit im Regiment gab es keinen mehr unter uns, der nicht schon mal durch Aldos Hände gegangen, von ihm wieder aufgepäppelt worden wäre. Wie kaum ein Zweiter konnte er Spritzen geben (wir benötigten hauptsächlich die Injektionen, die dazu gedacht waren, den Tripper zu kurieren), Verbände wechseln, Blutungen stoppen oder Wundränder nähen. Vom Sumpffieber bis hin zum harmlosen Tripper kannte er, so schien es uns, die Symptome sämtlicher Krankheiten.

Paul war ein Ire, wie er im Buche stand, und konnte schon im Alter von zwölf Jahren besser mit dem Maschinengewehr umgehen wie andere Jungen in seinem Alter mit Matchbox-Autos. Wir nannten ihn kurz Pappy. Pappy war am ganzen Körper tätowiert, und ohne, dass er darauf gedrängt hätte, hatten wir ihn sofort zu unserem (inoffiziellen) Führer erkoren. Er war bereits Caporal. Seine Autorität war angeboren, sein positiver Einfluss auf uns wurde von allen wohlwollend akzeptiert. Gab es unlösbare Probleme, war er der Mann, an den man sich wandte. Pappy war ein Organisationstalent, und es schien nichts zu geben, was er nicht in kürzester Zeit besorgen konnte.

Dann war da natürlich Oliver, die Wildgans. Olli war mir mit seiner nonchalanten Art auf Anhieb sympathisch. Er war selbst noch in Momenten der Gefahr oder in verfahrenen Situationen für ein Späßchen gut und heiterte uns auf, wenn wir schon den Kopf in den Sand steckten.

Die Wildgans Oliver.

Kleszk, ein Ungar mit der Statur eines Boxers, war, wie sich herausstellen sollte, un fou, ein »Verrückter«. Verrückt deswegen, weil er alles, was kreuchte und fleuchte, anfasste, in die Hände nahm ... und nach einer eingehenden Betrachtung tötete und aß. Manchmal roh, meist aber über einem Feuer gebraten. Dabei war es ihm egal, ob es eine doch ziemlich harmlose Vogelspinne war, eine fer de lance (Lanzenotter) oder gar eine grage carreaux (Buschmeister), die mit zu den giftigsten Schlangen überhaupt zählten.

Zu uns gehörten aber auch noch Changnard, der schmächtige Franzose, der uns später noch alle durch seine Robustheit und seine exzellente Ausdauer verblüffen sollte, oder Certu, ebenfalls Franzose. Certu und Changnard hatten bereits im 2ᵉ REP gedient. Beide waren drahtig, zäh wie Leder und hatten bereits diese Abgeklärtheit und Besonnenheit, die uns anderen, die wir direkt aus Castel kamen, noch fehlte.

Certu war einer von der ganz besonnenen und zurückhaltenden Art, obwohl er ein Profi war, dem man nichts mehr erzählen konnte. Doch so alle drei, vier Monate kam er, durch welche Einflüsse auch immer, aus seiner Reserve, und dann ging man ihm lieber aus dem Weg, Freund oder nicht! Vielleicht war es seine Art, den Cafard[45] zum Ausdruck zu bringen. Wir wussten und respektierten das.

Und dann war da natürlich auch mein Namensvetter Thomas. Ebenfalls aus Oberfranken stammend, gar nicht so weit weg von meinem Geburtsort, sollten wir lange Jahre Freunde bleiben und ein langes Stück Weges in der Legion zusammen nebeneinander gehen, bis ihn dann sein tragischer Tod aus unserer Mitte riss. Thomas war nur aus einem einzigen Grund zur Fremdenlegion gegangen: Er wollte kämpfen! Dabei war es ihm egal, auf welcher Seite und gegen wen. Er war nur glücklich mit der Waffe in der Hand, und das wurde ihm dann schließlich auch zum Verhängnis, doch davon später.

* * *

Der Gefreite machte sich einige Notizen und verschwand wieder. Kurz darauf wurden wir vom Chef de détachement, vom Verantwortlichen der Abteilung, im chambre des passager untergebracht. Hier waren alle Legionäre logiert, die sich gerade in einer Übergangsphase befanden. Eine Art Transitstelle.

Tags darauf ging es los mit dem stage brousse, dem Einweisungslehrgang. In diesem Schnellkurs, den ich hier rasch überfliege, wurde uns das kleine Einmaleins des Dschungels beigebracht. Einfache Dinge: Wie packe ich meinen Rucksack, was gehört hinein und was nicht. Wie spanne ich mein Hamac (brasilianische Haushängematte) und das bâche, den Regenschutz. Welche Gefahren birgt der Dschungel? Was tun, wenn ich mich verirre, verletzt bin oder plötzlich illegalen Goldgräbern gegenüberstehe, die ein Interesse daran haben, nicht erwischt zu werden, und deshalb alles tun, damit es auch so bleibt? Welche Tiere können mir gefährlich werden, was tun bei einem Schlangenbiss, etc.

---

[45] Ganz normaler Trübsinn oder gar la folie douce, eine zärtliche Verrücktheit? Wer weiß das schon so genau ... außer vielleicht dem, der gerade davon betroffen ist.

Fahne der 3. Kompanie des 3^e REI (hier zu einem bestimmten Zweck etwas manipuliert).

Nach diesem Lehrgang gehörten wir offiziell der dritten Kompanie an, und wie durch ein Wunder fast alle demselben Zug, dem zweiten. 332 – Drittes Regiment, dritte Kompanie, zweiter Zug. Thomas war im ersten Zug, und Ange, der erst später seine Aufwartung im Regiment machen sollte, wurde in den dritten Zug versetzt.

Mein Zugführer, ein frischgebackener Leutnant, der gerade von der Offiziersschule gekommen war, war ebenfalls neu im Regiment. Ungefähr zwölf Jahre später sollte ich ihn als Chef du BOI[46] des 2^e REI[47] wieder treffen. Dieser brillante Offizier sollte es in den Folgejahren bis zum Chef de Corps (Regimentskommandeur) der 13^e DBLE bringen.

Er war etwas kleiner als ich, kompakt, körperlich topfit, Brillenträger. Vor allem aber machte er nicht den Fehler, den schon so manch ein Leutnant begangen hatte, nämlich von oben auf uns herabzusehen und die Stimme seines Stellvertreters geflissentlich zu überhören. Dazu war er einfach zu intelligent. Sein Name war Charmony, ja, nennen wir ihn so!

Sein Stellevertreter, der Sous-Officier adjoint, ein Ungar mit dem Dienstgrad eines Sergent-Chef, war ein alter Haudegen. Groß und drahtig, hatte er die Silhouette eines Buschläufers. Allzu oft hatte ich in den kommenden zwei Jahren das Vergnügen, im Dschungel hinter ihm zu marschieren, und ich behaupte mal frech: Dieser Mann läuft alles und jeden, der Beine hat, in Grund und Boden. Ein Phänomen! Doch Sergent-Chef Zoltan war nicht nur ein hervorragender Läufer.

Er war – so wie alle Sergent-Chefs der Legion – die Erfahrung und das Gedächtnis des Zuges. Er und kein anderer vermittelte die Traditionen an uns. Er war es, der Altes in Erinnerung rief. Er war das Verbindungsstück zwischen einem einsamen Kreuz irgendwo in Indochina, in Alge-

---

[46] Chef du Bureau Opérations et Instruction. Von der Hierarchie her gesehen meist der drittwichtigste Offizier im Regiment, nach dem Regimentskommandeur und dessen Stellvertreter. Vergleichbar mit dem S3 der Bundeswehr, also Ausbildung, Planung und Operation. Der Dienstgrad eines Chef du BOI ist meist Lieutenant-Colonel, Oberstleutnant.

[47] 2e Régiment Étranger d'Infanterie, Zweites Infanterie-Regiment der Fremdenlegion. Stationiert in Nimes, Südfrankreich.

rien oder in einem Talweg am Fuße der Festung Krim und uns jungen Soldaten der Legion. Ein Hüter der Tradition ... und der Disziplin!

Der Chef war es, der von Anfang an die Disziplin im Zug etablierte und sie über die ganzen zwei Jahre lang mit eiserner Faust aufrecht erhielt. Das verdient eine ganz besondere Hochachtung, denn in unserem Zug waren damals, um es vorsichtig auszudrücken, sehr starke Charaktere vertreten. Keine Jungs von gestern, sondern Abenteurer, Männer, die wussten, was sie wollten, und vor allem Männer, die wussten, was sie nicht wollten – und Sturköpfe waren die meisten obendrein! Hier ein fast alltägliches Beispiel, was Aufrechterhalten der Disziplin bedeutete:

Im Nachbarzug gab es einen Iren und einen Engländer. Beide waren dicke Freunde. Der größere von beiden, der Engländer, war Boxer. Schnell, wuchtig und gefürchtet. Der Kleinere, der Ire, war ein hagerer Rotschopf. Nicht gerade ein frommes Lamm. Eines Tages kamen beide etwas angeheitert aus der Stadt zurück und hatten einen Disput mit dem Caporal de semaine[48] (der ja in dem Augenblick – er war Caporal und dazu noch die rechte Hand des Sergent de semaine – der direkte Vorgesetzte der beiden war).

Ein Wort gab das andere, und keiner sah, wie Sergent-Chef Zoltan sich näherte und zuhörte. Als er schließlich in Erscheinung trat, sagte er nur einen Satz: »Ihr beide geht schlafen, sofort!« Als der Ire protestieren wollte und sich auf den Sergent-Chef stürzte, ließ der den Axtstiel, welcher plötzlich in seiner Hand lag, spielen. Das Resultat war ein gebrochenes Nasenbein für den Boxer und eine klaffende Kopfwunde für den Iren, der auf einmal verdattert am Boden lag. Das Ganze hatte nur drei Sekunden gedauert. Die Disziplin war wiederhergestellt, die Notwendigkeit, dies zu tun, absolut gegeben.

Im Zug hatten wir den Zugtrupp und drei Gruppen. Jede Gruppe wurde von einem Sergent angeführt, der zu seiner Unterstützung zwei Caporaux, zwei Obergefreite hatte. Die Obergefreiten lebten mit uns zusammen, und man kann sagen, dass sie es gewesen sind, die das gute Funktionieren des Zuges gewährleisteten. Obergefreiter in der Legion zu sein, vor allem in einem Übersee-Regiment, ist verbunden mit Verantwortung, aber auch mit Annerkennung und Respekt.

Unsere Unterkunft in der dritten Kompanie war ein großes Gebäude, das ursprünglich für zivile Zwecke gedacht war. Das Appartement im zweiten Stock hatte deshalb einen Salon, eine Küche, eine Dusche, eine Toilette und zwei kleinere Schlafzimmer. Wir waren zu sechst in der Wohnung, in der man angenehm lebte. Im Salon gab es einen Fernseher und in der Küche einen Herd und einen Kühlschrank. Die Bekleidung war dem Klima angepasst. Ausgehuniformen hatten wir zwei. Den tenue de sortie für die Stadt und den Anzug für den Bordellbesuch, den tenue puff! Die Uniform für die Stadt bestand aus einer langen khakifarbenen Hose und einem khakifarbenen Hemd, dessen Ärmel hochgekrempelt wurden. Der Sturz war genau drei Finger breit und endete am Ellbogen. Dazu wurde das képi blanc getragen. Auf dem Ärmel trugen wir alle das Divisionsabzeichen aus Stoff und auf der Brust das blue badge, die distinguished unite citation, eine Auszeichnung aus dem Zweiten Weltkrieg, die dem RMLE im Mai 1946 direkt aus der Hand des amerikanischen Präsidenten Truman überreicht worden war. Darunter schimmerte glitzernd unsere pucelle. Auf goldenem Hintergrund standen die Worte »Legio

---

[48] Der Funktion nach Gefreiter vom Dienst. Der Dienstgrad Caporal ist allerdings der eines Obergefreiten.

Abzeichen des 3ᵉ REI.

Patria Nostra«, und etwas tiefer auf dem grün-roten Feld (die Farben der Legion) konnte man die Legionsflamme sehen. Wieder etwas tiefer stand 3ᵉ REI[49] zu lesen.

Links unter der Schulterklappe hatten wir unsere fourragère[50] befestigt, die nur ein Angehöriger des Regimentes tragen durfte. Es waren drei, mit den Farben rot, gelb und grün: Die Farben der Médaille Militaire und die doppelte fourragère, Croix de guerre 1914–1918 und die Légion d'honneur.

Der tenue puff bestand aus einer kurzen, khakifarbenen Hose, einem kurzärmligen Hemd und aus khakifarbenen Strümpfen, die bis zu den Knien reichten. Dazu passten die schwarzen Ausgehschuhe.

Das képi wurde zum tenue puff nicht getragen, ebenso wenig wie die fourragère oder der ganze Rest. Nur Dienstgradabzeichen und die pucelle. Die Kampfanzüge waren ebenfalls lang, es gab aber auch eine kurze Version. Hinzu kam das foulard und natürlich das grüne béret. Khakifarbene Hemden für die Ausbildung im Busch und der sogenannte chapeau de brousse, die Kopfbedeckung für den Dschungel, rundeten das Ganze ab.

Zur Zusatzausrüstung gehörten: Der sac bulle (ein wasserfester Sack, in den man alles packte, was nicht nass werden durfte – im Schnitt regnete es dreihundert Ta-

Die fourragère des 3ᵉ REI.

---

[50] Die fourragère ist eine Auszeichnung. Es handelt sich dabei um eine geflochtene Kordel, die sich auf der linken Schulter der Uniform trägt. Das obere Ende hat die Form eines Kleeblatts, während das andere Ende mit einem konisch spitz zulaufenden Eisen bestückt ist. Über dem Eisen befindet sich ein Knoten mit vier Windungen. Zwischen Knoten und Eisen kann eine sogenannte Olive sitzen, die aussagt, in welchem Krieg die fourragère der Einheit überreicht wurde. Die fourragère gibt es in verschiedenen Farben. Hier die Beispiele, wie sie auch auf das 3e REI zutreffen: Rot – Farbe der Legion d'Honneur (Ehrenlegion); Gelb – Farbe der Médaille Militaire (Militär-Medaille); Grün und Rot – Farbe des Croix de Guerre (Kriegskreuz), für den Ersten (1914–1918) oder den Zweiten Weltkrieg (1939–1945).

[49] Das 3ᵉ REI ist der Erbe des RMLE und das höchstdekorierte Regiment der Legion. Das RMLE stürmte ab dem 2. September 1918 die Hindenburglinie, die am 14. September fiel. Selbiges hatten amerikanische Truppen schon vorher mehrmals vergeblich versucht. Das Regiment feiert jedes Jahr am 14. September die fête de la fourragère.

ge im Jahr); das hamac (brasilianische Hängematte mit Schutzdach und Moskitonetz); das bâche (Regenplane vier auf vier Meter); das coupe-coupe (Machete); ein Camulus (großes, scharfes Kampfmesser, mit das wichtigste Instrument überhaupt! Es gehörte offiziell nicht zur Standardausrüstung, aber jeder hatte eines. Wenn es kein Camulus war, dann eben ein Jungle-Aitor, was aber öfter abbrach); ein Kompass; jede Menge Seilzeug etc.

Dann gab es Dinge, die jeder von uns auf eigene Faust in den Dschungel mitnahm, Utensilien, die sich bewährt hatten: Kerzen zum Beispiel. Diese waren hervorragend zum Feuermachen geeignet. Taffia – weißer Rum aus Martinique, der sich nicht nur zum Trinken, sondern auch zur vorläufigen Wundbehandlung eignete. Eine Flasche hatte jeder von uns immer im Rucksack, ebenso wie ein Sturmfeuerzeug und Rasierschaum (nicht nur zum Rasieren. Wir schmierten damit das Seilzeug ein, damit Fleisch fressende Ameisen, Spinnen und Skorpione etc. nicht ans hamac oder an die aufgehängte Wäsche unter der Plane gelangen konnten). Weiterhin war es angebracht, jede Menge Rasierzeug mit zu nehmen. Man war nämlich gut beraten, sich den Schädel ganz zu rasieren. Es folgten Dinge wie Tabak für die Raucher (unsere mission profondes dauerten damals noch dreißig Tage – meist regnete es dann auch die ganze Zeit, und das Zigarettendrehen wurde zur Kunst: Papierchen nass, Tabak feucht!), Nadel und Faden, ein gutes Buch und ein Bild der Liebsten.

Ganz wichtig war Autan. Wir benutzten es gegen Stechfliegen und wenn wir Sackratten[51] hatten oder sonstiges Ungeziefer, wobei: Ein guter Schluck Taffia half da manchmal auch weiter.

---

[51] So nannten wir liebevoll die Filz- oder Schamläuse, die einen gestandenen Mann in den Wahnsinn treiben können.

Im Dschungel zu Hause.

3

Ihr Vater war Holländer und ihre Mutter eine ehrenwerte Dame aus Surinam. Sie hatte dieses exotische Flair und diesen Charme, dem kein Mann lange widerstehen konnte. Der Name dieser kaffeebraunen Schönheit war Martine, und er klang wie eine Verheißung in meinen Ohren: Martine!

Wir schrieben Anfang/Mitte August. Es regnete leicht, und in der Stadt war es merkwürdig ruhig, zu ruhig für einen Abend, an dem ein großer Teil des Regiments in der Garnison war. Martine gab mir gerade eine leichte Massage, eine Gelegenheit, die ich dazu nutzte, um in aller Ruhe an den Legionär zu denken, der seit ein paar Tagen schon spurlos verschwunden war. Man munkelte, die Kreolen hätten ihn getötet. Es hatte in letzter Zeit immer wieder Reibereien zwischen einigen hitzköpfigen Legionären und den Einheimischen gegeben, doch bis jetzt war immer alles gut ausgegangen.

»Was meinst du, Tom«, fragte Martine neckisch und ließ ihre sanfte, warme Hand spielerisch über meinen Rücken gleiten. »Bist du nachher noch in Form, wenn du jetzt noch einen ti-punch trinkst?«

Und ob ich noch in Form sein würde! Ich wollte sie gerade küssen, als draußen Schüsse fielen. »Verdammt!« Mit einem Satz war ich an der Tür und öffnete sie einen Spalt. Was ich sah, gefiel mir nicht. Überall huschten dunkle Gestalten in kleinen Gruppen durch die Nacht. Kreolen! Das spärliche gelbe Licht der Straßenlaternen reichte bei weitem nicht aus um mehr zu erkennen.

Martine hatte es ebenfalls gesehen. Sie zog sich ein Baumwollhemd an und schlüpfte an mir vorbei, hinaus auf die Straße. »Mir werden sie nichts tun. Geh auf keinen Fall raus. Ich werde herausfinden, was das alles bedeutet.« Bevor ich sie davon abhalten konnte, war sie auch schon in der Nacht verschwunden, doch sie blieb nicht allzu lange. Als sie wieder im Türrahmen erschien, war ihr Gesicht blass. »Ich glaube, es ist besser, wenn du heute Abend hier bleibst.« Ich hatte mich inzwischen angezogen. »Was hast du rausgefunden?«

Sie zuckte zusammen: Wieder war ein Schuss gefallen. »Die Legionäre«, hauchte sie. »Einige von ihnen sind in die Stadt gekommen. Sie haben Waffen dabei ... Knüppel, Baseballschläger und Messer. Sie haben alle Bars auseinandergenommen und die Windschutzscheiben sämtlicher Autos eingeschlagen. Und dann sind sie über die Leute hergefallen.«

Ich war einigermaßen perplex. »Ich muss zurück ins Camp. Das gibt Ärger!« Mit einem Satz war sie bei mir und hielt mich am Ärmel fest. »Du kannst nicht da raus. Die Kreolen haben den Spieß umgedreht und machen jetzt Jagd auf alles, was ein weißes képi trägt.«

Irgendwo draußen hörte ich ein Trompetensignal. Ich packte Martine bei den Schultern und schüttelte sie sanft. »Es ist dunkel«, erwiderte ich mit ruhiger Stimme. »Sie werden mich schon nicht erwischen. Ich muss jetzt los!«

»Warte ...!« Sie verschwand in der Küche und erschien einige Sekunden später wieder mit einem schwarzen Stoffbeutel. »Steck dein képi da rein ... Bitte!«

Widerwillig gehorchte ich ihr, doch das war mein Glück. Als ich auf Schleichwegen zum Regiment unterwegs war, liefen mir immer wieder Gruppen von Einheimischen über den Weg. Alle waren sie bewaffnet mit Macheten, einige hielten Schrotflinten in den Händen. Es war ein Spießrutenlauf! Jeder, der ein weißes képi trug, musste in dieser Nacht um sein Leben rennen.

Die Stimmung im Camp war düster. Der schwer bewaffnete Bereitschaftszug war fertig zum Ausrücken, und die police militaire patrouillierte nonstop. Auch die Gendarmen waren längst unterwegs.

Mein Zug stand zur Hälfte angetreten vor dem Hauptgebäude. Die Stärke wurde festgestellt, und dann wurden wir auf unsere Zimmer geschickt. Ausgangssperre total!

Was an diesem Abend eigentlich vorgefallen war, konnte mir hinterher niemand so ganz genau sagen, zumal all diejenigen, die sich an dieser unseligen Aktion beteiligt hatten, sofort hinter schwedische Gardinen kamen. Intern zunächst mal, versteht sich! Die Bilanz war erschreckend: Ein Legionär war tot (nicht der, den man schon vermisste!). Man hatte ihm aus kürzester Entfernung mit einer Schrotflinte in den Rücken geschossen und ihn dann noch mit der Machete bearbeitet. Mehrere Legionäre waren verletzt, einige schwer. Auf Seiten der Einheimischen sprach man ebenfalls von mindestens einem Toten und vielen Verletzten. Das war jedenfalls, was man uns danach erzählte. Das Quartier wurde systematisch abgeriegelt. Anstelle des Zauns, der vorher nur einen Meter hoch war, wurde ein Gitter errichtet. Zwei Meter hoch und mit Stacheldraht obendrauf. Die Ausgangssperre wurde erst Wochen später wieder aufgehoben. Das Viertel, in dem sich alles abgespielt hatte, die vieux bourg, blieb für uns auf Jahre verboten. Feindliches Gebiet!

Im Nachhinein kann man in dieser Sache sicherlich nicht nur eine Seite allein grundsätzlich verurteilen und das Handeln der anderen gutheißen. Man sollte sich aber vielleicht Gedanken darüber machen, wie so etwas in Zukunft vermieden werden kann.

4

Die nächsten Wochen brachten eine rasante Folge von Pflichtübungen, die uns von den oben genannten Ereignissen ablenkten. Zunächst gab es auf Regimentsebene ein Manöver mit einem abschließenden défile, einer Parade in St.-Laurent. Saint-Laurent war eine Stadt am Maroni-Fluss, welcher die Grenze nach Surinam bildete.

Daraufhin kam der test compagnie. Hierbei wurden die Einsatzbereitschaft, der Ausbildungsstand und die Effizienz der Einheit überprüft, was sich aber vor allem auf Kommandoebene abspielte, also in erster Linie Kompaniechef, Zugführer, Stellvertreter und Gruppenführer betraf. Dieser Test fand hauptsächlich im Nordwesten Guyanas statt.

Ich erinnere mich, dort einen Strand gesehen zu haben, an dem Dutzende von Meeresschildkröten an Land kamen, um dort ihre Eier zu legen. Jahre später hatte ich in Djibouti die Gelegenheit, Eier von Meeresschildkröten zu kosten, was eine feine Sache war – vor allem, wenn man halb am Verhungern ist! Diese Schildkröten im Nordwesten Guyanas wogen jede mit Sicherheit eine halbe Tonne, wenn nicht mehr.

Der Wald bei Mana, durch den wir taktisch in einer langen Kolonne schlichen, war die Pest. Wir wurden von Stechfliegen regelrecht zerfleischt. Da half kein Autan, kein Taffia und kein Fluchen. Mir wäre es lieber gewesen, ich hätte es mit einem Jaguar zu tun gehabt als mit diesen unsichtbaren kleinen Monstern, die sogar durch Jacken und in aller Hast übergeworfene Ponchos stachen.

Danach ging es für eine Woche auf die Inseln. Genauer gesagt auf die Insel St.-Joseph. Unser Zug arbeitete dort an einem Freizeitheim für die Legionäre. Bis auf einen Fischer mit seiner Familie war Saint-Joseph unbewohnt. Im Zentrum der Insel, die etwa zwanzig Hektar groß ist, befanden sich die Zellen der bagnards, der Sträflinge der ehemaligen Strafkolonie. Ein schauriger Ort, trotz des schönen Palmenwaldes, der ihn umgab.

Tagsüber fällten wir Bäume, sägten sie mit Motorsägen in Stücke und schleiften sie hinunter zum Meer, wo sie verbrannt wurden. Danach ebneten wir die in Betracht kommende Fläche mit Pickeln, Vorschlaghämmern und Schaufeln: Eine harte Knochenarbeit, die jedoch abends belohnt wurde, indem wir von unserem Zugführer zusätzliche Bierrationen erhielten. Einmal durften wir sogar in das auf der Nachbarinsel Île Royal gelegene Restaurant.

Zu essen gab es meist Fisch, den wir dem Fischer abkauften, hauptsächlich Mérou (Barsch) oder Dorade (Brasse), und dazu gab es Riz cantonais, Reis auf kantonesische Art. Natürlich hätten wir selber unsere Fische angeln können, doch wir wollten, dass der Fischer von unserer Präsenz profitierte.

Nachts ertönten dann unsere Lieder. Der warme Wind der Karibik trug sie mit sich fort, und wer weiß – vielleicht hörte sie jemand am anderen Ende der Welt ...

Hier auf der Insel vertieften Thomas und ich unsere Freundschaft. Es war schon komisch. Wir hatten beide denselben Vornamen, kamen beide aus Oberfranken und hatten am gleichen Tag Geburtstag. Vielleicht hatte das Schicksal uns zusammen geführt, vielleicht auch eine andere, höhere Gewalt!?

Beide waren wir Einzelgänger und hatten in unserem Leben vor der Legion nicht unbedingt das gefunden, was uns glücklich machte. Das Dilemma war: Beide konnten wir nicht mit absoluter Exaktheit sagen, was wir überhaupt suchten. Ausgehend von dieser Erkenntnis, machte ich mir meine eigene Philosophie: Menschen wie Thomas und ich waren wohl dazu verdammt, sich ständig im Kreis zu drehen. Es gab für uns kein Ziel, sondern nur einen Weg, den es einfach zu beschreiten galt. Und wir wählten nicht immer den einfachen, bequemen Weg!

5

»Les Chefs de groupe à moi! – Gruppenführer zu mir!«

Wie ein zweiter Napoleon stand Sergent-Chef Zoltan inmitten der Sergenten, und es hagelte plötzlich von Befehlen. Das machte ihm sichtlich Spaß. Ein Woche im Quartier, das konnte er verkraften, doch dauerte es nur einen Tag länger, nagte es in seinen Eingeweiden. Er brauchte den frischen Wind, der ihm ins Gesicht blies. Am glücklichsten war er irgendwo dort draußen in dieser grünen Hölle. Den Sack auf dem Rücken und drei Dutzend Legionäre in seinen Spuren, war er ein freier Mensch. Keiner, der Fragen stellte, keiner, der ihm sagte, was er tun oder lassen sollte, und um ihn herum diese überwältigenden Geräusche und Gerüche der Natur, die ihm allesamt höchsten Respekt einflössten.

Frau und Kinder, Familie ... Das war eine Sache, doch das hier!? Manchmal, so sagte sich der Sergent-Chef, war es ganz gut, dass niemand ihn je vor die Wahl stellte. Er wäre wohl auf Nimmerwiedersehen im Busch verschwunden und hätte dort den Rest seiner Tage verbracht!

Unser »Medizinmann« bei der Arbeit.

* * *

»Grüne Hölle« nannten wir den Dschungel nicht zuletzt auch wegen der Krankheiten, die man sich dort holen kann, zum Beispiel den ver macaque. Der Überbringer ist eine Stechmücke, auf deren Bauch eine Dasselfliege ihre Eier abgelegt hat. Sticht die Mücke zu, suchen die Larven der Dasselfliege Zuflucht unter der Haut des auserwählten Opfers. (Handelt es sich bei diesem um einen Menschen, wandert in der Regel nur eine Larve über den Stichkanal in den Wirt.) Dort wächst die Larve, bis sie, einmal ausgewachsen, ihren Wirt wieder verlässt. Keine schöne Sache.

Dann gab es natürlich die allgegenwärtig Malaria (la palu, wie wir sie nannten), übertragen von der anophèle femelle, der Anophelesmücke. Malaria in diesen Breiten ist tödlich!

Weiter geht es mit der Leishmaniose, ebenfalls das Geschenk einer Mücke (Sand- oder Schmetterlingsmücke). Ich habe persönlich Legionäre gesehen, die, von dieser Krankheit befallen, richtige Löcher an Beinen und Armen hatten, die zum Teil so tief waren, dass man mühelos einen Daumen darin verschwinden lassen konnte.

Wir sind noch nicht am Ende: Der ver de chien, zu deutsch Hautmaulwurf, ist ein Hakenwurm, der unter der Hautoberfläche wandert und mit dem ich auch selbst schon Bekanntschaft gemacht habe. Zum Abschluss noch ein kleines Dengue-Fieber gefällig? Die Liste geht weiter, doch lassen wir's mal dabei.

* * *

»Macht euch auf was gefasst«, sagte Pappy. »Der Chef ist in seinem Element. Ich wette 'nen Arschtritt gegen 'n kühles Guinness, dass wir heut, bevor die Sonne untergeht, wieder gegrilltes Affenhirn essen müssen!« Certu würgte geräuschvoll: »Hatten wir doch erst«, stöhnte er. Wir lachten. Paul hatte eine Anspielung auf die kulinarischen Vorlieben von Chef Zoltan gemacht. Er war – wie Kleszk, unser Ungar – dafür bekannt, dass er nicht viel von einem herkömmlichen Speiseplan hielt.

Als die Caporaux, die Obergefreiten, von der Befehlsausgabe kamen, wurde es ernst. Binnen weniger Minuten hatten wir alle Mitbringsel abgeladen, gleichmäßig auf die Pirogen verteilt und festgezurrt. Danach konnte es losgehen. Natürlich wussten wir, was uns erwartete, und wir freuten uns auch darauf, dennoch war es ein komisches Gefühl, zu sehen, wie die leeren Lastwagen ohne uns wieder Richtung Kourou fuhren.

Von PK 21 aus fuhren wir den Kourou-Fluss langsam stromaufwärts. Um vom schmalen Küstenstreifen in das Landesinnere zu kommen, gab es nur einen Weg: die Flüsse. Ohne sie als Wegbereiter ging nichts.

In mir steckten nichts als pure Neugier und ungestillter Wissensdurst, als ich mal links, mal rechts auf das satte Grün des Urwaldes starrte. Ja, ich starrte! Bei genauerem Hinsehen stellte ich fest, dass es sich nicht um ein sattes Grün handelte, sondern um hunderte von Facetten dieser Farbe. Und noch etwas bemerkte ich: Der Dschungel lebte ... Er bewegte sich!

Hier ein Chamäleon, welches ich nur durch Zufall entdeckte, so genau hatte es sich seiner Umgebung farblich angepasst, dort eine Horde Brüllaffen, deren Geschrei man kilometerweit hören konnte. Flussaufwärts brach ein Maïpouri, ein Tapir durch das Gebüsch, beäugte uns neugierig und verschwand wieder. Ein Kikiwi[52] schrie. Ein blauer Morpho, einer dieser schönen, großen Schmetterlinge, fast so groß wie meine Handfläche, setzte sich auf den Rucksack vor mir auf der Bank.

Es roch nach nassem Gras, nach vermodertem Holz und feuchter Erde. Es roch muffig nach vor sich hin faulenden Früchten, nach Wasser, Erde, Feuer und Luft! Irgendwo im Landesinneren brannte schwelend ein kleines Holzfeuer ohne Flamme ... Irgendjemand räucherte Fisch! Ich lachte. Es war ein spontanes, ungezwungenes Lachen, und plötzlich wurde mir eines klar: Ich war ein Privilegierter, das alles erleben zu dürfen!

6

In camp Fabert angekommen, warteten die Ausbilder der cellule forêt schon auf uns. Eigentlich müsste man sie die Buschmeister nennen. Niemand – von den Indianern[53] und den Noir-Marrons[54] einmal abgesehen – kannte den Urwald besser. Dazu muss man sagen, dass diese Ausbilder, wie auch einige von uns später, sich ihr Können teilweise in Lehrgängen angeeignet hatten, die sie in die Kommandoschulen tief im Dschungel Brasiliens führten. In Manaus, um genau zu sein.

Wieder kurze, knappe Befehle. In rasantem Tempo luden wir die gesamte Ausrüstung wieder ab und schleppten sie zirka hundert Meter landeinwärts. Es ging leicht bergauf, und da es regnete, standen wir nahe am Fluss bis zu den Knöcheln im Matsch.

Wenn Sie je in Guyana in die Verlegenheit kommen sollten, ein Camp aufschlagen zu müssen, tun Sie das immer etwas landeinwärts, weg vom Fluss. Die Gezeiten des Atlantiks lassen die

---

[52] Kleiner, gelbbäuchiger Vogel mit schwarzem Häubchen. Er schreit seinen Namen fast unverschämt in die Welt hinaus.

[53] Amérindiens. Es gibt mehrere Ethnien. Sie gehören verschiedenen Sprachfamilien an, und man kann sie auch grob nach ihren geographischen Niederlassungen einordnen: Arawaks, Wayampis (Wayapi bzw. Oyampi), Wayanas, Émérillons, Palikurs, um die bekanntesten zu nennen.

[54] Die Noir-Marrons oder auch Bush Negroes – Busch Neger – sind Abkömmlinge schwarzer Sklaven, die noch vor der Abschaffung der Sklaverei gegen ihre Herren revoltierten und sich von den Zucker- und Kaffeeplantagen in den Busch, den Urwald flüchteten. Die Sklaven kamen hauptsächlich von der Küste Westafrikas (Benin, Elfenbeinküste und Ghana). In Französisch-Guyana sind sie heute in sechs großen ethnischen Gruppen anzutreffen. Wir hatten vor allem mit den Noir-Marrons des Oyapoque und des Maroni zu tun. Es waren hervorragende Pisteurs (Fährtenleser) und Piroguiers. Ein Piroguier der Noir-Marrons versteht es wie kein zweiter, eine Piroge die Flüsse hinauf und über gefährliche Stromschnellen hinweg in den Dschungel zu lenken. Von den Indianern und den Noir-Marrons lernten wir essentielle Dinge wie jagen, fischen, räuchern und fährtenlesen.

Vor dem Start zu einer mission fluviale auf dem Oyapock.

Unsere Pirogen.

Flüsse bei Flut immer etwas über die Ufer treten, und umgekehrt sinkt natürlich bei Ebbe der Wasserstand entsprechend. So kann es dann vorkommen, wie es uns schon passiert ist, dass Sie, wenn Sie aus ihrer Hängematte springen, bereits bis zu den Knien im Wasser stehen. Oder Ihr Boot oder die Piroge hängt angebunden mit dem Heck senkrecht nach unten.

Hier an dieser Stelle auch kurz eine Erklärung zur Piroge, unserem Beförderungsmittel, welches uns so wertvolle Dienste leistete. Eine Piroge ist nichts anderes als ein Einbaum. Die Kunst der Herstellung einer guten Piroge wird von Generation zu Generation überliefert, und Nichteinheimische werden nur sehr ungern in das Geheimnis eingeweiht. Ich habe nie gesehen, wie ein Einbaum hergestellt wird. Man sagte mir, dass es dazu verschiedene Methoden gibt. Unter anderem auch eine, bei welcher Feuer und Glut dazu benutzt werden, den Stamm, der vorher sorgsam ausgewählt werden muss, quasi von innen heraus auszubrennen. Kohle und Asche werden weggeschabt, und so nach und nach höhlt sich der Stamm. Die Pirogen, die wir hatten, waren schwer, aber gut manövrierfähig, etwa zwanzig Meter lang und zwei Meter breit.

Man wies uns ein Stück Gelände zu, auf dem wir unser Camp aufschlagen durften. Ein Stück Gelände, das hieß ein Stück jungfräulicher Urwald. Wir arbeiteten bis spät in die Nacht, um uns dort häuslich niederzulassen. Zunächst wurde eine dreiköpfige Wache eingeteilt, die ab sofort mit den fusils a pompe, unseren Moosberg-Schrotflinten, patrouillierte. Diese Schrotflinten waren alte Dinger, nicht zu vergleichen mit den Pumpguns von heute. Sergent-Chef Zoltan besaß z. B. eine doppelläufige Büchse mit abgesägtem Lauf, die, wenn man sie abschoss, einen Mordslärm machte und den Schützen augenblicklich hinter einer dicken Rauchwolke verschwinden ließ.

Den einzelnen Gruppen wurden Geländeabschnitte zugeteilt. Innerhalb dieser Abschnitte suchte jeder für sich seinen Platz. Um sich einzurichten – den Gesichtspunkt taktischer Überlegungen ebenso berücksichtigend wie den des Komforts – spannte man immer zuerst das bâche (wasserdichte Regenplane) in etwa zweieinhalb Metern Höhe. Danach wurde die Stelle darunter abgeholzt und gesäubert und erst dann das Hamac aufgeschlagen. Zwei in die Erde getriebene Hölzer, ungefähr in Schenkelhöhe, dienten dazu, dass man nachts die Stiefel mit den Öffnungen nach unten darauf stecken konnte. So waren sie weit weg vom Boden, und kriechende Insekten, Schlangen oder Skorpione konnten nicht hineingelangen.

Das Überprüfen und Reinigen der Waffe folgte auf dem Fuß: Ein Reflex, den man sich bei der Legion unaufgefordert aneignet. Eine Gruppe wurde dazu eingeteilt, in der Lagermitte eine Feuerstelle zu errichten und trockenes Holz zu finden – fast ein Ding der Unmöglichkeit, denn es regnete seit Tagen. Dieselbe Gruppe war auch verantwortlich für das Abendessen und das Frühstück für den nächsten Morgen – wobei der Kaffee immer schon von der Nachtwache zubereitet wurde. Die zweite Gruppe, welche nach Einbruch der Dunkelheit auch die Wache übernehmen sollte, zog sofort los, um das Gelände in einem Umkreis von fünfhundert Metern landeinwärts zu erkunden. Es war schließlich wichtig, zu wissen, wo wir waren und ob sich jemand in unserer unmittelbaren Nähe befand. Alternative Trinkwasserlieferanten, etwa klare Bäche, Quellen etc., wurden bei dieser Gelegenheit gleich mit auf eine grob angefertigte Karte gezeichnet. Die allgemeine Geländestruktur ebenso wie taktische Aspekte wurden sorgsam geprüft: Welche Geländeabschnitte kann sich der Feind am besten zu eigen machen, um sich unbemerkt zu nähern, wo können Antipersonenminen (Schützenminen) bzw. Hinterhalte angelegt werden, um genau dies zu verhindern, wo kann schnellstens ein Hubschrauberlandeplatz angelegt werden und, und, und.

* * *

Ein Marsch von fünfhundert Metern in diesem Gelände konnte im Extremfall stundenlanges Fernbleiben bedeuten. Ich erinnere mich an eine Situation während unserer mission profonde, in der wir früh das Biwak auflösten, uns neun Stunden unter unsäglichen Strapazen durch den Dschungel kämpften, durch Morast, durch wie Mikadostäbchen übereinandergestapelte riesige Baumstämme und durch mouche-à-feu[55]-verseuchte Geländeabschnitte etc. quälten, und dann, kurz vor Sonnenuntergang, das neue Biwak aufschlugen: Wir waren gerade mal achthundert Meter Luftlinie vom alten Biwak entfernt!

* * *

Die dritte Gruppe hatte den Auftrag, das Camp zu säubern. Hier wurde lästiger Bodenbewuchs aus dem Wege geschafft und nach Schlangennestern, Skorpionen oder mouche à feu Ausschau gehalten. Lianen, die aus fünfzig Metern Höhe herabschwangen, wurden kurzerhand mit dem coupe-coupe entfernt, ebenso die gefährlichen Awara-Palmen, deren schwarze Stachel ins Fleisch eindringen, abbrechen und sich dort rasch entzünden können. Eine äußerst schmerzhafte Angelegenheit. Eine Tortur!
Der Zugtrupp hatte genug damit zu tun, die Funkverbindung mit dem Quartier Forget herzustellen. Dazu diente unser gutes altes BLU, sprich Bande Latérale Unique, welches als Sprechfunkebenso wie als Morsegerät arbeitete und eine eindrucksvolle Reichweite hatte. Unsere infirmerie, die mobile Krankenstation, musste eingerichtet und der Kontakt zur cellule forêt durch den Zugführer hergestellt werden. Dort wurde dann der Ablauf der nächsten Wochen bis ins Detail besprochen.
Ich denke, es ist überflüssig hier zu erwähnen, dass jeder von uns seine Waffe mit in sein Hamac nahm, mit ihr schlief. Ab dem Dienstgrad Caporal und aufwärts hatte jeder im Gelände scharfe Munition (Sicherheitsmunition) am Mann.

* * *

An dieser Stelle sei gesagt, dass alle Unteroffiziere und auch der Zugführer von der cellule forêt nur als ganz normale Lehrgangsteilnehmer angesehen wurden, die dieselbe Ausbildung wie alle anderen absolvieren mussten, mit all den Schikanen, die sich dahinter verbargen. Das galt für die individuelle ebenso wie für die kollektive Basisausbildung. Da wir jedoch auch als Zug, also als Kampfeinheit im Dschungelkampf ausgebildet wurden – Infiltration, Handstreich,

---

[55] mouche à feu heißt wörtlich übersetzt Feuerfliege, hier ist aber eine Art Wespe gemeint, deren Stiche äußerst schmerzhaft sind, und nicht etwa ein Leuchtkäfer.

Exfiltration, Verteidigung etc. mussten wir als Einheit beherrschen – blieb auch während dieser Ausbildung die Hierarchie der Dienstgrade und der damit verbundenen Befehlsgewalt gewahrt.

Um gleich eventuelle Fragen aus dem Wege zu räumen: Unteroffiziere in der Legion sind zwar auch Legionäre, sie tragen aber nicht mehr das képi blanc. Offiziere tragen grundsätzlich nur an einem einzigen Tag ihrer Karriere das képi blanc, nämlich bei einer Zeremonie, bevor sie die Legion verlassen: képi blanc, la musette, le boudin und le pinard, weiß und rot. So oder so ähnlich ausgestattet ziehen sie von dannen. Der boudin ist die Blutwurst, mit pinard ist der Rotwein gemeint und die musette ist ein kleiner Rucksack.

Die Hauptgefreiten oder auch Caporaux-Chefs trugen das képi blanc damals, bis sie eine Dienstzeit von fünfzehn Jahren erreicht hatten, und wechselten dann zum képi noire (schwarzes Képi), wie auch ein Unteroffizier es trägt. Caporaux-Chefs képi noires gab es damals nicht wie Sand am Meer. Sie hatten zwar keine Narren-Freiheit, aber man ließ sie grundsätzlich in Ruhe. Es waren dann oft auch solche unter ihnen, die mit der Legion Geschichte geschrieben hatten (siehe z. B. 2e REP, Kolwezi 1978, Operation Léopard; Bonite, Beirut 1982, Operation Epaulard; Tschad 1984 Operation Manta etc.) Durch die Bank erfahrene Legionäre also.

7

Die viel gerühmte Rustikalität der Fremdenlegion gab es vor allem auch hier im Dschungel Guyanas zu erleben: Wecken, sofort mit nacktem Oberkörper, dem Waschzeug in der einen und der Waffe in der anderen Hand antreten und dann ab im Laufschritt bis runter zum Fluss, wo wir uns im opaken Wasser wuschen und rasierten. Hygiene war absolut ein essentieller Teil unseres täglichen Ablaufs.

Hygiene, sauberes, bescheidenes Auftreten, ein frisch gebügelter, eleganter Anzug wie aus dem Bilderbuch ... auch das macht den Legionär aus, damals wie heute! Was aber nicht hieß, dass wir das Bügeleisen im Rucksack durch den Dschungel schleiften. Und im Dschungel hatte natürlich auch die Hygiene noch eine ganz andere Bedeutung als auf der Straße im schnieken Anzug.

Zwar stand bei dieser Mission die Dschungelausbildung im Vordergrund, doch war sie dieses Mal verbunden mit einer sekundären Zielsetzung. In drei Wochen sollten wir unser Können vor brasilianischen Generälen unter Beweis stellen. Presse und TV würden anwesend sein, alles musste also bis ins Detail stimmen. Jede einzelne Minute würde von nun an verplant sein, und zum Schlafen blieben uns die Stunden zwischen Mitternacht und fünf Uhr – wenn wir Glück hatten und keine Wache schieben mussten. Die Anwesenheit von Medien bedeutete für die Legionäre, welche bei uns unter »Anonymat«[56] liefen, dass sie wählen durften, ob sie an dieser Übung teilnehmen würden oder nicht. Der Status des Anonymat wurde absolut respektiert. Das hieß auch, dass der gesamte Zug keine Namensbänder trug.

Der Ausbildungsschwerpunkt für die kommenden Tage war das anlegen von raffinierten Fallen: Solchen, mit denen man sich mit Frischfleisch versorgt, aber auch solchen, mit denen man sich eventuelle Verfolger vom Leibe halten konnte. Letztere sind präzise, oft tödlich, obwohl das nicht der Hauptzweck dieser Fallen ist. Sie haben auf den Feind eine enorm negative psychologische Wirkung. Sie werden so angelegt und präpariert, dass der Mann, der sie auslöst – oder der dahinter – schwer verletzt wird. Diese Verletzung läuft immer parallel mit einer Vergiftung. Das bewirkt, wenn ich mich mal so ausdrücken darf, viererlei:

- Der Verwundete muss verarztet und höchstwahrscheinlich mit all seinem Gerödel[57], also Waffe, Rucksack, Ausrüstung etc. getragen werden. Dazu muss eine Tragevorrichtung angefertigt werden, wenn sie nicht schon existiert. Was heißt: Augenblicklicher Zeitverlust.
- Um den Verletzten zu tragen, wird eine ganze Gruppe in Stärke von etwa sechs Mann benötigt. Diese Männer können zum eigentlichen Kampfgeschehen nur noch bedingt effizient herangezogen werden, also: Ausfall von mindestens sechs oder mehr Soldaten.
- Weiterhin wird der Verletzte Schmerzen haben. Er wird stöhnen, schreien, und seine Wunde wird schrecklich aussehen: Hier spielt der psychologische Faktor eine enorme Rolle, denn das bleibt nicht ohne Wirkung auf seine Kameraden.
- Der Feind, der so in eine Falle gestolpert ist, wird ganz behutsam nach weiteren Fallen oder einem Hinterhalt Ausschau halten, denn einen zweiten Verletzten durch den Busch zu schleppen ist für einen Zug von dreißig Mann (vor allem, falls dieser isoliert operiert) fast schon zu viel. Um es grausam zu sagen: Wäre der betreffende Verletzte auf der Stelle tot, wäre dies besser für alle Beteiligten. Zu Buche stehen also bei diesem vierten Aspekt: Verlangsamung der Progression beim Gegner und somit ständiger Zeitverlust.

Zum Bau der Fallen benötigten wir nicht viel: Ein starkes Messer, das coupe-coupe, Liane, Seile (dicke Lianen tun's auch), ein Gift und etwas Zeit, bei weitem aber nicht so viel Zeit, wie man vielleicht denken mag. Die (Menschen-)Fallen, die wir bauten, waren unter anderem folgende: Le râteau, le guatémaltèque, l'herse, la boule, la balançoire, la piège à fusil. Die Wirkung aller basierte mehr oder weniger auf dem gleichen Prinzip: Bambus oder andere harte Hölzer mit im Feuer gehärteten und mit einer Art Gift (Kot, Zwiebel etc.) getränkten Spitzen dringen mit Wucht in den Körper des Feindes und lassen diesen schwer verletzt zurück.

- Le râteau, übersetzt der Rechen, war eine sehr gemeine Falle. Das Opfer muss mit seinem vollen Gewicht darauftreten, damit das Schicksal seinen Lauf nimmt. Eine Möglichkeit, der Falle zu entkommen, gab es nicht. Funktionierte die Falle richtig (was zu 99,9 Prozent der Fall war), bekam das Opfer ein gutes Dutzend Holzspitzen ins Gesicht, in den Hals und in die Brust. Die Falle schießt mit voller Wucht unmittelbar vor ihm aus dem Bo-

---

[56] Die Geschichte des Anonymat ist etwa so alt wie die Fremdenlegion selbst (1831). In den ersten Verträgen verpflichteten sich die angehenden Legionäre zu einem Dienst von drei Jahren. Die verschiedenen Kompanien sollten damals aus Männern gebildet werden, welche gleicher Nation und derselben Sprache mächtig waren. Darüber hinaus jedoch mussten die Kandidaten nichts von ihrer wahren Identität preisgeben, sie konnten völlig anonym bleiben. Der Anonymat zu meiner Zeit war der, welcher – egal aus welchen Gründen – seine alte Identität beim Eintritt in die Fremdenlegion gegen eine neu eingetauscht hatte. Letzteres wäre die einfache Definition vom Anonymat.

[57] Umgangssprachliche Bezeichnung für die gesamte Ausrüstung, welche der einzelne Soldat am Mann hat oder auch im Rucksack mit sich trägt: Waffe, Munition, Optik, Funkgerät, Helm, ABC-Schutzmaske, Verpflegung etc. Den Hauptanteil des Gerödels eines Legionärs bildeten Wasser und Munition, meist auch irgend etwas persönliches wie beispielsweise das Bild der Liebsten.

den. Die hervorragende Tarnung macht ein frühes Entdecken fast unmöglich. Das Ganze sieht aus wie ein Rechen, der im Boden versenkt wird und der sich die Hebelwirkung zunutze macht. Unmittelbar vor der Falle wird oft ein unauffälliges Hindernis angebracht, welches das Opfer mit einem Schritt überbrücken will, nur um dann mit noch mehr Elan in die Falle zu stolpern.

■ Le guatémaltèque (eine einfache Übersetzung hab ich bis heute nicht gefunden: Die aus Guatemala vielleicht?) besteht aus zwei runden Hölzern der Awara-Palme, ist also auch mit den langen, spitzen und gefährlichen Stacheln dieser Palme versehen. Die Hölzer – das eine links und das andere rechts liegend, Abstand zirka 40 cm – sind mit einem Netz untereinander verbunden. Diese Vorrichtung wird über ein vorher ausgehobenes Loch in der Erde gelegt. Das Loch, nach unten ganz leicht seitlich enger werdend, ist etwa knietief, 40 cm breit und 50 cm lang. Gut getarnt, ist diese Falle ebenfalls ein grausames Instrument. Tritt das Opfer in die Falle, sprich auf das Netz (gefertigt aus Lianen oder Schnur, Draht etc.), zieht dieses die Awara-Hölzer, die sich

Oliver mit Falle.

links und rechts des auftretenden Fußes befinden, progressiv mit nach unten, wo die Verengung des Loches und das Körpergewicht bewirken, dass die Stacheln sich tief in das Kniegelenk bohren.

■ Bei l'herse (die Egge) und la boule (die Kugel) handelt es sich um Fallen, die etwas komplizierter sind. Bei beiden muss gut abgeschätzt werden, wo sich das Opfer befindet, wenn es die Falle auslöst, und wo es tatsächlich ist, wenn die Falle zuschnappt. Der Auslösepunkt ist also nicht der gleiche wie der Punkt, an dem die Falle das Opfer treffen wird oder treffen soll! Die Egge kann, wenn sie trifft, auf der Stelle töten! Einfach ausgedrückt handelt es sich bei ihr um einen mit Steinen beschwerten massigen, rechteckigen Block (Gitter) aus Holz, der, versehen mit nach unten gerichteten Spitzen, aus einer Höhe von etwa acht bis zehn Metern auf das Opfer fällt und diesem schon allein durch sein Gewicht das Genick

Le guatémaltèque.

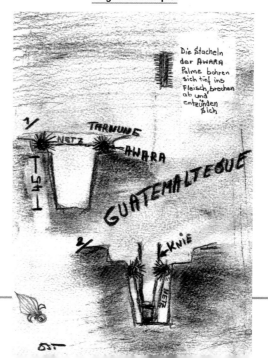

bricht oder aber es zumindest mit seinen Spitzen schwer verletzt. Die Kugel, la boule, ebenfalls aus der Höhe kommend, mäht jedes Opfer nieder, das sich in einem vorher berechneten Abschnitt auf dem Pfad bewegt. Sie wirkt längs der Bewegungsrichtung des Feindes und kommt lautlos entweder von hinten oder frontal den Pfad entlanggerast.

- La balançoire (die Schaukel) arbeitet mit demselben Prinzip wie die Kugel, kommt jedoch von der Seite und auf Hüfthöhe.
- Bleibt la piège à fusil (Gewehrfalle), eine Falle, die zwei Waffen (Gewehre, in unserem Fall zwei Famas oder zwei Schrotflinten) in ihren mörderischen Plan mit einbezieht. Die beiden Waffen werden nebeneinander auf ein tischähnliches Gerüst gelegt, und dann wird über beider Kimme und Korn (oder eine andere Zielvorrichtung) auf ungefähre Bauchhöhe des Feindes visiert. Dies erfolgt aus der Richtung, in die sich der Feind bewegt. Dann werden die Waffen mit Lianen so fixiert, dass sie sich auch bei der Schussabgabe keinen Millimeter bewegen können. Der Auslöser (den ich hier geflissentlich nicht beschreibe, weil er zur Nachahmung anregen könnte) wird angebracht und mit den Waffen verbunden. Löst das unglückliche

L'herse.

Opfer diese Falle aus, schwirren ihm innerhalb von 3 Sekunden 50 Schuss Kriegsmunition um die Ohren. Das ist keine Kleinigkeit, wenn man bedenkt, dass die Distanz zwischen Waffen und Feind lediglich zehn bis fünfundzwanzig Meter beträgt. Das System wird schließlich noch dadurch perfektioniert, dass eine Handgranate wenige Sekunden nach dem Auslösen der Falle die Waffen zerstört, damit diese nicht in Feindeshand fallen können.

8

Ich erwachte, weil jemand leise meinen Namen rief.[58] »Wach auf, Tom!« Ärgerlich sah ich auf meine Armbanduhr. Kurz vor Morgengrauen!
Es war Oliver. Er hatte Wache. Seinem Blick entnahm ich, dass etwas passiert sein musste. Ohne ein Wort schüttelte ich meine Stiefel aus, um eventuell Skorpione oder andere ungebetene Gäste loszuwerden, und zog mich schnell an. »Manlegan ist verschwunden!«, sagte er.

---

[58] Wenn man sich jemandem nähert, von dem man weiß, dass er mit einer Schusswaffe und einem Messer in Reichweite schläft, sollte man darauf achten, diesen nicht z. B. an der Schulter zu fassen, um ihn zu wecken. Das könnte ins Auge gehen ...

»Manlegan?« »Der kanadische Franzose«, erwiderte Oliver ernst. »Sein Hamac ist leer. Meinst du, wir sollen den Chef wecken?«

Ich überlegte kurz. Wenn wir den Chef aus nichtigem Anlass weckten, etwa weil Manlegan nur mal kurz mit dem Spaten irgendwo im Dschungel verschwunden war, um sich zu erleichtern, würde es Ärger geben. Weckten wir ihn hingegen nicht und Manlegan war etwas zugestoßen (oder war desertiert, was aber fast auf dasselbe hinauslief, denn Deserteure kamen in dieser Wildnis erfahrungsgemäß nicht allzu weit), gab es mehr als nur Ärger. Also beschlossen wir, zunächst dem Caporal Bescheid sagen. Sollte der eine Entscheidung treffen! Den Chef zu wecken, war immer so 'ne Sache.

»Wer hatte vor dir Wache?«, fragte der Caporal stirnrunzelnd eine Minute später. Er war sich des Ernstes der Situation sehr bewusst. Olivers Antwort kam wie aus der Pistole geschossen: »Certu, doch dem ist nichts Außergewöhnliches aufgefallen. Er weiß nicht, ob Manlegan im Hamac lag während seiner Wache. Kann sein, dass der Idiot schon gestern Nacht verschwunden ist.«

»Gast, du weckst so leise wie möglich die erste Gruppe. Sie sollen am Feuer warten. Jeder coupe-coupe, Waffe und Taschenlampe am Mann. Ich sag inzwischen dem Chef Bescheid. Muss ja nicht sein, dass der Leutnant von der Sache Wind bekommt. Noch nicht!«

Als der Chef hellwach und bereits vollständig angezogen ans Feuer kam, wusste ich nicht zu sagen, ob der Schatten in seinem Gesicht Ärger oder nur Neugier ausdrückte. Wahrscheinlich beides. Der Caporal hatte ihm bereits alles erklärt. Seine abgesägte Schrotflinte in der Rechten und eine verbeulte Blechtasse mit dampfenden Kaffee in der Linken, wies er mit dem Kinn auf Oliver.

»Du gehst mit zwei Mann runter zum Fluss. Ich möchte, dass ihr alle Pirogen überprüft. Fehlt eine, dann kommt sofort hoch. Wenn nicht, sucht das Ufer links und rechts nach Spuren ab. Ich will wissen, ob jemand ins Wasser geglitten ist.«

»Kleszk und Changnard schieben unten Wache, Chef!«, gab Oliver zu bedenken und fügte dann leise hinzu: »Hätte er wirklich desertieren und eine Piroge klauen wollen, wären die beiden vielleicht jetzt ...« Chef Zoltan sah ihn grimmig an. »Tot? Wolltest du das sagen?« Oliver schwieg.

»Na los schon, runter mit euch!«, herrschte der Chef ihn an und wandte sich an mich. »Gast, du siehst nach, was Manlegan für Ausrüstung hat mitgehen lassen. Mach 'ne Liste. Ihr anderen sucht im Umkreis von hundert Metern den Wald um das Camp ab. Hundert Meter und keinen mehr! Hab keine Lust, den ganzen verdammten Zug als verloren gegangen zu melden. Wir treffen uns alle in einer Stunde hier, yalla!«

Es sollte keine Stunde dauern, bis Oliver und seine Begleiter mit Manlegan am Feuer erschienen. Der Unglückliche hatte Augen, groß wie Wagenräder, war nass bis auf die Haut und fror sichtlich. Er sah uns mit gemischten Gefühlen entgegen. Was er uns erzählte, klang zunächst lächerlich, doch wer weiß, was es bedeutet, sich im Dschungel zurechtfinden zu müssen, der sieht das anders.

Manlegan war am Abend vorher zum corvée gamelles, zum Töpfe und Geschirr putzen eingeteilt worden. Wir alle kannten Manlegan und wussten, dass er zwar ein hervorragender Soldat, aber auch ein Tagträumer war.

Um vom Camp aus zum Fluss zu kommen, gab es nur einen Weg: Einen ungefähr dreihundert Meter langen, schmalen Pfad. Um im Dschungel die Öffnung eins Pfades zu sehen, bedarf es schon tagsüber eines geübten Auges. Des Nachts war dies fast ein Ding der Unmöglichkeit. Aus taktischen Gründen hatten wir von auffälligen Markierungen abgesehen.

Manlegan hatte sich also noch bei Tageslicht mit den Töpfen runter zum Fluss begeben. Als er mit seiner Arbeit fertig war, beschloss er, dem Ruf eines ihm unbekannten Tieres zu folgen. Dabei entfernte er sich so weit vom Fluss und dem Pfad, dass er bei der bereits eintretenden Dunkelheit den Weg zurück nicht mehr fand. Kurz entschlossen – er wollte sich nicht unserem Spott aussetzen – verbrachte er die Nacht samt Töpfen in der Astgabel eines Baumes, mit der Absicht, bei Sonnenaufgang wieder unauffällig zur Truppe zu stoßen. Instinktiv hatte er damit das richtige getan: Zuerst ist es ein absolutes Unding, nachts laut zu schreien, um auf sich aufmerksam zu machen. Zweitens kann man nichts Dümmeres tun, als sich von dem Ort, an dem man sich als verloren erkennt, wegzubewegen. Drittens wäre es pure Torheit gewesen, sich zum Schlafen auf den Boden zu legen. Das hätte wohl fatale Folgen gehabt.

Natürlich bekam er deswegen keinen Orden, der gute Manlegan. Chef Zoltan ließ den Armen noch in derselben Nacht ein Loch graben, so tief, dass man einen Lastwagen darin verstecken konnte. Als das Loch gegraben war, war die Nacht längst rum. Eine schlaflose Nacht für Manlegan, denn, wie er mir später gestand, hatte er auf dem verdammten Baum kein Auge zugetan vor lauter Angst, mit einer Baumschlange Bekanntschaft zu machen. In der nächsten Nacht musste er das Loch dann wieder zuschütten! Er schlief bereits im Stehen, doch das war ihm – und auch uns – eine Lehre!

Ähnliches sollte auch während unserer mission profonde passieren und, Zufall oder Tücke, war es wieder Manlegan. Er entfernte sich nachts vom Biwak, weil er seine Notdurft verrichten wollte, und fand den Weg nicht mehr zurück.

Falls in tausend Jahren einige Archäologen im amazonischen Regenwald zufälligerweise auf suspekte Gräben stoßen sollten: Wir wissen, wer dafür verantwortlich war!

9

Die Schlange fixierte mich mit listigen Augen und kam langsam auf mich zu. Eine crotale, eine Klapperschlange! War sie über einen Meter zwanzig, konnte ihr Gift töten, und die Schmerzen waren dazu angetan, einen Mann in den Wahnsinn zu treiben. Das Exemplar vor uns fiel in diese Kategorie, sie war von ansprechender Größe.

Ich dachte an die Worte des Caporal-Chefs der cellule forêt und stieß die abgeschnittene Astgabel blitzschnell nach unten. Gefangen, kringelte sich das Reptil zusammen und bewegte sich nicht mehr. »Und jetzt nimm sie mit der Hand direkt hinter dem Kopf!«

Ich tat, was Kleszk, der Ungar sagte. Auf die Schlange waren wir zufällig gestoßen, am Rande einer Lichtung, wo sie die letzten warmen Sonnenstrahlen des Tages genoss.

»Nein, doch nicht so! Fass sie kürzer, Daumen oben, Zeigefinger unten. Lass ihr dabei nicht zu viel Spielraum, sonst dreht sie den Kopf und beißt zu.« Als ich sie in der Hand hielt, wunderte ich mich sehr. Ich hatte mir eine Giftschlange kalt und schlüpfrig vorgestellt, der Körper des Reptils jedoch war angenehm warm und trocken.

Korallenschlange – eine heikle Angelegenheit!

Eine junge Anakonda ...

... und ein schon etwas reiferes Exemplar.

Unsere Ausbilder brachten uns nicht nur bei, welche Schlangen es gab, sondern auch, welche von Ihnen giftig waren und wie man sie einfängt. Was allerdings Giftschlangen betraf, hatten sie uns davor gewarnt, ja uns verboten, sie mit der Hand zu fangen (– und wir hatten gelernt, uns ab und zu über Verbote hinwegzusetzen!) Weiterhin war wichtig zu wissen, welche Arten von Gift es gab, wie diese Gifte wirkten und was man beim Biss einer Giftschlange tun sollte. In diesen Gefilden gab es einige Schlangen, die uns extrem gefährlich werden konnten, unter ihnen folgende: Die grage grands carreaux (Buschmeister) und die grage petits carreaux (Lanzenotter). Weiterhin die fer de lance (eine weitere Lanzenotter-Art), die crotale (Schauer-Klapperschlange) oder die vrai corail (echte Korallenschlange).

Eine viereinhalb Meter lange Anakonda mit der bloßen Hand zu fangen, war schon bald Routine. Verglichen mit den Schlangen, die wir nur sehr selten, meist nachts und mit der Lampe bewaffnet zu sehen bekamen, gab es andere Spezies, die uns das Leben ungleich schwerer machten. Zum Beispiel die Ameisen. Es gab eine breite Palette dieser kleinen Monster, wobei die größte, die ich mit eigenen Augen gesehen habe, mit Sicherheit dreieinhalb Zentimeter lang war.

Die Fourmis manioc (fourmi = Ameise) waren dagegen winzig, und hatte man das Unglück, gleich mehrere von ihnen unter die Kleidung zu bekommen, ließen sie einen tanzen. Es gab auch Namensvetter nämlich die fourmis légionnaires und auch diese bissen gerne und herzhaft zu. Gefürchtet von uns war die mouche à feu (wörtlich: Feuerfliege), eine Art Wespe, deren Stiche, wie schon der Name sagt, brannten wie Feuer. Sie war eine Pest, vor allem auch deswegen, weil sie ihr Nest gut unter Palmwedeln versteckte. Berührte man unvorsichtigerweise die Palme oder hieb auf der Suche nach Holz mit dem coupe-coupe dagegen, hieß es nur noch sauve qui peut – rette sich, wer kann! Sie verfolgt den Unruhestifter gnadenlos und sticht mehrmals zu. Dabei konnte man sie, wenn sie flog, kaum ausmachen, spürte nur ihren Stich.

Was man absolut nie tun sollte, obwohl ihre häufig schöne, schillernde Farbe einen gerade dazu einlädt, ist, einen der gelb oder rot schimmernden kleinen Frösche mit der Hand einzufangen. Sie sind hochgiftig, oft sogar tödlich!

Während der Ausbildung hatten wir mit unseren Tierfallen wenig Glück, und auch beim Fischen gelang uns nichts wirklich Glorreiches. Ich erinnere mich, dass wir am ersten Tag drei winzige Fische fingen. Einfach lächerlich! Zum Fischfang eignete sich am besten der Saramacca, eine Art Fischreuse, hergestellt aus dem Stamm eines jungen, biegsamen Baumes, Lianen und Bambusspitzen. (Bambus wuchs nicht überall, man musste schon danach suchen. Man konnte aber auch andere Hölzer verwenden). Der Saramacca ist ein regelrechtes Kunstwerk. Fertiggestellt legt man ihn mit dem Köder an gut geeigneten Stellen im Fluss aus – festbinden nicht vergessen! Der Fisch kann zwar hineinschwimmen, kommt aber nicht wieder hinaus, weil spitze Stacheln ihn daran hindern.

Man brachte uns bei, uns von den coeur de palmier (Palmenherzen) und jungen, rohen Bambussprossen zu ernähren, was zwar ganz gut schmeckte, aber den Hunger nicht stillte und wenig Kalorien hatte.

Wie legt man ein Camp im Dschungel an? Das Errichten von carbets, die vor Wind und Regen schützten, war ebenfalls eine Kunst für sich. Wind gab es fast gar nicht, aber Regen fiel wie ge-

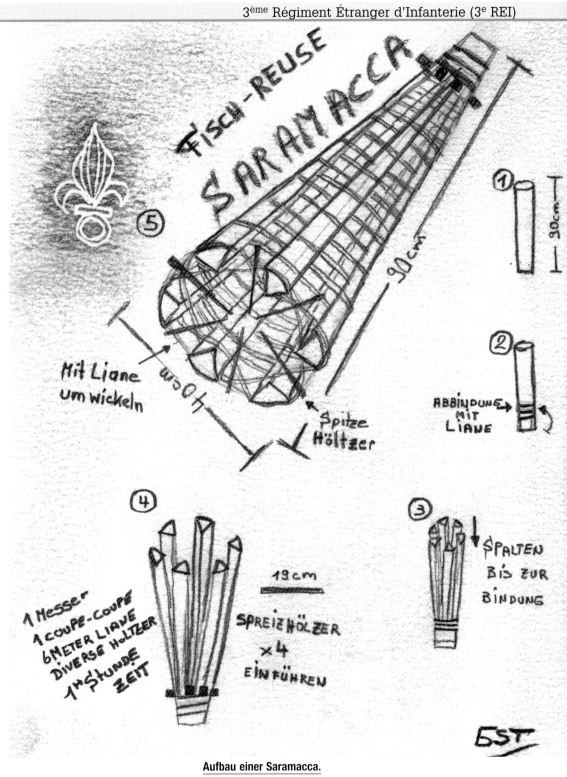

FISCH-REUSE SARAMACCA

⑤

Mit Liane um wickeln

90cm

90cm

Spitze Höltzer

① 90cm

② ABBINDUNG MIT LIANE

③ SPALTEN BIS ZUR BINDUNG

④

1 Messer
1 COUPE-COUPE
6 METER LIANE
DIVERSE HÖLTZER
1 nStunde ZEIT

19 cm

SPREIZHÖLZER × 4 EINFÜHREN

GST

Aufbau einer Saramacca.

sagt fast immer! Wir verbrachten viel Zeit damit, Dutzende von Palmenwedeln zu schlagen, um diese carbets anzufertigen. In langen Stunden flochten wir Palmblätter zu Matten und Körben. Praktisch und recht hilfreich zum Konservieren von Fisch oder Fleisch waren die sogenannten tables à boucaner. Das waren pyramidenförmige Gerüste, zirka eineinhalb Meter hoch, mit einer Plattform auf Schenkelhöhe. Das Ganze wurde mit Palmblättern umgeben, und nur ganz oben gab es eine natürliche, winzige Öffnung. Unter der Plattform wurde dann ein Schwel-Feuer angelegt, wobei eine ganz besondere Art Holz und auch Blätter einiger Palmen verwendet wurden. Eine rustikale Art des Räucherns!

Es gibt außer dem Regen, den Bächen und den Flüssen auch noch andere Wasserspender. Die dicken Lianen zum Beispiel. Schlägt man sie an gewissen Stellen durch, fließt Wasser hervor, das man getrost trinken kann. Ebenso verhält es sich mit einer Palme, die man arbre du voyageur nennt. Bohrt man das Messer in ihren Stamm, quillt sofort Wasser hervor. Es schmeckt etwas bitter, stillt aber den Durst. Dies wiederholt man dann bei Bedarf an mehreren Stellen, bis man genug hat.

Feuer machen in Guyana ist, wenn man es nicht richtig gelernt hat, so schwierig, dass man über einem solchen Unterfangen schier wahnsinnig werden kann. Warum? Weil es, wie schon gesagt, nur selten, meist aber gar kein trockenes Holz gibt!

Die Methode, die sie uns beibrachten, war einfach, und ich habe nicht ein einziges Mal erlebt, dass sie nicht funktioniert hätte: Nehmen Sie einfach ein großes Stück Holz, welches frisch von einem Baum geschnitten worden ist. Sollte es nass sein, ist das kein Problem! Dann schneiden Sie es mit dem Messer in zunächst streichholzgroße Stäbchen. Danach dürfen die Stifte ruhig etwas größer werden, und schließlich noch etwas größer.

Sehen Sie zu, dass Sie genügend Holz zum Nachfeuern haben, am besten dann einen ganzen Stapel. Nun graben Sie ein zehn Zentimeter tiefes, breites Loch. Sorgen Sie dafür, dass es breit genug ist, um die Luftzufuhr zu sichern. Nehmen Sie jetzt einen Kerzenstummel (vier, fünf Zentimeter lang), stecken Sie ihn in das Loch und zünden Sie ihn an. Nun beginnen Sie, die Stäbchen/Stifte wie eine Pyramide darum herum aufzubauen. Sie werden überrascht sein! Wenn es regnet, spannen Sie eine Zeltbahn oder eine Plane darüber. Dasselbe funktioniert auch mit Baum-Harz statt einer Kerze als Brennstoff. Das nasse Holz wird in Windeseile trocken, und ein schönes Feuer mit gelb lodernden Flammen kann selbst mitten im Dschungel so etwas wie ein Gefühl von Geborgenheit vermitteln.

10

»Ihr habt zwei Stunden Zeit, um ein Floß zu bauen«, sagte einer von den Ausbildern – ohne weitere Erklärung. »Damit kommt ihr dann ans andere Ufer, wo es ein leckeres Mittagessen gibt.« Diese Aussage allein schon hätte uns stutzig machen sollen, doch wir waren abgemagert und halb verhungert. Gegenseitig sahen wir uns an. Wir, damit meine ich unsere Gruppe, mit einem marokkanischen Caporal als Gruppenführer. Es herrschte Engpass beim Dienstgrad der Sergenten. Wir waren alle neu in Guyana, doch die uns gestellte Aufgabe sollte doch zu bewältigen sein. Rasch überdachte der Caporal seinen Auftrag.

»Zwei Stunden ist 'ne Menge Zeit. Lasst uns was Vernünftiges bauen, worauf wir stolz sein können!« Keine zwei Stunden später lag das Floß auf dem sandigen Ufer. Ein eindrucksvolles Gefährt, wie wir meinten, und das war es auch! Die Arbeit hatte uns noch hungriger gemacht, und bei dem Gedanken an das leckere Essen auf der anderen Flussseite lief uns allen das Wasser im Munde zusammen.

»Ins Wasser damit«, riefen schon die Ausbilder zu uns herüber. Mit vereinten Kräften zogen und schleiften wir das Floß ins Wasser, wo es ... sofort unterging! Wir waren vor Entsetzten und Enttäuschung wie gelähmt. Mit einem unbeteiligten Ausdruck im Gesicht erklärte uns der Ausbilder zehn Minuten später, was wir falsch gemacht hatten. »In Guyana gibt es ein paar Hundert verschiedener Holzarten, aber nur ein gutes Dutzend davon schwimmt!« Unser Mittagessen schwamm an diesem Tag auch ... nämlich den Bach runter!

Der Ausbilder zeigte uns Exemplare der Hölzer, die tatsächlich schwammen, und nannte uns ihre lateinischen Namen. »Wenn ihr zukünftig ein Floß bauen wollt, schneidet zuerst ein Stück von dem Baum ab, den ihr dazu zu verwenden gedenkt, und werft es ins Wasser. Schwimmt es, um so besser.« Immer noch hungrig, waren wir um eine Erfahrung reicher.

Um von einem Ufer ans andere zu gelangen, benutzten wir aber oft einfach nur ein gespanntes Tau. Doch hier war Vorsicht geboten. Ich sage das, weil ich selbst bei einer solchen Aktion fast ertrunken wäre. Die Nebenflüsse sind oft nicht sehr breit. Meist scheint der Fluss gemütlich langsam dahinzufließen, doch der Schein kann durchaus trügen, und unter der scheinbar ruhigen Oberfläche findet sich dann eine gewaltige Strömung! Davon ausgehend, dass das Tau diesseits wie jenseits einen Baum als Fixpunkt hat, sollten folgende Dinge beachtet werden: Zunächst hat man ja eine Vorstellung davon, wo am anderen Ufer man an Land gehen möchte. Ein erfahrener Legionär muss nicht lange rechnen, um dementsprechend diesseits den besten Schwimmer des Zuges oder der Gruppe ins Wasser gehen zu lassen. Jemand, der wenig Erfahrung hat, sollte ein Stück Holz ins Wasser werfen und genau stoppen, wie lange es für; sagen wir mal eine Distanz von zehn Metern, benötigt. Danach kann man den Punkt, an dem der Schwimmer ins Wasser muss, berechnen ... nur, um sicherzustellen, dass er auch dort ankommt, wohin man übersetzen will. Tut man das nicht, kann der Verdruss groß sein. Wenn man keinen wirklich guten Schwimmer zur Verfügung hat, sollte man die Sache ohnehin ganz abblasen – zu gefährlich!

Am berechneten Punkt schlingt sich der Auserwählte ein vorher sauber am Boden ausgelegtes, dünnes Seil von mindestens fünfzig Metern Länge um die Taille. Das dünne Seil muss deutlich länger sein als der Fluss breit ist, denn der Schwimmer wird unweigerlich abdriften. Am diesseitigen Ufer ist ein Ende des dünnen Seils mit einem Tau verbunden. Auf der anderen Seite angelangt, muss sich der Schwimmer mit dem Seil am Ufer entlang zu der Stelle zurückarbeiten, die vorher bestimmt worden ist.

Diesseits wird am Tau ein jambe de chien (eine Öse) angebracht, das Ende des Taus erst um den Baum geschlungen und dann durch diese Öse gesteckt. Auf ein Zeichen hin zieht nun der einsame Schwimmer so lange am Seil, bis der Abstand Öse/Baum passt, und macht dann einen gebundenen Mastwurf um den Baum auf seiner Seite. Er hat seine Arbeit getan! Taktisch muss er jetzt nur noch das Übersetzen seiner Freunde sichern, indem er sich etwas weiter entfernt postiert. Waffe hat er zwar keine, aber zwei Ohren und zwei Augen und bestimmt auch ein Messer.

Hüben, noch diesseits also, wird jetzt mit vereinten Kräften das Tau gespannt und dann fachgerecht verknotet. Was nicht fehlen darf, ist das System, mit dem man das Tau, wenn alle drüben angekommen sind, vom Baum auf der ursprünglichen Seite wieder lösen und einholen kann. Eine andere Möglichkeit besteht natürlich darin, dass der Letzte vor dem Übersetzen die Verknotung löst, sich das Tau um die Hüften bindet und von den Kameraden dann ans andere Ufer ziehen lässt.

Genau eine solche Aktion wurde mir einmal fast zum Verhängnis. Ich hatte mir das Tau um die Hüften geschlungen, worauf am anderen Ufer zwölf Hände kräftig, fast übermütig am Tau zogen. Da sich dieses mit Wasser vollgesogen hatte, hing es bis auf den Grund des Flusses durch, und dort geriet es unter einen alten Baumstumpf oder eine Wurzel. Meine Freunde jedoch holten zunächst munter weiter das Tau ein, sodass ich unweigerlich unter Wasser geriet und bis auf den Grund gezogen wurde. Bis die Kameraden merkten, was Sache war, war ich schon ohnmächtig. Meine Erinnerung setzt dann erst mit dem Moment wieder ein, in dem ich aufwachte, weil mich jemand ins Gesicht schlug und laut meinen Namen rief.

Ein solches Vorgehen beim Übersetzen über einen Fluss hört sich zunächst kompliziert und langwierig an. Wir jedoch waren schon bald so gedrillt, dass vom Beginn der Aktion, also von der Ankunft des Vorauskommandos am Fluss bis zu dem Zeitpunkt, an dem der letzte Mann unseres dreißigköpfigen Zuges mitsamt allen Materialien – trocken! – am anderen Ufer an Land ging, nur einige Minuten vergingen, war der Fluss auch noch so breit und gefährlich.

* * *

Die Details der Kampfausbildung überspringe ich geflissentlich. Sie bestand hauptsächlich aus einigen Nächten, in denen wir aus einem taktischen Biwak heraus in Feindesland (mit einem angenommenen Feind) infiltrierten, dann ausschwärmten und das Lager oder die Stellungen des »Feindes« angriffen. Meist folgte sofort darauf die Exfiltration in Form eines Gewaltmarsches zu einem Punkt, an dem wir von Helikoptern oder Pirogen aufgenommen wurden. Das Anlegen von Hinterhalten, die Durchführung von Handstreichen, Tarnen und Täuschen, Spurenlesen und Orientierung im Gelände waren unser täglich Brot in dieser Phase. Auf die Orientierung im Gelände komme ich noch zu sprechen, wenn es weiter unten an die mission profonde geht.

Exfiltrationen mittels Helikopter waren allerdings extrem rar, und das aus einem einfachen Grund: Es gab nirgends Landezonen, denn schließlich befanden wir uns mitten im Regenwald! Brauchten wir einen Hubschrauber, dann nur, um einen Verwundeten (Schlangenbiss, Hieb-, Stich- oder Schussverletzung, Malaria etc.) zu evakuieren oder um die Truppe mit Nachschub zu versorgen. Letzteres war selten, denn alles, was wir benötigten, auch wenn wir wochenlang im Wald blieben, hatten wir entweder im Rucksack dabei, oder wir fanden es in der freien Natur. Ich wage zu behaupten, dass es nur sehr wenige Einheiten auf der Welt gibt, die sich in Sachen Robustheit mit der Fremdenlegion messen können: Sie kommt mit so wenig aus und ist trotzdem immer zu hundert Prozent einsatzfähig!

Knochenarbeit: Ein Verletzter wartet auf seine Evakuierung. In aller Eile muss deshalb mitten im Dschungel ein Hubschrauberlandeplatz angelegt werden. (© Caporal-Chef e.r. Kuhlmann, Germany)

Auch bei den Arbeiten zum Anlegen des Hubschrauberlandeplatzes muss »gesichert« werden.

(© Caporal-Chef e.r. Kuhlmann, Germany)

Über die Art und Weise, in der eine evasan, eine Evakuierung aus gesundheitlichen Gründen, durchgeführt wurde, entschieden einzig und allein der Zustand des Verwundeten beziehungsweise des Kranken und das Gelände. War es nahe an einem Fluss und konnte der Verwundete aufrecht beziehungsweise sitzend transportiert werden, entschied sich der Zugführer meist für die Hélitroyage. Hierzu wurde der Verletzte mit der Piroge in die Flussmitte gefahren. Der Hubschrauber näherte sich vertikal, ließ einen an einer Seilwinde befestigten Sitzgurt herunter und zog den Patienten damit zu sich hoch.

War es mitten im Wald, so wurde mittels Sprengladungen und Motorsägen ein Landeplatz geschaffen. Das konnte, wenn alle mithalfen, extrem schnell vonstatten gehen, aber auf jeden Fall war dazu ein enormer Kraftakt erfoderlich. Eine Hélitroyage war im Wald deshalb fast unmöglich, weil die Bäume Höhen von fünfzig Metern und mehr erreichen konnten. So langes Seilzeug hatten die Hubschrauber nicht!

Hier, an dieser Stelle, musste ich das Abenteuer Dschungel zunächst unterbrechen: Ich wurde ins Quartier Forget gerufen, um an einem Lauf teilzunehmen, da ich zur équipe de cross, der Laufmannschaft des Regimentes gehörte. (Ich war schon immer ein brauchbarer Läufer gewesen, gehörte aber nie zu den wirklich Guten.) Ich sollte aber einige Tage später wieder zum Zug stoßen, gerade rechtzeitig für die Vorbereitung und Vorführung der Fallen vor einem brasilianischen General. Als ich dann schließlich zurückkehrte, war zwar die Freude groß, doch was hatte man bloß in der Zwischenzeit meinen Kameraden angetan? Alle waren sie um mindestens fünf Kilo leichter, ihre Wangen waren eingefallen, und ihre großen Augen sprachen Bände. Sie hatten in meiner Abwesenheit die Dschungelpisten und den Abschnitt survie, Überleben im Dschungel, hinter sich gebracht. Hart, hart, hart – wie sie mir erzählten. Und ich muss zugeben: Ich schämte mich ein wenig, in diesen Tagen nicht bei ihnen gewesen zu sein. Das war denn auch der Moment, in dem ich beschloss, aus der équipe de cross auszusteigen. Ich war lieber mit meinem Zug im Busch, als im bequemen Quartier irgendwelche wertlosen Medaillen zu erringen und zu horten!

Die Vorführung wurde zu einem tollen Erfolg, doch die Vorbereitung dafür war für mich auch von einem weniger schönen Ereignis geprägt, über das man allerdings schmunzeln kann.

Zunächst Mal hatte sich der Regen verstärkt. Das Schlimme an der Sache war, dass wir von Sonnenauf- bis Sonnenuntergang bis zu den Waden im Wasser stehend arbeiteten. Harte Arbeit waren wir gewohnt. Schlimm war es deshalb, weil diese eklige Brühe, in der wir standen, die Haut und das Fleisch angriff, das Gewebe wund werden ließ. Bereits nach drei Tagen waren meine Beine mit offenen Wunden übersät. Sie waren regelrecht zerfressen. Die Haut existierte an vielen Stellen nicht mehr, und ich hatte nur noch Schmerzen. Ich erinnere mich an eine Szene, in der mich Certu und Thomas vom Lagerfeuer bis zu meinem Hamac trugen, weil für mich die Schmerzen beim Auftreten zu stark geworden waren. Den Krankenpfleger zurate zu ziehen, wagte ich nicht, weil ich fürchtete, sie würden mich schon wieder zurückschicken, geradeso wie einige Zeit zuvor wegen des Laufes, den es zu absolvieren galt. Das hätte meinem Stolz endgültig den Rest gegeben! Im Hamac liegend, fiel ich sofort über meine Flasche Taffia her und versank dann – betrunken, wie ich war – in einen tiefen, willkommenen Schlaf. Ich erwachte kurze Zeit später, weil Aldo, unser Krankenpfleger, mich unsanft weckte. Er schimpfte wie ein Rohrspatz: »Du kommst sofort rüber, damit ich dich untersuchen kann!« Ich zeigte ihm meine Füße. »Jesusmaria!«, schrie er. »Gast, manchmal du bist dümmer als die Polizei erlaubt. Los ...«

Aldo war ein Bär. Er bot mir seinen Rücken an. Dann trug er mich zu seinem Zelt und ließ mich dort auf eine Kokosmatte gleiten, die auf einem herrlich trockenen Boden lag. Es gab tatsächlich einen trockenen Platz in diesem vom Wasser überfluteten Land! »Woher wusstest du ...«, begann ich, doch er unterbrach mich unwirsch. »Du denkst wohl, ich beobachte die Leute nicht? Dem Chef ist's auch aufgefallen! Aufsichtspflicht! Das gehört zum Job dazu, und jetzt halt still.« Er verpasste mir eine Spritze und fuhr mit der Untersuchung fort. Die nächsten vierundzwanzig Stunden trug ich Turnschuhe und musste Dinge machen wie Waffen reinigen, Essen zubereiten etc., jedenfalls alles Arbeiten im Trockenen.

Eine der Vorführung sah folgendermaßen aus: Ein Ausbilder des CEFE hängte eine lebende Schlange Kopf nach oben mit einer Schnur an einem Balken fest. Dann ließ er sie ausbluten. Als das geschehen war, machte er bei ihr erst einen kreisförmigen Schnitt um den Hals, dann einen Längsschnitt vom Kopf bis an die äußerste Spitze des Körpers. Daraufhin ergriff er mit beiden Händen die Haut der Schlange am Hals und zog ihr diese langsam vom Körper. Die Schlange bewegte sich jedoch noch, und das war zu viel für eine Journalistin, die es daraufhin vorzog, sich auf der Stelle in die schützende Dunkelheit einer Ohnmacht zurückzuziehen.

11

Wir hatten eine super Stimmung im Zug. Waren wir gerade einmal nicht beschäftigt, was Seltenheitswert hatte, gingen wir entweder in die Stadt, in unsere bevorzugte Bar, das Képi Blanc, in den Puff, in den Club der Kompanie – jede Kompanie hatte ihren eigenen Club, in dem man meist anschreiben lassen konnte – oder ins Foyer du Légionnaire. Manchmal hingen wir auch einfach in unserer guten Stube rum. Wir alle im Zug hatten damals ein Faible für Filme wie »Apokalypse Now« oder »Es war einmal in Amerika« mit Robert de Niro. Wir hörten Musik von U2, Jean Pax Meffret und Renaud, einem damals wie heute populären französischen Sänger, und wir alle wurden bei Edith Piaf schon mal sentimental, denn: Jeder von uns hatte seine eigene Geschichte, ein Schicksal, wie Edith es in ihren Liedern gern besang!

Unweit des Quartiers gab es mehrere chinesische Läden, in denen wir uns mit allerlei notwendigen Sachen eindeckten. Dort konnte man auch die guten coupe-coupes kaufen, die nicht sofort abbrachen, wenn man mal aus Versehen gegen einen arbre de fer schlug, einen Eisenbaum, der hart wie Granit war.

Am Wochenende ließen sich die meisten von uns vom Essen in der Kantine befreien. Wir beantragten rechtzeitig einen titre de permission (kleinen Urlaubsschein) von Samstag fünfzehn Uhr bis Montag früh und waren so auch vom lästigen Appell befreit. Zur Erinnerung: Beim Appell hieß es morgens um fünf und abends um zehn Uhr antreten. Es wurde die Stärke überprüft und die Sauberkeit der Unterkunft. Die meisten Metropol-Regimenter hatten den nächtlichen Appell bald schon abgeschafft. Das letzte Regiment, das den Appell um zehn Uhr nachts noch bis heute beibehalten hat, ist das 2e REP. Das 2e REP war auch eines der letzten Regimenter, welches die Arbeit Samstags früh abschaffte. Arbeit im eigentlichen Sinne war das allerdings gar nicht gewesen, in Calvi war hier meistens »Journée Club« angesetzt, und zwar im

Im »Club« der 3. Kompanie. (© Caporal-Chef e.r. Kuhlmann, Germany)

»Club Légion du 2e REP«. Hierbei handelte es sich meist um nicht mehr als sinnvolle Freizeit-gestaltung, vor allem um sportliche, kollektive Aktivitäten: Fußball, ,Tontaubenschießen, Judo, Boxen, Tennis, Orientierungslauf oder Schießen im Schießstand des Regimentes. Nicht zu ver-gessen natürlich das Fallschirmspringen in der SMPS (Section Militaire de Parachutisme Spor-tive). Hier war Freifallen angesagt.

Kam es ungünstig, stand eine revue casernement (Stubendurchgang) an. Hier wurden die Un-terkünfte bis in die kleinste Ritze gescheuert, geputzt und vom Zugführer dem Hauptmann präsentiert. Alles musste Eins a sein, picobello! Manchmal auch wurden solche Tage genutzt, um die DZ, unsere Drop Zone – den quasi vor unserer Haustür liegenden Absetzplatz – zu säu-bern. An solchen Tagen konnte man dann das ganze Regiment sehen, wie es, aufgereiht in ei-ner Linie und bewaffnet mit Hacken und Eimern, die DZ wieder auf Vordermann brachte.

Wenn nichts anderes anlag, gingen viele von uns abends auch ins regimentseigene Bordell. Den tenue Puff hab ich bereits beschrieben. Man verließ das Quartier am hinteren Ausgang, der jedoch so gegen ein Uhr nachts geschlossen wurde. Dann lief man links einen zirka fünf-hundert Meter langen Weg bis zum Eingang des Etablissements, welches man durch eine Schwingtüre betrat. Innen hingen dort über dem Eingang ein Gemälde von Edith Piaf und der Text ihres Liedes »Non, je ne regrette rien«. Diese Art von Gemälden hing hier übrigens an al-len Wänden.

An der Bar sowie im dazugehörigen Restaurant, das sich im selben Raum befand, konnte man anschreiben lassen. Auch die Mädels konnte man auf Pump haben, wobei ich keine negative Note beifügen will: Wir alle brachten den Mädels höchsten Respekt entgegen, und ihr Status wurde von uns absolut in Ehren gehalten!

Die erste Bestellung hörte sich meist so an: »Ein Bier, ein steak hachée frites und einen passe.« Ein Passe war ein Gutschein für ein einmaliges Abenteuer. Kaum hatte man es sich an der Bar gemütlich gemacht, kamen schon eine oder zwei Schönheiten vorbei. Die Mädels kamen hauptsächlich aus Brasilien oder aus der Dominikanischen Republik. Sie umschmeichelten dich derart, dass beim zweiten Bier die Nerven bereits blank lagen und man sich schon mal kurz mit der einen oder anderen – oder mit beiden! – bei den Kameraden abmeldete. Bevor es jedoch in das Zimmer der Holden ging, mussten wir uns von einem Krankenpfleger begutachten lassen. Dieser sah nach, ob die Pfeife nicht tropfte, ob optisch keine Krankheiten zu sehen und ob man sauber war. Dann drückte er einem zwei Kondome in die Hand, machte einen Vermerk in sein schlaues Buch, und man konnte gehen.

Allen Kritikern eines Bordells (oder Puffs, wie wir es nannten) sei hier folgendes gesagt: Erstens wurden alle Mädels ständig vom Arzt des Regimentes untersucht. Alle waren gesund! Zweitens durften sie nicht woanders anschaffen gehen, und drittens leistete auch dieses System einen Beitrag dazu, dass nicht der ein oder andre Legionär doch homosexuell wurde. Viertens wurden wir selbst strikt auf Krankheiten hin untersucht. Von AIDS war damals noch keine Rede, und einen Tripper konnte man mit ein paar Einheiten Penizillin gut, schnell und ohne großes Aufheben loswerden. Blieb man die ganze Nacht bei einem der Mädels, so war sie dafür verantwortlich, dass man pünktlich zum Appell und zur Arbeit kam. Und schließlich waren wir alle nicht verheiratet, sondern frei wie der Wind – und die Mädels waren durch die Bank attraktiv, hübsch und mehr als nur eine Sünde wert!

Am Wochenende kam es aber – wenn auch eher selten – auch noch zu ganz anderen Zerstreuungen. Unmittelbar nach dem Eingang links, befanden sich die Tische der Engländer, gegenüber, die der Deutschen. (Damals, 1985, waren sehr viele Deutsche und Engländer im 3^e REI, ich schätze, sie bildeten zusammen mehr als dreißig Prozent der Gesamtstärke.) Um die Mädels wurde nie gestritten, es war mehr eine Art nationales Kräftemessen, obwohl ich bei solchen Ausdrücken vorsichtig sein möchte. Es entstand also folgende Situation: Hier zwanzig mehr oder weniger betrunkene Engländer, dort das-

Der Autor im Paradeanzug des 3^e REI.

selbe, nur auf Deutsch. Es war also lediglich eine Frage der Zeit, bis die erste Bierflasche flog. Das wusste auch der Barkeeper, und beim ersten Anzeichen von Handgreiflichkeiten griff er zum Telefon und rief die police militaire, die sich um diese Zeit ohnehin schon langsam in Richtung Puff orientierte. Um Mitternacht kam dann, was kommen musste: Es gab eine handfeste Keilerei. Von Zeit zu Zeit gehörte die einfach dazu. Am nächsten Tag schüttelte man sich wieder die Hand, denn die Bande, welche die Legion – Patria Nostra! – knüpfte, waren stärker als alles andre.

Bei all dem gab es für den seriösen Legionär natürlich auch die Möglichkeit, brav in die Stadt zu gehen, um sich dort eine kreolische Schönheit zu angeln oder sich anderweitig die Zeit zu vertreiben.

12

Sold! Der wichtigste Tag im Monat. Es war Usus, dass der Hauptmann jedem Legionär einzeln seinen Sold aushändigte. Anzug: Kurze Kampfhose, kurzes, gleichfarbiges Hemd, Kampfstiefel, Dienstgradabzeichen auf der Brust und das Képi.

Jeder präsentierte sich vor dem Hauptmann. »Légionnaire Gast. Un an de service. Deuxième section. Troisième compagnie. À vos ordres, mon capitaine!« »Bon, Gast!«, sagte der Hauptmann. »Das wären also zweitausenddreihundert Francs. Richtig?« Ich nickte gierig. »Oui, mon capitaine!« Das war damals 'ne Menge Geld für einen einfachen Soldaten. Siebenhundert Mark!

Betont langsam zählte er die Scheine ab und schob sie zu mir über den Tisch Ich griff danach, doch plötzlich, als wäre es ihm gerade eingefallen, legte er seine Hand wieder auf das Geldbündel. »Oh. Das hätte ich fast vergessen. Du schuldest dreihundertfünfzig Francs dem Club Kompanie.« Er nahm das Geld vom Stapel, während ich im Geiste verzweifelt rechnete. »Dann hattest du Kredit im Puff. Eintausendzweihundert Francs.« Der anfangs imposante Geldstapel hatte sich jetzt gefährlich verkleinert. »Außerdem ziehe ich jedem Soldaten schon die Tickets für die alljährliche Weihnachtstombola ab. Hier also das, was dir übrig bleibt.« Lumpige sechshundertfünfundneunzig Francs blieben mir ... Gott sei Dank konnte man wieder anschreiben lassen!

13

Wir waren am Vortag von Cayenne Rochambeau mit einer Transall C-160 nach St-Georges am Oyapock aufgebrochen – eine Straße bis hierher gab es noch nicht. Sie waren noch tüchtig am bauen. Dort liefen dann die letzten Vorbereitungen für die mission profonde weiter auf Hochtouren. Die Mission sollte genau dreißig Tage dauern, und mit durfte nur, was wir auch auf unserem Rücken tragen konnten. Das erforderte eine minutiöse Planung.

Zum ersten Mal sollten auch lyophilisierte (gefriergetrocknete) Essensrationen sowie die neuen Lafuma-Rucksäcke getestet werden. Jeder von uns hatte fünfzehn dieser Rationen, die jeweils für einen Tag gedacht waren, im Rucksack dabei. Das Essen für zwei Wochen im Rucksack! Wenn man dann die normale Ausrüstung hinzufügt, kann man sich ungefähr vorstellen, wie schwer jeder einzelne Rucksack wog. Das war aber bei weitem noch nicht alles. Wir benötigten jede Menge Sprengstoff, sei es zum Sprengen der über den Flüssen liegenden Bäume, die uns den Weg versperrten, oder um gegebenenfalls eine Landezone für eine Evakuation per Hubschrauber zu schaffen. Motorsägen und das Gemisch dafür. Funkgeräte, Munition, Medikamente, Seile zum Überqueren von Flüssen, Töpfe, Pfannen und anderes mehr. Alles musste getragen werden.

Des Abends, nachdem auch das letzte Detail arrangiert war, ging der Zug geschlossen ins chez modestin, ein kreolisches Restaurant, in dem es dreimal die Woche Maïpouri (Tapir) oder, was seltener vorkam, einen Agouti (lecker!) zu essen gab. Danach durften wir noch eine Stunde lang allein die Stadt unsicher machen. Stadt ist übertrieben, die Bezeichnung kleines Dorf wäre angebrachter.

Wir – Thomas, Oliver und ich –, inzwischen ein untrennbares Trio, hatten es uns in einer kleinen Bar gemütlich gemacht. Hier in dieser Bar wehte der gemütlich anrüchige Wind der alten Kolonialzeit. Über unseren Köpfen drehte sich ein hölzerner Ventilator, und an der Wand hinter uns hing ein Bild von General de Gaulle, wie er mit fünfunddreißig ausgesehen haben mochte. Wir bestellten jeder einen ti-punch, worauf eine runde, gut aufgelegte Kreolin die ganze Flasche auf den Tisch stellte. Ein winziges Tamarin-Äffchen turnte auf ihrer Schulter, und aus einer Jukebox hinter der Bar drangen leise Zouk-Töne.

»Dreißig Tage ohne Frau!«, stöhnte Oliver. »Dreißig Tage ohne den Hauptmann, ohne revue casernement (Stubendurchgang) und ohne corvée quartier (Revierreinigen)!«, hielt Thomas dagegen, worauf wir lachten und kräftig anstießen.

Unmittelbar nach St-Georges am Oyapock kam für uns bereits die erste Hürde: Die Stromschnellen des Saut Maripa. Da der Fluss einen sehr niedrigen Wasserstand hatte und überall Felsen unter seiner reißenden Oberfläche hervorragten, hielt es Albert, unser Chef-Piroguier, für angebracht, alle mitsamt der Ausrüstung aussteigen zu lassen. Während er mit seinen Leuten die fast leeren Pirogen durch die Schnellen fuhr, mussten wir Gepäck und Ausrüstung auf Waggons laden und diese mit vereinten Kräften auf Gleisen durch den dichten Urwald schieben. Als wir wieder auf die Pirogen stießen, luden wir wieder um und die Reise ging weiter.

* * *

Alles war grau in grau. Es regnete seit Stunden. Den Poncho um meine Schultern, saß ich ganz vorne in der Piroge und versuchte, durch diesen bleiernen Vorhang jedes Hindernis auszumachen, das die Schraube des Außenbordmotors beschädigen könnte. Außerdem, so hatte Albert mir gesagt, müsste bald eine kleine Insel kommen. Nicht mehr weit, sagte er, nicht mehr weit.

Leise fluche ich vor mich hin. Nicht mehr weit, das konnte heißen in zwei Minuten oder am nächsten Tag. Ich war völlig durchnässt, meine Augen hatten rote Ränder und die Konzentration hatte sträflich nachgelassen. Ich sehnte mich nach einem heißen Kaffee, einer Selbstgedrehten und einer Mütze voll Schlaf.

Plötzlich tauchte aus dem Nichts ein Stück ockerfarbene Landschaft auf. Sofort gab ich Albert das verabredete Zeichen, worauf dieser den Motor stoppte und dann volle Kraft zurück gab.

Unser piroguier Albert, ein Noir-Marron, kannte den Oyapock sowie sämtliche Nebenflüsse besser als seine Westentasche. Albert war ein großer lascar (Schlauberger) mit einem athletischen Körperbau, einer, dem man die Schlitzohrigkeit (die er vor allem bewies, wenn es ums Feilschen ging!) von weitem ansah. Dies sagend, betone ich auch, dass er, wenn er wollte, ein Gentleman, eine absolute Respektsperson sein konnte. Albert hatte immer ein Lächeln auf den Lippen. Sein Lieblingsgericht war Fisch mit couac[59].

Sergent-Chef Zoltan warf dem Leutnant einen kurzen Blick zu, worauf dieser mit dem Kopf nickte. »Eine halbe Stunde Pause. Wer sich die Füße vertreten will, das ist der Moment. Danach halten wir erst wieder in Camopi!«

Die Stelle war äußerst ungünstig. Der Fluss war reißend, und man konnte die Piroge nur nach vorne verlassen. Außerdem war die kleine Landzunge so eng, dass nur unsere erste Piroge mit ihrem Bug dort Platz fand. Alle anderen mussten an ihr ankoppeln. Es schüttete jetzt wie aus Eimern.

Einige Legionäre vertraten sich die Beine oder gingen dringenden Bedürfnissen nach, doch die meisten von uns blieben wie lethargisch einfach in den Pirogen sitzen. Wir hatten einen besonders Schlauen unter uns, der versuchte, unter seinem Poncho mit Hilfe von Esbitwürfeln Wasser für Kaffee heiß zu machen. Durch eine Unachtsamkeit stieß er mit dem Fuß gegen den Esbitbrenner, der daraufhin umfiel: noch in derselben Sekunde züngelte eine bläulichgelbe Flamme die Piroge entlang. In jeder Piroge hatten wir ein 200-Liter-Benzinfass und auch Ölfässer. Als mein Blick auf das Fass mit Benzin fiel, blieb mir einen Augeblick lang das Herz stehen. Es brannte und würde in ein paar Sekunden explodieren!

Ohne zu überlegen ließ ich mich mit voller Ausrüstung, Waffe etc. rückwärts ins Wasser fallen, während um mich herum gut ein Dutzend andere es mir gleich taten. Was danach kam, war reiner Überlebenskampf. Ich wurde von den Fluten ergriffen, sah mal das Ufer und mal nur den Himmel, bis mich etwas unbarmherzig unter Wasser zog. Plötzlich ein Schock. Etwas Hartes hatte sich in meinen Unterleib gerammt, und als ich danach griff, spürte ich Blätter und Geäst. Es war der Stamm eines umgestürzten Baumes, der halb im Wasser hing und halb am Ufer festgekeilt war. Mühsam zog ich mich an ihm hoch und sah mich dann um. Soweit das Auge reichte nur Wasser, Dschungel und dieser Regen, der mir langsam unheimlich wurde. Meine Waffe war noch gut auf meinem Rücken festgezurrt, und die Magazintaschen waren geschlossen. Mein Camulus (Kampfmesser) aber war verschwunden!

Vor mir auf dem Stamm saß eine matoutou, eine Riesen-Vogelspinne, die wohl ebenfalls in dem Baumstamm ihren Retter sah. Wir glotzten uns gegenseitig an.

Nach zwei Stunden, die mir wie eine Ewigkeit vorkamen, kam mir durch den Schleier aus Regen eine Piroge entgegen. Mitten auf ihr erkannte ich die vertraute Gestalt des Chefs. Das Wasser tropfte von den Enden seines Bartes – und er grinste: »Na ... Einfach abgehauen?«

Als er mich an Bord gehievt hatte, wurde er wieder ernst. »Das hätte ins Auge gehen können! Ein Geistesgegenwärtiger, der nahe am Benzinfass war, hat seinen nassen Poncho drübergeworfen, was das Feuer sofort erstickte. Ich hatte zwei Stunden damit zu tun, den ganzen Zug wieder einzusammeln. Du bist der letzte. Das Abenteuer kann weitergehen.«

---

[59] Gegrillter Gries vom Maniok.

Unterwegs zur 30-tägigen Mission Profonde. Im Vordergrund unser Zugführer.

Bei den Oyampis in Camopi.

Oyampi-Indianer in Camopi.

Unser nächster Halt war in Camopi, bei den Oyampi Indianern. Um hierherzukommen, brauchte man eine Genehmigung der Präfektur (Amt des zuständigen Verwaltungsbezirks). Von den Oyampis existierten nur noch wenige, so um die 500 in Guyana und einige andere in Brasilien. Sie trugen nur den roten Lendenschurz und waren sonst nackt. Wie groß aber war unsere Überraschung, als das Oberhaupt der Sippe uns zum Spiel einlud – zu einem Fußballspiel!. Noch größer wurden unsere Augen, als wir ihre Mannschaft sahen: Sie hatten alle Trikots und Fußballschuhe ... Und spielen konnten sie ... Wir verloren haushoch!

Abends saßen wir in ihren Hütten und tranken ohne Argwohn ihr Cachiri. Das war ein alkoholhaltiges Gebräu aus Maniok. Angeblich wurde es folgendermaßen hergestellt: Ein Teil des Manioks wurde zu einer Art Brotfladen verarbeitet, der andere Teil wurde gerieben, ausgepresst und getrocknet und in einem Trog erhitzt. Die Frauen zupften Stücke vom Brot ab, kauten und spuckten es dann in den Trog, wo es mit dem übrigen Maniok unter Zusatz von süßen Kartoffeln gärte, bis so der Alkohol entstand.

Nun ... Uns schmeckte es trotzdem!

Jesse (mit der Waffe in der Hand) und Oliver (rechts) 1987 beim Caporalslehrgang in Guyana.

Eine Überraschung sollte ich am Morgen unserer Abreise aus Camopi erleben. Ich lag noch etwas müde und vom Cachiri betäubt in meinem Hamac, als Stimmen mich weckten. Als ich mich aufrichtete, sah ich gut ein Dutzend kleiner Indianer, Jungen und Mädchen, um mein Hamac herum. Sie saßen nur da und starrten mich an.

Ich werde diese großen und schönen Augen der Kinder nie vergessen. Ich weiß nicht, was über mich kam, jedenfalls stand ich auf, wühlte in meinem Rucksack und fand für jeden von ihnen etwas: Meinen Rasierspiegel, ein Taschenmesser, ein Tuch, eine Seife … Einiges, was mir wert und teuer war, schenkte ich her, und ich fühlte mich gut dabei. Sie nahmen die Geschenke und verschwanden lautlos ohne ein Danke, ohne ein Wort. Als ich mich dann eine Viertelstunde später rasierte (ohne Spiegel, was zunächst gewöhnungsbedürftig war), hörte ich wieder Stimmen hinter mir, die der Kinder. Sie waren zurückgekommen, und jeder hatte ein Geschenk in seinen Händen: Bananen, Mangos, eine Kette aus Horn, Papayas …Ich konnte es nicht fassen! Ihre Gesichter drückten Wärme, Freundschaft und Annerkennung aus.

Ich nahm ihre Geschenke mit Tränen in den Augen an.

Von Camopi aus fuhren wir in südwestlicher Richtung den kleinen Inipi weiter. Der Fluss wurde mit jedem Kilometer, den wir vorankamen, schmaler, der Dschungel undurchdringlicher. Ab jetzt hieß es etwa alle fünfhundert Meter aussteigen, um Baumstämme aus dem Weg zu schaffen.

Das war Knochenarbeit. Ging der Durchmesser dieser Baumstämme über ein gewisses Maß hinaus, nützen uns die Kreissägen herzlich wenig. Es mussten Sprengladungen angebracht werden! Oftmals lagen die Bäume dann so ungünstig, dass wir tauchen mussten, um die Sprengladungen anzubringen. Wurden die Sprengkapseln nass und wurden zu Versagern, ging das Warten los und das Bangen. Jemand musste ja dann noch mal runter, und wenn dann ... aber »und wenn« gab's nicht!

An einem Tag, an dem der Himmel etwas aufriss, ohne dass es jedoch aufhörte zu regnen, fiel beim Durchqueren tief hängenden Geästes dem Funker unseres Zuges ein großes Nest voller mouche á feu genau zwischen die Füße. Der Arme wurde an die zwanzig Mal gestochen. Das Schlimmste daran war, das er auch Stiche in den Rachenbereich bekam. Hätten wir nicht den Médecin-Chef des 3e REI (oder war es sein Stellvertreter?) bei uns gehabt, wäre es wohl schlecht um ihn bestellt gewesen. Er war aber auch so dem Tod näher als seinem nächsten Bier in der Kantine. Wir legten ein Zwischenbiwak ein, damit er sich erholen konnte. Danach ging es zu Fuß weiter.

Die Organisation spielte auch hier eine große Rolle. Unser Zug wurde vom Zugführer für diese Mission folgendermaßen strukturiert: Vorneweg lief die »équipe topo« als eine Art Voraus- oder Erkundungstrupp. Diese wies den Weg. Da wie bereits erwähnt die Karten nicht allzu aussagekräftig waren, musste ihre Arbeit mit dem Kompass besonders sorgfältig erfolgen. Der Chef der équipe topo, Chef Zoltan, stellte die Marschkompasszahl ein (die Abweichung hatte er schon vorher berechnet und korrigiert) und schickte einen Legionär in die anvisierte Richtung. Dieser Legionär hatte eine vier Meter lange Rute in der Hand, von der auf dem obersten Meter die Rinde abgeschält worden war, damit sie weiß schimmerte. Nun wurde der Legionär vom Chef entweder nach links oder nach rechts befohlen, bis die Rute, die er in den Händen hielt, mit der Visierlinie des Kompasses übereinstimmte.

Man kann sich denken, dass der Legionär oft schon nach fünf Metern im Grünen verschwunden war, und sich so ein Bild davon machen, wie langsam es manchmal voranging! Dieser Trupp war es auch, der immer zuerst mit allen Unannehmlichkeiten des Waldes Bekanntschaft machte: Mit Schlangen, Skorpionen, den Stacheln der Awara Palmen, mouche á feu etc.

Hinter der équipe topo folgten in einigem Abstand »les athlètes«, dann die »layoneur«. Während erstere mit ihrem coupe-coupe Markierungen hinten und vorne an den Bäumen anbrachten, schlugen die layoneur den Weg frei. Schließlich folgte, weit dahinter, der Zugtrupp mit dem Zugführer, den Funkern, dem Arzt und dem Krankenpfleger. Hier waren auch die schweren Waffen zu finden. Noch etwas weiter hinten kamen dann die »porteurs«, die Träger. Niemand riss sich darum, porteur zu sein! Sie waren es, die ackerten wie die Gäule. Sie trugen den eignen Rucksack auf dem Rücken, einen zweiten vorne auf dem Bauch, und dann noch entweder einen Seesack quer über der Schulter, eine Motorsäge oder Sprengstoff, Taue etc. etc. Und natürlich hatte jeder noch seine eigene Waffe!

Die Träger ließen sich Zeit. Wenn die équipe topo nach dem Wecken und einem schnellen Frühstück vor Sonnenaufgang schon unterwegs war, so folgten die Träger erst zirka zwei Stunden später. Und wenn sie dann abends ankamen, dann loderte meist schon ein Feuer und es duftete herrlich nach Kaffe und nach gebratenem Fleisch. Ich war mal layoneur, mal porteur.

Vogelspinne in Guyana.

Als porteur kann man der einsamste Mensch der Welt sein. Es kam vor, dass ich stundenlang lief, ohne vor oder hinter mir jemanden zu Gesicht zu bekommen. Ich kann mir gut vorstellen, dass ein psychologisch weniger stabiler Charakter von einer solchen Erfahrung in den Wahnsinn getrieben wird! Ich hingegen jubilierte: Das war meine Welt! Ich war nicht konfrontiert mit Problemen anderer, sondern mit meinen eigenen Gedanken, die ich selbst dirigierte, bog und lenkte,

Mehrmals rutschte ich aus, schlug auf den Boden. Ich lag dann einige Minuten dort wie ein Fisch auf dem Trockenen: Die Last war zu schwer, als dass man sich alleine hätte aufrichten können. Entweder wartete man auf ein Wunder, oder man befreite sich, am Boden liegend, selbst von der Last.

Am Schluss folgte der Mann mit dem »topofil«. Das topofil maß die zurückgelegte Entfernung. Dabei handelte es sich um nichts weiter als eine Spule mit einer feinen Schnur. Diese Spule befand sich in einem Metallbehälter, den man in der Hand tragen konnte. Man befestigt das Ende der Schnur an einem Baum, und während sich beim Laufen die Schnur abspult, zeigt sie auch gleichzeitig die überwundene Distanz metergenau an. Wehe aber, das topofil funktionierte einmal nicht! Dann war nämlich Schrittzählen angesagt, etwas, was ich einmal zu tun gezwungen war und bis heute, so glaube ich, noch nicht ganz überwunden habe. Wenn ich irgendwo etwas sehe, was grün ist, fange ich automatisch zu zählen an ...

Wir befanden uns jetzt auf dem »chemin des emerillon«, und spätestens hier schlug mein Herz staccato. Ich wusste nämlich, dass ich hier auf Wegen lief, die kaum ein normal sterblicher Europäer vor mir je betreten hatte. Wir befanden uns mitten im Herzen Guyanas. Es gab Bäche, die waren so rein, dass man auf ihrem Grund Goldstaub glitzern sehen konnte. Es gab Hügel und Wasserwege, die keine Namen trugen und bis heute nie richtig erforscht wurden. Hier im tiefen Dschungel gab es Anakondas, Vogelspinnen und Giftschlangen, die von ihrer Größe her jede normale Dimension sprengten. Sie hatten keine Feinde, weder Mensch noch Tier. Es war ein erdrückendes, aber auch ein befreiendes Gefühl. Unbeschreiblich: Ich fühlte mich der Erde näher als je zuvor in meinem Leben. Ich lebte!

Etwa fünfzehn Tage, nachdem wir von St-Georges am Oyapock aufgebrochen waren, errichteten wir unser Biwak am Fuße des Piton Baron. Die Stimmung im Zug war gut, wir selbst waren durch das tagelange Marschieren noch ein ganzes Stück drahtiger und richtig abgehärtet geworden.

Hier auf dem Piton Baron sollte ein Hubschrauber landen, der uns mit dem Nötigsten versorgen und eventuelle Kranke, die wir zum Glück nicht hatten, ausfliegen sollte. Natürlich wuchs unsere Moral ins Unermessliche, als einer der Piloten Chef Zoltan einige Kisten Bier aushändigte: Der General an Bord des Helikopters war nicht mit leeren Händen gekommen!

Am nächsten Tag ging der Marsch weiter, und zwar so lange, bis wir schließlich den Inini erreichten. Hier warteten bereits Pirogen, die uns zunächst nach Maripasoula und dann den Maroni hinauf bis nach Saint-Jean du Maroni bringen sollten.

Endstation. Wir hatten volle dreißig Tage im Dschungel verbracht, und dabei hatte es keinen einzigen Tag aufgehört zu regnen.

14

Der fünfundfünfzig PS starke Evinrude-Außenbordmotor tuckerte noch eine Sekunde lang und verstummte dann. »Nehmt die Paddel und haut euch ins Zeug«, flüsterte der Chef. Es herrschte eine gespenstische Stimmung. Man sah die Hand kaum vor Augen, und der Nebenfluss des Approuague wurde immer enger. Wir konnten die Ufer links und rechts von uns förmlich riechen. Das Blattwerk und Geäst hing tief, was uns die ein oder andere Schramme bescherte. Es roch nach Morast und Mangroven. Die Marais de Kaw (Sumpfgebiet am Delta des Approuague-Fluss) waren nur ein paar Kilometer von uns entfernt!

Man hatte uns hierher in diese unwirtliche Gegend geschickt, weil wir auf der Suche nach zwei Deserteuren waren. Ich erinnere mich noch ganz genau an die Worte des stellvertretenden Kompaniechefs, als ich fragte, was ich tun sollte, wenn mir einer von ihnen über den Weg liefe: »Sag ihm, er soll stehenbleiben und vernünftig sein. Tut er es, schön. Wenn nicht, hau ihm die Rübe vom Kopf!«, war die Antwort. Die beiden Deserteure waren bewaffnet, deshalb wohl diese rüden Worte. Doch nur, um Deserteure zu fangen, waren wir nicht zu dieser unchristlichen Stunde unterwegs. Wir, das hieß Certu, Oliver, Pappy, ein Caporal und der Chef.

»Das reicht! Lasst sie jetzt treiben.« In aller Seelenruhe knipste der Chef die Frontallampe auf seiner Stirn an und richtete den Strahl auf das sumpfartige Gewässer. Mit dem chapeaux de brousse – dem breitkrempigen Dschungelhut – tief im Nacken, dem Poncho um seine hageren Schultern und den tiefhängenden Schnurbartenden, von denen das Wasser tropfte, kam er mir vor wie ein Überbleibsel aus einer Epoche, die es eigentlich längst nicht mehr gab. Doch hier, und das spürte ich tief in mir drin, täuschte ich mich. Wir befanden uns noch mittendrin. Die Epoche der letzten Abenteuer unserer Welt– Das war jetzt! Das war hier!

Lange mussten wir nicht warten. Vor uns, etwa sechs, sieben Meter entfernt, sahen wir ein Paar roter Augen. Ich zupfte Certu, der vor mir saß, am Ärmel. »Was zum Teufel ist das?« Instinktiv griff ich zur Machete. »Caïman«, flüsterte er. »Ein schwarzer Kaiman!«

»Köpfe runter«, hörte ich den Chef sagen, und eine Sekunde darauf fiel der Schuss, dem sofort ein zweiter folgte. »Los. Paddelt rüber. Zieht ihn am Schwanz hoch, dann rein in die Piroge, aber aufpassen!«

Als das getan war, nahm der Caporal sein Camulus und hieb dem Tier mit einem kräftigen Schlag die langen Ober- und Unterkiefer ab. Mein fragender Blick entging ihm dabei nicht. »Manchmal leben sie noch und stellen sich nur tot. Dann kommt es schon mal vor, dass sie zuschnappen. Auch wenn es nur noch der Reflex eines sterbenden Tieres ist, kann das gefährlich sein.«

Er schob den Ärmel seines Hemdes hoch und zeigte mir eine hässliche, zwanzig Zentimeter lange Narbe. »Das war auch ein schwarzer Kaiman. Hat mächtig wehgetan!«

Der Caïman, den wir ins Boot zogen, war gut und gerne zweieinhalb Meter lang und wog an die fünfundvierzig Kilo. Sein Fleisch schmeckte hervorragend. Es ist ein fischähnlicher Geschmack. So ein Caïman mundet um Einiges besser als sein naher Verwandter, das Krokodil. Wir waren nun den dritten Tag im Gelände. Zu essen gab es dank unserer Kommando-Caïman Aktion genug, und zu trinken fand ein Legionär immer etwas. Die Deserteure wurden tags ergriffen. Besser gesagt: Sie ergaben sich.

Ihr Anblick hätte bei jedem Betrachter jeglichen Gedanken an eine Desertion verscheucht. Sie waren von Moskitos und anderen Insekten regelrecht zerfressen. Ihre Haut war blass, fast durchsichtig, und die Augen starrten ausdruckslos. Pures Entsetzten stand darin! Die hohlen Wangen zeugten von drei Tagen ungewolltem Fasten: Sie hatten wohl beim Ausbildungsteil »Überleben im Dschungel« geschlafen ...

15

Wenn ich eines nicht vergesse, dann waren es die zehn Tage, die ich mit Thomas und Oliver auf den Îles du Salut verbrachte. Wir waren auf Urlaub und hatten beschlossen, uns nicht wie die anderen in den Trubel der Stadt Cayenne zu flüchten, sondern auf die Insel St-Joseph, eine der drei Inseln der Îles du Salut.

Bezeichnend für unseren Geist von damals war die Ausrüstung, die wir dabei hatten: Einen Seesack voll mit Konserven, Bohnen, Reis, Kaffee, Tee etc. Ein Radio und unzählige Musikkassetten, ... Edith Piaf, Gainsbourgh und Lieder von der deutschen Wehrmacht. (Viele Lieder der Wehrmacht – und auch einige der SS[60] – wurden von der Legion übernommen. Sie werden auch heute noch gesungen, meist aber auf Französisch!) Und einen ganzen Seesack voller Dosenbier. Natürlich die Hängematte und Teile unserer Ausrüstung: Machete, Messer etc.

Wir verbrachten unsere Tage damit, früh vor Sonnenaufgang mit dem Fischer aufs Meer zu fahren, um zu fischen. Wir aßen hervorragend, schwammen, tranken, sangen Lieder und schliefen. Es machte uns Spaß, Kokosnüsse von den Bäumen zu holen, sie mit der Machete zu »enthaupten« und dann Rum hineinzugießen. Das gab einen herrlich erfrischenden Cocktail, den wir mit dem Strohhalm tranken. Nachts machten wir Feuer und erzählten. Dabei stellte ich einmal mehr fest, dass jeder von uns einem Traum nachlief, den man nicht mit Worten allein definieren kann, vor allem Thomas, dem immer noch alles zu langweilig war. Ihm konnten die Kugeln um die Ohren fliegen: Es langweilte ihn!

---

[60] Ich kann an dieser Stelle nur für mich sprechen sowie für meine Kameraden und alle Legionäre, die ich persönlich kannte: Trotz kahler Schädel, trotz Drill und trotz mancher Lieder mit vielleicht zweifelhafter Herkunft, trotz unserer an Härte kaum zu übertreffenden Ausbildung und auch trotz elitären Denkens – vielleicht aber sogar gerade deswegen – gab es nicht den geringsten Hauch einer rechtsextremistischen Orientierung in unseren Reihen: Wir ließen so etwas gar nicht zu! Wir sahen uns als höchst professionelle Soldaten, in deren Wörterbuch Ausdrücke wie Rassenhass, Rassismus, Gewaltverherrlichung, Unrecht oder Unterdrückung keinen Platz hatten. Texte von Liedern, welche die Legion von fremden Militärformationen übernommen hat, wurden in aller Regel nachhaltig und meist vom Sinne her geändert.

Bezeichnend auch für die Suche nach dem Außergewöhnlichen (außergewöhnlich hieß für uns, Dinge zu tun, die sonst niemand tat, und wir hatten uns geschworen, uns täglich mit dem Außergewöhnlichen zu konfrontieren) war folgende Geschichte, die sich während unseres Aufenthaltes auf der Insel abspielte.

Eines Abends beschlossen wir, auf der Insel Royal im dortigen Restaurant zu speisen. Es war die einzige der drei Inseln, die bewohnt war. St-Joseph und die Teufelsinsel waren menschenleer. Der Fischer fuhr uns mit seiner Piroge rüber. Unser Essen begossen wir mit einigen Flaschen Rotwein. Oliver sprach dem Wein dermaßen zu, dass ich und Thomas ihn mit einer alten Schubkarre vom Hotel bis runter zum Kai befördern mussten. Da der Fischer uns nicht wie besprochen abholte, hatte Oliver, dem es beim Anblick des Meeres schon besser ging, die Idee, nach St-Joseph zu schwimmen. Er hatte gut reden, denn er war mit Abstand der beste Schwimmer in der Kompanie.

»Na«, sagte Oliver grinsend, als er unsere Unentschlossenheit bemerkte, »Angst?« Genau das war das berühmte Wort zu viel. Natürlich war es ab dem Moment für mich und Thomas eine Herausforderung und ein Ehrensache, nicht hinten anzustehen. Unser Blick glitt hinüber zur Insel. Von der Distanz her war das machbar: Knapp drei- bis vierhundert Meter waren es nur! Was dem Ganzen einen außergewöhnlichen Charakter verlieh, war, dass die Enge zwischen den beiden Inseln bekannt für die starke Strömung war, die einen jederzeit ins Meer hinausziehen konnte. Das jedoch war nicht die einzige Gefahr. In dieser Enge tummelten sich ständig Haifische. Wir hatten sie oft genug gesehen, auch am Tag zuvor. Grauen erfüllt mich noch heute, wenn ich daran denke, dass wir es tatsächlich getan haben. Wir sind rübergeschwommen! Die Sache mit den Haifischen und der Strömung stimmt. Es war früher, zu der Zeit, als es noch Sträflinge auf der Teufelsinsel und auf St-Joseph gab, Usus, dass die Toten genau in diese Enge geworfen wurden. Sobald dies geschehen war, läuteten die Wärter die Glocke und augenblicklich füllten Haifische das Wasser um die Toten herum.

16

Die Zeit, die mir im Regiment blieb, neigte sich dem Ende zu. Bis zum Schluss riss die Flut der Aufträge für das Regiment, für die Kompanie, unseren Zug und nicht zuletzt auch für mich nicht ab. In diesem Zusammenhang ist vielleicht erwähnenswert, dass anders als all die anderen Regimenter der Legion das unsere ständig im Einsatz war. An der Grenze nach Surinam brodelte es. Die Grenzen wurden ständig überwacht, und immer waren Züge im Dschungel unterwegs. Auch diverse Aktionen einiger Goldgräber wurden damals schon vom Regiment überwacht, und die Sicherheit der Europarakete ging uns 356 Tage im Jahr an.

Start einer Ariane! Dieses Spektakel beobachtete ich vom »carbet des journalistes« unweit der montagne des singes (Affenberge) aus, und zwar nachts. Eindrucksvoll. Wirklich eindrucksvoll! Ein besseres Wort fällt mir dazu nicht ein.

Dann hieß es für mich persönlich wieder ab in den Dschungel, wo ich das CME (Certificat Militaire Élémentaire), den Caporals-Kurs absolvierte. Es war kein Zuckerschlecken, denn es ging nicht nur darum, sich militärisches Wissen anzueignen, sondern es ging darum, ein Caporal in einer Kampfkompanie der Fremdenlegion zu werden. Ein Caporal (Obergefreiter) in einer

Kampfkompanie der Legion steht einem Feldwebel einer anderen Armee in Nichts nach. Das ist zwar nur meine persönliche Meinung, aber es gibt viele, die sie mit mir teilen.

Der Esprit Legion, der Geist der Legion, wird einem hier auf den Körper gemeißelt. Die bis ins kleinste Detail exakte Ausführung erhaltener Befehle, absolute Disziplin, scheinbar grenzenlose Robustheit, und das alles gepaart mit Autorität und Kompetenz: Das macht einen Caporal der Legion aus. Deswegen gleicht die Schule, durch die er gehen muss, einem Tränenmeer.

> *... la lune est claire,*
> *la ville dort!*[61]

Sangen wir auf dem CME dieses Lied, hieß das, dass wir seit mehr als achtundvierzig Stunden keinen Schlaf bekommen hatten. Was soll ich sagen, außer: Wir sangen es sehr oft!

> *... j'ai rendez-vous avec,*
> *celle que j'adore!*[62]

Kaum waren meine Taschentücher aufgebraucht, stand auch schon Weihnachten vor der Tür. Weihnachten ist eine Sache, Weihnachten in der Fremdenlegion eine ganz andere! Weihnachten in der Legion hat einen ganz speziellen und unantastbaren Charakter. Weihnachten, das beginnt lange Zeit vorher schon mit den Anfertigen der crèches noël (Weihnachtskrippen). Hier zeigt sich der Legionär von einer Seite, die ihm wohl niemand zutraut.

Aus seinen zwei klobigen Händen, die kurz zuvor noch die Machete geschwungen oder den Abzug einer Waffe betätigt hatten, entwickeln sich plötzlich zehn zierliche Finger, die alles, was sie anfassen, in einen Hauch von Frieden und Liebe hüllen. Das Fest macht jeden von uns nachdenklich. Besonnenheit macht sich in den Köpfen breit. Die crèches noël sind oft Wunderwerke unausgesprochener Fantasien: Keine Werke von ein paar Stunden, sondern von Wochen! Sketche zum Lachen werden einstudiert, Bars werden gebaut, Geschenkpapier raschelt, und sogar die taulards, die Knastbrüder, können sich freuen, denn Amnestien werden vom Kommandeur erlassen.

Sportliche Wettkämpfe zwischen den einzelnen Kompanien stehen vor der Tür, Kirchgänge für diejenigen, die dies möchten, Besichtigungen der crèches durch die Familien (das Anfertigen der crèches ist auch eine Art Wettstreit, denn für die schönsten Krippen gibt es vom Regimentskommandeur einen Preis) – und das alles in einer perfekten Harmonie.

Weihnachten selbst jedoch feiert die Familie Legion unter sich. An diesem Tag schließen sich die Tore rigoros für jeden, der nicht dieser Familie angehört. Frauen, Kinder ..? Nicht an diesem Tag, der alleine uns gehört!

Zur veillée noël (Heiligabend) gibt es immer das gemeinsame Abendessen. Es wird gesungen, die Sketche werden vorgeführt (das ist der einzige Augenblick des Jahres, in dem man den Vorgesetzten schon mal auf die Schippe nehmen darf). Geschenke werden verteilt, jeder bekommt

---

[61] Der Mond ist klar, die Stadt schläft!
[62] Ich hab' ein Rendzvous mit der, die ich liebe!

In Puerto Rico mit den Navy Seals, hier mit dem Seal-Team 4.

sein Geschenk direkt aus der Hand seines capitaines, auch die, welche Wache schieben oder in der Krankenstation liegen. Niemand wird an diesem Tag ausgeschlossen oder vergessen!

***

Schon bald darauf ging es ab nach Puerto Rico. Dort, beim Navy Seal Team 4 in Roosevelt Roads, standen uns im Rahmen eines Austausches zwei Wochen Ausbildung bevor. Wir bildeten sie auf den Isla Pineros im Fallenbau und in Bereichen des Dschungelkampfes aus, und sie lehrten uns ihre Art des Dschungelkampfes. Die stieß zwar bei einigen von uns auf eine gewisse Skepsis, doch wie stets, wenn es um Taktiken geht, gab es auch hier Vor- und Nachteile, die im Falle eines Falles ernsthaft gegeneinander abzuwägen gewesen wären.

In der letzten Nacht machten wir die Hauptstadt San Juan unsicher und flogen dann irgendwann Ende 1986 zurück nach Cayenne.

An dieser Stelle ist vielleicht zu erwähnen, dass zwei belgische Legionäre nach Surinam desertierten. Einer wurde dort angeblich erschossen, dem anderen gelang die Flucht. Surinam befand sich zu jener Zeit seit einigen Monaten in einer Art Ausnahmezustand. Rebellenführer Ronnie Brunswijk machte gerade das Land unsicher.

Das 3^e REI war insofern von den damaligen Ereignissen betroffen, als es sich zur Aufgabe gemacht hatte, das Flüchtlingscamp Accarouani aufzubauen und seine Patrouillen auf dem Maroni zu intensivieren.

Es folgte ein Kommando-Lehrgang auf der Insel Martinique. Für uns war es eher Urlaub, zumal wir in der Karnevalszeit dort waren. Tagsüber fegten wir über die Pisten und brachen dort sämtliche von der regulären französischen Armee (von uns liebevoll »Schlappohren« genannt) aufgestellten Rekorde, und nachts betörten wir karibische Schönheiten. Samba!

Meine letzte Nacht in Guyana verbrachte ich mit Changnard im Tropicana, einer Diskothek am Strand. Martine war unauffindbar, Thomas, Oliver und den Rest der Bande hatte es nach Cayenne gezogen, weil dort mehr los war.

Irgendwie war uns nicht nach Reden zumute. Wir tranken schweigend, und jeder hing seinen eigenen Gedanken hinterher. Wir hatten Vollmond. Ich betone dies, weil dieser rötliche Vollmond mir jahrelang nicht aus dem Kopf ging. Er war für mich Symbol für einen zu Ende gegangenen Lebensabschnitt.

Der Legionär, der zwei Jahre hier verbracht hatte, sehnte sich jetzt nur noch nach einem: Endlich von hier wegzukommen! Dennoch waren Changnard und ich uns in einer Sache völlig einig: Dieses Regiment würde uns ein Leben lang nicht mehr loslassen. Jeder von uns beiden ließ einen Teil von sich hier.

Adieu Guyana!

Die Sonne schien, als wir am nächsten Tag in die DC-8 stiegen, doch unser Herz war ein finsteres Loch.

Während meiner Jahre in Guyan geschah eine der wohl größten Katastrophen der Menschheit bisher. Die Folgen werden wohl erst in zwei oder drei Generationen richtig zu bemessen sein: Das Reaktor-Unglück in Tschernobyl am 28 April 1986.

September 1987, Korsika

- In Moskau beginnt der Prozess gegen den deutschen Sportflieger Mathias Rust, der am 28. Mai auf dem Roten Platz gelandet war.

- Der Italiener Roberto Franceschini erreichte als Radalpinist den 4807 Meter hohen Gipfel des Mont Blanc mit einem Fahrrad.

Übrigens: Im November 1949 wurde das 3e BEP – 3ème Bataillon Étranger de Parachutistes in Mascara gegründet. (Das Bataillon selbst war schon im April gegründet worden. Unter dem Namen BEP jedoch wurde es offiziell erst ab November geführt.) Die Hauptaufgabe dieses Bataillons war es, die Legionäre auszubilden, die später zum 1e und 2e BEP stoßen bzw. diese ablösen sollten. Das 1e und 2e BEP waren hochgradig kampferprobte Fallschirmjäger-bataillone der Fremdenlegion. Das 1e BEP wurde am 1. Juli 1948 in Khamisis (Algerien) gegründet und nur wenig später (1950) bei Coc-Xa in Indochina fast bis auf den letzten Mann aufgerieben. Das 2e BEP wurde am 1. Oktober 1948 in Sétif (Algerien) gegründet. Es wurde 1954 in Dien Bien Phu mit dem inzwischen wieder ins Leben gerufenen neuen 1e BEP vom Feind bis auf wenige Mann vernichtet und administrativ – bis auf weiteres – aufgelöst. Die Seele der Fallschirmjäger der Fremdenlegion jedoch lebte weiter, nicht zuletzt auch durch das im Jahr 1955 ins Leben gerufene 2e REP. Vorausgegangen war eine Fusion von Teilen des 2e BEP und des 3e REP (ehemals 3e BEP) mit darauffolgender Umbenennung des 2e BEP in 2e REP.

Ruhe vor dem Sturm

*Wie ein einsamer Wolf ziehe ich nachts durch die Straßen Straßburgs.
Keine Wärme, nichts Vertrautes. Die Menschen starren mich dumm
an,vielleicht bin's ich auch, der sie dumm anstarrt!
Ich denke an Guyana, an St-Georges am Oyapock ... an Martine!
Wo sind nur die Geräusche des Dschungels geblieben?*[63]

August 1987. Ich hatte dreißig Tage CFC, congé de fin de campagne, also Urlaub vor mir,
doch schon nach drei Tagen in Straßburg lief ich unruhig wie ein Tiger im Käfig die Straßen rauf
und runter. Zwei Jahre lang hatte ich im Busch verbracht, zwei Jahre! Die Menschen, die mir
begegneten, sagten mir nichts mehr. Sie kamen mir vor wie eine Spezies aus einer anderen
Welt, mit ihren kleinen Problemen hier und alltäglichen Sorgen da. Dreißig Tage Urlaub? Für
mich eine Qual! Mich zog es in die Natur, warum war ich nur hierher gekommen?

»Du willst also ins REP?« Der Chef de Bataillon (commandant) hatte ein rotes, großes und sympathisches Gesicht. Er war ein Deutscher, der Chef der PILE Straßburg. Ich stellte ihm keine
Fragen, und er selbst erzählte wenig, doch an seinem Gesicht und an seiner Haltung sah ich,
dass er jahrzehntelang treu der Legion gedient hatte. Sein Blick verweilte des Öfteren am
Fenster, so als könnte er die Jahre zurückholen. Sah ich nur eine Straße und die Hektik einer
grauen Stadt dort draußen, so sah er vielleicht Reisfelder, Mädchen von kleiner Statur mit langen schwarzen Haaren und Dschunken, die auf opakem Wasser dahin glitten. Ich habe mir
nämlich sagen lassen, dass dieser Offizier vor mir schon in Indochina gedient hatte. Ich be-
wunderte ihn. Vor mir saß ein Teil Geschichte der Fremdenlegion! Sein Abenteuer Legion neigte sich dem Ende zu, während meines gerade erst begann ...

»Oui, mon commandant!« Ich nickte und bot ihm ein Bier an, welches er dankend annahm. Wir
saßen in einer lockeren Atmosphäre an der Bar in seinem Office. Er war es, der mich eingeladen hatte. Wir stießen an und tranken, worauf er sich erhob und zum Telefon griff. Zwei Minuten später kritzelte in Aubagne ein Sekretär den Namen Thomas Gast auf die Liste der Kandidaten, die ins 2ᵉ REP abkommandiert werden würden. Das Leben konnte so einfach sein!

Kurze Anmerkung zum Schmunzeln: Ich schied 1984 freiwillig aus der Bundeswehr aus, weil
ich auf Grund eines Unfalles beim Freifallehrgang als definitiv sprunguntauglich eingestuft wurde. Der Arzt sagte damals zu mir: »Gast, wenn sie noch ein paar Sprünge machen, bedeutet
das für sie den Rollstuhl.«

Jetzt, drei Jahre später, stand ich kurz vor meiner Versetzung ins 2ᵉ REP, wo ich noch über 230
Automatik- und gut zwei Dutzend Freifallsprünge (SMPS und Absetzlehrgang) absolvieren sollte. Die meisten Automatiksprünge, das versteht sich von selbst, waren mit schwerem Sprunggepäck und oft unter Bedingungen vom Feinsten!

Ich will mich damit nicht brüsten, sondern hier nur die Ironie des Schicksals unterstreichen. Der
Arzt, der mich in Deutschland behandelte, hatte womöglich nur den Regenschirm geöffnet,

---

[63] Auszug aus dem Tagebuch des Autors.

wie die Franzosen sagen würden. Damit ist wohl gemeint, er hat alles getan, um nur ja kein Risiko auf seine Schultern zu laden. Es hätte ja schief gehen können! Diese Mentalität kommt sicher mehr als nur einem Leser bekannt vor.

* * *

Um vorwegnehmend denen den Wind aus den Segeln zu nehmen, die versuchen, das 3^e REI mit dem 2^e REP zu vergleichen: Das ist Unsinn! Beide Regimenter sind auf ihre Art und Weise einzigartig, haben ihren eigenen Charakter ihre ureigene Seele.

Das 3^e REI verkörperte für mich die alte Legion. Es hat Charme und eine Nuance Romantik. Ihm haftete der Hauch der Grabenkriege an und ein Flair der alten Kolonien. Das Wort Abenteuer stand auf jedem Blatt der immergrünen, üppigen Vegetation. Es genügte, die Hand auszustrecken, eins dieser Blätter zu berühren, und man wurde sofort eingelullt, hörte langsame Schritte, Pionieräxte, die die Luft zerschnitten, und sah bärtige Legionäre mit alten Musketen auf die feindlichen Linien zuhuschen, während leise tiefe Stimmen ertönten. Man macht gern mal eine Pause im 3^e REI, sieht zurück auf die vollbrachte Arbeit und bereitet dann gemächlich die nächste Tat vor. In der Ruhe liegt die Kraft!

Das 2^e REP verkörperte weniger diese alte Legion, wie auch? Es hatte sich ja gerade erst aus der Wiege beziehungsweise der Asche erhoben. Das 2^e REP, dynamisch, elitär, stand für absolute Professionalität, blitzschnelle Aktionen, es stand für tadellose Effizienz. Das 2e REP war eine Sturmtruppe. Wer nicht mithalten konnte, tant pis! Pausen gab es nicht, der Rhythmus war infernalisch. Man orientierte sich nach vorne, dorthin, wo der Feind wartete! Romantik, dieses Wort, ich sagte es zu Beginn, hat im 2e REP nur wenig Platz.

2ème Régiment Étranger de Parachutistes (2e REP)

»... mais le diable marche avec nous!«
Aus »La Légion marche«[64]

1

Korsika, das war der betörende Duft der wilden Maquis (Gebüsche), das waren die Klänge von I Muvrini (einer korsischen Musikgruppe) – und das waren Sonne, Strand und Meer. Die Insel lockte mit Olivenhainen, blühenden Kaktusfrüchten, mit Feigen und Pinien. La corse, das sind wilde Schluchten, azurblaue, tiefe Bergseen und auch das leckere Wildschweinragout chez Doume samstagabends. Diese Insel, deren Flagge – ein schöner, schwarzer Maurenkopf auf weißem Hintergrund – Sieg und Freiheit in alle Welt verkündete, war das Paradies auf Erden.

Calvi, das war der Port de pêche, der Tour de sel, die Citadelle und das Oratoire Saint-Antoine. Die Notre Dame de la Serra, der place C. Colomb, auf dem die Alten Boule (Petanque) spielten. Das war chez Emile's ebenso wie das Empire, das Calypso oder au son des guitares ... Ebenso viele Orte wie Erinnerungen, doch nicht nur das. Calvi war Synonym für Soldaten, die zu den besten der Welt zählten: Calvi war die Hochburg der Fallschirmjäger der Fremdenlegion! Von Lumio aus gesehen (Lumio ist ein kleines Bergdorf,

Das dreigeteilte Korsika: Oben die Zitadelle von Calvi, darunter das Emblem des 2^e REP und ganz unten das Barett-Abzeichen.

welches Calvi im Osten überragt), bot die Bucht von Calvi einen atemberaubenden Anblick, den zu betrachten ich fünfzehn Jahre lang Zeit haben sollte.

---

[64] Regimentslied des 2^e REP. »... aber der Teufel marschiert mit uns!« Dieses Lied war ursprünglich ein Marschlied der Sturmstaffel. Es in Deutschland zu singen, wurde der 1. Luftlandedivision der Bundeswehr verboten. Mit verändertem Text wurde es von der Fremdenlegion übernommen.

[65] Chef d'escadrons / commandant Raffalli starb an der Spitze des 2^e BEP 1952 in Indochina.

Die Zitadelle von Calvi – Kein schöner Land!

Camp Raffalli[65] lag an diesem Abend im Schatten des Cappu Giovu, eines Berges, der von hoch oben bei Calenzana über die Täler des Fiume Seccu und der Figarella wachte. Der Standort in der Balagne hatte die Berge im Rücken und das Meer zu seinen Füßen. Als unser Lastwagen sich dem Camp näherte, machte mich ein Caporal auf ein Gebäude rechts an der Straße aufmerksam. Es lag nur einen Steinwurf vom Meer entfernt. Idyllisch hinter den Gleisen einer Bahnstrecke gelegen und von grünen Palmen gesäumt, gingen dort einige képi noires lachend ein und aus. »La mess Sergent-Chef Daniel[66], die Unteroffiziersmesse«, sagte er aufgeregt. »Die Offiziersmesse ist in der Caserne Sampiero, auf der Zitadelle in der Stadt.«

Camp Raffalli war – von der Fläche her gesehen – ebenfalls ein kleiner Standort. Einmal durch das Tor hindurch, lag sofort rechts der poste de police. Geradeaus befand sich der place d'armes des Regimentes, und hinter dem monument aux morts des parachutistes, dem Mahnmal für die Toten der Fallschirmjäger der Fremdenlegion mit der Aufschrift »More Majorum«, welches man aus Sétif herbeigeschafft hatte, lag der PC, der poste de commandement, sprich Stab. Dort, hinter einem der Fenster, saß der Mann, der alle Geschicke dieses Regimentes leitete. Dahinter, sauber aufgereiht in einer Linie, hatten die Kampfkompanien Eins, Zwei, Drei und Vier – von unserem Standort aus gesehen von rechts nach links – ihre Gebäude, direkt am Absetzplatz, der DZ. Man benötigte kein geübtes Auge, um von hier aus den nahen Flughafen zu sehen. Rechter Hand vom Tor kommend erblickte man nach dem poste de police das zweistöckige Gebäude der alten CEA, und irgendwo dazwischen verschachtelt das magazin du corps (unsere Kleiderkammer) und die flachen Unterkünfte der Promo, der Springerschule des 2[e] REP. Freilich verfügte Frankreich über mehrere Fallschirmjägerregimenter, doch nur das 2[e] REP besaß eine regimentseigene Springerschule. Alle anderen Regimenter der damaligen 11[e] DP, der elften Fallschirmjägerdivision (seit 1999 11[e] Brigade Parachutiste) mussten nach Pau, einer Stadt am Fuße der atlantischen Pyrenäen im Süden Frankreichs, um dort zentralisiert ihre Springer-Lehrgänge zu absolvieren. Dies betone ich, um den besonderen Status zu unterstreichen, welchen das Regiment genoss, und nicht zuletzt seine Insularität. Dazu gehörte – unter vielen anderen Dingen –, dass z. B. auch die clairons, die Trompeter, noch im Regiment ausgebildet wurden. Unweit der Gebäude der Promo befand sich die (alte) Sepp[67]. Dort wurden die Fallschirme gereinigt, zum Trocknen aufgehängt, gepackt und gelagert. Sepp und Kleiderkammer waren vitale Zentren.

---

[66] Sergent-Chef Daniel fiel während der Operation Leopard (Bonite) in Kolwezi/Zaire, 1978.

In der einen fanden sich die nötigen Fallschirme, gepackt und einsatzbereit, welche das Regiment für einen eventuellen Einsatz benötigte, und in der anderen befand sich die paquetage guépard (Guépard TAP). Es handelte sich hierbei um die Ausrüstung für den scharfen Einsatz bzw. für den Einsatz im Alarmfall: Guépard TAP war eine Art Alarm-System für die gleichzeitige schnelle Projektion/Entsendung mehrerer Kompanien mit ihrem EMT (État-major Tactique / Taktischer Führungsstab) in Krisengebiete. Die Kompanien, die gerade compagnie Guépard waren, befanden sich in ständiger Alarmbereitschaft. Im Falle einer Mobilisierung konnten sie in kürzester Zeit operationell antreten und in Marsch gesetzt werden. Das 2e REP – Guépard oder nicht – ist insbesondere in der Lage, kurzfristig jede Art von Auftrag, mit dem es konfrontiert wird, anzunehmen und durchzuführen, ob es sich dabei nun um einen Kampfauftrag handelt, einen humanitären Auftrag oder einfach nur darum, im Rahmen einer compagnie tournante[68] schlicht Präsenz zu zeigen.

Kleiner Einschub: Am 17. Mai 1978 wurde das 2e REP ohne große Vorankündigung in Alarmbereitschaft versetzt, intervenierte mittels Gefechtssprung in Kolwezi/Zaire und befreite dort Tausende von Zivilisten aus der Hand blutrünstiger Rebellen. Die Opération Léopard wurde ein durchschlagender Erfolg. Dieser Erfolg kam jedoch nicht von ungefähr. Die Devise des Regimentes ließ sich schon immer in etwa folgendermaßen mit wenigen Worten zusammenfassen: Entraînement dur, guerre facile! Je schwerer und härter die Ausbildung, desto leichter der Krieg!

Das, kombiniert mit der Erfahrung der schon kampferprobten Männer und der eigentlichen Aktion, die sich besonders auszeichnete durch die Schnelligkeit, die Entschlossenheit und die Härte, mit der sie durchgeführt wurde, trug wesentlich zum Erfolg bei. Bilanz: Das 2e REP beklagte 5 Tote und 20 Verletzte. Auf der Gegenseite gab es 250 tote Rebellen und etwa 160 Gefangene. Die Opération Léopard war, so waren sich Militärexperten auf der ganzen Welt einig, ein Meisterstück.

Bog man nach dem Tor links ab, kamen unmittelbar das Museum und einige Schritte weiter die regimentseigene Fahrschule. In Verlängerung der Straße befand sich links die Kapelle. Auf der rechten Seite des Weges, also gegenüber des Museums, war das Büro des Officier de permanence[69], dann das Foyer du Légionnaire, und noch weiter hinten kamen die Sportanlagen und der parcours du combattant[70].

---

[67] Section d'Entretien et de Pliage de Parachutes / Fallschirmpacker-Zug. Das 2e REP ist das einzige Fallschirmjäger-Regiment Frankreichs, das über seine eigene Sepp verfügt. Der Packerzug wurde ebenso von abgestellten Spezialisten aus Montauban wie auch von Legionären betrieben. Jede Kampfkompanie stellte regelmäßig Sepp-Legionäre ab.

[68] Es handelt sich bei einer compagnie tournante um eine Einheit von einer gewissen Stärke – meist eine Kompanie, also etwa 120 Soldaten –, welche im kontinuierlichem Wechsel mit anderen Einheiten bereits geplante Einsätze übernimmt. Einsatz bedeutet in diesem Fall nicht unbedingt den scharfen Einsatz, bei dem es zu Kämpfen kommt. Einsatz im Fall einer geplanten compagnie tournante bedeutet zunächst einfach: Präsenz zeigen. Die Dauer einer compagnie tournante variiert. Normal sind vier bzw. sechs Monate. Aus der Erfahrung heraus kann ich sagen, dass etwa jede vierte compagnie tournante im Verlauf ihres Aufenthaltes – meist dann woanders – auch zum scharfen Einsatz kommt. Das kann auch kaum verwundern, denn schließlich befindet sich so eine Kompanie ja schon nahe am eventuellen Krisenherd und ist somit quasi aus der Bewegung heraus einsatzbereit.

[69] Offizier vom Wachdienst.

[70] Hindernis-/Kampfbahn.

Camp Raffalli.

Auf einem der sanften Hügel, welche die Stadt Calvi auf der Westseite dominierten, befanden sich die Forts Maillebois und Charlet. Fort Charlet diente bereits zwischen dem Ersten und dem Zweiten Weltkrieg als Gefängnis für zum Tode Verurteilte. Diese alten Zellen wurden auch vom Regiment noch für einige unkorrigierbare Sünder benutzt. Außerdem hatte die police militaire dort ihren Sitz.

In der Bucht von Calvi – die sicherlich mit zu den schönsten der Welt gehört –, an der Mündung der Figarella, dort, wo der lange, herrliche Sandstrand beginnt, liegt das centre amphibie, das amphibische Zentrum, Knotenpunkt für die Kampfschimmer und Taucher der dritten Kompanie.

Auch die zweite Kompanie hatte ihren Dreh- und Angelpunkt: Das chalet de vergio! Am Fuße des monte cinto – höchste Erhebung Korsikas mit 2706 Metern – gelegen, war es das ideale Basiscamp für die Edelweiß-Kompanie. Im Süden Korsikas, nämlich in Fraselli, lag ein Übungsdorf, in dessen Straßenzügen sich hauptsächlich die Legionäre der ersten Kompanie im Orts- und Häuserkampf drillten. Im Norden, Richtung Cap, etwa zwei Stunden von Calvi entfernt, lagen die Schießplätze Casta Nord und Süd. Mit nahezu allen Waffen (inklusive aller Arten von Explosivstoffen und Granaten), über die das Regiment damals verfügte, konnte dort mit scharfer Munition geschossen werden. Hauptsächlich fand man hier Legionäre der vierten Kompanie: Sniper, Saboteure, Experten im Tarnen und Täuschen!

Nicht weit entfernt vom Camp Raffalli gab es außerdem noch die Schießbahnen Campanella (13 km) und Punta Bianca (8 km). Beide waren geeignet für das Schießen mit Handfeuerwaffen, Panzerfäusten und Gewehrgranaten. Oft genug liefen wir bis dorthin – auch schon mal im Laufschritt –, schossen und liefen wieder zurück.

War in Calvi zu viel Wind, um die Springer abzusetzen, konnte nach Borgo bei Bastia ausgewichen werden.

Jede Kampfkompanie hatte, wie bereits angedeutet, ihre ureigenste Domäne, was auch hieß, ihren eigenen Charakter, ihr eigenes »Spezialgebiet«:

▩ Erste Kompanie, les verts: Orts- und Häuserkampf. Nachtkampf.

▩ Zweite Kompanie, les rouges: Kampf im Gebirge. Winterkampf.

▩ Dritte Kompanie, les noires: Amphibische Kompanie, Taucher, Kampfschwimmer.

▩ Vierte Kompanie, les gris: Sabotage, Scharfschützen/Sniper.

Jede einzelne dieser Kompanien konnte (mit Waffen, Munition und der musette, einem kleinen Rucksack) mit dem Fallschirm abgesetzt werden und sich drei Tage lang autonom – also auch unabhängig von jedweder Art des Nachschubs – ihrem métier widmen.

Die Aufgaben und Aufträge der Stabs und Versorgungskompanie, der

▩ CCS, les jaunes, müssen hier nicht mehr herausgehoben werden.

Die CCS war sinngemäß das Öl für unsere Motoren, eine Kompanie also von höchstem Wert: Nachschub, Versorgung, Führung! Waren wir tage- oder wochenlang unter schwierigsten Bedingungen im Gelände oder im Einsatz, so hob der Anblick eines gelben Foulards augenblicklich unsere Moral. Der Kader dieser Kompanie bestand hauptsächlich aus Legionären, die schon länger gedient hatten und bereits kampferprobt waren. Ob Koch, Mechaniker oder Kellner: Sie alle hatten sich meist schon in den Kampfkompanien bewiesen.

▩ Die CEA, les bleues, war die schwere Kompanie.

Sie verfügte über 120-mm-Mörser, zwei Züge Panzerabwehr-Lenkraketensystem Milan, die SER (Section d'Eclairage et de Renseignement, sprich Aufklärungszug) und nicht zu vergessen das CRAP[71], heute GCP[72]. Mörser und CRAP, das waren eindrucksvolle und schlagkräftige Instrumente für den jeweiligen Regimentskommandeur und seinen Führungsstab.

Vert (grün), rouge (rot), noir (schwarz), gris (grau), jaune (gelb) und bleu (blau) waren die Farb-Codes der einzelnen Kompanien des 2^e REP. Sah man orange, waren dies Legionäre (oder Unteroffiziere, die ja auch Legionäre sind), welche gerade die promo absolvierten.

Go!

Mein Weg in diesem Eliteregiment, an dem mein Herz schon jetzt hing, führte mich zunächst in die Promo 501. Promo ist das Kürzel für Promotion, Promo 501 bezeichnete somit schlicht den aktuell laufenden Fallschirmspringer-Lehrgang. Da ich die guten alten T 10 gewohnt war (nicht zu verwechseln mit dem sowjetischen Kampfpanzer T-10, war der Fallschirm T 10 eine Rundkappe, wie sie in der Bundeswehr üblich war), hatte ich zunächst ein flaues Gefühl in der Magengegend, als ich den damaligen französischen Schirm (672-121) zum ersten Mal anlegte. Im Vergleich mit dem T 10 kam er mir vor wie ein etwas größeres, olivefarbenes Betttuch, garniert mit einigen Schnüren. Gut dreizehn Quadratmeter kleiner als der T 10, war die Sinkgeschwindigkeit dementsprechend.

---

[71] Commando de Recherche et d'Action dans la Profondeur. Aufklärung und Einsatz hinter den feindlichen Linien. Der Akzent liegt hier auf dem Wort Einsatz bzw. Aktion. Es waren Kämpfer!

[72] Groupement de Commandos Parachutistes. CRAP oder GCP, wie sie heute genannt werden, wurde gegründet, nachdem sich 1963 die verschiedenen Kompanien des 2e REP spezialisierten. Sie unterstehen direkt dem BOI – Bureau Opération et Instruction. Hauptsächlich werden Unteroffiziere genommen, die einer harten Auswahl unterliegen. Der Test CRAP hat sich gewaschen! Ganz gezielte Ausbildungen folgen: Freifaller, Kommando-Schulen am CNEC (Centre National d'Entraînement Commando) in Mont-Louis, Ausbildungen bei den GIGN (vergleichbar mit der deutschen GSG 9) etc.

Sprungdienst in Calvi.

Auch der Absetzplatz, die DZ (Drop Zone), war nicht der Rasen, den man in Altenstadt vorfand. Die DZ war Beton pur, besonders im Sommer. Es kam schon mal vor, sommers wie winters, dass man auf einem der Dächer der Kompanien landete oder in den korsischen maquis, strikt nach dem Motto: Nur keine Langweile aufkommen lassen! Das hatte aber nichts mit der Kompetenz der Absetzer, der Piloten oder der Einsatzleitgruppe am Boden zu tun, sondern lediglich mit den unberechenbaren Winden, die sich ständig änderten, und das im Minutentakt. Es ist nur fair, hinzuzufügen, dass die DZ sehr klein ist. Aus dreihundert Metern Höhe – normale Absetzhöhe – sieht es aus, als müsste man auf einem Bierdeckel landen! Richtig angenehm dagegen waren die Meer-Sprünge im Sommer.

Während der Promo absolvierte ich sechs Sprünge in Borgo bei Bastia, darunter einen Nachtsprung mit Gepäck, und einen Sprung in Calvi. Mein Springerabzeichen hat die Nummer 520-190. Es liegt, während ich diese Zeilen schreibe, vor mir auf meinem Schreibtisch und flüstert mir vergessen geglaubte Dinge ins Ohr:

»Als man mir das Springerabzeichen und die rote fourragère verlieh,
war mir sofort bewusst, dass mir ein Stück Geschichte überreicht wurde.
Die Geschichte der BEP. Ihr Schicksal wurde meines.
Unwiderruflich war ich mit der Vergangenheit des BEP verbunden.
Es war eine Zentnerlast, die man mir auf die Schultern legte,
aber auch eine immenses Geschenk. Namen tauchten vor meinem inneren Auge auf.
Namen, die ich tausendmal gehört, tausendmal bewundert habe. Ohne Dienstgrad:
Cabiro, Hélie de Saint Marc, Raffalli, Caillaud, Erulin, Morin, Jeanpierre, Segretain
und, mehr noch, Tasnady, Gusic, Frouart, Bonnin, Abstein, Roos ...
Es ist kein Platz, alle zu nennen.
More Majorum!«

Ich wurde in die erste Kompanie versetzt, nur gab es dabei ein winziges Problem. Die erste Kompanie war nämlich zu diesem Zeitpunkt gerade im Tschad: Opération Épervier. In N'Djamena, den Wüstenforts in Abéché, Bilitne, Faya Largeau und Kalait.

Kurzerhand kommandierte man mich in die Offiziersmesse in der Caserne Sampiero auf der Zitadelle von Calvi als Serveur, als Kellner der Leutnants ab. Popote des lieutenants? Eiserne Nerven waren angesagt!

Ich sah es als Degradierung und traute mich nicht, meinen Freunden davon zu erzählen. Ich war gekommen, um mir in einer Kampfkompanie die Sporen zu verdienen, und nun das. Gott sei Dank war dies nicht von Dauer. Mit der Rückkehr der ersten Kompanie im November 1987 begann für mich eine Epoche, die sicherlich die intensivste und abenteuerlichste in meinem Leben war.

2

Bevor es an dieser Stelle weitergeht, bin ich es mir schuldig, die Kompanie etwas näher zu beschreiben (die 1. Kompanie des 2^e REP), die für mich weit über ein Jahrzehnt hinaus die meinige werden sollte, und in welcher ich alle Positionen, angefangen vom Caporal (Truppführer) über sergent (Gruppenführer) und sergent-Chef (stellvertretender Zugführer) bis hin zum Adjudant (Zugführer) innehaben sollte. Meine letzte Funktion in dieser Kompanie war (wenn auch nur auf einige Monate zeitlich begrenzt) Adjudant d'unité, also Spieß oder Kompaniefeldwebel. Die Domäne der Kompanie war Nachtkampf – daher der Hibou oder la chouette, die Eule, als

Wappentier – und der Orts- und Häuserkampf. Sie bestand damals aus vier Kampfzügen mit jeweils ungefähr 42 Mann und der séction commandement, kurz SK (Kompanieführungs-Zug). Der erste und der dritte Zug wurde jeweils von einem Unteroffizier befehligt. Beide hatten den Dienstgrad eines Adjudanten.

Diese beiden Unteroffiziers-Zugführer, ein Korse und ein Engländer, waren hart gesottene Burschen. Sie waren kantig, drahtig, es waren Wölfe. Leitwölfe! Ebenso wie ihre Stellvertreter – Sergent-Chefs, die ihnen in nichts nachstanden – waren sie ein Teil Geschichte des Regimentes. Sie brauchten nicht viele Worte, um sich verständlich zu machen. Oft genügte ein Blick, eine Geste

Links das Abzeichen der 1^e CIE des 2^e REP, rechts das Abzeichen »Orts- und Häuserkampf«, einer Spezialität der 1^e CIE.

oder noch ein Knurren, tief aus der rauen Kehle kommend, und der Laden lief. Natürlich waren sie nicht mehr die Jüngsten, aber Respekt war angesagt, denn ich stellte sehr schnell fest: Diese Männer konnten dich ebenso schnell und brutal unter den Tisch trinken, wie sie dich mit einem Sack auf dem Rücken in Grund und Boden laufen konnten. Doch nicht nur das. Sie waren ein Vorbild in Sachen Furchtlosigkeit und Unerschrockenheit! Die Autorität, die sie an den Tag legten, war eine natürliche, keine erzwungene. Nicht umsonst gehörten sie der Gilde der Zugführer des 2^e REP an.

In unserer Bar in Calvi.

Dann gab es die Caporaux-Chefs. Hauptgefreite, finstere Gesellen! Eine Art Mafia unter sich. Alle hatten fünfzehn, wenn nicht zwanzig Jahre Dienstzeit. Fast alle waren sie in Kolwezi 1978 dabei gewesen und in Beirut (Beyrouth) 1982. Obwohl »nur« Hauptgefreite: Sie waren wichtig, ihre Meinung zählte! Einen Caporal-Chef auf seiner Seite zu haben, war die Garantie dafür, dass alles ... ALLES gut werden würde.

Die Caporaux (Obergefreiten), zu denen ich jetzt auch gehörte, waren ein Kapitel für sich, das ich ebenfalls später im Text noch behandeln werde. Bleiben also noch die Legionäre der 1ere oder der 2ème classe und die Offiziere.

Letztere zu beschreiben oder gar zu beurteilen, obliegt mir nicht. Nur so viel: Meine Erfahrungen mit den Offizieren der ersten Kompanie, mit den Kompaniechefs und Leutnants vor allem in den Anfangsjahren '87 und ' 88, aber auch über die ganzen Jahre hinweg, waren (Ausnahmen bestätigen die Regel) nur positiv.

Bei den Legionären handelte es sich teils um erfahrene Hasen, teils um Neuzugänge aus der Promo. Wie fast alle Legionäre des Regiments hatten 75 Prozent der Männer der ersten Kompanie die Feuertaufe längst hinter sich. Es war ein guter Mix, das Klima hervorragend, die Kompanie au top. Bessere Voraussetzungen konnte man sich nicht wünschen.

Neben der Standard-Bewaffnung, zu der die Famas, das schwere Maschinengewehr AA-52, Panzerfaust etc. gehörten, besaßen die Züge noch eine Armbrust pro Gruppe und in den Folgejahren die fusils à pompe, die shot- oder pumpguns. Die Armbrust war dazu gedacht, Wachposten lautlos auszuschalten. Es war eine präzise und sehr gefährliche Waffe.

Das Sturmgewehr der Legionäre, die Famas. (© CeCILL)

Das schwere Maschinengewehr AA-52. (© CeCILL)

Zum schnellen Überwinden von Hindernissen wie Mauern, Zäunen oder Gräben etc. hatten wir die échelle »Puga« und den lance grappin. Erstere war eine Steckleiter, benannt nach einem früheren Kompaniechef, dem späteren Regimentskommandeur. Ein Seigneur! Einer, der sein Regiment im scharfen Einsatz von vorne führte (und nicht seine Befehle aus sicherem Abstand von hinten gab). Der lance grappin war ein Gerät, das mit Gasdruck einen Haken über vertikale Hindernisse katapultierte, sodass man daraufhin an dem Seil, welches an dem Haken hing, hochklettern konnte.

Später sollte die 1. Kompanie auch Kampfhunde einsetzen. Hierbei handelte es sich größtenteils um belgische Schäferhunde. Diese wurden von Hundeführern der Legion ausgebildet. Unsere Hundeführer, meist Ober- und Hauptgefreite, nahmen mit großem Erfolg an den nationalen Hundeführer-Lehrgängen in Frankreich teil. Unter ihrem Kommando war jeder dieser Hunde ein Lamm – oder eine gefürchtete Waffe. Die Hunde konnten ebenso mit dem Fallschirm abgesetzt wie auf den Rücken ihrer Führer mit Seilen abgeseilt werden. Sie fürchteten den Gefechtslärm nicht und hatten ebenfalls Dienstgrade. War ein solcher Hund am Ende seiner Karriere angelangt, durfte er seinen Lebensabend bei seinem Herren bleiben.

Die Kompanie, war sie nicht im Einsatz oder bei einer geplanten compagnie tournante, war ständig darauf bedacht, jede freie Stunde mit Ausbildung zu verbringen: Orts- und Häuserkampf in der village des Italien (verlassener Villen-Komplex direkt am Meer, zwischen Lumio und Ile Rousse) in Fraselli oder in Cargese (carghjese). In den Folgejahren trainierten wir auch in Deutschland (Hammelburg/Bonnland). Jedes Jahr, damals, traten wir zur Kommandoausbildung in Mont-Louis an. Dann wieder waren Manöver in der Balagne bis hin nach Casta angesagt, wo meist mit scharfer Munition Zuggefechtsschiessen gedrillt wurde.

Das Gebäude der Kompanie war das der DZ nächstgelegene. Es gab das Hauptgebäude sowie zwei bâtiment stick (einstöckige Flachdachbauten) und die hinter dem Hauptgebäude liegende Waffenkammer.

***

Februar 1988. Die erste Kompanie flog an Bord zweier Transall C-160 Richtung Metropole, wo sie am späten Nachmittag in Perpignan landete. Das Wetter war miserabel. Es herrschten Temperaturen um die minus zehn Grad. Je schneller wir uns auf den offenen Lastwagen Mont-Louis näherten, desto tiefer fiel das Thermometer, um sich dann, bei einer Höhe von etwa 1700 Metern, nachts auf minus achtzehn Grad zu fixieren. Es war mein erster Kommando-Lehrgang in Mont-Louis. Insgesamt sollte ich noch viermal diese alten Gebäude von innen sehen.

Das CNEC (Centre National d'Entrainement Commando) war bekannt dafür, dass seine Lehrgangsteilnehmer nicht mit Handschuhen angefasst wurden, schon gar nicht, wenn es sich dabei um Einheiten der Legion handelte. Zwanzig Tage lang forderten sie das Letzte von uns. Schwerpunkte waren:

- Die Pisten. Hierbei handelte es sich um Hindernisbahnen, die einzeln oder im Gruppenrahmen bewältigt werden sollten. Waren es Kollektiv-Pisten wie z. B. die piste jaune (gelbe Piste), wurden diese mit Rucksack (oder musette), Waffen und nach einer Nacht ohne Schlaf überwunden.

- Die Ausbildung mit Explosiv- und Sprengstoffen. Von der Basisausbildung bis hin zur typischen abschließenden Kommando-Aktion: Nächtliche Infiltration, Kontaktaufnahme mit örtlich kämpfenden Partisanen, Zerstören des Objektes durch den eigentlichen Sabotageakt, Exfiltration. Eine ganze Palette von Explosivstoffen wurde uns nahegebracht: Gestreckte Ladungen (auch selbst fabrizierte), Hohlladungen (ähnlich denen, die deutsche Fallschirmjäger zum ersten Mal im Mai 1940 beim Sturm auf die als uneinnehmbar geltende Festung Eben Emael eingesetzt hatten, um die Bunker zu zerstören), Phosphor-Granaten, Plastiksprengstoffe etc. Hier wurde uns auch beigebracht, wie man mittels Minen, aus Panzerfäusten gezogenen Granaten und geballten Sprengladungen guerillamäßig Fallen auslegt und so Angriffe auf isolierte Panzer ausführt.

- Nahkampf. Neutralisieren bzw. töten des Feindes mit bloßen Händen, mit Messer und Garotte. Abwehrgriffe, Griffe zum Abführen und Neutralisieren von Gefangenen, Anlegen von Fesseln etc.

- Franchissement (Überqueren von Hindernissen). Das Überqueren von Flüssen oder Schluchten aus der taktischen Bewegung heraus, mit einfachen Mitteln wie Seilen, Schlauchbooten, selbst gefertigten Schwimmkörpern etc.

- Abseilen. Techniken des Kletterns und des Abseilens. Dies auch nachts, nach einem langen, anstrengenden Marsch und mit voller Ausrüstung.

Man weckte den Zug mitten in der Nacht. »Alle raus auf den Exerzierplatz. Kein Rucksack, keine Ausrüstung, nur im Kampfanzug, ohne Waffen, ohne Barett und ohne Koppeltragehilfe ... Sofort!«

Es war schweinekalt, minus fünfzehn Grad Celsius. Draußen auf dem Platz wurden wir zunächst gefilzt. Alles wurde uns weggenommen: Lampen, Zigaretten, versteckte Messer, Feuerzeuge ... alles! Wer lange Unterwäsche trug, wurde aufgefordert, sich dieser zu entledigen. Mützen und Handschuhe mussten ebenfalls abgegeben werden. Aus den rangers, unseren Kampfstiefeln, entfernten sie die Schnürsenkel.

Von diesem Zeitpunkt an hatten wir strikt zu schweigen. Danach mussten wir uns in einer Linie aufstellen, uns wurden Säcke über die Köpfe gestülpt und die Hände auf den Rücken gebunden. Mit einem Seil wurden wir aneinandergekettet, und schon ging es los.

Wir liefen so zirka eine Viertel Stunde im Kreis, dann mal nach links, dann nach rechts, mal rauf und mal runter. So lange, bis wir das Knallen einer schweren Tür hinter uns hörten. Dann herrschte absolute Stille. Nach zehn Minuten ungefähr begannen sich die ersten von uns zu regen. »Sind sie weg?« Keine Antwort! Es befand sich anscheinend kein Zug- oder Gruppenführer mehr unter uns. Wir waren auf uns selbst gestellt. Halb erfroren ergriffen wir die Initiative: »Los Leute: Lasst uns die Fliege machen, bevor sie zurückkommen!«

Die Fesseln waren kein wirkliches Problem für uns, wohl aber die inzwischen gefühllos gewordenen, tauben Finger. Einmal von den Fesseln und den Säcken über unseren Köpfen befreit, stellten wir rasch fest, dass wir uns in einer Art unterirdischem Gefängnis befanden. Sehen konnten wir nichts, denn es war stockdunkel. Die Tür war aus massivem Holz mit Beschlägen aus Metall. Sie war geschlossen und mit Sicherheit von außen verrammelt. Sie bewegte sich keinen Zentimeter, so sehr wir uns auch gegen sie warfen. Wir tasteten die mit Eis beschichteten Wände ab und wurden nach langem Suchen fündig. »Hier, ein Tunnel!«

Der Tunnel, einen Meter hoch und einen Meter breit, war schwer zugänglich und entpuppte sich schließlich als Farce. Erstens vergeudeten wir unsere Kräfte damit, uns hineinzuzwängen, und zweitens endete er nach nur dreißig Metern als cul de sac. Er hörte einfach auf!

Nach dieser Enttäuschung ging das individuelle Suchen los. Jeder wollte nur das Eine: Raus hier, und das so schnell wie möglich! Die Kälte war inzwischen unerträglich. Tunnel, die plötzlich endeten, gab es noch mehrere, doch Wege, die tatsächlich ins Freie führten, nur einen einzigen. Die Logik wollte, dass er schließlich auch gefunden wurde, doch zu diesem Zeitpunkt war unser Gehirn nur noch ein Eisklumpen.

Die Lektion? Man muss sich organisieren! Jemand muss die Initiative ergreifen, um das Boot in den sicheren Hafen zu führen. Eine geschlossene, gut organisierte Einheit, die weiß, was sie will, ist tausendmal effizienter als fünfundzwanzig Einzelgänger.

Nach dem Lehrgang, der teilweise auch in Collioure stattfand, ging es wieder Richtung Perpignan. Dort legten wir Fallschirme und das Sprunggepäck an und stiegen wieder in die Transall. Die zwei Stunden mit angelegtem Schirmzeug und dem schweren Gepäck kamen uns doppelt so lange vor, und wir waren froh, als die Absetzer endlich die Türen öffneten und es hieß: Le premier ... En position!

✳ ✳ ✳

Eine wahre Anekdote zum Schluss. Während unseres Aufenthaltes in Mont-Louis gab es im Nachbarzug einen ruhigen, bescheidenen Legionär, jemanden, der wirklich Ruhe und Kraft ausstrahlte. Er war ein Thaiboxer, ein echter Champion, ein Belgier. Ich hatte etwas weiter oben die Piste jaune, also die gelbe Piste angesprochen. Man konnte sie nur gemeinsam überwinden, die Hindernisse waren ganz speziell so ausgelegt. Eines davon war eine Art Silo aus Metall, sieben bis acht Meter hoch und einem Getreidesilo nicht unähnlich. Unten war ein schmaler Einlass, durch welchen die Gruppe mit Waffen und der musette hineingelangte.

Der glattwandige Silo war innen nach oben hin gewölbt, und nur ein winziges Loch – ganz oben an der Decke des Silos, groß genug, dass sich ein einzelner Mann hindurchzwängen konnte – diente als Ausgang. Um dort hinaufzukommen, mussten wir eine Männer-Pyramide bilden, was hieß, dass unten drei Mann aufrecht nebeneinander standen, auf ihren Schultern zwei, dann einer, und der letzte Mann konnte dann an allen hochklettern und, wenn er sich ordentlich streckte, den Rand der Öffnung mit beiden Händen greifen, um sich hochzuziehen. Oben war dann ein Seil befestigt, das nach außen hing. Das zog er hoch und warf es nach innen, damit die anderen daran hochklettern konnten.

Nun geschah Folgendes: Die Gruppe des Nachbarzuges, in der auch unser Freund war, befand sich mit insgesamt sechs Mann im Silo, die anderen waren noch auf den letzten Metern der Piste. Außer Puste, stehend k. o., am Ende ihrer Kräfte. Der Gruppenführer, ein Caporal-Chef[73], wollte warten, bis alle da waren, doch der belgische Legionär, der Thaiboxer, sah es gelassener. »Wir schaffen das auch ohne sie!«
Ruckzuck hatten sich unten drei Mann aufgereiht, dann zwei, und zum Schluss kletterte er auf die Schultern der beiden. Dann stieß er sich mit einem gewaltigen Sprung ab, umschloss mit den Fingern einer Hand den oberen Rand und zog sich spielerisch hoch.
Ein Glied in der Kette, ein Mann hatte in der Pyramide gefehlt! Dieses fehlende Glied hatte er mit einem gewaltigen Satz überbrückt, und das mit der musette auf dem Rücken und der Waffe am Mann! Bis heute kenne ich niemanden, dem ich Ähnliches zutrauen würde. Doch wir sind noch nicht am Ende.
Wie bereits erwähnt, war unser Mann ein hervorragender Thaiboxer (aber nicht nur das, er beherrschte auch diverse andere Kampfsportarten). Er wollte damals in Mae Sot / Thailand, nahe der Grenze nach Burma (Birma) einen Wettkampf bestreiten. Der Gegner: Chao Pran, der amtierende burmesische Champion in dieser Disziplin. (Gekämpft wurde nach burmesischen Regeln im Lethwei-Stil. Diese Disziplin ist eine Variante des Thaiboxens, welche auch verschiedene Judo-Techniken, Wrestling-Umklammerungen und Kopfstöße zulässt. Ein Kampf wurde erst dann gestoppt, wenn einer der Kontrahenten nicht mehr weitermachen konnte. Nicht selten endet ein Kampf in diesem burmesischen Boxstil tödlich.)
Die Zeichen standen von Beginn an unter einem schlechten Stern, denn für Dominique, unseren Belgier, war dies nach langer Zeit der erste Kampf nach einem Autounfall, bei dem er sich die Hüfte gebrochen hatte. Zum Zeitpunkt des Kampfes hatte er davon noch immer irgendwelche Klammern aus Metall in den Beinen. Ein weiteres Problem war, dass die Legion damals, was Urlaub betraf, ziemlich unflexibel war, zumal dann, wenn es um Sonderwünsche eines einzelnen handelte. Dominiques Urlaubsantrag jedoch wurde genehmigt.
Unmittelbar bevor er nach Thailand fliegen wollte, erreichte ihn von dort die Nachricht, dass der Kampf um vier Tage nach hinten verschoben werden sollte. Als Dominique diese Problematik seinem Hauptmann unterbreitete und bat, den Urlaub um eine Woche verschieben zu dürfen, kam die Antwort ebenso trocken wie unumstößlich: Nein!

---

[73] Der Caporal-Chef e.r. (en retraite, in Rente) wohnt heute in Österreich. Ich habe noch guten Kontakt zu ihm und seiner Frau. Immer, wenn ich in der Gegend bin und sich die Gelegenheit ergibt, mache ich einen Abstecher, um sie zu besuchen.

Dominique in seiner Zeit im Muay-Thai-Boxcamp.

Der Ex-Legionär bei den Dreharbeiten zu
»Gangs of New York« mit Cameron Diaz ...

... und Leonardo DiCaprio.

Was macht Dominique? Genau – Er nimmt den geplanten Urlaub und hängt eigenständig noch eine Woche dran. Er bestreitet den Kampf, gewinnt gegen den Burmesen durch technischen K. o. in der vierten Runde und kehrt anschließend – beweisführende Fotos im Gepäck – sofort nach Calvi zurück. Dort – er lief bereits unter »eigenständig abwesend«,hatte damit fast schon den Status eines Deserteurs – sollten ihn 30 Tage Bau erwarten. Als sein Hauptmann jedoch erfuhr, wie der Kampf geendet hat, sagte er mit einem zufriedenen Lächeln: »Du hast gekämpft wie ein Legionär! Zehn Tage, anstatt dreißig!«

Offiziell bestraft – Was wäre denn auch, wenn jeder machen könnte, was er wollte? –, inoffiziell gelobt: Die Fremdenlegion in vorbildlicher Manier vertreten!

Nach seiner Zeit bei der Fremdenlegion, in der er fünf Jahre verbrachte, sollte Dominique nach Burma und schließlich nach Nordthailand zurückkehren, um dort zwei Jahre in einem Muay-Thai-Boxcamp zu verbringen und sich in dieser Technik zu perfektionieren. Er brach anschließend unangefochten einen Rekord nach dem anderen, gewann dreißig Kämpfe in Folge.

Dieser Legionär – Dominique Vandenberg – wirkte etwa dreizehn Jahre darauf als Stuntman und Nebendarsteller in Hollywood in einem erfolgreichen Film (»Gangs of New York« von Martin Scorsese) an der Seite von Leonardo DiCaprio und Cameron Diaz mit. Heute lebt er als Buchautor und sehr erfolgreicher Actionfilm-Darsteller in Kalifornien.

3

Au travail, dans l'ordre
et la dignité.
Aus »La Renaissance«[74]
*

En Afrique malgré le vent, la pluie,
Guette la sentinelle sur le piton ...!
Aus: »En Afrique«[75]

März 1988. Nur vierzehn Tage später saßen wir wieder im Flugzeug. Unser Ziel war diesmal zunächst Bangui, die Hauptstadt der Zentralafrikanischen Republik.

Afrika! Zum ersten Mal in meinem Leben spürte ich den Boden des schwarzen Kontinents unter meinen Füßen, und das gleich mitten in der Wiege der Menschheit. Es war ein unbeschreibliches Gefühl.

---

[74] Nationalhymne der Zentralafrikanischen Republik. »Zur Arbeit, ordentlich und in Würde.«
[75] Dieses Lied wird in der ganzen Fremdenlegion gesungen. Es geht zurück auf das Lied »Auf Kreta, bei Sturm und bei Regen!«, ein deutsches Fallschirmjägerlied aus dem Zweiten Weltkrieg, das von der Legion – mit geändertem Text – übernommen wurde.

Wir waren im Rahmen einer geplanten compagnie tournante unterwegs, also nichts Außergewöhnliches. In Bangui, auf dem Flugplatz M'poko, stiegen wir um in zwei Transall und flogen weiter nach Bouar, das nur einen Katzensprung von der Grenze nach Kamerun entfernt ist. Unter uns erstreckten sich die riesigen Wälder Zentralafrikas, die bald schon der Savanne Platz machten. Zwar gab es dort unten irgendwo die RN 1, die Nationalstraße, doch dieser Bezeichnung sollte man hier nicht allzu viel Bedeutung beimessen. Bis nach Bouar waren es von Bangui aus 450 Kilometer, jedoch benötigte man für diese Strecke mit Fahrzeugen schon im Sommer knappe fünfzehn Stunden. Während der Regenzeit war ein solches Unterfangen Abenteuer pur.

In Bouar angekommen, wurden unserem Zug innerhalb der Konzession vier Hütten zugewiesen. Sie bestanden aus braunen, in der Sonne gebrannten Ziegeln. Die Dächer waren aus Wellblech: Regnete es, glich das dabei entstehende Geräusch einem Trommelorchester ganz besonderer Art.

Jede Gruppe war in einer dieser Hütten untergebracht und hatte ihren Boy. Unser Boy hieß Joseph. Joseph wusch unsere Wäsche und brachte die Hütte auf Vordermann. Nachts drehte zusätzlich zu unserer eigenen Wache auch noch ein sogenannter guardy im Hof seine Runden. Das war so, weil gerade hier in Bouar Diebstahl damals so eine Art Volkssport war: Diebstahl und Prostitution!

Unser guardy war ein alter Mann mit längst ergrautem Haar. Ich glaubte nicht so recht an die Effizienz dieser guardys und an die Kraft der Abschreckung ihrer Waffen, winzige Bögen mit Pfeilen, die nicht länger als mein Ellbogen waren. Als ich den Alten eines Tages darauf ansprach, zog er plötzlich einen Pfeil, legte ihn in einer flüssigen und schnellen Bewegung auf die Sehne und schoss ihn ab. Das Ganze dauerte nur zwei Sekunden!

Er hatte auf einen Baum gezielt, der dreißig Meter von uns entfernt war. Es war ein kleiner Baum. Sein Durchmesser betrug höchstens zwanzig Zentimeter. Der Schuss des Alten war ein Volltreffer! Als ich an den Baum herantrat, sah ich, dass die Pfeilspitze in voller Länge in das Holz gedrungen war. Selbst mit größter Mühe gelang es mir nicht, den Pfeil wieder herauszuziehen! Hut ab. Ich musste meine Meinung revidieren.

Caporal-Chef Patrick Daniels (Danny, mit grünem T-Shirt) und Adjudant Contart, mein Zugführer, 1987 in Zentralafrika.

Folgende Begebenheit mag ein Bild davon vermitteln, wie weit der Diebstahl hier ging. Hatten wir Sprungdienst – der Absetzplatz war nicht allzu weit entfernt –, sprangen wir meist mit dem Sprunggepäck. Wie jeder weiß, ist das Sprunggepäck über ein Seil (zirka acht Meter lang) mit dem Gurtzeug des Springers verbunden. Der Springer löst sich erst etwa sechzig bis siebzig Meter, bevor er den Boden berührt, vom Gepäck. Dazu zieht er an einer Reißleine, das Gepäck löst sich und fällt in das Seil. Zwischen dem Aufprall des Gepäcks und der Landung des Springers vergehen höchstens zwei Sekunden. Nun gibt es geschickte Godobés, Diebe, denen diese Zeit mehr als genug ist. Sie warten im hohen Gras auf das Opfer. Fällt der Sack neben ihnen zu Boden, schneiden sie blitzschnell das Seil durch und verschwinden mit der Last. Natürlich reagierten wir, indem bei den nächsten Sprüngen Militärpolizei mit Schrotflinten und Hundeführer mit den gefährlichen Belgischen Schäferhunden den Absetzplatz sicherten.

4

Ende März 1988. In Bouar, wie überall, wo wir uns aufhielten, begann bald eine Phase intensiver Ausbildung. Diese Ausbildung beschränkte sich zunächst auf den Gruppenrahmen. Mein Gruppenführer, ein japanischer Sergent, der später bis hoch in die Ränge der Sous-Officiers supérieures (Unteroffiziersränge: Feldwebeldienstgrade und aufwärts) klettern und Jahre darauf in Bagdad ums Leben kommen sollte, nahm die Sache sehr ernst.

Zentralafrika 1987: Wilderer oder Überlebenskünstler?

»Im Tschad brodelt es. Wir müssen fertig sein, wenn es soweit ist!« Taktische Infanterieausbildung, tagein, tagaus. Fußmarsch in feindlichem Gelände. Reagieren auf einen Hinterhalt, tarnen, täuschen. Als Caporal befehligte ich eine Halbgruppe, bestehend aus zwei binômes, also mit mir fünf Mann. Wir tauschten innerhalb der Gruppe, sodass wir einmal die équipe feu (Deckungstrupp) und einmal die équipe choc (Sturmtrupp) waren.

All diese Übungen hatten wir bereits in Korsika absolviert und einige Dutzend Mal bis zur Perfektion gedrillt. (Hauptsächlich in Casta-Süd, einem Manövergelände mit Schießplatz im Norden Korsikas, zunächst mit Üb-Munition, bis jeder Handgriff stimmte, dann mit scharfer Munition und scharfen Handgranaten.) Es folgte die Ausbildung im Zugrahmen: Die Gruppe als Sturmtrupp, Sicherungstrupp, Deckungstrupp. Kein Feuer ohne Bewegung, keine Bewegung ohne Feuer! Als der Zugführer zufrieden war, dauerte es auch nicht mehr lange, bis sich die ganze Kompanie in Bewegung setzte. Es ging auf Lastwagen, vorwiegend waren es die guten alten Dodges, Richtung Bangui. Kurz vor Bangui bogen wir scharf nach Norden ab und bewegten uns in taktischer Manier Richtung Damara und Sibut. Wir befanden uns in der Regenzeit. Die Straßen waren ein Gräuel aus Matsch und Schlamm, und die ein oder andere Brücke war eingebrochen, unbefahrbar. Die meiste Arbeit während dieser Zeit hatten wohl unsere Mechaniker, denn den Fahrzeugen wurde das Letzte abverlangt. Alle Mechaniker kamen aus unserer Kompanie. Sie arbeiteten unter widrigen Umständen, teils im strömenden Regen und zu jeder Tages- und Nachtzeit: Während wir nachts schliefen, reparierten sie die Fahrzeuge, die tagsüber ausgefallen und bis zum Biwak abgeschleppt worden waren. Meist waren diese Mechaniker Caporaux-Chefs, vor denen ich noch heute meinen Hut ziehe. Mitten in der Savanne, nördlich von Sibut, schlugen wir ein etwas länger dauerndes Biwak auf. Das Wetter wurde besser. Der Himmel riss auf und die Wärme kehrte zurück.

Dominique mit zwei Kameraden auf einem Markt in Afrika.

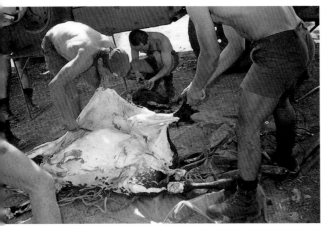

Der Hunger als Triebfeder.

Unser Zugführer[76] schickte zwei Männer auf den nahen Souk, um Fleisch zu kaufen. Als sie zurückkamen, hatten sie eine zwar magere, aber noch recht lebendig wirkende Kuh im Schlepptau.

»Gast!« – »Mon Adjudant?« – »Ich weiß, dass du Metzger warst. Lügen ist zwecklos.« Ich ahnte, was kommen sollte. »Ich möchte, dass du die Kuh schlachtest. Am besten gleich, damit das Fleisch noch etwas abhängt.« – »Oui, mon Adjudant!« Fünfzig Liegestütze, die ich nun spielend schaffte, folgten. »Für dich heißt das immer noch ›à vos ordres, mon Adjudant‹, hast du verstanden?« Der stellvertretende Zugführer, ein hoch gewachsener Brasilianer mit asketischen Gesichtszügen, war hinter mir aufgetaucht. »Oui Chef! Ich meine, à vos ordres, mon Adjudant, ich hab verstanden.«

Natürlich hatte ich schon Rinder geschlachtet, doch noch nie mitten in der Savanne und ohne große Hilfsmittel. Aber wenn Legionäre eines sehr schnell lernen, dann das berühmte »System D« (débrouille oder démerde toi – Hilf dir selbst). Und ... Wozu war ich denn schließlich Caporal?

Mit der Kuh an der Leine ging ich hinüber zum Biwakplatz unserer Gruppe und gab laut einige Befehle. Im Nu hatte mir ein Legionär die Kuh aus der Hand genommen und sie an einem Baum festgebunden. Ein anderer sprang auf den Dodge und kam mit der Axt des lot de parc[77] zurück. Ein dritter erhob sich und brachte zwei Seile, ein scharfes Küchenmesser und einen Wetzstein. Es fehlte nur noch der Kochtopf!

Hat man ein Metier erst einmal richtig erlernt, verlernt man es auch nicht wieder. Obwohl ich zunächst durchaus so meine Zweifel hatte, war alles nur eine Sache von einer halben Stun-

---

[76] Unser Zugführer, Adj. Noel Contart, ein Korse, ein alter Haudegen und ein nimmersatter Marathonläufer der seinesgleichen suchte, war und ist einer, dem ich hier an dieser Stelle höchsten Respekt zolle. Er war ein Vorbild. Wortkarg, gerecht, hart! Einer derjenigen, die von ihren Soldaten nichts verlangten, was sie selbst nicht geben konnten. Er war ein Führer, der seine Männer mitriss, ob sie wollten oder nicht. Ganz natürlich hat er seinen Platz in diesem Buch. Er lebt heute in Ajaccio/Korsika.

[77] Lot de parc und lot de bord waren die Kisten, in denen sich all die Utensilien des Gruppenfahrzeuges befanden, wie Werkzeuge, Spaten, Axt, Wagenheber etc.

Anlegen des Parade- und Wachanzugs. Man hilft sich ...

de, bis die Kuh ausgeblutet, geschlachtet, ihrer Haut entledigt und in zwei saubere Hälften geteilt vor mir hing.

»Gute Arbeit, Gast!« Das aus dem Mund des Chefs zu hören, war wirklich ein Kompliment. Gerade im 2e REP warf man mit Lob nicht um sich. Wenn irgendjemand seine Arbeit gut oder gar exzellent verrichtete, war das der Normalfall, der keines Lobes bedurfte. Das erwartete man einfach von einem légionnaire parachutiste. Lieferte man hingegen normale Arbeit oder normal gute Resultate ab, die jede andere Einheit oder jeden Chef einer anderen Einheit zufrieden gestellt hätten, wurde man hier schon mal gerügt und im schlimmsten Fall sogar bestraft. Excellence, Erstklassigkeit, war auch das Schlagwort für viele der Chefs de corps des Regimentes. Unsere Kompanie war inzwischen tief in ein Gebiet eingedrungen, in dem Wilderer ihr Unwesen trieben, sogenannte Braconniers. Als eines Tages unser Zugführer von einer Aufklärungspatrouille zurückkam, herrschte plötzlich Hektik im Camp.

Unser Zug trat an und der Zugführer ging durch die Reihen. Er wählte eine Handvoll alter, erfahrener Legionäre aus, hauptsächlich Obergefreite. Diese machten sich in Windeseile für einen scharfen Einsatz fertig und saßen auf. In ihren Musetten: Munition und Wasser für achtundvierzig Stunden. Keine Verpflegung – dafür war kein Platz. Als ich freiwillig ebenfalls vortrat, musterte mich der Adjudant lange Zeit. Ich konnte deutlich sehen, wie es in seinem Kopf arbeitete. Er schien Für und Wider sorgfältig abzuwägen, schüttelte jedoch den Kopf: »Nein, Gast. Ich brauch dich hier. Beim nächsten Mal bis du mit von der Partie, versprochen!«

So gleichgültig wie nur möglich erwiderte ich: »À vos ordres, mon Adjudant!«, und wandte mich schnell ab. Ich wollte nicht, dass er meine Enttäuschung sah ... Und meine Wut und Ungeduld!

* * *

Einige Tage später kamen wir zu Fuß durch eine Ansammlung von Hütten. Im Zentrum dieses kleinen Dorfes hing über einem kleinen Feuer ein riesiger Topf, aus dem Wasserdampf nach oben stieg. Der undefinierbare Geruch, welcher aus dem Topf ohne Deckel kam, ließ mich neugierig näher treten. Ich zog mein Camulus und stocherte so lange damit in einer ekelerregenden Brühe herum, bis ich fündig wurde. Es kostete mich einige Mühe, den schweren Brocken zutage zu fördern: Der Kopf eines Löwen!

Er stank bestialisch. Die Haut war abgezogen, doch das Backenfleisch sowie Zunge und die bereits gegarten Augen hatte man nicht entfernt. Die Reißzähne waren gewaltig. Mir war es egal, was sie damit vorhatten, ich wollte es gar nicht wissen! Ich würde mir mein Mittagessen nicht verderben lassen. Unser Mittagessen bestand nämlich aus einer Gazelle, die ein Wildhüter uns gebracht hatte. Die Steaks, die wir daraus schnitten, waren mit Abstand das köstlichste Fleisch das ich – bis zum heutigen Tag – je gegessen habe.

Der nächste Tag war gezeichnet von Vorgängen, die ein böses Nachspiel hatten. Im Rahmen eines legitimen Einsatzes gegen Wilderer aus dem Tschad und dem Sudan kam es zu Missverständnissen, die – ein paar Wochen darauf – zu einem rapatriement disciplinaire, einem sofortigen Abzug aus der Zentralafrikanischen Republik und der frühzeitigen Rückkehr nach Korsika für die gesamte Kompanie führen sollten.

Zwei Tage später ging es los Richtung Grenze zum Tschad. Zunächst kamen wir recht zügig voran, ab Sibut jedoch war die Straße als solche nicht mehr klar erkennbar. Mehr denn je war das élément de tête (Aufklärungs-Element), welches den Weg wies, gefordert. Über Dékoa ging es nach Kaga Bandoro, wo wir einen Haken nach Osten schlugen. Es folgten Mbrés, Bamingui und schließlich Ndéle.

Jagdtrophäen, gesehen in einem Dorf bei N'dele.

In Ndéle wurde es mit einem Schlag heiß. Die Temperaturen stiegen bis auf achtundvierzig oder gar fünfzig Grad Celsius. Wir hatten unsere Wasserflaschen in die knielangen Armeesocken gesteckt und sie diskret an die Aufbauten des Dodges gebunden, wo sie frei im Fahrtwind baumelten. Das Ganze wurde mit Wasser übergossen, und das Resultat war fantastisch: Das Wasser war kühl wie aus dem Kühlschrank!

Einmal hielt die Kompanie für längere Zeit an. Hohe Bäume säumten den Wegrand, und in diesen Bäumen waren seltsame, nestähnliche Gebilde. Es waren Bienenstöcke, ein paar Dutzend davon. Wie es dazu kam, ist mir heute noch ein Rätsel. Ich glaube, ein Caporal hatte die irrsinnige Idee, die Nester auszuräuchern (natürlich ein Caporal – wer sonst?). Die Mörderbienen, Millionen, so schien es mir, schwärmten aus und stürzten sich einer schwarzen mordlustigen Wolke gleich auf alles, was zwei oder vier Beine hatte. Es gab da einen Hund. Ein Legionär hatte ihn wohl einem Einheimischen abgekauft. Der Hund lag nachher im Koma, überlebte aber. Ein Caporal wurde im Gesicht so übel zusammengestochen, dass man seine Augen nicht mehr erkennen konnte und von seiner Nase nur noch die Spitze zwischen den aufgeblähten Backen sichtbar war. Wer Glück hatte, hatte seine moustiquaire de tête[78] griffbereit.

Ich selber war zwar zweihundert Meter von den Nestern entfernt, wurde aber dennoch mehrmals gestochen. Ich musste mich noch Mal einige hundert Meter von der Stelle entfernen, um sicher zu sein. Es war ein ungleicher Kampf.

5

April 1988. Awakaba – Endstation! Wir befanden uns nun mitten im Parc National Bamingui Bangoran.

Awakaba am Bangoran-Fluss lag unweit der Grenze zum Tschad. Hier befand sich die Jagdresidenz des selbsternannten Ex-Kaisers Bokassa. Man munkelte, er solle gerade in Bangui im

---

[78] Eine Art Hut mit Moskitonetz zum Schutz des Gesichtes und des Kopfbereiches.

Gefängnis sitzen. Das Anwesen wurde von Soldaten bewacht. Nur einen Steinwurf von den alten Gebäuden entfernt war eine Landepiste. Jemand hatte alle fünfzig Meter mit Steinen gefüllte Tonnen aus Metall aufgestellt. Die Piste war so für eine unerwünschte Landung unbrauchbar gemacht worden. Überall, soweit das Auge reichte, sah man Gazellen, Antilopen, Paviane und vereinzelte Giraffen. Nachts kamen Löwen und Hyänen – sicherlich auch angezogen von unseren Abfällen, die jeden Tag verbrannt und vergraben wurden – bis nahe an unser Camp. Der nahe Fluss war gesäumt von riesigen Zedern und Affenbrotbäumen. Vereinzelte Mangofruchtbäume markierten hier und da die Savanne, die sich tagsüber in einen glühenden Backofen verwandelte. Hier erlebte ich den bisher heißesten Tag. Von Nordosten her wehte ein unvorstellbar warmer Wind, der alles nur noch schlimmer machte. Zum Schutz gegen

Löwenkopf bei Awakaba.

diese mörderische Hitze tauchten wir unsere langen chèches, Tücher der Wüstenbewohner gegen Hitze und Sand, ins Wasser und banden sie um unsere Köpfe. Der Chapeaux de brousse, der Dschungelhut, hatte längst das grüne Barett, le béret vert, abgelöst. Auch hier, und der Hitze zum Trotz, wurde die Ausbildung ständig vorangetrieben. Es waren diese compagnies tournants, die man einfach nutzen musste, um sich in allen Domänen der Kriegsführung zu verbessern, sich zu perfektionieren. Einmal zurück in Calvi, das wussten wir, warteten andere Aufgaben auf uns. Lehrgänge diverser Art, Service im Quartier, Vorbereitungen auf die Schießkampagne des CEITO[79], der GR 20 – der Grande Randonnée Nummer zwanzig, ein Wanderweg, der von Conca im Süden Korsikas nach Calenzana bei Calvi im Norden führt und auf der 220 km langen Strecke die ganze Bergwelt der Insel durchquert.

Es standen uns auch Einsätze Seite an Seite mit der Feuerwehr gegen die alljährlichen sommerlichen Brände der maquis corse bevor, und, und, und ...

Hier in Awakaba hatte sich ein Datum ganz besonders in meine Gedanken eingeprägt, nämlich der 12. April 1988. Schätzungsweise um die zwei Stunden vor Mitternacht zog plötzlich eine Meteoritenformation am Himmel ihre Bahn. (Vielleicht waren es auch Kometen?) Es wurde mit einem Schlag taghell. Seite an Seiten flogen dort drei, vier Himmelskörper über das nächtliche Firmament. Das Phänomen dauerte sicher dreißig Sekunden, und es war ein so wunderbares Spektakel, dass ich es, solange ich lebe, nie vergessen werde.

Am Tag nach diesem Ereignis, nachmittags während der Siesta, ging ich mit einem anderen Caporal auf Streifzug. Bewaffnet mit nur unseren Macheten liefen wir hinüber zum Flussbett.

---

[79] Centre d'Entraînement de l'Infanterie au Tir Opérationnelle. Dieses Zentrum mit Sitz im Camp von Larzac in Frankreich hat es sich zur Aufgabe gemacht, Infanterieeinheiten für das operationelle Schießen im Einsatz auszubilden und zu trainieren. Dies unter sehr realistischen Bedingungen, wobei sämtliche Waffen, über welche die Einheit verfügt, gleichzeitig zum Einsatz kommen, offensiv wie defensiv, Tag wie Nacht. Für uns Fallschirmjäger des REP begann dies oft mit einem Sprung und dem anschließenden sofortigen Übergang ins Kampfgeschehen.

Dieses war fast ausgetrocknet, nur etwa alle dreißig, vierzig Meter fand sich noch eine Wasserlache. Wir folgten dem Flussverlauf in südlicher Richtung, bis mein Kompagnon sich plötzlich nach mir umsah, den Finger zum Mund führte und frenetisch winkte.

Als ich auf gleicher Höhe war, sah ich, was ihn dazu veranlasst hatte, sich so zu verhalten. Einen Meter vor uns waren ganz deutlich die Abdrücke eines Löwen zu sehen. Sie waren enorm. Die Ränder waren gestochen scharf, und Wasser floss in einem kleinen Rinnsaal in eine von den Spuren. Das hieß, der Löwe war vor Sekunden noch hier gewesen!

Wortlos traten wir den Rückzug zum Camp an.

6

Die Kompanie war rechtzeitig zu Camerone zurück im Camp. Die Stimmung war angespannt. Eine Vorahnung?

Mitte Mai verließen Lastwagen mit der aufgesessenen Kompanie das Camp Richtung Landepiste. Es war eine unwirkliche, stockdunkle Nacht. Die Landepiste war mit brennenden Ölfässern gesäumt. Wir luden das Gepäck ab und warteten. Plötzlich kreisten, unsichtbar und leise, zwei Schatten über uns.

Fast geräuschlos setzten, eine nach der anderen, zwei Transall C-160 auf der Piste aus gestampfter, roter Erde auf. Aus ihren Bäuchen stiegen Soldaten mit derselben Uniform, wie auch wir sie trugen. Grüne Berets, stumme Gesichter ... Wir verschwanden ohne Krach von der Bühne des schwarzen Kontinentes.

Ein Ereignis möchte ich hier noch schildern, das zu verstehen vielleicht nicht jedermanns Sache ist, welches aber angesprochen werden muss.

In der Garnison in Bouar hatte unsere Kompanie ihr Quartier etwas abseits der anderen Einheiten vor Ort. Einmal die Woche gab es das große Rassemblement, ein Antreten aller dort stationierten Truppenteile. Bei dieser Gelegenheit wurde die französische Nationalhymne gesungen. Ich kannte sie auswendig.

Auch die Kompanie Para-Legion (das waren wir) war als Teil der französischen Streitkräfte angehalten, mitzusingen. Donnerwetter! Ich muss gestehen, dass ich mich in einem Zwiespalt befand – oder an einem Scheideweg? Ich erinnere mich noch genau, dass ich damals aus einem Impuls heraus zunächst dachte: Niemals! Ich bin Deutscher!

Doch schon nach den ersten Silben – Allons enfants de la Patrie – wurde mir bewusst, dass ich einen Vertrag unterschrieben und zu erfüllen hatte. Zögerlich begann ich, mitzusingen. Ich war nicht Deutscher, nicht Franzose – Ich war ganz einfach ein Legionär, und das vom Scheitel bis zur Sohle!

Währenddessen dachte ich über dieses Problem nach – denn ein Problem schien es mir zunächst zu sein. Ich stellte mir selbst die Frage: War ich bereit, für die Fremdenlegion, also für Frankreich und seine Interessen zu kämpfen, notfalls mein Leben zu lassen? Die Antwort war ein hundertprozentiges »Ja«. Sonst hätte ich dort nicht gestanden. Ich sang lauter: »Egorger vos fils, vos compagnes!« Plötzlich sang ich aus vollem Halse und fühlte mich gut.

Ohne meinen Namen zu ändern, hatte ich hier einen Schritt in eine neue Identität, in eine neue Richtung getan, ziemlich spät zwar, aber dennoch mit Erfolg. Etwas, was meine Seele belastet hatte, war von ihr genommen worden. Ich fühlte mich plötzlich freier, ungezwungener. Ja, diese Hymne war auch die meine geworden: Vive la Légion!

7

Zurück in Calvi, waren zunächst regiments- und kompanieinterne Lehrgänge angesagt. Hierbei handelte es sich meist um Scharfschützen-Lehrgänge, CME F2 (Caporals-Lehrgang), das CTE (Grundlehrgang Orts- und Häuserkampf) für die Neuzugänge etc.

Auch war es üblich, dass Legionäre der 1. Kompanie abkommandiert wurden, um in der 4. an einem Sniper- oder Sabotagelehrgang teilzunehmen, so wie umgekehrt auch Legionäre aus der 4. an unseren Lehrgängen teilnahmen. Dieses System stellte sicher, dass es in jeder Einheit des Regimentes Spezialisten in allen Domänen gab.

Es hatte sich etwas getan, denn urplötzlich war ich Anwärter auf einen Unteroffizierslehrgang, den CM 1. Mit diesem im Blick, absolvierte ich die Fahrschule – einen sogenannten Stage FRAC.

Während dieser Zeit befasste ich mich auch zum ersten Mal etwas intensiver mit dem Land und den Leuten hier auf der Insel – und ich war beeindruckt. Wie ein Besessener durchstreifte ich am Wochenende die maquis corse und stürzte mich in kulinarische Abenteuer. Besonders aber imponierte mir das Meer. Ich unternahm stundenlange Spaziergänge am Ufer, Richtung Ile Rousse, oft bis in die Nacht.

Was mich etwas abschreckte, waren die Touristen. Wie überall gab es solche und solche. Es gab diejenigen, die sich als Naturfreunde an den Schönheiten der Insel erfreuten, und andere, die diese Schönheit in ein Meer aus Müll und Lärm verwandelten.

Auch mein zweiter Urlaub war eine mittlere Katastrophe. Die schöne Seite war, dass ich zum ersten Mal nach zweieinhalb Jahren meine Mutter und meine Familie wiedersah. Das tat gut, und ich – wir – nutzten diese kurze, aber schöne Zeit zu intensiven Gesprächen.

Es herrschte Aufklärungsbedarf: Wie konntest du nur so, ohne ein Wort, verschwinden, und warum und weshalb ...? Die Kritik war gerechtfertigt. Vielleicht ist es ein Privileg der Jugend, unüberlegte Dinge zu tun. Ich war damals, 1985, einfach untergetaucht. Dass es Menschen gab, die ich durch dieses Verhalten schier an den Rand der Verzweiflung getrieben hatte, daran hatte ich damals keine Sekunde gedacht, ja, ich konnte diese Reaktion erst viele Jahre später so richtig nachvollziehen, als ich selbst Vater geworden war.

Die weniger schöne Seite an diesem Urlaub war im Prinzip eine Bestätigung dessen, was ich schon wusste und was der erste Urlaub in Straßburg schon angedeutet hatte: Ich hatte mich verändert! Aus mir war unwiderruflich ein Einzelgänger geworden. Ich verstand die Welt außerhalb der Legion nicht mehr. Ihre Hektik, ihre Probleme und ihre Ängste. Dieses mir sinn- und hirnlos erscheinende Streben nach Geld oder materialistischen Dingen. Ich verstand immer weniger, dass es Menschen gab, die ihr Leben damit vergeudeten, tagein, tagaus zu schuften, nur um sich irgendwann im Alter (wenn das Leben schon an ihnen vorbeigezogen war) ein Haus leisten oder, was noch schlimmer war, um ihren Kindern etwas hinterlassen zu können! Gibt es denn nicht nur ein Leben?

Ich machte mir nichts aus Geld. Hatte ich es, war das gut. Hatte ich keines – auch gut. Ich erinnere mich, dass ich eines Tages, nur um den Termin für ein Rendezvous mit einer mir lieben Freundin einzuhalten, in Marseille ein Taxi bestieg und von dort schnurstracks in ein Restaurant nach Lyon fuhr, wo sie auf mich wartete. Knapp achthundert Mark gab ich dem Taxifahrer. Mir tat es um das Geld nicht leid, und es wurde ein schöner Abend. Hätte ich das Geld nicht gehabt, wäre ich eben mit dem Zug gefahren, und es hätte genauso Spaß gemacht, basta!

Es folgte eine Phase, in welcher die Kompanie Ausbildung in der Balagne betrieb und dabei den Sprungdienst in den Vordergrund schob. Es kam nicht selten vor, dass wir dreimal am Tag die Transall bestiegen. Die Transall kam alle zwei Wochen, meist dienstagabends, und blieb bis Freitag. Das Regiment nutzte diese Gelegenheit, um sicherzustellen, dass jeder Legionär seine vorgeschriebene Anzahl von Sprüngen absolvierte. Ich hatte Jahre, in denen ich auf stolze vierzig Sprünge kam. Meist waren es jedoch im Schnitt so um die zehn, zwölf.

Hinsichtlich des Sprungdienstes befand sich das Regiment in einer vortrefflichen Lage. Der Flughafen St. Catherine befand sich auf Sichtweite, zirka vier Kilometer vom Quartier entfernt, und der Absetzplatz lag, wie schon erwähnt, direkt hinter den Gebäuden der Kampfkompanien. Die meisten der von den Kampfkompanien absolvierten Sprünge waren taktischer Natur, was hieß: Gesprungen wurde mit Sprunggepäck (Waffen und Rucksack), und die Fallschirmjäger trugen Gesichtstarnung. Es sprang (wenn möglich) der ganze Zug. Noch am Boden gab der Zugführer seine Befehle.

Jede Gruppe hatte ihren ganz speziellen taktischen Auftrag. Der Zugführer gliederte dazu die drei Gruppen und den Zugtrupp, wie er sie in der Maschine haben wollte. Meist war er auch der Chef d'avion, also verantwortlich nicht nur für die Gliederung der Truppe in der Transall, sondern auch für das gesamte Material (Fallschirme, Reservefallschirme etc) und für das gesamte Sprungpersonal. Sprungdienst in Calvi war eine Sache, die Kompetenz und höchste Konzentration von allen Beteiligten erforderte, denn alles ging sehr schnell. Kaum hatten die Sous-Officiers TAP[80] der springenden Einheit die Springer am Boden kontrolliert, ging es in die schon mit laufenden Motoren wartende Maschine. Saß der Letzte, begann der Absetzleiter mit dem Briefing für die Absetzer, während die Transall bereits zur Piste rollte.

Von dem Augenblick an, in dem sie abhob, dauerte es höchstens noch dreißig Sekunden, bis die Absetzer die ersten Sprungreihen aufstehen ließen: »Premier passage

Sprungdienst: Absetzvorgang.

debout, relever les sièges, accrocher vous. Serrez vers l'avant. – Erste Sprungreihe aufstehen, Sitze hochklappen, einhaken. Nach vorne aufschließen.«

Der Absetzer überprüft ein letztes Mal die Springer. »Le premier, en position! – Fertig machen zum Sprung!« Die Fallschirmjäger des 2ᵉ REP schweigen. Kein Geschrei. Einige Sekunden, nachdem die Transall wieder über Land ist, gibt es grünes Licht: Go!

Absetzhöhe: 300 Meter. Man verliert keine Zeit, sucht nach dem Öffnen des Fallschirmes sofort nach dem Sammelpunkt am Boden. Wo ist das vereinbarte Signal? Wo sind die schweren Waffen, wo der Feind? Am Boden, nachdem man sich vom Gurtzeug des Fallschirmes befreit hat, wird immer zuerst die Waffe aus dem Sprunggepäck hervorgeholt und durchgeladen: Klar zum Gefecht! Dann sammelt sich die Gruppe beim Gruppenführer oder bei den schweren Waffen, und sobald sie vollzählig ist, beginnt ein kurzes Manöver im Zugrahmen. Meist ist das dann auch schon alles, denn es steht ja schon wieder der nächste Sprung an.

Auf der DZ wurde nicht marschiert, es wurde gerannt. Ob es ein taktischer Sprung war oder nicht. Ob man Sprunggepäck hatte oder nicht. Trödeln war nicht drin!

Unser vierter Zug hatte bei solchen Sprüngen Schwerstarbeit zu verrichten, denn oft sprangen wir mit unseren 81-mm-Mörsern ab. Diese wurden dazu in ein gaine collective, meist ein TAP 5, fachgerecht verpackt und dann mit Spezialfallschirmen mit den Springern abgesetzt. Ein Springer stieß dabei das Colis aus der Türe und sprang sofort hinterher. Um diese Fallschirme, wenn sie dann auf dem Boden lagen, schon aus der Luft gut ausmachen und sich nach der eigenen Landung schnellstens darum sammeln zu können, hatten diese eine leuchtende Farbe, meist orange, rot etc. Die schwerste Waffe, über die wir (Züge Eins bis Drei) verfügten, war »la 12.7«. Gemeint ist die Browning Machine Gun, Version M2 HB, Kaliber 50. Allein ohne Dreibein wog die 12.7 bereits 38 Kilo. Sie rennend über offenes Gelände in die nächste Deckung zu bringen, war nicht immer ein Spaziergang. Dieses schwere Maschinengewehr, das wir in- und auswendig kannten, sollte mir Jahre später noch gute Dienste erweisen.

Die verschiedenen Kompanien des Regiments waren ständig unterwegs, was oft dazu führte, dass Freunde, die verschiedenen Kompanien angehörten, sich selten sahen. Immer waren mindestens zwei Kompanien in Afrika (Tschad, Djibouti, RCA, Gabun,

Fallschirm EPI mit Sprunggepäck EL 32/33.

---

[80] Troupes Aéroportées (Luftlande-Truppen). Um Unteroffizier TAP zu werden, benötigte man den regimentsinternen Lehrgang 55210B.

Ausbildung an der 12,7-mm-Browning.

Kongo etc.) und eventuell eine in Frankreich (Manöver in la Courtine, Caylus, Larzac, Canjuers). War dann noch eine Kompanie auf dem GR 20 unterwegs, dann war das Quartier bis auf die compagnie de service leer!

Körperlich war ich in diesen Jahren topfit, was meine Zeit beim huit mille TAP von neununddreißig Minuten bestätigte.

Bei diesem Lauf ging es im Kampfanzug acht Kilometer zweimal um den Absetzplatz mit Rucksack, Waffe, Koppeltragegestell und Helm auf dem Kopf. Auch wenn der Zug geschlossen lief, brauchten wir nie länger als dreiundvierzig Minuten. Unser Zugführer legte sehr viel Wert auf die körperliche Fitness, war er doch selber ein As im Laufen.

Wir hatten zu der Zeit sechs oder sieben Caporaux (Obergefreite) im Zug, und die Rechnung war einfach: Auf dem Papier hatten alle davon den Dienstgrad Caporal, und der Sold am Monatsende war derselbe, aber es konnte im Zug nur drei Obergefreite geben mit Ambitionen auf einen baldigen Unteroffizierslehrgang.

Man sprach von ihnen als Caporaux commandement. Die anderen – auch eventuelle Kandidaten für den Unteroffizierslehrgang – würden die Laufbahn als Caporal-Chef einschlagen. Diese Obergefreiten nannte man dann Caporaux balais. Während der Caporal commandement »Befehlsgeber« war, der die Appelle durchführte, Caporal de semaine (Obergefreiter vom Dienst) sein konnte oder auch gradée de relève (stellvertretender Wachhabender), musste der Caporal balai schon mal, wie schon der Name sagt, den Besen schwingen. Der Vermittler oder Befehlsüberbringer vom Sergent zur Gruppe war der Caporal commandement. Er war der Chef, wenn der Sergent nicht präsent war – nach Dienst oder am Wochenende. Gab es im Zug oder in der Gruppe ein Problem, wandte sich der Gruppenführer zuerst an den Caporal commandement.

Ein Sergent kam einem Pascha gleich. Er gab mit Kompetenz und Übersicht seine Befehle und kam dann später, um die Ausführung der von ihm gegebenen Befehle zu überprüfen. Die eigentliche Arbeit leisteten hier die Caporaux commandement. Der Caporal commandement war auch der, welcher im scharfen Einsatz den Sturm- oder den Deckungstrupp der Gruppe befehligte.

Die Leistung zählte. Wer im Zug Caporal commandement sein wollte, musste einfach besser und pfiffiger sein. Auch sicher robuster und mit dem größeren Durchsetzungsvermögen ausgestattet. Wer aber dachte, Fäuste wären die beste Art, sich durchzusetzen, der täuschte sich gewaltig: Köpfchen war viel mehr gefragt! Der Kluge kam auch ohne seine Fäuste zurecht, und später dann auf dem Unteroffizierslehrgang nützten einem die Fäuste ohnehin herzlich wenig. (Eine Mischung aus beidem – überdurchschnittliche Intelligenz und harte Fäuste – war sicherlich kein Nachteil.)

Für einen Legionär, der einem Caporal commandement widersprach, kam es knüppeldick, und das meist sofort. Dann wurde auch der pfiffige und intelligente Caporal mal zum »Tier«, denn: Reagierte er auf Ungehorsam nicht unverzüglich, wäre er schon bald darauf nur noch Caporal balais.

Da in unserem Zug damals alle Obergefreiten überdurchschnittlich gut waren, war es ein täglicher Kampf und eine Herausforderung, zu beweisen, dass man selber noch einen Tick besser war als die anderen. Ich war also auf der Hut, nahm den Kampf an ...

Unser Chef de corps (Regimentskommandeur) in der Zeit von 1988 bis 1996 war ein Mann, vor dem man einfach Respekt haben musste. Noch heute, zwanzig Jahre danach, kenne ich niemanden aus diesen Tagen, der nicht in höchsten Tönen von ihm sprach. Allein seinen Namen auszusprechen, bewog Jahre danach noch einige dazu, in einer Art Reflex, der noch von höchster Ehrerbietung zeugte, Grundstellung einzunehmen und die Hand zum Gruß ans Képi zu führen. Dieser colonel war noch weitaus beliebter, als ich es hier beschreiben kann. Warum er so beliebt war, war kein Geheimnis und lässt sich mit einigen Worten schnell erklären: Kompetenz, Effizienz, Vorbild und Menschlichkeit – Härte mit Herz und Verstand!

Oft kam es vor, dass er sonntags mit seinem orangefarbenen Méhari, einer Art Strandjeep, ins Camp fuhr. Er trug meist eine schon ältere M 65 US-Feldjacke, Bluejeans, Trekkingstiefel und einen chèche um seinen Hals. Er war sich nie zu schade, auch mal den ein oder anderen einfachen Legionär auf dem Rückweg mit in die Stadt zu nehmen, um dann mit ihm in einer Bar ein Bier zu trinken. Sprach er mit mir, was – mangels Gelegenheit – nicht so oft der Fall war, gab er mir immer das Gefühl, dass ich eine sehr wichtige Person sei, und so ging es jedem. Bei ihm gab es nicht dieses »Ich bin der Colonel, und wer bist du?«

Das schafft Eindruck! Auch er war ein Ehemaliger der 1. Kompanie (Zugführer) und nahm an der Opération Léopard als Officier Opérations (Verantwortlicher Offizier für Einsatz und Operationen) teil. Diesem Mann durch Blitz, Donner und Pulverrauch folgen, und wenn es geradewegs ins Verderben gehen sollte? Ja. Ohne wenn und aber, auch heute noch, wenn sein müsste!

Im November ging es weiter nach Bonifacio. Von hier aus konnte man bei klarer Sicht am südlichen Horizont Sardinien ausmachen. In der Zitadelle der Stadt, die von hoch oben den Hafen dominierte, trafen wir bereits Vorbereitungen für die nächste tournante in Djibouti. Den Wachdienst, der eigentliche Grund, warum wir hier waren, nahmen wir sehr ernst, doch unsere Gedanken waren längst schon wieder auf dem schwarzen Kontinent.

Colonel S. Coevoet, Regimentskommandeur des 2^e REP von 1988 bis 1990, hier bei seiner Verabschiedung auf der Caserne Sampiero / Zitadelle Calvi.

November 1988, Djibouti

- Schweres Erdbeben im Norden Armeniens fordert 25.000 Tote.

- Filmschauspieler John Carradine, geb. 1906, gestorben.

- George Shultz, US-Außenminister, verweigert PLO-Chef Jassir Arafat die Einreise in die USA, weil die PLO für terroristische Aktionen gegen US-Bürger verantwortlich sei.

- Der bisherige republikanische Vizepräsident George Bush, Vater des späteren Präsidenten George Walker Bush, wird zum 41. Präsidenten der USA gewählt.

Übrigens: Auch im November, aber im Jahr 1916, genau am 15., wird der Amerikaner Eugene Bullard, ein ehemaliger Fremdenlegionär, der erste und einzige schwarze Kampfpilot des Ersten Weltkrieges! Er flog zunächst für die Lafayette Escadrille und später dann beim Lafayette Flying Corps. Man nannte ihn die »Schwarze Schwalbe des Todes«. Bullard, dessen Vater ein Schwarzer und dessen Mutter eine-Creek Indianerin war, verstarb 1961 als armer Mann. Er zählte in der Zeit zwischen den beiden Weltkriegen unter anderen auch Josephine Baker und Louis Armstrong zu seinem engeren Freundeskreis.

8

>>*Sous le soleil brûlant d'Afrique*
Cochinchine Madagascar,
une Phalange magnifique,
a fait flotter nos étendards.<<
Regimentslied der 13ᵉ DBLE[81]

>>*Y a des cailloux sur toutes les routes,*
Sur toutes les routes y a des chagrins,
Mais pour guérir le moral en déroute,
Il y a des filles sur tous les chemins.<<
Les Cailloux[82]

Djibouti, 1988/89. Als ich steifbeinig aus dem Flugzeug stieg, war es Nacht, aber was für eine Hitze schlug mir da entgegen? Wahnsinn pur, dachte ich, obwohl der eigentliche Wahnsinn erst noch kommen sollte. Dieser Wahnsinn hatte einen Namen: Balbala!

Balbala war ein Elendsviertel am Rande der Hauptstadt Djibouti[83]. Alle Ungerechtigkeiten und alle Armut, die es auf Erden gab, waren hier vereint. Der Abscheulichkeit, der Hoffnungslosigkeit und der Wut, welche beide erzeugten, hatte Gott – oder wer auch immer – hier einen Treff- und Sammelpunkt geschaffen.

Als wir zum ersten Mal mit unseren Lastwagen durch Balbala hindurch Richtung Arta fuhren, hagelte es nur Steine und wüste Beleidigungen. Rechts und links der holprigen Straße standen Hunderte zerlumpter Gestalten. Es roch nach Fäkalien und Abfällen – und nach verzweifelter Resignation.

Später, als ich mit Legionären der 13ᵉ DBLE über das Phänomen Balbala sprach, erfuhr ich, dass wir in jener Nacht noch gut weggekommen waren. Sie erzählten, es wäre schon vorgekommen, dass die Balbala-Bewohner Babys unter die Räder schnell vorbeifahrender Militärkonvois geworfen hätten, nur um dann, noch dort am Straßenrand, eine Art Schweigegeld zu erpressen. Andere berichteten, dass sie Plastiktüten mit Exkrementen füllten und diese dann auf die Sitzbänke der Lastwagen warfen, wo sie zerplatzten. Den Rest kann man sich mit ein bisschen Fantasie ausmalen.

Keine von diesen Erzählungen konnte ich jedoch später bestätigen. Das Schlimmste, was mir in Balbala passierte, war ein taubeneigroßer Stein, den ein Junge aus kurzer Entfernung gegen meinen Kopf warf. Eine Platzwunde, weiter nichts, und ich war nicht einmal besonders verärgert darüber. Der Junge würde sein Leben lang keine Zukunftsperspektiven haben und noch auf Jahrzehnte hinaus Steine auf irgendwelche Leute werfen. Er tat mir leid.

---

[81] »Unter der brennenden Sonne Afrikas, in Cochinchine, in Madagaskar, trug eine stattlich Kolonne unsere Fahnen.«
[82] Les Cailloux = Die Steine: »Es liegen Steine auf allen Strassen, auf allen Strassen gibt es Leid. Aber um die sich auf Abwegen befindende Moral zu heilen, gibt es Mädchen auf all unsren Wegen.«
[83] Djibouti ist der Name sowohl des Landes als auch der der Hauptstadt.

Nachdem wir Djibouti hinter uns gelassen hatten, ging es kontinuierlich bergauf. Der Himmel über uns war mit Sternen übersät, die so hell leuchteten, wie ich es noch nie auch nur in ähnlicher Intensität gesehen hatte. Ich lächelte. Afrika!

Wurde es dunkel, glitt mein Blick hinauf, und meine Augen suchten das Kreuz des Südens. Ohne zu wissen warum, war dies fast schon ein Ritual für mich. Während das Sternzeichen des großen Bären mir Kraft zu verleihen schien, gab mir das Kreuz des Südens ein Gefühl absoluter Geborgenheit. Warum? Es gibt Dinge, die kann und muss man nicht erklären.

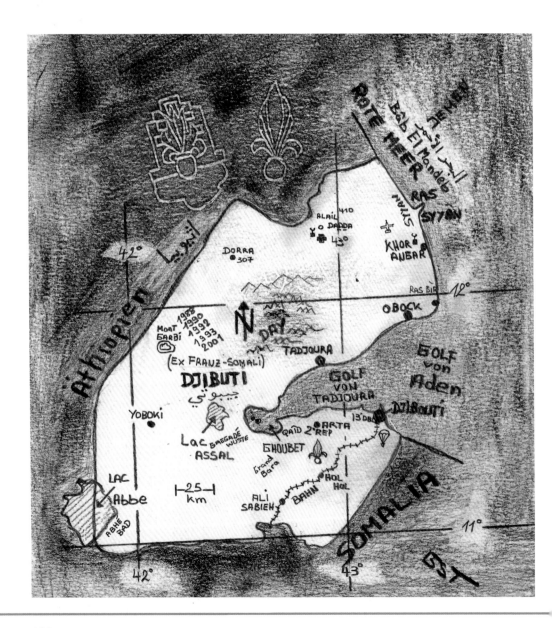

Camp Amilakvari[84] lag hoch oben auf einer Bergkuppe. Hier wehte ständig ein angenehmer Wind. In der Luft schwebte ein Aroma von Weihrauch und verlockenden Essenzen, die mir unbekannt waren und die zu beschreiben mir die Worte fehlen.

Noch konnte ich nicht das steil abfallende Gelände sehen, das beim Golf de Tadjourah im Roten Meer endete: Eine Gegend, die bei Sonnenauf- und Sonnenuntergang, wenn das Dämmerlicht sie verzauberte, einer Traumlandschaft gleichkam .... Eine Gegend aber auch, die den Unvorsichtigen binnen weniger Stunden grausam töten konnte! »Adlerhorst« wäre eine passende Bezeichnung für das Camp gewesen, dachte ich spontan, als ich es am nächsten Tag beim ersten Tageslicht in Augenschein nahm. Tatsächlich lag es hoch oben auf einem steinigen, felsenartigen Hügel, wie ein Wächter, die letzte Bastion einer zivilisierten Welt.

Das Camp war winzig. Zunächst gab es zwei kleine Gebäude gleich links hinter dem Tor. Eines davon war der poste de police und das andere la taule, das Kittchen. Rechts hinter dem Tor befand sich auf einer Anhöhe unser kleiner Wasserturm, eine Vorrichtung, die uns immer dann an den Rand der Verzweiflung treiben sollte, wenn es tagelang gar kein Wasser gab und das Trinkwasser einfach zu kostbar war, um sich damit zu waschen.

Zirka hundert Meter geradeaus verlief ein steiniger Weg hinunter zum 2A, zur Reparatur Werkstatt für unseren Fuhrpark, der hauptsächlich aus den Dodges und aus den guten alten VLRAs[85] bestand. Beide Fahrzeugetypen konnten im wüstenähnlichen Gelände Erstaunliches leisten. Sie fuhren selbst da noch, wo ich zu 100 Prozent überzeugt war: Niemals! Das schaffen die nicht!

---

[84] Oberstleutnant Dimitri Amilakvari war ein Georgischer Prinz, der 1921 mit seiner Familie vor der heranrückenden Roten Armee aus seinem Heimatland ins Exil geflüchtet ist. Er wurde in Frankreich Offizier und starb in Diensten der Fremdenlegion in der Schlacht um El-Alamein in Ägypten. Noch vor Ort, unweit der Stelle, an der er fiel, wurde Dimitri Amilakvari provisorisch begraben. Auf diesem Grab am umkämpften Hügel EL-Himeimat thronte ein hölzernes Kreuz mit der Aufschrift »Hier ruht lieutenant colonel der Fremdenlegion Amilakvari, Dimitri« und dem Datum, 22.10.1942.

[85] Véhicule léger de reconnaissance et d'appui, leichtes Aufklärungs- und Unterstützungsfahrzeug.

VLRA im Einsatz.

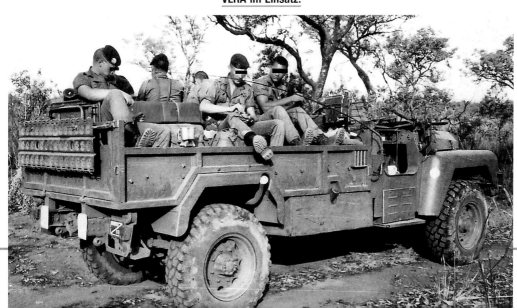

Camp Amilakvari, Weg zum Munitionslager. Im Hintergrund der Golf von Tadjourah.

Eingang zum Camp Lt. Colonel Amilakvari in Arta.

Sah man vom 2A Richtung Camp, erblickte man rechts das réfectoire, den Komplex Küche/Kantine. Links davon fanden sich die flachen Gebäude der section commandement (Führungs-/Versorgungszug) mit hauptsächlich dem bureau de semaine (Büro des Unteroffiziers vom Dienst), dem bureau major (Geschäftszimmer, Büro für administrative Angelegenheiten), dem Büro des adjudant d'unité (Kompaniefeldwebel), des capitaine (Hauptmann) und seines Stellvertreters. In diesem Gebäude hatte der angesprochene Personenkreis auch teilweise seine Zimmer.

Genau gegenüber war die Unteroffiziersmesse, wo auch alle anderen Offiziere und Unteroffiziere untergebracht waren. Rechts davon schlossen sich zwei bâtiment sticks (ebenerdige, lang gezogene Gebäude) an, in welchen die Züge Eins bis Vier logierten. Die Caporaux-Chefs hatten ihren Wohnbereich etwas abseits, wo früher auch das Bordell gewesen sein soll. Hinter den Gebäuden der section commandement gab es einen Sportplatz mit einem Volleyball-Feld und einem kleinen Fitness-Center.

Wer das Malheur hatte, ein paar Tage im taule (Kittchen) verbringen zu müssen, der schaute dem Teufel ins Auge. Es war ein Gebäude, etwa sieben Schritt lang und vier Schritt breit, von einer hüfthohen Mauer umgeben. Es gab ein kleines, vergittertes Fenster ohne Glas sowie eine vergitterte Tür. Das Dach war aus verstärktem Wellblech. Keine Möbel störten die Idylle, nur ein paar Kokosmatten lagen direkt auf dem blankem Boden aus Stein. Die Legionäre mussten sich ausziehen bis auf die Unterhosen, bevor sie nachts das Etablissement betraten, nur den Schlafsack durften sie mit hinein nehmen. Nachts kamen die Moskitos scharenweise, und tagsüber knallte die Hitze erbarmungslos auf das Wellblechdach, was die Temperaturen manchmal bis auf über fünfzig Grad ansteigen ließ. Kamen wir nachts zufälligerweise vorbei, steckten wir unseren Kameraden Zigaretten oder schon mal 'ne Flasche Bier durch die Gitter. Erwischte man uns dabei, trugen wir am nächsten Tag denselben Anzug wie sie: Kurze Hose, pataugaz (kurze, leichte Stiefel aus Segeltuch), chemise GAO (olivefarbenes, ärmelloses, an den Seiten offenes Hemd) und den bob (olivefarbene Kopfbe-

Im Paradeanzug im Camp Amilakvari.

deckung aus Stoff). Bereits um fünf Uhr in der Früh mussten diese armen Teufel mit einem mit Sand gefüllten, zehn Kilo schweren Schlauch im Genick um den Exerzierplatz rennen. Danach: kurzes Frühstück, und der lange Tag konnte beginnen. Ein Zuckerschlecken war das sicher nicht, wie man sich wohl vorstellen kann.

* * *

Es war schon fast Normalität, dass während der Siesta zwischen zwölf und halb vier zwei, drei Dutzend »Cynos« (cynocephalus – Paviane) die Küche und das réfectoire überfielen. Sie lesen richtig: Überfielen! Laut schreiend brachten sie Unordnung in die Küche, grabschten nach allem, was gerade in Reichweite war, und jagten den Köchen schon mal einen gehörigen Schrecken ein. Die Köche, welche nicht immer eine Waffe zur Hand hatten, hüteten sich, sie davon abzuhalten, denn die Cynos wurden mitunter sehr aggressiv. Sie besaßen lange Reißzähne und verfügten über enorme Körperkräfte. Es gab dann auch solche Köche, die sich mit den Affen regelrechte Schlachten lieferten, was uns andere Legionäre ziemlich amüsierte. Die Cynos waren hervorragend organisiert. Ihre Toten (manchmal war es unerlässlich, dass wir auf sie schossen) nahmen sie immer mit, wobei die großen männlichen Tiere einen Scheinangriff auf uns oder auf die Köche durchführten, während andere sich der leblosen Körper annahmen und damit verschwanden.

9

Damals war es üblich, dass die Kompanie, kaum dass sie angekommen war, geschweige denn ihr Gepäck komplett ausgepackt hatte, schon zur ersten Übung ausrückte, die in der Regel zwei, drei Tage dauerte. Und so war es auch dieses Mal. Geplant war zunächst ein Nachtsprung mit Gerödel in der Grand Bara Wüste. Dieser Sprung war mit einer der heftigsten, die ich je machen sollte.

So war mein rechtes Knie schon vor dem Sprung geschwollen und tat mächtig weh. (Ich hatte es mir ein paar Tage, bevor es nach Djibouti ging, aufgeschlagen und konnte kaum laufen. Hätten meine Vorgesetzten dies jedoch schon in Calvi bemerkt und mich in den Sanitätsbereich geschickt, wäre ich vielleicht nicht mit von der Partie gewesen. Ich kaschierte also die Verletzung, so gut es ging, und es hatte geklappt.) Zudem kannte ich die Sprungzone kaum, denn im Gegensatz zu vielen anderen der Kompanie war ich zum ersten Mal in Djibouti. Einige Minuten, bevor die Absetzer die Türen öffneten, sagten sie, dass uns eine konstante Windstärke von zehn Metern pro Sekunde (m/s) mit Böen bis zu zwölf m/s erwartete. Der Sprung hätte abgesagt werden müssen!

Zur Erinnerung, sofern mein Gedächtnis mich nicht im Stich lässt: Bei der Ausbildung, der Promo, durfte bis zu einer maximalen Windstärke von 4 m/s abgesetzt werden. Nach der Promo, in den Einheiten, bis zu 6 m/s, und bei Manövern und Einsatzsprüngen bis zu 9 m/s. Als letztes Schmakerl kam dann noch hinzu, dass, wie ich von Kameraden wusste, der Boden der Grand Bara zu dieser Jahreszeit hart wie Beton sein würde.

Der Sprung wurde nicht abgesagt, weil am Boden einige VIPs und Generäle diesen mit Nachtsichtgeräten beobachten wollten.

»Le premier ... En position!«

Kaum war ich aus der Maschine, herrschte absolute Stille um mich rum, die Sicht war gleich Null. Sofort wurde ich von den Böen erfasst. Normalerweise wird das Sprunggepäck erst fünfzig bis siebzig Meter über dem Boden abgelassen, doch nach einem kurzen Blick nach unten entschloss ich mich dazu, das EL 22[86] sofort zu lösen. Ich wusste: Schlägt das Sprunggepäck auf den Boden, blieb mir eine, höchstens zwei Sekunden. Mein rechtes Knie zog ich an, sodass nur das linke Bein belastet sein würde. Das war riskant, aber mein rechtes Knie hätte den Schock wohl kaum ertragen.

Ich hörte den Aufschlag des EL 22 nicht. Der Schock beim Kontakt am Boden war so enorm, dass ich vier bis fünf Sekunden ohne Bewusstsein war. Als ich zu mir kam, spürte ich, wie mich der Schirm mit hoher Geschwindigkeit über den Boden zog. In so einem Fall richtig zu reagieren, hatte man uns zur Genüge gedrillt. Ich öffnete das Kappentrennschloss des Schirms und war befreit, hatte mir nichts gebrochen.

Heute, obwohl durchaus noch im besten Alter, habe ich immer wieder Probleme mit meinen Knien. Aber ich sage mir jeden Tag: Auch das gehört wohl zum Privileg dazu, sich einen ehemaligen Fallschirmjägers der Fremdenlegion nennen zu dürfen!

---

[86] Das EL22 (Élément largable) war unser damaliger Sprunggepäck-Behälter in Übersee.

10

Die Wochen darauf waren geprägt durch eine Folge von Ausbildungen und Ereignissen unterschiedlichster, aber durchweg interessanter Art. So absolvierten wir weitere Sprünge auf der Sprungzone Golf, in Ambouli, nur einige Meter vom Meer entfernt. Es folgten Vorbereitungen für das bevorstehende Weihnachtsfest und Training für den Cross Grand Bara (15-km-Lauf in der Wüste) sowie für die tournée ouest, welche uns von Arta nach Ali Sabieh und zum Lac Assal führen sollte.

Sprungzone »Golf«, nahe der Hauptstadt Djibouti.

In Ali Sabieh wurden uns heimlich Kalaschnikows und Tausende von Schuss Munition russischer Herkunft zum Kauf geboten, ein Angebot, welches wir dankend ablehnten. Auch die alten fusil GRAS, einstmals Standardwaffe der französischen Armee, konnte man für ein Butterbrot erstehen. Die fusil GRAS allerdings waren bei uns als Antiquität sehr beliebt, handelte es sich bei ihnen doch meist um das alte Modell 1874, also um Liebhaberstücke mit Seltenheitswert.

Der Lac Assal, präziser gesagt seine Ufer, zählte mit minus 153 Metern zu den tiefsten Punkten der Erde, und gleichzeitig war der See der salzhaltigste auf der ganzen Welt. Das hier noch in Handarbeit abgebaute Salz wird auf Kamele geladen. Fast täglich begegneten uns die langen Karawanen, die sich bis weit nach Äthiopien hinein bewegten. Hier war die Zeit stehen geblieben!

Landesübliches Transport- und Fortbewegungsmittel.

Obwohl wir uns vor der Abfahrt zur tournée ouest gut mit Proviant, vor allem auch mit Fleisch eingedeckt hatten, konnte es mein Zugführer, ein Leutnant (der 14, 15 Jahre später COMSEC, also stellvertretender Regimentskommandeur des 2e REP sein würde), nicht lassen, drei digdigs (kleine Zwerggazellen) zu schießen. Dies nur, weil er die Wirkung des 5,56-mm-Projektils unserer Famas mit eigenen Augen sehen wollte.

Eine Gazelle zu schießen hätte dafür gereicht, doch drei? Nicht nur ich, auch der Chef und fast der gesamte Zug waren sauer angesichts dieses unreifen Verhaltens. Der junge Leutnant bekam die Stimmung spätestens beim Mittagessen zu spüren: Keiner von uns rührte das Fleisch an – uns war der Appetit vergangen.

* * *

Mitte Januar unternahm die Kompanie ein Manöver, an das sich einige von uns noch lange Zeit danach erinnern sollten.

»Première compagnie aux faisceaux, équiper vous! – Erste Kompanie hinter dem Gepäck antreten, Fallschirme anlegen!«

Der Hangar, in dem wir die Schirme anlegten, war ein Backofen. Es herrschten Temperaturen um die achtundvierzig Grad. Das individuelle Sprunggepäck wog schwer: 35 kg! Paul (der »irische Bombenleger«, wie ich ihn nannte, oder kurz Pappy: Er war nach Guyane ebenfalls ins 2^e REP und in die erste Kompanie versetzt worden) fluchte leise vor sich hin.

»Wo wir hingehen, mein lieber Gast, riskieren wir nicht, dass uns der Arsch abfriert!« Das machte mich neugierig. »Ganz einfach«, sagte er. »Nur am Lac Assal ist's heißer als in der Gegend um Yoboki. Das death valley in der Mojave-Wüste ist ein Scheiß dagegen!« Er meinte es ernst.

Ich erwiderte nichts darauf, machte mir aber so meine eigenen Gedanken. Ich konnte mit Hitze im Allgemeinen gut umgehen, nur Kälte flößte mir den größten Respekt ein. Hier jedoch fühlte ich mich wohl.

Der Lac Assal in Djibouti.

Als wir dicht aneinandergedrängt die Maschine bestiegen, entstand Aufregung im vorderen Teil der Transall. Ein Legionär hatte die Besinnung verloren. »Das ist Giovanne!«, sagte Paul überrascht. »Der Italiener aus der section commandement.« Er sollte Recht behalten. Doch Giovanne war nicht der einzige, dem die Hitze schon jetzt zu viel war. Ein zweiter Legionär war inzwischen blass mit blutleeren Wangen in sich zusammengesunken. Beide nahmen am kommenden Manöver nicht teil, für alle anderen hieß es einmal mehr: Go!
Innerhalb von genau fünfzehn Sekunden hatten alle 58 Springer mit taktischem Sprunggepäck die Transall verlassen. Das Intervall zwischen zwei Springern? Es passte keine Hand dazwischen! Der Hintermann hatte sich am Vordermann richtiggehend festgeklammert und schob ihn aus der Maschine, um Zeit zu gewinnen. Das war zwar verboten, weil nicht ganz ungefährlich, machte aber mächtig Spaß, und die Absetzleiter, welche gegebenenfalls auch aus der Kompanie waren, drückten schon mal ein Auge zu. Ich hatte gehört, dass der Rekord einer unserer Kompanien ...Ich denke, es war die 2^e CIE, bei zwölf Sekunden lag. Nun ... wir arbeiteten daran! Einige hundert Meter weiter am Horizont näherte sich bereits die zweite Transall mit dem Rest der Kompanie.

Es begann also gegen Mittag mit diesem gefechtsmäßigen Sprung über der Gagade-Wüste, ein Landstrich, der eingeschlossen in einem Talkessel lag, in dem die Hitze fast unerträglich war. Nach dem Sprung folgte ein mehrstündiger Gewaltmarsch Richtung Yoboki. Wir hatten jeder in etwa fünf Liter Wasser dabei, und obwohl wir diszipliniert und sehr sparsam damit umgingen, war bei Einbruch der Dunkelheit die Hälfte davon schon verbraucht. In einer Bergregion, deren Boden aus schwarzem Lava-Gestein bestand, schlugen wir ein taktisches Biwak auf. Die Sonne hatte dieses Gestein richtiggehend aufgeheizt, und noch um Mitternacht herrschten Temperaturen von über fünfunddreißig Grad. Neben der Hitze war von nun an auch der Durst unser ständiger Begleiter. Morgens war das Wasser fast leer, und das Manöver hatte gerade erst richtig begonnen.

Vielleicht wollte unser Hauptmann die Strapazierfähigkeit seiner Männer testen? Spätnachmittags jedenfalls hatte die Kompanie bereits etwa zehn Prozent reale Ausfälle. Hitzschlag, Dehydration! Dreizehn Legionäre wurden mit Hubschrauber ausgeflogen, doch das Manöver ging weiter.

Gegen Abend fanden wir im Hinterland Wasser. Eine Lache, unterirdisch vom Lavagrund gespeist, etwa drei auf zwei Meter groß, die in einem Talweg im Schatten von Felsentürmen lag. Es war unbrauchbar. Kamele hatten daraus getrunken und dabei ihre Fäkalien darin hinterlassen.

Es wurde ernst. Einer der beiden Engländer in meinem Trupp begann plötzlich zu lachen und sinnloses Zeug zu reden. Mit Gewalt musste ich ihn davon abhalten, das verseuchte Wasser zu trinken. Kurze Zeit später war auch er nicht mehr einsatzbereit.

Einige Stunden später war schließlich Übungsende. Keine Minute zu früh!

11

»Gaston, diesmal erwischen sie uns!« Es klang definitiv. Eine nüchterne, emotionslose Feststellung. Es war kurz vor Mitternacht. Die Nase im Dreck, lagen wir hinter zwei Büschen unmittelbar vor dem Weg, der zum Tor unseres Camps führte. Keine sehr günstige Position! Vorsichtig hob ich den Kopf.

Der Jeep der police militaire kam bis auf vier, fünf Meter an uns heran und schaltete dann die Lichter aus. Danach herrschte absolute Stille. Noch hatten sie uns nicht gesehen! »Niemand erwischt uns, Pappy!«, flüsterte ich, so leise es ging, zurück. »Aber du hättest auf mich hören sollen. Es war eine schlechte Idee, nach dem Appell noch mal zu verschwinden. Grad heute, wo wir doch um drei Wecken haben wegen dem Sprung morgen. Die anderen werden frisch und ausgeruht sein, und wir!?«

Der Ire, soweit kannte ich ihn schon, machte sich ein Spiel daraus, die PM an der Nase herumzuführen. Er teilte meine Bedenken in keinster Weise. »Wie konnte ich denn wissen, dass sie einen Gegen-Appell machen?«, antwortete er leicht amüsiert. »Da steckt der adjudant d'unité (Spieß) dahinter!«

Ich nickte nur, wagte kaum, mich zu bewegen. Ein Legionär der PM war ausgestiegen und urinierte geräuschvoll. Kurze darauf hörten wir, wie der Motor angelassen wurde. Langsam, und ohne sein Licht wieder einzuschalten, entfernte sich der Jeep. Die Gefahr war noch nicht gebannt, doch wir hatten erst mal Luft.

Faire le mur (wörtlich: »die Mauer machen«, was soviel heißt wie sich mal kurz unerlaubt von der Truppe entfernen) gehörte auch zum Legionärsleben dazu, ob es jemandem passte oder nicht. Im Camp Amilakvari war es jedoch gar nicht so einfach, die Mauer zu machen. Zunächst musste ein dreifacher S-Draht-Zaun ungesehen überwunden werden: Kein leichtes Unterfangen, denn die Wache lief zu unregelmäßigen Zeiten Streife, und auch der Spieß lag des Öfteren auf der Lauer. Es machte ihm einen Heidenspaß, uns auf frischer Tat zu ertappen. Die taulards (Knastbrüder) unterstanden ihm direkt, und es gab immer was zu tun, und wenn es nur (zum vierundfünfzigsten Mal) das Anstreichen der Mauern des Munitionslager war.

Nach dem Zaun warteten andere Unannehmlichkeiten auf uns. Es ging im Schuss zweihundert Meter eine Geröllwüste hinunter. Wenn man hier stürzte, riskierte man wahrhaft Kopf und Kragen. Hatte man aber auch dieses Hindernis glücklich überwunden, waren da noch immer die ständigen Streifen der Militärpolizei.

Da nun fast alle Gefahren gebannt waren, liefen wir aufrecht und flott dahin. Unser Ziel war chez Habiba. Um dort hinzukommen, ging es auf Schleichwegen weiter, an Stroh- und Lehmhütten vorbei. Aus jeder der Hütten drangen gelbes Licht und leise afrikanische Musik. Der Duft von glimmendem Weihrauch, von ranzigem Fett und nackter Haut drang verlockend in unsere Nasen. Man winkte, lud uns ein, doch das konnte warten.

Fast bei Habiba angekommen, ließen wir wieder Vorsicht walten. Wir schlugen zunächst einen weiten Bogen, um sicherzustellen, dass nicht irgendwo ein Jeep versteckt war. Als wir dann vorsichtig die Türe aufstießen, war es drinnen fast dunkel. Nur zwei Sturmlampen, die vermutlich schon 1918 über den Ladentisch gegangen waren, spendeten spärliches Licht.

Pappy rieb sich vergnügt die Hände: Habiba, das hieß frisches Bier, Reggae-Musik aus einer Juke-Box von anno dazumal und hübsche Äthiopierinnen, die mit ihren Reizen nicht geizten. Habiba und ihre Mädchen ... Auch das hieß, den Finger am Puls des schwarzen Kontinentes zu haben – obwohl unsere Finger nie lange am Puls verweilten!

Zu meiner größten Überraschung stellte ich fest, dass gut ein Drittel unseres Zuges sich schon hier befand. Die Stimmung war grandios. Der Nachteil einer solchen Exkursion war, dass der Spieß am nächsten Tag den Knast wieder voll haben und unser Zugführer sich über das zur Ausbildung fehlende Kontingent beklagen würde. Allzu oft machten wir solche Ausflüge denn auch nicht, denn unser stellvertretender Zugführer, der, obwohl er selbst ab und zu bei Habiba verkehrte und auch mal einfacher Legionär gewesen war, fackelte bei Disziplinlosigkeit nicht lange rum.

Es gab Strafen, und es gab die Strafen unseres Chefs! Wer schon mal mittags bei glühender Hitze auf dem Exerzierplatz, auf felsigen Untergrund, mit Pickel und Vorschlaghammer bewaffnet ein Loch so groß wie ein VLRA (zur Erinnerung: ein kleiner Lastwagen) gegraben hat, der weiß Bescheid!

12

Da unser Aufenthalt in Djibouti rein präventiver Natur war, im Rahmen einer geplanten compagnie tournante also, hieß es: Ausbildung, Training, marschieren, springen ... Nonstop! Die nächste, große Aufgabe, die uns erwartete, hieß tournée du nord. Vom Hafen Djiboutis aus

Ras Syan.

ging es zunächst mit einer Barke nach Tadjourah. Dort fuhren wir auf unseren Fahrzeugen weiter Richtung Obock, Ras Bir, Khor Angar und Ras Syan.

Jede Gruppe hatte ihr eigenes Fahrzeug und war für den Fall, dass es einmal eng würde, in allen Bereichen autonom. Wir hatten Wasser (es wurden sieben Liter pro Mann und Tag veranschlagt), genügend Munition (auch Interventions-Munition für den Fall einer Mobilmachung), Waffen natürlich immer am Mann und unsere caisse popote. In der caisse popote waren unter anderem Teller, Tassen, Besteck, Gewürze, zwei, drei Gaskocher etc. Darüber hinaus hatte jeder von uns zwei Notrationen (für 48 Stunden) im Rucksack. In den Fahrzeugen hatten wir zwei 200-Liter-Fässer mit Trinkwasser aufrecht stehend festgebunden. War es ein VLRA, hatte er zusätzlich noch einen eingebauten 200-Liter-Wassertank. Weiterhin hatte jedes Fahrzeug vier Kanister von jeweils 25 Litern Treibstoff dabei sowie den lot de bord und den lot de parc. Dann zwei Platten aus Metall, die man unter die Räder schob, sollte man sich im Sand festfahren. Einige der VLRAs hatten sogar vorne einen treuil, einen hydraulischen Seilzug. Da mit all diesen Lasten wenig Platz im Fahrzeug blieb, hatten wir unsere Rucksäcke meist außen, seitlich am Fahrzeug festgebunden.

In einer Fischerei in Tadjourah versorgten wir uns mit Eisbarren, die wir in Stücke hackten und auf die in drei Isothermen mitgeführten Lebensmittel verteilten. Obwohl diese mehrmals am Tag geöffnet wurden, konnte ich nach zehn Tagen zu meinem Erstaunen feststellen, dass immer noch genug Eis vorhanden war, um damit ohne Bedenken den Rest der tournée hinter uns zu bringen.

Tadjourah lag unweit vom Ghoubbet el Kharâb, dem Teufelsschlund, einer engen Bucht, die Einheimische mieden wie die Pest. Man munkelte so einiges, doch ich will den Leser nicht mit

Spekulationen in die Irre führen. Was stimmte, war, dass diese Stadt, die man auch Tadjourah la blanche nennt, bis vor nicht allzu langer Zeit noch Umschlagsplatz für den im großen Stil durchgeführten Menschenhandel war, also für Sklaverei. Die Unglücklichen, die sich später auf arabischen Märkten im Jemen, in Saudi Arabien, in Jordanien oder im Iran, öffentlich oder versteckt, wiederfanden, waren hauptsächlich durch Tadjourah geschleust worden. Hier gab es auch den schwarzen Sand vulkanischen Ursprunges, in dem man die frisch entmannten Eunuchen bis zur Hüfte eingegraben hatte, damit die Wunden, welche die Kastrationen oder andersartige Abtrennungen (es gab verschiedene Arten) hinterließen, schneller heilten und sich nicht entzündeten.

In Obock hielten wir kurz an, um uns das Haus anzusehen, in dem einer meiner damaligen Lieblingsschriftsteller, Henry de Monfreid[87], gewohnt hatte. Auch der Dichter Arthur Rimbaud hatte hier in Obock einige Jahre gelebt und sich unter anderem im Kaffee-, im Elfenbein- und im Waffenhandel versucht. Letzteres illegal, doch man sagt ihm auch noch Schlimmeres nach wie etwa dem Handel mit Sklaven. Obock wurde damals wie auch heute noch von einem Sultan verwaltet.

Zwischen Obock und Ras Bir machten wir direkt am Meer (Golf von Aden) ein zwei Tage währendes Biwak. Der Biwakplatz lag an einem Strand unter hohen Klippen, in denen Dutzende von Wanderfalken ihre Brutstätten hatten. Meine Gruppe war am ersten Tag verantwortlich für das Abendessen des gesamten Zuges. Der Sergent-Chef meinte, dass die Männer sich ein Festessen verdient hätten: »Heut Abend gibt's Fisch!«, verkündete er lautstark.

Zeit zum Nachdenken auf einem VLRA.

---

[87] Abenteurer und bekannter Autor, unter anderem von »Les secrets de la Mer Rouge«

Diese Idee war zwar verlockend, doch der Fisch wollte erst gefangen werden. Eigentlich sollte das kein Problem sein, denn der Golf von Aden war, was Fischreichtum betraf, eine Schatzkammer. Es bereitete mir jedes Mal das größte Vergnügen, mich einfach auf irgendeinen Felsen niederzulassen und das Meer zu betrachten. Wenn der Barrakuda auf Jagd ging, brodelte die Wasseroberfläche. Dunkle Schatten bewegten sich fieberhaft, und fliegende Fische sausten, silbern in der Sonne glänzend, durch die Luft. Jemand, der dies noch nie beobachtet hatte, glaubt sicherlich an eine Übertreibung, doch dem ist absolut nicht so. Hier, unweit vom Roten Meer, war es fast unmöglich, das Treiben der Meeresbewohner nicht im Minutentakt mit eigenen Augen zu sehen. Man musste sich nicht mal anstrengen dabei, doch aufgepasst: Diese Gegend nahe am Golf von Tadjourah war auch für eine ziemlich aggressive Haifischpopulation bekannt, und gerade aus diesem Grund jagte mir die Fischfang-Methode unseres Chefs eiskalte Schauer über den Rücken.

In stockdunkler Nacht ließ er seine Koch-Equipe, nur mit Badehose bekleidet, antreten. Diese Equipe, das waren Pappy, Tong, ein Kambodschaner, Fleury, ein Frankokanadier, und ich. Vor dem Chef stand ein Eimer am Boden, und in seinen Händen trug er ein fingerdickes Seil, an dessen Ende Blei und ein großer Fischhaken befestigt waren. Ein weißer Schwimmer machte das ganze perfekt. Wir ahnten Schlimmes. Der Chef sah uns der Reihe nach an. »Un volontaire?«

Vier Hände hoben sich gleichzeitig, so viel hatten wir schon gelernt. Bei uns war es Brauch, sich immer freiwillig zu melden, auch und vor allem dann, wenn man noch gar nicht wusste, um was es überhaupt ging. Wehe dem, der dann einen Rückzieher machte! (Ganz zu schweigen von dem, der sich erst gar nicht freiwillig meldete ...)

Der Chef lächelte. Seine Wahl fiel auf Tong. Er war der beste Schwimmer von uns. Nach einem kurzen Briefing (Einweisung) machte Tong ein paar Trockenübungen, um seine Muskeln aufzuwärmen, während der Chef in den Eimer griff und einen großen, blutigen Fleischbrocken zutage förderte, den er am Haken befestigte.

Meine Angst um Tong war bei weitem größer als die Erleichterung darüber, dass nicht ich der Auserwählte war. Pappy, der wortlos neben mir stand und unruhig von einem Bein aufs andere trat, ging es wohl genauso.

Es war inzwischen stockdunkle Nacht. Als Tong fertig war, nahm er das Seilende, an dem der Köder hing, und stieg ins Wasser. Mit ruhigen, gleichmäßigen Zügen schwamm er los, und schon bald darauf war nichts mehr von ihm zu sehen. Die Stille war beängstigend. Das andere Ende des sich abwickelnden Seils in der Hand, hielt der Chef mit ausdrucksloser Miene nach dem zurückkehrenden Schwimmer Ausschau, der sich jedoch Zeit ließ. Zwei oder dreimal ruckte es heftig am Seil, und jedes Mal schien mein Herz aufzuschreien. Die Minuten vergingen: Was war mit Tong?

Etwas abseits, vom Lagerfeuer her, erklangen kehlige Stimmen:

> *Lorsque j'étais petit je croyais qu'un démon*
> *Viendrait me ravir à ma maison. Mais lorsque je fus grand,*
> *Ce fut une horrible guerre*
> *Qui m'emmena loin de mes terres.*
> **Massari Marie**[88]

Endlich! Aus dem Dunkel schälte sich die Silhouette unseres braven Tong heraus. Er grinste über alle zwei Backen. »Chef«, erklärte er teilnahmslos. »Einmal und nie wieder. Da draußen ist die Hölle los!«

Nun hieß es warten, doch kaum waren zwei Minuten vergangen, ruckte das Seil in unseren Händen. Etwas Großes hatte angebissen, doch auch daran hatte der Chef gedacht. Einige Meter hinter uns wartete bereits ein Fahrzeug des Zuges. »Schnell! Bindet das Seil an der Stoßstange fest.« Gesagt, getan. Pappy sprang auf, ließ den Motor an und legte den Rückwärtsgang ein. Vorsichtig fuhr er zurück. Was da am Seilende zappelte, war ein Sandhai – und was für ein stolzer Bursche!

13

Einige Tage später befanden wir uns am Ras Syan. Dieser Landstrich, direkt gegenüber der Inseln Sept Frères und Wächter über den Bab el Mandeb (das Tor der Tränen), wurde von einer weiten Ebene geprägt, an deren Ende, zum Meer hin, ein einsamer Berg stand. Auf dieser Erhebung thronte wie ein Mahnmal ein eiserner Pfahl. Das Meer um die Insel Perim tobte in meterhohen Wellen, und der Landstrich am Horizont war bereits Jemen. Hier begann das Rote Meer.

Frischer Sandhai aus dem Roten Meer.

Diese Enge hieß auch deshalb Tor der Tränen, weil hier, so behaupten die Einheimischen, bei dem Erdbeben, welches vor langer Zeit Asien von Afrika trennte, die Tränen der Ertrunkenen ins Meer flossen. Andere behaupteten, der Name komme davon, dass die Enge zu befahren oft den Tod bedeutete. Entweder wurden die Schiffe Opfer der Gezeiten, oder sie fielen in die Hände der zahleichen Piraten, die in diesen Breiten bis in unsere Tage noch ihr Unwesen treiben.

Allein schon aus Neugier bestieg ich eines Tages den Ras Syan. Der Ausblick, den man von dort oben hatte, war schlichtweg grandios. Dass ich auf einem erloschenem Vulkan stand, erfuhr ich erst Jahre später, aber auch ohne dieses Wissen war es ein berauschendes Gefühl. Ich war glücklich.

Es sind diese Momente im Leben, die man mit niemanden teilen kann, nicht teilen will. Es sind die Augenblicke, in denen man sich sagt: Das ist es! Hier oben zu stehen und das mit eigenen Augen zu sehen ... Das ist der Sinn des Lebens!

---

[88] »Als ich klein war, glaubte ich, dass ein Dämon kommen und mich aus meinem Haus entführen würde. Doch einmal erwachsen, war es ein schrecklicher Krieg, der mich von daheim in die Fremde führte.«

42 kg wog die Meeresschildkröte, die ich ins Camp schleppte.

Hier, in einer der Buchten des Ras Syan, fing ich eine dieser großen Meeresschildkröten. Ich wusste zwar, dass sie an Land gekommen war, um ihre Eier zu legen, doch wir waren seit zwei Tagen auf Überleben und brauchten dringend ihr Fleisch und die Eier. Da ich mich auf einem Alleingang befand, als ich sie fing, und ich mich schon weit vom Lager entfernt hatte, musste ich sie den ganzen Weg zurück auf meinen Schultern tragen. Sie wog 42 Kilo, und bis zum Camp waren es vier Kilometer. Ihr Fleisch schmeckte wie Rindfleisch. Die Eier, von der Form und der Größe her mit einem Ping-pongball zu vergleichen, hatten die Eigenart, dass ihr Eiweiß nicht fest wurde, egal wie lange man es erhitzte.

Abends kamen Einheimische an unsere Lagerfeuer und boten uns junge Baby-Hyänen im Tausch gegen alles Mögliche an. Diese jungen Tiere hatten ein schneeweißes, flauschiges Fell. Ihre Augen waren kohlschwarz, und sie wirkten zutraulich und verspielt. Sie boten uns auch Krabben an, die von der Größe her all unsere Vorstellungen weit übertrafen. Richtiggehende Monsterkrabben waren das. Hätte ich das vorher gewusst: Niemals hätte ich diese Schildkröte gefangen!

Der Ras Syan mit dem Bab el Mandeb zählte wohl mit zu den bemerkenswertesten Orten, die ich bis dahin in meinem Leben gesehen hatte.

14

Zurück in Arta war es nur eine Frage der Zeit, bis wir zur tournée sud aufbrechen würden. Diesmal ging es nach Ali Sabieh, über Dikhil zum Lac Abbé an die Grenze nach Äthiopien. Den Lac Abbé zu beschreiben, wäre eine Aufgabe für Dichter, denn seine Ufer und die malerische Landschaft, die ihn umgibt, wirken surrealistisch ... Abgerückt von unserer Zeit.

Hier und da steigen Rauchsäulen vom Boden empor, kochendheiße Quellen warnen vor unterirdischen Gefahren, lauern auf den Unvorsichtigen. Schon von weitem sieht man, wie eine Hundertschaft von Kalktürmen pittoresk manchmal bis zu fünfzig Meter in den Himmel steigt. Ein Meer von Tausenden von Flamingos, einem rosa Teppich gleich, breitet sich vor den Augen des Betrachters aus. Die Berge am Horizont, das ist bereits Äthiopien! Diese Berge, das wussten wir, bildeten die Pforte, hinter der sich eine neue Welt verbarg ... Eine Welt, die wir später noch kennen lernen würden. Es riecht nach Schwefel, und wehe dem, der einen falschen Schritt tut.

Während all dieser Aufenthalte im Gelände hatten wir alle, die wir neu hier waren, etwas sehr essentielles erfahren: Wasser ist mit Gold nicht aufzuwiegen! Wenn ich heute jemandem er-

Thermalquelle und Sulfatschlote am Lac Abbé. (© GFDL)

In der Nähe des Lac Abbé, eines Sees vulkanischen Ursprungs an der Grenze zu Äthiopien.

zähle, dass für mich damals zwei Liter Wasser vollkommen ausreichten, um damit eine Voll-Dusche zu nehmen ... ich ernte nur entweder mitleidige oder verständnislose Blicke, und doch war es so.

Ich erspare es mir hier, von den unzähligen Fahrzeug-Pannen zu reden. Bei der Hitze – um die fünfzig Grad – kam es ständig vor, dass sich Luftblasen in den Leitungen bildeten. Dann hieß es, die Treibstoffpumpe betätigen, suchen, wo es leckt im Kreislauf. Oder wenn die Straße einfach aufhörte zu existieren und man einen Bagger gebraucht hätte, aber nur über acht Paar fleißige Hände verfügt. Oder wenn man, unter einer gnadenlosen Sonne, zum dritten Mal am Tag einen Reifen reparieren muss, und, und, und ...

... und dann lockte noch Djibouti, die Hauptstadt selbst, mit ihren tausendundeinen Sünden. Die Nächte in Djibouti waren immer ein Ereignis. Am Wochenende (Mittwochnachmittag[89]) trat das détachement der Urlauber geschlossen vor den Gebäuden an. Manchmal war es der ganze Zug, oft nur mal eine Gruppe. Immer musste ein Unteroffizier dabei sein. In der Stadt trennten wir uns natürlich, und jeder tat, wonach ihm der Sinn stand. Angetreten wurde im kurzen Ausgeh-Anzug. (Zivilkleider durften wir nicht tragen. In Calvi durfte Zivil erst ab dem Dienstgrad Sergent oder nach einer Dienstzeit von fünf Jahren getragen werden. Ausnahme war das Personal der PM, der Militärpolizei.) Wenn ich mich recht erinnere, mussten wir das Regimentsabzeichen des 2e REP in der Schublade lassen und das pucelle der 13e DBLE anlegen.

Der Sergent machte seine Liste, überprüfte, ob jeder mindestens zwei Kondome und den titre de permission (Urlaubsschein) am Mann hatte, und ließ dann auf die Fahrzeuge aufsitzen. Von Arta aus fuhren wir runter nach Gabode, ins Quartier Monclar zur 13e DBLE, wo man für uns ein chambre de passagers bereitstellte. Benutzt wurde es von uns zum Schlafen nie, weil wir, wenn nichts dazwischen kam, die Nacht durchmachten. Dann konnte es losgehen. Mit den grün-weißen Taxis fuhren wir in die Stadt, neben uns Khat[90] kauende Taxifahrer.

Glich die Stadt tagsüber einem Ort der absoluten Schäbigkeit, so war sie für uns nachts ein Paradies. Eine Bar reihte sich an die nächste. Souks, die arabischen Märkte nahe der großen Moschee, lockten mit verführerischen Souvenirs und Kleinodien. Der Hauch jahrhundertealter Tradition durchdrang unsere Sinne, und Weltanschauungen, wie sie verschiedener nicht hätten sein können, trafen aufeinander. Hier war Leben, hier wehte der Wind Afrikas und der der arabischen Nationen gleichzeitig!

Da es Prostitution offiziell nicht gab, waren die Mädchen getarnt als schüchterne und anständige Barmaids. Sie kamen aus Äthiopien, Somalia und Schwarzafrika. Die Bars, Tour d'Eiffel, le MicMac, James Bar, chez Mama Fanta (le Flèche Rouge), Joyeux Noël, l'Amsterdam oder wie sie alle hießen, erwachten erst lange nach Sonnenuntergang zum Leben, und die Barmaids warfen so nach und nach ihre zur Tarnung getragene Schüchternheit über Bord. Ich sammelte hier viele neue Erfahrungen. Zum Beispiel war es interessant und aufregend, von einer Frau regelrecht gefüttert zu werden.

---

[89] In vielen islamischen Staaten ist der Freitag das, was unserem Sonntag entspricht. Demzufolge beginnt das Wochenende auch schon am Mittwochnachmittag.

[90] Droge bzw. leichtes Rauschmittel, welches am Horn von Afrika, in Djibouti, im Jemen, in Äthiopien und in Somalia verbreitet ist. Eine Handvoll Khat gleicht einem grünem Blätterstrauch. Die Blätter werden gezupft, in den Mund geschoben und gekaut. Das Kauen der Khatblätter bewirkt unter anderem, dass die Müdigkeit weicht und positives Denken an Stelle von Ängsten tritt. Außerdem unterdrückt es den Hunger.

Ich saß in ihrem von einer Petroleumlampe beleuchteten Zimmer auf bequemen Polstern. Aus einem kleinen Ofen stieg Weihrauch und der Duft anderer exotischer Essenzen empor. Vor mir am Boden stand ein mit Huhn, Reis und verschiedenen Soßen gefülltes Tablett. Die Frau ergriff mit den Fingern etwas vom Huhn und dem Reis, formte ein Bällchen, welches sie in die Soße tippte und an meinem Mund führte. Zimt, Ingwer, Curry, Piri-Piri, roter Chili ... süß und scharf, welch ein Genuss, welch ein Höhepunkt kulinarischer Kunst! Das Spiel dauerte Stunden, und es war ein Spiel – eine Art Vorspiel, das viel versprach und es dann auch hielt.

Hinter den caisses, einer langen Einkaufsmeile, gab es den Jemeniten – le Yéménite, chez Youssouf. Eigentlich war es verboten, dorthin zu gehen, aber ... Kein aber! Öffnete man die Tür des Jemeniten zum ersten Mal, war man geneigt, ernüchtert »Entschuldigung« zu murmeln, um gleich darauf wieder zu gehen. Man war enttäuscht! Es war ein großer, einfacher Raum mit vier oder fünf grob aus Holz gehauenen Tischen. Hier gab es kein Besteck oder gar eine Karte, hier gab es keine Etikette. An den Tischen und an der Bar lungerten zwielichtige Gestalten. Hier gab es kein überschwänglich gehauchtes »Herzlich Willkommen!« – Hier gab es Fisch! Und was für einen, Donnerwetter!

Man bekam ihn eingewickelt in einer alten Zeitung, die noch vor der Unabhängigkeit Djiboutis im Jahre 1977 gedruckt worden war, und man aß mit den Fingern. Wollte man Wein dazu trinken, musste man ihn selber mitbringen, aber Vorsicht war geboten: Alkohol war strengstens verboten. Vergessen wir nicht, wo wir uns befinden! Die Weinflaschen wickelten wir in Papier, bevor wir das Lokal betraten, und stellten sie unauffällig unter den Tisch.

Der Fisch, den der Jemenit brachte – meist dorade (Gold-Brasse) oder mérou (Barsch) – war der beste, den es nördlich von Kapstadt und südlich von Rom gab (und, wie ich hörte, noch gibt!). Meine Meinung, der sich aber fast alle, die je dort aßen, nur allzu gerne anschließen. In den umliegenden Restaurants konnte man leckeres Gazellenfleisch oder sogar Kamel essen, doch mich zog es unwiderstehlich immer wieder zum Jemeniten.

Ende Februar kündigte uns der Hauptmann hohen Besuch an: Der COMLE – unser General[91]! Der General, hier? Im Camp Amilakvari? Einem am Ende der Welt gelegenen Vergiss-Mich-Posten?

Es war so! Vor der gesamten Kompanie hielt er eine Rede, bei der ich alle zwei Minuten ganz automatisch mit dem Kopf nicken musste. Ich kann mich nicht mehr an den genauen Wortlaut erinnern, doch es war eine großartige Rede, die Eindruck machte, und das nicht nur bei mir. Ich glaube, es ging um die Zukunft der Fremdenlegion. Damals kursierten die wildesten Gerüchte über Umstrukturierungen und die Auflösung verschiedener Regimenter. Über Dinge also, die uns überhaupt nicht gefielen.

Wenig später befahl mich der Zugführer in sein Büro. »Gast, du wirst im Sommer nach Castelnaudary beordert, um Caporal encadrement in einer SEV[92] zu machen.« Im Prinzip hieß das, dass mein Zugführer mit meinen Leistungen zufrieden war und mir weiter sein Vertrauen schenkte. Andererseits: Ein Caporal des 2e REP und ein engagée volontaire, das biss sich.

---

[91] Mit COMLE wird der Oberbefehlshaber der Fremdenlegion bezeichnet. Die meisten Kampfeinheiten sind ihm allerdings taktisch nicht direkt unterstellt! Auf jeden Fall aber ist er der Repräsentant der Fremdenlegion. Zugleich steht er an der Spitze des COM. LE., des Commandement de la Legion Étrangere.
[92] Section Engagée Volontaire, also als Ausbilder in einem Grundausbildungszug.

Würde ich die Geduld aufbringen und die Neuen mit Glaceehandschuhen anfassen, wie es sich anfänglich gehörte (wenn zu viele desertierten, war das sicher auch nicht gut), oder würde mein Parachutisten-Temperament mir einen Streich spielen? Innerhalb zweier Sekunden spann ich den Gedanken weiter: Hieß Ausbilder in einer SEV nicht auch ...? Doch! Ich begann zu lächeln.

Der Leutnant grinste ebenfalls. »Und wenn du schon mal dort bist, kannst du auch gleich dein CM1[93] mit anschließendem CT1 00[94] machen: Tu peu disposer, Gast!« Wegtreten!

Der Sergenten-Rang war also in greifbare Nähe gerückt. Einerseits war ich froh, andererseits hieß das auch, elf Monate lang von der Insel Abschied zu nehmen. Korsika hatte längst mein Herz für sich gewonnen. Obwohl die Insel uns immer nur als Basiscamp diente, von dem aus wir Legionäre, nachdem wir unsre Wunden geleckt hatten, immer wieder in alle vier Himmelsrichtungen davon stoben, war es auch unsere Heimat geworden, ein Stück unseres Fleisches, ein Stück unserer Seele!

Am 27. Mai 1989 verlängerte ich meinen Vertrag um achtzehn Monate, wirksam ab Februar 1990 (Auslaufen des ersten Vertrages).

Doch immer noch befanden wir uns in Afrika. Kurz bevor wir wieder unsere Bündel schnürten, um in unser Basiscamp zurückzukehren, Camp Raffalli auf Korsika, geschah etwas, was einmal mehr die Tücken dieses Landes offenbarte. An einem regnerischen Morgen brachen wir von Arta auf, Richtung Quartier Monclar. Unser Ziel war die trésorerie (Zahlstelle) der 13e DBLE. Kurz vor der Stadt fuhren wir durch das Wadi Ambouli, das zu dieser Zeit trocken lag. Von hier aus konnten wir gut beobachten, wie im Gebirge bei Arta gewitterartige Regen niedergingen. Ein nicht alltägliches Bild.

Als wir Quartier Monclar wieder verließen, um durch das Wadi wieder Richtung Balbala und dann Richtung Arta weiterzufahren, gab man uns schon von weitem Signale. Am Talweg angekommen, sahen wir, was geschehen war. Das Wadi war überflutet. Ein tosender Strom schoss an uns vorbei Richtung Meer. Überall im Wadi waren Autos zu sehen, von dessen Dächern Einheimische und Europäer um Hilfe riefen, während das Wadi sich mehr und mehr füllte. Hinterher erzählte mir ein Einheimischer, den wir aus den Fluten gerettet hatten, dass das Wasser wie ein gieriges Monstrum von den Bergen gekommen sei, das binnen Sekunden alles auf seinem Weg mitgerissen hatte. Fazit: Nicht nur die Hitze konnte töten. Selbst in der Wüste ist man vor dem Ertrinken nicht sicher. Sollten Sie, lieber Leser, jemals einen Wüstentrip unternehmen, schlagen Sie niemals Ihr Biwak in einem Talweg oder einem Wadi auf, niemals!

* * *

An dieser Stelle möchte ich einige Zeilen einfügen, die dazu beitragen mögen, den Esprit der Legionäre jener Zeit zu charakterisieren. Ich spreche hier davon, dass damals ein Legionär nicht der war, der sparsam mit seinem Geld umging. Kamen wir von Afrika, also aus dem Tschad, Zentralafrika, Djibouti, Gabun oder dem Kongo zurück, gab es meist so zwei Wochen Urlaub.

---

[93] Certificat Militaire du 1er degré – Unteroffizierslehrgang. Die Fremdenlegion bildet ihre Unteroffiziere bis einschließlich zum Sergent-Chef selber aus.

[94] Certificat Technique du 1er degré, branche 00 – Spezialisierung, Zweig Infanterie.

Oft, nein eigentlich immer verlief dieser, zumindest in den ersten Tagen, folgendermaßen: Wir Obergefreiten holten bereits in der trésorerie des Regiments unser carnet CNE ab. Das war ein Sparbuch, welches im Normalfall vom Regiment blockiert wurde, sodass nur im Falle eines Urlaubes darauf zurückgegriffen werden konnte. Die Legionäre bekamen davon eine bestimmte Summe ausbezahlt, z. B. 5000 Francs, während wir Obergefreiten das ganze Carnet mitnehmen durften. Von Calvi aus flog die Mehrheit der Legionäre der Kompanie nach Paris. In Paris gab es nur eine Bank, welche uns das Geld auszahlen konnte. Nun müssen sie sich die Gesichter der Bankangestellten vorstellen, wenn plötzlich fünfunddreißig Képi Blancs auftauchten, und jeder hebt mindestens 30.000 Francs (etwas weniger als neuntausend Mark) ab.

In den ersten Tagen blieb fast die gesamte Kompanie geschlossen in Paris. Man traf sich in den Bars der Rue St. Denis, wo es hervorragende Irish Pubs gibt wie z. B. das Front Page, oder am Boulevard St. Michel. Nachts ging's Richtung Scala, einer Top-Diskothek, deren Besitzer sich schon die Hände rieb: Kamen Legionäre, zogen sie ganze Schwärme weiblicher Konsumenten im Kielwasser mit sich. Das ist ein Gesetz, so uralt wie die Legion selbst. Die Türsteher kannten uns bereits, winkten uns durch. Wir mussten nicht wie die anderen warten. Nach drei Tagen zogen die ersten Legionäre dann wieder von dannen, und Paris hatte endlich wieder seine Ruhe. Bis zum nächsten Mal!

Man darf sich das jetzt aber nicht etwa so vorstellen, dass bei solchen Gelegenheiten eine Horde betrunkener Legionäre über Paris herfiel und die Stadt unsicher machte: Weit gefehlt! Wir hatten gelernt, uns zu amüsieren und dennoch Gentleman vom Scheitel bis zur Sohle zu bleiben.

Kamen wir dann zwei Wochen später auf dem Rückweg nach Calvi wieder in Paris zusammen, hatten sich die 30.000 Francs meist in Luft aufgelöst, und jeder sehnte sich nach einem Rucksack auf dem Rücken und nach der Kampfuniform!

* * *

Kehrte eine Kompanie von einem Einsatz oder einer compagnie tournante zurück, ließ der Hauptmann diese noch vor den Toren des Camp Raffalli absitzen. Das geschah in etwa zwischen der CMSO (Unteroffiziersmesse) und dem Taxistand, gegenüber des Eingags zum Camp.

Der Adjudant d'unité ließ die Kompanie in Reih und Glied nach der Größe antreten, meist colonne par six (in Sechserreihe). Die Gesichter braun gebrannt, marschierten wir mit Gesang durch das Tor zum Camp, wo links gleich neben dem Museum alle Offiziere und Unteroffiziere des Regimentes in Habachtstellung die Kompanie erwarteten und die Hand zum Gruß erhoben hatten – St. Michel lugte über ihre Schultern! Ganz an der Spitze der grüßenden Kader befand sich der Regimentskommandeur.

Rückblick: April 1941

16. April 1941, Paris. General Paul-Frédéric Rollet stirbt. General Rollet war 1931 erster Inspekteur der Fremdenlegion. Er diente der Legion 33 Jahre lang, in Algerien, Madagaskar, Marokko und in Europa. Berühmt wurde er als Kommandeur des RMLE, des Regiments also, welches 1918 die Hindenburglinie (Siegfriedstellung) durchbrach. General Rollet wurde zunächst in Sidi Bel Abbes begraben und später überführt und in Puyloubier beigesetzt. Noch heute, fast 70 Jahre nach seinem Tod, gibt es kaum ein Büro oder eine Unterkunft der Fremdenlegion, in der nicht ein Bild von ihm die Wände schmückt. Dieser brillante Offizier war und ist, was wir Legionäre als Père de la Légion Étrangère bezeichnen: Vater der Fremdenlegion.

General Paul-Frédéric Rollet.

Mai 1989, Castelnaudary, Korsika, Tschad

- Die Sowjetunion beginnt mit dem Rückzug ihrer Truppen aus der Mongolischen Volksrepublik.
- Die Massenproteste der Studenten in China erreichen ihren Höhepunkt in einer Demonstration von über einer Millionen Menschen auf dem Tiananmen-Platz in Peking.
- Wahl des Parteichefs Gorbatschow zum Staatspräsidenten.

Übrigens: Auch im Mai, aber im Jahr 1855, genau am 1., fand Colonel Viénot an der Spitze des 1e Régiment de la Legion Étrangère (1e Régiment Étranger) auf der Halbinsel Krim bei Sewastopol den Tod.

15

»Devisé légendaire honneur et fidélité!
Le clairon nous réveil,
Les canons nous appellent,
Le fracasse de combat
Nous ensorcelle.«
Jeune Chef[95]

Um Unteroffizier in der Fremdenlegion zu werden, muss man einen sehr steinigen Weg hinter sich bringen. Diese Türe öffnet sich nur den Besten. Hat man sie einmal aufgestoßen und muss nun das Képi Blanc gegen ein schwarzes Képi eintauschen, ist man immer noch, nein – mehr denn je: Ein Legionär.

Mir standen in etwa vier Monate SEV bevor, vier Monate CM1 und danach noch mal etwa drei Monate CT1 00 mit abschließendem Kommandolehrgang in Mont-Louis, alles in einem Block. Ende November absolvierte ich das BNS, das brevet national de secourisme. Es handelte sich dabei um eine ziemlich umfangreiche Erste-Hilfe-Ausbildung. Etwas später dann, auf dem CT1, machte ich den Führerschein für VAB, Véhicule de l'Avant Blindé (13-Tonnen-Truppentransportpanzer).

VAB, Véhicule de l'Avant Blindé.

Alle Lehrgangsteilnehmer absolvierten zwölf sogenannte 15 mille TAP, was jedes Mal 15 Kilometer Laufschritt in voller Kriegsmontur bedeutete. Den schweren Rucksack auf dem Rücken, das Gewehr in der Armbeuge und den Helm auf dem Kopf. Mir war von Anfang an klar, dass harte Zeiten auf uns alle zukamen. Nach so einem Lauf waren unsere Rücken meist übel zugerichtet, wundgescheuert. Das Fleisch lag an einigen Stellen bloß, und beim Duschen fühlte es sich dann so an, als ob einem jemand die Wunden mit Salz einreibt.

Zwischen CM1 und CT1 gab es für alle zehn Tage Urlaub ... außer für Atze und mich. Atze war sein Spitzname. Er war zwei Meter groß und verfügte über enorme Kräfte. Kam Atze mal ins Rollen, grenzte es an Wahnsinn, ihn aufhalten zu wollen.

Wir hatten unsere galons[96] zu begießen. Nicht nur wir, sondern alle, die den CM1 bestanden hatten. Bis Mitternacht mussten wir uns jedoch in der caserne Lapasset zurückmelden, weil früh am nächsten Tag um sechs Uhr dreißig der Weihnachtslauf stattfinden sollte. Ein Wettkampf, an dem alle Kompanien teilnahmen.

Das Problem war Atze. Er hatte mächtigen Durst. Natürlich analysierte ich die Situation sehr schnell und nüchtern: Atze benötigte einen Aufpasser, und wer bot sich da eher an als ich?

Es wurde eine schaurige Nacht. Irgendwann verlor ich den Faden und wachte mit einem Brummen im Schädel in einem Hotelzimmer auf. Neben mir lag eine Frau, die ich noch nie in meinem Leben gesehen hatte. Auweia! Es war Nachmittag, vierzehn Uhr.

Noch am selben Tag traten Atze und ich reumütig zum Rapport an. Während die anderen ihren Urlaub nahmen, schoben Atze und ich Wache und verrichteten andere Sonderdienste. Ich glaube, wir hatten einen tristen Rekord aufgestellt, der bis heute in der Legion Bestand haben dürfte: Keine vierundzwanzig Stunden Unteroffizier, und schon zehn Tage consigne – striktes Ausgangs- und Kantinenverbot!

Das CT1 war ein einziger Drill, Waffenausbildung Tag und Nacht. Feldkanone 20 mm, Mörser 81 mm (hier auch Leiten des Feuers einer Mörserbatterie auf verschiedene Ziele mit Korrektur). Und immer wieder Gefechtsausbildung. Der Zug im Angriff, in der Verteidigung, beim Handstreich und beim Hinterhalt. Wo setze ich als Gruppenführer meine schweren Waffen ein? Letzte Stellung vor dem Sturmangriff, fertig zum Handgranatenwurf. Erste Gruppe greift Feind links umfassend an. Erste Gruppe Deckungsgruppe, Gruppenführer, geben Sie Ihre Befehle! Lage, Auftrag, Durchführung, Führer und Fernmeldewesen .... Linke Grenze, rechte Grenze, Hauptschussrichtung! Erste Gruppe fertig machen zum Gegenangriff!

Tag und Nacht. Vierundzwanzig Stunden ohne Schlaf.

War etwas nicht so gut, wurde wiederholt. Achtundvierzig Stunden ohne Schlaf. Schon besser. Wegtreten zum Waffenreinigen, Antreten in vier Stunden, mit einem tabouret (ein tabouret ist ein Stuhl ohne Lehne, also ein Hocker).

Unsere Augen groß wie Wagenräder, überquerten wir die Hindernisbahn. Mit Waffe und dem tabouret, der einen verletzten Kameraden darstellen sollte! Also alles, nur den Kameraden nicht fallen lassen ... Schlafen im Stehen. Eine Woche , zwei Wochen ... neun Wochen!

---

[95] Jeune Chef, wörtlich: junger Chef. Dieses Lied wird an nahezu allen Unteroffiziersschulen in der französischen Armee gesungen. »Eine legendäre Devise: Ehre und Treue! Die Trompete weckt uns, die Kanonen rufen uns, der Kampflärm verzaubert uns.«

[96] In diesem Fall die Beförderung zum Sergenten, zum Unteroffizier.

Zwischenruf: November 1989

Kurze Unterbrechung für folgende Information:

- In der Nacht vom 9. auf den 10. November fällt die Berliner Mauer.

***

Die körperlichen Strapazen nahm ich ohne zu murren in Kauf. Ich war damals mit der Einstellung zu diesen Lehrgängen gekommen, »was die anderen können, kannst du auch!« An den Schlafmangel gewöhnte man sich, und hatte man den Bogen raus, so machte es einem nichts mehr aus, über lange Perioden hinweg nur mit drei Stunden Schlaf auszukommen. Was mich aber fast in die Knie zwang, war die Kälte. Vor allem dann in Mont-Louis. Nie in meinem Leben hatte ich so gefroren wie in den folgenden vier Wochen! Ich musste gestehen: Meine Grenzen waren erreicht! Drauf und dran aufzugeben, kam endlich eine etwas ruhigere Phase, welche mir den Mut zurückgab, weiterzumachen.

Als wir zum Kommandolehrgang in Mont-Louis anrückten, gab es zunächst eine Überraschung. Mit rosigen Backen standen Soldaten der Special Forces aus Fort Bragg vor uns. Sie sollten den Lehrgang mitmachen. Ein Grund mehr für uns, uns von der besten Seite zu zeigen. Sie waren gut, das muss man ihnen lassen. Sie hatten auch gute Kenntnisse im Anlegen intravenöser Infusionen. Nach jedem Marsch, den wir nach der manière marche ou crève (nach der Devise: Marschiere oder krepiere) angingen, hatten sie das auch bitter nötig. Es waren schon harte Jungs, und es bereitete uns ein Vergnügen, ihnen zuzusehen, wie einige von ihnen abends in der Linken die Flasche mit der Infusion hielten und in der Rechten eine Flasche Bier! Obwohl dem einen oder anderen bestimmt zum Heulen zumute war, lachten sie: Tough soldiers!

Etwa zu der Zeit erreichte mich ein persönlicher Brief aus Calvi. Er war von meinem Hauptmann. Darin beglückwünschte er mich zum neuen Dienstgrad, wünschte mir ein erfolgreiches Jahr 1990 und ließ mich schon wissen, dass ich als Gruppenführer vorgesehen war, wenn die Kompanie im Mai nach Djibouti verlegte. Für mich war dieser Brief etwas ganz besonderes. Er war von meinem Capitaine! Es war für mich die Bestätigung, dass unser Hauptmann die Laufbahn jedes einzelnen von uns mitverfolgte und an uns dachte. Ich sage »uns«, weil aus der ersten Kompanie außer mir noch drei andere Kandidaten dabei waren. Ich habe diesen Brief heute noch!

Der Autor als Wachhabender.

***

Global betrachtet, waren die folgenden Monate und Jahre geprägt von Innovationen innerhalb des Heeres wie auch innerhalb der Legion. Neue Waffen und Waffensysteme wurden eingeführt, wir erhielten neue Ausrüstungsgegenstände.

Für den jungen Unteroffizier in der Legion war das kein so großes Problem, die Älteren jedoch wurden manchmal richtiggehend überfahren. Doch alle waren wir anpassungsfähig, und alle brachten wir das nötige technische und auch taktische Verständnis für die Flut dieser neuen Kriegsmaterialien mit. Hier einige von ihnen:

■ Der neue Anzug TDF (Terre de France) löste den khakifarbenen Ausgeh- und Paradeanzug ab. Dieser neue Anzug ist mausgrau und, alles in allem gesehen, nicht so schick wie sein Vorgänger. Doch das ist Geschmacksache.

■ Das FRF2 löste das FRF1 ab. Das FRF2 ist das Repetier-Scharfschützengewehr. Es zeichnet sich durch das größere Kaliber aus, (7,62 mm im Gegensatz zu 7,5 mm des Vorgängers). Das alternde Zielfernrohr APX-L-806 wird durch die Scrome ersetzt.

■ Es kommt die Minimi (Maschinengewehr), die sukzessiv das AA 52 cal 7,5 mm ablöst.

■ Das ER 95 oder PP 13 (Funkgerät ab Zugführerebene) geht, das PR4G kommt.

■ GPS ist nun der Normalfall, ebenso wie der Laser-Entfernungsmesser für die Infanteriezüge.

■ Das OB 50, ein Restlichtverstärker/Nachtzielgerät kommt, das OB 25 geht.

■ ERYX erscheint, eine Panzerabwehr-Lenkrakete (Lenkflugkörper) für Distanzen zwischen hundertfünfzig und sechshundert Meter. Diese Waffe schließt eine große Lücke, denn zwischen den Panzerfäusten mit ihrer maximal effizienten Reichweite von 300 Metern und der Milan, die den Bereich zwischen fünfhundert und zweitausend Metern deckte, fehlte etwas. Die Eryx war rückstossfrei, konnte aus jedem Gebäude abgefeuert werden, vom Dreibein oder von der Schulter aus. Ihre Geschwindigkeit (4,2 Sekunden auf sechshundert Meter), ihre Treffsicherheit und die außerordentliche Zerstörungskraft ihres Sprengkopfes machte die Waffe zu einem Joker auch im Orts- und Häuserkampf, wo sie jeden herkömmlichen Bunker (und damit jedes Gebäude) knacken konnte.

Panzerabwehr-Lenkrakete ERYX. (© GFDL)

- Die Panzerfaust AT4 (84 mm) löste teilweise die LRAC 89 mm ab, die mit dem Erscheinen der Eryx ihr Dasein verwirkt hatte. Die AT4 kommt hauptsächlich im Orts- und Häuserkampf zum Tragen. Ebenfalls rückstossfrei, kann sie auf sehr kurze Distanz abgefeuert werden.
- Leider viel zu spät erscheinen VAB und VBL auf der Bühne des Regiments. Zum ersten Mal verfügt es nun über gepanzerte Fahrzeuge.
- Die Scharfschützenwaffe PGM (Cal 50)bereichert zunächst die Scharfschützen der 4e Kompanie und dann, nach und nach, alle anderen Kampfkompanien.
- Das LGI (Lance Grenades Individuel – findet sich auf Zugebene) wird eingeführt. Bis auf achthundert Meter Entfernung und sehr präzise können mit ihm leichte Granaten auf Infanterieziele abgefeuert werden.
- Die TRM 4000 und TRM 2000 (Lastwagen neuer Generation) erscheinen und schicken den Simca und den Marmon auf den Schrottplatz.

All diese Innovationen zogen sich über Jahre hin. Es gab noch mehr Dinge, doch lassen wir's dabei. Erwähnenswert vielleicht noch das neue Ausbildungsmodul für den späteren Unteroffizier. CM2 und CT2 verschwinden und machen Platz für das BSTAT.

* * *

Etwa zeitgleich mit diesen Veränderungen bzw. Neueinführungen geschah etwas, was sich für den ein oder anderen eventuell etwas banal anhört. Manch einer mag es vielleicht auch nicht gern hören, weil er davon betroffen sein könnte. Doch ich möchte weiterhin schildern, wie ich die Dinge sah, möchte meine persönliche Wahrheit wiedergeben ...

Zunächst gab es da die unumstößliche Tatsache, dass gewisse Kulturen (Nationalitäten) mehr und mehr unsere Reihen bereicherten – nicht immer zum Vorteil der Legion. Die Fremdenlegion ist doch ein verlässlicher Indikator der jeweils aktuellen Geschehnisse auf der Welt! Mein Instinkt, und ich glaube nicht, dass ich mich allzu sehr getäuscht habe, sagte mir schon nach einiger Zeit, dass diese Männer nicht dieselben Motive hatten, in die Fremdenlegion einzutreten, wie andere vor ihnen: Mir fehlte in ihren Gesichtern die Abenteuerlust.

Ich sah nicht bei jedem von ihnen die Bereitschaft, bedingungslos zu geben. Ich hatte das Gefühl, dass bei vielen von ihnen der finanzielle Part den größten Teil ihrer Motivation ausmachte, dass die soziale Absicherung eine ganz wesentliche Rolle für sie spielte. Ein menschlicher, nur verständlicher Prozess?

Für nicht wenige schien mir auch die Möglichkeit ausschlaggebend gewesen zu sein, durch den Dienst in der Fremdenlegion die französische Nationalität zu erlangen. Die Fremdenlegion als Sprungbrett, als Türöffner zum Westen?

Ich will diese Fragen hier einmal so stehen lassen.

Was mir besonders auffiel, war, dass viele dieser Legionäre nur sehr selten nachts auf Streifzüge durch die Bars und Restaurants der Garnison gingen und ihren Sold dort ausgaben. Die meisten von ihnen zogen es vor, im Camp, in ihren Stuben unter Landsleuten ihre Zeit zu verbringen, das Geld zu sparen und es der Familie zu schicken. Das war ganz offensichtlich der neue Trend!

Dann, wieder etwas später, (ob nun der vorher genannte Faktor damit zusammenhing oder nicht, kann und möchte ich hier nicht beurteilen), glaubte ich, ein kaum spürbares Nachlassen, ein Welken von allgemeiner Härte und Disziplin feststellen zu können. Härte und Disziplin, das waren gestern noch Dinge gewesen, welche die Legion ausmachten!

Die Legion schien sich ein wenig mehr nach außen zu öffnen, zugänglicher zu werden, weniger geheimnisvoll. Ein gewollter Prozess? Eine Pflichtübung? Einbildung meinerseits? Wahrscheinlich Letzteres!

Dies gesagt, gehört die Fremdenlegion mit Sicherheit immer noch zu den härtesten und besten Einheiten der Welt.

16

Repas Popote[97] au CMSO, 1er compagnie du 2e REP, April/Mai 1990[98].

»Vos gueule là dedans. Mon Capitaine, le repas est servi! – Schnauze halten alle hier drin. Herr (mein) Hauptmann, das Essen ist serviert!«

Man begibt sich von der Bar an die Tische – bei schönem Wetter draußen am Swimmingpool der Messe, ansonsten im ersten Stock, von wo aus man einen herrlichen Blick über das Meer hat. Etwas später: Alle Offiziere und Unteroffiziere der Kompanie stehen in Habachtstellung hinter ihren Stühlen und warten auf den Hauptmann.

Der Hauptmann tritt ein und der Adjudant d'unité (Spieß, Kompaniefeldwebel) gibt dem Popotiér unauffällig ein Zeichen.

Dieser greift nach seinem Weinglas, in welchem sich Rotwein (ein Fingerbreit und nicht mehr) befindet, die poussière. Poussière heißt Staub, obwohl eher der feine Wüstensand gemeint war. Dieser Brauch stammt noch aus der Kolonialzeit der Afrika-Corps, wenn es galt, den Staub aus den Gläsern zu spülen. Mit Wein natürlich! Und man hütete sich, den Schluck wegzuschütten, sondern trank ihn mitsamt dem Staub.

»Attention pour la poussière!«

Jeder greift nach dem Glas.

»Envoyez!« (Im 2e REP anstelle von envoyez auch debout, accrochez, en position oder go!)

Man hebt brüsk das Glas, trinkt auf Ex und stellt das Glas temperamentvoll wieder auf den Tisch zurück.

Der Popotiér gibt den Ton für den boudin, und jeder stimmt mit ein.

>*»Tiens, voilà du boudin, voilà du boudin, voilà du boudin.*
>*Pour les Alsaciens, les Suisses et les Lorrains.*
>*Pour les Belges, y en a plus, pour les Belges y en a plus, ce sont des tireurs au cul ...«[99]*

Während man sich nach dem boudin setzt, ertönen die Stimmen Vereinzelter:

>*»Encore un girond d'enculé,*
>*dans la guitoune de l'aumônier!«[100]*

Auf Hinweis des Hauptmanns gibt der Popotiér das Menü bekannt. Dabei steht der Popotiér in Habachtstellung und muss sich Schimpftiraden anhören. Zunächst huldigt er den Speisen, die auf den Tisch kommen. Passend und ironisch hat er den Text dazu blumig ausgeschmückt. Dann zitiert er das traditionelle Menü:

»Bon appétit Herr Hauptmann. Bon appétit die Herren Offiziere. Bon appétit Präsident und bon appétit die Herren Unteroffiziere. Bon appétit liebe Kameraden. Schlagt euch nur richtig die Bäuche voll, auf dass der erste Bissen euch schmeckt und ihr am zweiten erstickt! Und das in der umgekehrten Hierarchie-Ordnung, um dadurch das (un-)normale Spiel der anstehenden Beförderungen – in der Französischen Armee im allgemeinen und in der Legion im Besonderen – zu erleichtern. Ich wäre somit der letzte und – oh wie kläglich – wertlose Nutznießer.«

Wieder Schimpftiraden und Ablenkungsmanöver. Buhrufe!

»Mort à ce cochon de Popotiér! – Tod diesem Schwein, dem Popotiér!«

»Et qu'il en crève! – Verrecken soll er!«

Popotiér laut: »Et par St. Antoine!«

Alle antworten im Chor: »Vive la Légion Étrangère! – Hoch lebe die Legion!«

Popotiér: »Et par St. Michel!«

Im Chor: »Vive les Paras!«

Während des Essens herrscht immer eine ausgezeichnete Stimmung, die den Korpsgeist unterstreicht und die manchmal ins Melancholische umschwenken kann. Es wird viel gesungen. Im 2e REP ist das erste Lied, das angestimmt wird, oft »Eugénie«. Irgendeiner – oder der Popotiér auf ausdrücklichen Wunsch des Hauptmanns – gibt den Ton, und alle nacheinander fallen mit ein.

Ein guter Popotiér kommt selbst nicht dazu, zu essen, er hat seine Mahlzeit deshalb tunlichst vorab eingenommen. Er beobachtet die Offiziere und Unteroffiziere und brummt ihnen ein Motiv auf den Hals. Aber Vorsicht ist geboten, denn gebräuchliche Motive gib es nur ein gutes Dutzend, und diese sind haarscharf definiert. Mit erfinden ist da nichts!

»Vos gueule la dedans. Mon Capitaine, autorisation d'offrir un pot au Lieutenant Delamaniére, motive, agiter sa cravate!« Der Popotiér bittet den Hauptmann um die Erlaubnis, einem Leutnant einen pot aufs Auge zu drücken! »Agiter sa cravate« ist eines der möglichen Motive. Frei

---

[97] Als Popote bezeichnet man in der französischen Armee den Ort, an welchem ein gemeinsames Essen praktiziert wird, und das Ereignis selber. Grund, einen popote durchzuführen, ist eine wichtige Begebenheit wie ein Neuzugang, eine Verabschiedung, bedeutende Entscheidungen, etc. Während eines popotes wird ganz gewollt und gezielt ein gewisser Esprit, ein Korpsgeist gepflegt, welcher von Truppe zu Truppe unterschiedlich ist und sich durch bestimmte Traditionen, Umgangsformen, einen tadellosen Anzug etc. definiert. Präsident eines popotes ist der Älteste unter den ranghöchsten anwesenden Offizieren. Er gibt den Ton an, lässt sich aber vom sogenannten Popotiér unterstützen. Der Popotiér ist unter den niedrigsten der anwesenden Dienstgrade der Jüngste. Er animiert, lockert die Stimmung und ist für alle anfallenden Details verantwortlich. Ist es ein mit allen Wassern gewaschener und vielleicht schon erfahrener Popotiér, ist Stimmung garantiert.

[98] Traditionsgespicktes Essen der Offiziere und Unteroffiziere der 1. Kompanie des 2e REP in der CMSO (Cercle Mixte Sous-Officiers, der Unteroffiziersmesse) kurz vor der Verlegung nach Djibouti, April /Mai 1990.

[99] Le Boudin: Marschlied der Fremdenlegion. Übersetzt eigentlich »Blutwurst«, dürfte hier die zu einer »Wurst« zusammengerollte Zeltbahn auf dem Tornister des Legionäre gemeint sein. »Sieh an, hier ist sie, die Blutwurst. Für die Elsässer, die Schweizer und für die Lothringer. Für die Belgier gibt es keine mehr, denn sie sind Drückeberger und Arsch-Schützen.« (Seinerzeit hatte sich der belgische König dagegen ausgesprochen, dass seine Belgier in Frankreich eingesetzt würden.)

[100] Zwar übersetzbar, doch ich nehme Rücksicht auf zarte Gemüter!

übersetzt heißt es: Mit der Krawatte wedeln. Hierbei ist gemeint, dass der Angesprochene sich durch Worte profiliert, um positiv auf sich aufmerksam zu machen.

Stimmt der Hauptmann zu, gibt der Popotiér diese Entscheidung lautstark bekannt. Hierauf muss der Betroffene um Erlaubnis fragen, aufzustehen. Wird ihm diese erteilt, versucht er, sich vor allen zu rechtfertigen (was ihm natürlich nicht gelingt). Nachdem er dann die Erlaubnis erhält, zu trinken, leert er sein Glas – den pot, welcher jetzt bis zur Hälfte mit Rotwein gefüllt ist – in einem Zug. Ist das getan, muss er dem Wein huldigen, indem er poetisch und mit lauter Stimme sein Aussehen, seine Farbe, seinen Geruch und Geschmack etc. beschreibt.

Keine Angst: Das Essen hat vier oder fünf Gänge und dauert lange. Jeder kommt zur Genüge auf seine Kosten, und Motive zaubert der Popotiér aus seinem Képi, wie er lustig ist – oder der Nachbar flüstert sie ihm zu!

Steht der Kompaniefeldwebel auf, weil er aus Sympathie für den einen oder anderen mittrinken will, versteht es sich von selbst, dass alle anwesenden Unteroffiziere ebenfalls aufstehen. Wehe, es bleibt einer sitzen! Dem Spieß aber ein Motiv geben zu wollen, ist sträflich. Dann wird dem unwissenden Popotiér ein pot réglementaire aufgebrummt: Sein bis zum Anschlag gefülltes Glas muss er auf Ex trinken. Ist der Popotiér keine trinkfeste Natur, Gnade ihm Gott.

Steht der Hauptmann auf, was er oft tut, wenn der Spieß schon steht, stehen natürlich auch alle Offiziere und Unteroffiziere noch in derselben Sekunde. Meist bringt dann der Hauptmann einen Toast auf die Legion, das Regiment und die Kompanie. Ist nach Meinung des Hauptmanns das Essen beendet, steht er auf. Sofort steht wiederum die ganze Kompanie wie ein Mann.

»Popotiér. Le ton pour le chant compagnie!« Der meist schon beschwipste Popotiér gibt den Ton für das Lied der Kompanie, welches in Habachtstellung gesungen wird.

»Soldats de la Légion Étrangère.
Se sont battus, partout en Algérie.
Beaucoup sont tombés, des braves Légionnaires.
Pour la Légion, qui est notre Patrie!«
Soldats de la Légion Étranger[101]

Meist geht es jetzt runter an die Bar, wo Kaffee, Champagner, gute Zigarren und bester Cognac warten. Danach lädt der Hauptmann in die Stadt ein, zunächst mal in die Bar chez Emile's, direkt im Hafen von Calvi. Die erste Runde zahlt dann immer er, und die letzte – ein paar Stunden später –, wer grad noch 'nen Knopf in der Tasche hat. Ist es Sommer, springt man schon mal früh bei Sonnenaufgang in voller Uniform ins Meer, und sind weibliche Touristen da, nimmt man sie gleich mit. Dass der Capitaine keinen seiner Offiziere und Unteroffiziere vom Dienst an diesem Tag befreit, ist selbstverständlich: Wer feiern kann, der kann auch arbeiten.

* * *

---

[101] Lied der 1e CIE / 2e REP. »Soldaten der Fremdenlegion kämpften überall in Algerien. Viele der tapferen Legionäre sind gefallen, für die Legion, für das Vaterland!«

Was noch geschah:

- Opération Requin. Scharfer Einsatz in Westafrika. Unsere 2. Kompanie verlegt nach Port-Gentil, Gabun.
- Und Monsieur Antoine! Man sah ihn jeden Tag, den alten Korsen mit seinem Esel und seinem Karren, der aussah, als würde er jeden Augenblick zusammenbrechen. Diesen Eselskarren hatte ihm unser 2B, unsere Regimentswerkstatt gebaut. Ob es regnete oder die Sonne heiß vom Himmel schien: Monsieur Antoine war's einerlei, und dem Esel gleich zweimal! Er fuhr durch unsere Pforten, nicht ganz so elegant wie unser Regimentskommandeur, aber ebenso stolz, ebenso entschlossen ... Wie ein in die Jahre gekommener Burgherr. Er war nicht wegzudenken, und kam er nicht, machte man sich Sorgen: War Antoine heute schon da!? Nein? Er war doch sonst immer pünktlich!

Sein Esel trabte so langsam und bewegte sich dabei so mühevoll, dass es aussah, als käme er nie dorthin, wo er hin wollte. Monsieur Antoines Ziel war die Küche, besser gesagt die Abfalltonnen dahinter. Er lud den Inhalt in seine eiserne Tonne, um seine Schweine damit zu füttern, und schnalzte mit der Zunge. En avant! Avanti!

Er redete nicht viel, grüßte aber immer, und dass er reich war, sah man ihm nicht an, trug er doch alte und verschlissene Kleider. Der Grund und Boden aber, auf dem wir, das Regiment standen, gehörte ihm, und er hätte sich einen Lamborghini leisten können, doch sein Esel war wichtiger, ihm lieb und teuer. Hoch lebe Monsieur Antoine!

17

Djibouti, Mai bis September 1990. Wieder nur Routinesache! Abgesehen von diversen Ausbildungen, Sprüngen in der Grand und Petite Bara, in der Qayd- und Gaggadé-Wüste, glich dieser Aufenthalt dem im Jahr zuvor. Nur zwei Dinge gab es, die wirklich erwähnenswert waren.

In der Gagaddé-Wüste.

Pappy mit einem Skorpion im Day-Wald.

Im Day-Wald.

Landestypische Unterkunft der Afar.

Das eine war meine erstmalige Begegnung mit dem forêt du Day. Dieser Wald in einer bergigen Region im Zentralmassiv des Landes befindet sich auf einer Höhe zwischen 1500 und 2000 Metern. Er ist ein absolut rares Überbleibsel aus der Zeit, in der Teile der Sahara Gebirge und Teile der Bergwelt Arabiens noch bewaldet waren. Hier oben ist es angenehm kühl. Der unwirklich scheinende Nebel und undurchdringliche Dunst, der die Baumkronen umhüllt, will auch tagsüber nicht weichen. Die Bäume – abgestorbene Zedern und Akazien – strecken ihre Äste einem Himmel entgegen, der sich nur selten zeigt. Die Vegetation überlebt dank einiger seltenen Niederschläge und dank des feuchten Dunstes. Hier oben in den Wäldern sind die Täler wild zerklüftet. Ich habe hier Horden von Cynos (Paviane) gesehen, die so zahlreich waren, dass man ihre wirkliche Anzahl nur schätzen konnte. Diese Tiere sind in diesem Umfeld so aggressiv, dass es nicht im Interesse des Beobachters ist, sich lange in ihrer Nähe aufzuhalten, auch dann nicht,

Gepard in einem Käfig in Oueah.

wenn dieser Beobachter bewaffnet ist. Gerüchten zufolge essen sie sogar Fleisch und scheuen sich absolut nicht, einen Menschen anzugreifen. Da ich schon mehrmals mit Cynos zu tun und ihnen auch öfter schon in die Augen gesehen hatte, glaubte ich jedes Wort davon. Es gibt braunrote Skorpione, die eine Länge von sieben oder acht Zentimetern erreichen. Außerdem, so sagt man, soll es hier vereinzelt Geparden und Panther geben. Der forêt du Day gehört mit seinen wilden Schluchten zu den wenigen Regionen auf der Erde, vor deren Erkundung ich dringend von einem Alleingang abrate. Vor allem nachts!

Das zweite Ereignis, welches etwas aus der Routine tanzte, war ein von unserem Capitaine organisierter Abend, kurz bevor es wieder nach Calvi ging. Die Kompanie hatte diese tournante vorbildlich über die Bühne gebracht, was der Hauptmann zu würdigen wusste. Der Party-Abend fand im Quartier Lieutenant-Colonel Brunet de Sairigné[102] der Escadron de Reconnaissance[103] in Oueah statt. Dieses Quartier war ein isolierter Posten abseits in der Wüste Djibou-

---

[102] Lieutenant-Colonel Brunet de Sairigné war von August 1946 bis zu seinem Tode Kommandeur, Chef de corps der 13ᵉ DBLE. Er war mit seinen 35 Jahren der jüngste Chef de corps der Französischen Armee. Er fiel am 1. März 1948 im Kugelhagel eines Viet-Minh-Hinterhaltes, etwa hundert Kilometer von Saigon entfernt. Sein Körper wurde von den Legionären Merkel und Steiner unter Lebensgefahr geborgen.

[103] Aufklärungs-Schwadron. Leichte, schnelle, sehr mobile und stark bewaffnete Panzereinheit der Fremdenlegion. Panzertyp: ERC-90 Sagaie. Bewaffnung: Kanone 90 mm mit koaxialem Maschinengewehr 7,62 mm. Das Personal dieser Einheit stellt hauptsächlich das 1ᵉʳ Régiment Étranger de Cavalerie (1ᵉʳ REC).

tis, etwa 40 Kilometer nördlich der Hauptstadt. Oueah, ein kleines Dorf, das den Namen des Wadis trug, das sich von den Bergen Richtung Golf von Aden schlängelte, lag etwa zwölf Kilometer von Arta entfernt.

Damit der Abend einen unterhaltsamen Charakter bekam, hatte der Hauptmann angeordnet, rund zwanzig Mädchen aus der Hauptstadt nach Oueah zu bringen. Dazu hatten wir einige Zimmer, die, wie man sich vorstellen kann, immer belegt waren. Es gab genügend zu trinken, einen méchoui (ein über Feuer und Glut gegrillter Hammel oder eine gegrillte Ziege) und merguez (eine Art Bratwurst). Dazu spielte afrikanische Musik und es wurde getanzt. Es war keiner dieser Abende, die im Sumpf des Alkohols untergingen, sondern einer mit Herz, Stil und Niveau.

Neben dem schon recht interessanten Angebot an Zerstreuung stand in der Bar auch ein großer Fernseher über der Theke: Wir befanden uns mitten in der Fußball-Weltmeisterschaft 1990.

18

Calvi, 29. September 1990. Saint Michel. Die Transall zog eine Schleife über der Revelatta und näherte sich langsam wieder der Sprungzone. Mit einem etwas geübten Auge konnte man von hier aus schon gut den Absetzleiter sehen, wie er, aus der Tür gebeugt, den genauen Absetzpunkt berechnete und gleichzeitig nach dem Rauch der fumigènes (Rauchtöpfe) Ausschau hielt, die Anfang und Ende der drop zone markierten.

Die Transall flog auf sechshundert Meter Höhe. Üblicherweise sind 300 m bei Automatiksprüngen der Standard, doch es ging um einen Wettbewerb: Mitten auf dem Absetzplatz lag ein Seil. Auf dieses Seil hin sollten die ausgewählten fünf Mann jeder Kompanie nach dem Sprung sammeln, und das so schnell wie möglich. Gesprungen wurde nicht mit dem 672/12, sondern mit dem A15. Dieser hatte die Reißleine außerhalb auf dem oberen Abschnitt des Packsacks liegen. Die Stoppuhr lief, nachdem das erste grüne Licht in der Maschine gegeben war. Der Wettkampf würde danach noch weitergehen, und zwar in anderen Disziplinen, in denen es beispielsweise galt, mit einem Sack über dem Kopf Waffen zu zerlegen und wieder zusammenzusetzen, doch so weit sollte es an diesem Tag nicht mehr kommen.

Danny, der Caporal-Chef aus Österreich, war einer der Soldaten, welche bei dieser Disziplin unsere erste Kompanie vertraten, genauer gesagt war er der Chef dieser fünfköpfigen Equipe. Das kam nicht von ungefähr. Danny war Gruppenführer. Obwohl nur Caporal-Chef, gehorchten ihm seine Männer blind. Er war, was die Franzosen un sacré numéro[104] nennen würden.

Auf Grund seiner offenen und direkten Art, seines enormen Selbstbewusstseins, seiner Kompetenz und seiner natürlichen Autorität genoss er in der Kompanie ein hohes Ansehen. Seinen Männern konnte er außer Dienst Freund und Saufkumpan sein, im Dienst aber wagte es niemands, ihm auf die Schulter zu klopfen. Sogar die alten Unteroffiziere respektierten ihn, und so manch einer machte schon mal einen Bogen um ihn, wenn er ein schlechtes Gewissen hatte.

---

[104] Etwa: mit allen Wassern gewaschen.

Freunde seit eh und je: Danny mit seiner Frau Ilse.

Ich stand neben dem Turm nahe der ersten Kompanie und zählte die Fallschirme, die sich mit dem charakteristischen »Plopp« geöffnet hatten. »Eins, zwei, drei, vier … ???« Einer fehlte! Ein Raunen ging durch die Reihen der Zivilisten, die zu Hunderten am Boden standen und wie ich, den Kopf in den Nacken geneigt, nach oben starrten. Danny, der als Vorletzter die Maschine verlassen hatte, war an der Transall hängen geblieben.

Obwohl die Situation nicht gerade Anlass dazu bot, musste ich grinsen: Wenn es einen im Regiment gab, der immer wieder für Aufregung sorgte, dann Danny! Die Tatsache, dass er da unter der Maschine hing, war an und für sich nicht beunruhigend, denn wir Militärs wussten, dass die Absetzer nun zwei Optionen hatten. War der Springer bei Bewusstsein, konnte man ihn, sollten er und sein geöffneter Schirm eine Gefahr für das Flugzeug und die anderen Passagiere darstellen, einfach abschneiden. Da die Sprunghöhe ausreichte, um den Reserveschirm zu öffnen, war das durchaus möglich. Die andere Variante war, ihn in die Maschine zu ziehen. Dazu war die Transall mit einem Treuil, einem hydraulischen Seilzug ausgestattet.

Danny war bei vollem Bewusstsein, und nach dem er ein, zwei Gratisrunden am Flugzeug hängend gedreht hatte, zog man ihn schließlich zurück in die Maschine. Der Arme kam jedoch nicht nur mit dem Schrecken davon (der so groß auch nicht war, wie er mir später versicherte). Die Fehlersuche ergab wohl, dass er kurz vor Verlassen der Maschine seine Reißleine falsch gelegt hatte. Eigene Unachtsamkeit. Er bekam zehn Tage Bau dafür!

✳ ✳ ✳

Was mich über alle Maßen beeindruckte, war die Musique Principale de la Légion Étrangère, kurz MPLE. Bei der veillée Saint Michel zog sie von Kompanie zu Kompanie und spielte mal hier, mal dort. Nie vorher und nie nachher hat mich Militärmusik so in ihren Bann gezogen. Das ist nicht einfach nur Musik, das ist Hochgenuss, Ohrenschmaus vom Feinsten!

✳ ✳ ✳

Von folgendem Ereignis weiß ich nicht mehr, ob es sich in Camerone oder zu Saint Michel zutrug. Ich, junger Unteroffizier, hatte Wachdienst. Ich war Sergent und Chef de poste, garde 24. (Der Wachdienst begann früh um fünf Uhr dreißig und dauerte ganze vierundzwanzig Stunden, deshalb 24).

»Gast, ich dreh' ne Runde im Camp. In meiner Abwesenheit bist du der Chef, weil der OP[105] draußen beim COMSEC[106] ist.« Es war der SOP, der Sous-Officier de permanence.

»A vos ordres, Chef!« Ich warf einen Blick aus dem Fenster. Das ganze Regiment war im Paradeanzug angetreten, Medaillen funkelten, alles war blitzblank und es lag ein Hauch von Festlichkeit in der Luft. Eine Hundertschaft von geladenen Gästen – darunter ein Dutzend Generäle, der Bürgermeister der Stadt sowie der préfet der Insel – wartete mit Spannung auf die folgende Zeremonie.

Auf dem gepflegten Rasen vor dem Foyer war unter Palmen und olivefarbenen Zelten ein stattliches Bankett aufgebaut, und neben dem Monument am Ende des place d'arme stand links und rechts die Hundeführerstaffel mit den belgischen Schäferhunden.

Die Patrouille De France (Alpha-Jets, französische Kunstfliegerstaffel, die zu den besten der Welt gehört) näherte sich von weitem ... Alles schien perfekt, und dennoch: Der Regimentskommandeur sah immer wieder auf seine Uhr, während sein Stellvertreter, etwas abseits, dem Offizier vom Wachdienst irgendwelche Anweisungen gab.

»Sergent!« Einer meiner Wachsoldaten stand plötzlich vor mir. »Da ist einer vorm Tor. Er behauptet, Journalist zu sein, hat aber keinen Ausweis dabei.« – »Schick ihn weg.« Journalist und keinen Ausweis? Lachhaft!

Eine Minute später stand derselbe Soldat wieder vor mir. »Er sagt, er hat 'ne Einladung. Er soll Bilder machen oder so!« Ich stand auf und ging hinaus, wo ein dicklicher Mann lebhaft mit den Armen gestikulierte. Um seinen Hals hing eine ganze Sammlung teurer Fotokameras. In der Hand hielt er ein Stativ. Als er mich sah, lächelte er, warf aber meinem Soldaten, der ihn am Hereinkommen hinderte, einen giftigen und gleichzeitig triumphierenden Blick zu.

»Na also. Sie kennen mich doch!« Er wollte sich am Soldaten vorbeizwängen, was dieser jedoch mit einem energischen Griff verhinderte. Auf meine Soldaten war Verlass.

Es stimmte, ich hatte den Mann schon ein paar Mal hier im Camp gesehen, und wusste oder ahnte zumindest, dass er Journalist für die Corse-Matin, eine der größten Tageszeitungen der Insel war. Was er aber offenbar nicht wusste, war, dass ein Sergent der Fremdenlegion vor ihm stand.

»Ausweis?« Er schüttelte den Kopf. »Einladung?« Sein Kopf wurde knallrot. »Der COMSEC ist ein guter Freund von mir!«, drohte er. Ich gab dem Soldaten ein kurzes Zeichen, worauf er den Aufdringling wieder Richtung Straße bugsierte. »Das wird Ihnen noch leid tun. Das wird ein Nachspiel haben!«

Wort für Wort sah ich vor meinem inneren Auge die Vorschriften, die da klar und deutlich sagten: Jeder Besucher muss einen Ausweis mit Bild vorweisen können. Ich war mit mir zufrieden, und wie hatte der SOP gesagt: Ich war der Boss!

---

[105] Officier de permanence, Wachhabender Offizier bzw. Feldwebel vom Dienst.
[106] Commandant en second, stellvertretender Regimentskommandeur.

Kaum war ich zurück in meinem Büro, klingelte das Telefon. Es war der PSO (Président des Sous-Officiers, der Präsident der Unteroffiziere, ein Major, also der höchste Dienstgrad den man als Unteroffizier erreichen konnte). »Komm sofort in mein Büro!« Kaum hatte er diesen Satz heraus, hörte ich das wütende Klicken in der Leitung, welches mir sagte: Alarmstufe Rot! Eine Minute später stand ich stramm vor ihm: »Gast, du bist das blödeste Rindvieh, das mir je begegnet ist!« Es stellte sich heraus, dass der Chef de corps, also der Regimentskommandeur, die ganze Zeit nur auf das Erscheinen des Journalisten gewartet hatte, deshalb sein wiederholter Blick zur Uhr. Es war das erste und wohl auch das letzte Mal seit 1967[107], dass am Tag nach Camerone (oder Saint Michel? Das weiß ich eben nicht mehr), keine Bilder des Regiments in der Zeitung erschienen.

Fazit: Man lernt immer noch dazu. Die strikte Ausführung eines Befehls sollte immer einhergehen mit dem Gebrauch dessen, was die Amerikaner so schön »common sense« nennen: Des eigenen, gesunden Menschenverstands. Nur leider: Flexibilität stand leider noch nicht in meinem Lexikon.

∗ ∗ ∗

Kuwait, Irak … Desert storm: Der offizielle Beginn der Feindseligkeiten war um 00h01 am 17. Januar 1991. Schon lange Wochen vorher befanden wir Legionäre uns in einem Zustand, der mit »Messer wetzen« trefflich umschrieben ist. Unsere Enttäuschung war dementsprechend groß, ja geradezu enorm, als sich immer deutlicher abzeichnete, dass unser Regiment nicht an diesem Krieg teilnehmen würde. Über das »Warum« gab es damals Spekulationen wie Sand am Meer. War es wirklich nur, weil wir nicht wie unser Nachbarregiment, das 2^e REI, über gepanzerte Fahrzeuge verfügten? Enttäuschte Gesichter, wo man auch hinsah!

Wie sollte man einem Legionär auch erklären, dass gerade das 2^e REP, welches als Frankreichs Speerspitze schlechthin galt, nicht allen anderen voraus die arabischen Wüstenforts der Garden Saddam Husseins stürmte?

Am Tag, an dem unsere CRAP loszogen, um alleine den Namen unseres Regiments wieder einmal in aller Munde zu legen, flossen in Calvi so einige Liter Bier.

Am 28. Januar des selben Jahres verlängerte ich meinen Vertrag um drei weitere Jahre (ab August 1991).

19

Légionnaire de l'Afrique, suis tes anciens.
De ton allure magnifique, va ton chemin …
Auszug aus dem Lied »Connaissez-vous ces hommes«[108]

---

[107] Seit 1967 ist das Regiment überhaupt erst in Calvi stationiert.

[108] Connaissez-vous ces hommes – Kennen Sie diese Männer? Lied der Fremdenlegion. »Afrikalegionär, folge deinen Vorgängern. Mit deinem grandiosen Auftritt, geh deinen Weg.«

Tschad, Opération Épervier (Operation Sperber). Diese compagnie tournante fußte auf vier Säulen: Einem EMT (État-Major Tactique, taktischer Führungsstab mit dem Regimentskommandeur und seinem Stab), der 1. und der 2. Kompanie sowie einer équipe CRAP und Teilen einer CCS. Während wir, die 1. Kompanie, zunächst die ersten beiden Monate in N'Djamena (Camp Kosseï) verbrachten, der Hauptstadt des Tschad, befand sich die 2. Kompanie in Abéché (Camp Capitaine Crocci). Danach wurde getauscht. In N'Djamena erreichte uns die traurige Nachricht, dass ein Caporal der 2. Kompanie seinem Leben freiwillig ein Ende gesetzt hatte. Mit einer Pistole hatte er sich eine Kugel durch den Kopf geschossen.

* * *

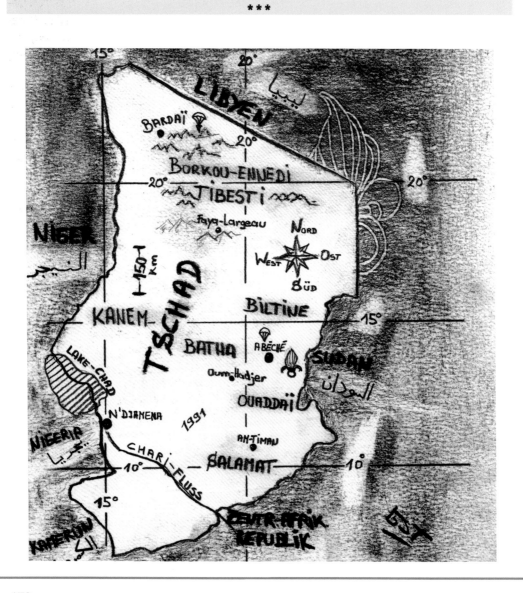

Als Unteroffizier kann man sich manchmal Freiheiten herausnehmen, die man nur vor sich selbst rechtfertigen muss. Es war ein Wochenende, die Arbeit war getan, und ich hatte Lust, wieder einmal an meine Grenzen zu gehen. Der Berg ganz hinten am Horizont schien mir das geeignete Objekt für diesen Zweck. Natürlich hatte ich mich vorher beim stellvertretenden Zugführer, einem Sergent-Chef von der Insel Reunion, abgemeldet. (Anm: Als ich den Sergent-Chef vor ein paar Jahren zum letzten Mal gesehen habe, war er Capitaine, also Hauptmann, und noch lange nicht am Ende seiner Karriere.)

Ich lief bereits seit einer Stunde. Unterwegs hatte ich mein T-Shirt ausgezogen und es mir wie eine Art Turban um den Kopf geschlungen. Außerdem trug ich nur eine weiße, kurze Sporthose und Turnschuhe. »Pass auf Minen auf«, warnte mich eine innere Stimme, die ich jedoch geflissentlich ignorierte. Obwohl es fünfunddreißig Grad warm war und mir der Schweiß in Sturzbächen von Stirn und Brust über den Körper lief, rannte ich weiter. Mein Ziel war der Berg! Ich wusste nicht, wie er hieß, konnte nicht mal sagen, warum er mich magisch anzog. Der Berg sah aus der Ferne wie ein übergroßer Termitenhügel aus.

Am Fuße des Berges angekommen, machte ich mich unverzüglich an den Aufstieg. Fast oben angelangt, kam ein schmaler Vorsprung. Eine mächtige Gestalt schoss auf mich zu, schrie mich an, machte Drohgebärden und zog sich wütend wieder zurück.

Es war ein Uhu. Ein weißer Uhu mit haselnussbraunen Flecken und großen, runden Augen. Ich weiß nicht mehr, wie lange ich in diese Augen starrte, ob es Stunden waren oder nur drei Sekunden. Sicher war jedoch, ich sah die Wahrheit darin: Die ganze Wahrheit!

Wie vorher schon einmal auf dem Ras Syan hatte ich hier ein Erlebnis, das mich prägte, ein Leben lang. Die Geschichte mit dem Uhu hat sich genau so zugetragen, wie ich sie hier niedergeschrieben habe.

* * *

Es war der 15. April 1991. Wir befanden uns in Abéché, am südlichen Rand der Ausläufer der Tibesti-Wüste im Tschad. Diese Wüste im Herzen Afrikas ist in meinen Augen eine der schönsten überhaupt. Ich hatte die unendlichen Regenwälder Südamerikas gesehen, die überwältigende Savanne Zentralafrikas und die bunte Inselwelt der Karibik, und ich hatte gedacht, nichts könne mich noch verblüffen. Doch das war ein Irrtum!

Das Spektakel eines Sonnenaufganges in dieser Wüste war mit nichts zu vergleichen, was mir je vorher unter die Augen gekommen war, Allein, hier waren es nicht nur die Augen, die sich an der Landschaft labten, sondern alle Sinne gleichzeitig. Diese Farben und Schatten, die sich gegenseitig neckten, diese absolute Stille, diese Raffinesse und verschiedenen Nuancen der kommenden und gehenden Winde. Täler, die plötzlich beginnen und genauso urplötzlich wieder verschwinden. Türme, die sich aus dem Nichts schälen, und Oasen, die völlig unverhofft das Landschaftsbild zieren. Fantastisch ... Unvergleichlich schön!

Abéché war eine Stadt mit rund 50.000 Einwohnern. Diese lebten in ständiger Angst vor einem neuen Bürgerkrieg. Obwohl sich die Lage seit der Wahl Idriss Debys – des Generals und »Wüstencowboys«, wie man ihn auch nannte – zum Präsidenten wieder einigermaßen stabilisiert hatte, trauten sie dem Frieden nicht so recht.

Tschad-Miliz nördlich von N'Djamena.

**Heute Freund –
morgen Feind?**

Das Camp, in dem wir untergebracht waren – ein richtiges Wüstenfort – lag etwas außerhalb von Abéché. Es war auf drei Seiten von einer Mauer aus Sand und Stein umgeben. Von der offenen Seite ging eine Landepiste hinaus in die Wüste. Dort gab es auch einen Hangar, in dem zwei Jaguar-Kampfjets einsatzbereit standen.

Obwohl in ständiger Einsatzbereitschaft, war die Stimmung in der Kompanie entspannt. In ständiger Erwartung, dass es plötzlich hieß: Allons y au casse pipe (... auf, in den Krieg!), gingen wir locker allen anliegenden Pflichten nach. Wir waren es gewohnt, auf ein Fingerschnippen hin die Gefechtsbereitschaft herzustellen, und von daher: Nichts Neues am Horizont!

Doch! Und zwar bereits in der ersten Woche unseres Aufenthaltes in Abéché.

»Gaston, komm und sieh dir das an!« Gelassen zündete sich Pappy eine Zigarette an und deutete mit dem linken Zeigefinger Richtung Norden. Dort braute sich was zusammen. So weit das Auge reichte, richtete sich eine enorme, unheimliche Wand, rötlich und ockerfarben, gegen den Himmel. Sie nahm die gesamte sichtbare Breite des Horizonts von links nach rechts und von rechts nach links ein, und sie kam schnell näher. Erst jetzt fiel mir auf, dass eine geradezu beängstigende Stille herrschte und die Farben am Himmel ständig wechselten. Außerdem lag eine spürbare Bedrohung in der Luft, die ich mit Worten allein nicht beschreiben kann. »Wir tun besser dran, den Zugführer zu informieren. Mach du das, Gast. Ich lauf zum Adjudant d'unité. Der sollte auch wissen, was da auf uns zukommt.«

Lokale Schönheiten bei Abéché.

Ich hatte noch nie einen Sandsturm in der Wüste erlebt. Als dieses Monstrum über uns herfiel, war das schlimmer, als ich es erwartet hatte. Gerade noch still, fauchte plötzlich, von einer Sekunde zur anderen, der Wind wie ein Orkan durch das Camp. Der Sand drohte einen zu ersticken, und scheinbar vergeblich suchte man nach dem kleinsten Quäntchen Sauerstoff. Unsichtbare Finger zogen an den Kleidern, Sand, Steine, Kiesel wurden erfasst und durch die Lüfte geschleudert. Es glich einem Inferno. Doch ebenso schnell, wie es begonnen hatte, war es auch wieder vorbei.

Unsere Fähigkeit, innerhalb kürzester Zeit die Gefechtsbereitschaft herzustellen, war auch immer geprägt von der Notwendigkeit, zu wissen, wo sich jeder befand, und natürlich von der Gewissheit, im Falle eines Alarms so schnell wie möglich zur Einheit stoßen zu können. Das galt für jeden. Für mich gab es nur ein einziges Mal eine – ungewollte! – Ausnahme von dieser Regel. Dieser Einzelfall hieß Cheitane, und bei Gott, er war wirklich ein Teufel!
Cheitane war ein kleiner, drahtiger Araberhengst. Durch einen Unteroffizier der CCS, welcher wiederum Kontakte zu einem Pferdehändler in der Stadt hatte, hatte sich mir die Möglichkeit geboten, einen einstündigen Ausritt zu machen. Robbel, so hieß der Unteroffizier, versicherte mir, dass Cheitane, wie jedes andere Reittier hier in der Gegend, auf ein bloßes Zungenschnalzen und den kleinsten Schenkeldruck reagierte.
Als ich stolz wie Oskar durch das Tor hinaus in die Wüste ritt, konnte ich noch nicht die Gesichter meiner Kameraden sehen, die sich an den Scheiben die Nasen platt drückten und sich die Hände rieben. Sei's drum!
Cheitane war eine Klasse für sich, zu dem Ergebnis kam ich bereits nach dem ersten Kilometer. Kaum drückte ich ihm leicht die Fersen in die Flanken, verfiel er in einen leichten Trab, um schließlich im gestreckten Galopp dahinzufegen. Ließ der Druck in seinen Flanken nach und schnalzte ich zweimal mit der Zunge, blieb er fast abrupt stehen. Es war ein wahres Vergnügen. Erst als ich dachte, es sei an der Zeit, umzukehren, zeigte er sich von seiner wahren Seite.

Ich drückte ihm die Fersen in die Flanken: Nichts! Er stand auf der Stelle und wackelte mit den Ohren. Ich schnalze mit der Zunge (man weiß ja nie) – keine Reaktion! Ich schlug ihm zärtlich meine Faust zwischen die Ohren: Gleich dreimal Nichts! Im Westen ging bereits langsam die Sonne unter.

Das Ende vom Lied war, dass ich, das Pferd an der Leine hinter mir her ziehend, irgendwann nachts durch das Tor schlurfte: Müde, durstig, wütend und mit der Gewissheit, dass ich nicht der Letzte sein würde, den meine Kameraden mal wieder so richtig hochgenommen hatten.

Cheitane trug seinen Namen völlig zu Recht, er hatte wirklich den Teufel im Leib ...

Unser Zug unternahm einige Patrouillen außerhalb von Abéché, und dabei entfernten wir uns oft Hunderte von Kilometern von unserem Camp. Die Routen führten uns tief in die Wüste: Biltine, Am Dam, Dopdopdop, Oum Hadjer, Ati, Mongo, Am Timan, vorbei am Hadjer El Hamis (le rocher des éléphants, demFelsen des Elefanten). Wohin wir auch kamen: Die Menschen hießen uns überall willkommen!

Mit Einheimischen in einem Boot.

Auf dem Tschad-See.

Es wütete zu dieser Zeit eine Cholera-Epidemie in N'Djamena, der Hauptstadt des Tschad. Die Zahlen, die man uns nannte, variierten zwischen fünfundzwanzig und fünfunddreißig Toten pro Tag – allein in N'Djamena. Zur Vorbeugung bekamen wir ein Medikament, das oral eingenommen werden musste. Es war eine weißlich trübe, schleimige Flüssigkeit die alles andere als appetitlich schmeckte.

Einmal – ein einziges Mal – hatten wir in Abéché Ausgang. Wir gingen in ein Lokal, in dem es einheimisches Bier und Frauen gab. Wir schrieben 1991, und ich war nicht mehr in Französisch Guyana 1985, wo Aids ein Fremdwort war, das noch in keinem Lexikon stand. Ich begnügte mich mit einem halben Dutzend Bier und ließ es dabei. Nichtsdestotrotz kam irgendwann ein schon etwas älterer Einheimischer an meinen Tisch.

»Willst du eine Frau?« Ich verneinte und wollte ihn gerade wegschicken, als er meinen Arm festhielt. »Ein Mädchen vielleicht?« Mir stand der Sinn nur nach meinem Bett, und in das wollte ich alleine gehen. Bevor ich den Alten jedoch abwimmeln konnte, sagte er flüsternd. »Siehst du das Mädchen da drüben? Ihr Name ist Amina.« Ich folgte seiner Blickrichtung und erschrak. Das Mädchen war höchstens elf Jahre alt. Bevor ich meiner Entrüstung Luft machen konnte, kam er mir wieder zuvor. »Fünfhundert Dollar, und sie gehört dir!«

Ich war müde, doch das Lächeln, das der Alte plötzlich im Mundwinkel hatte, machte mich neugierig. »Und?« – »Du kannst mit ihr machen, was du willst. Sie gehört dir.« Er senkte seine Stimme zu einem vagen Flüstern. »Und wenn du sie nicht mehr brauchst, dann ...« Ich fuhr zum Scherz mit meiner Hand quer über den Hals, worauf der Alte eifrig nickte. »Du verstehst also. Gib mir das Geld, und sie ist dein Eigentum. Wenn du sie töten willst, ist das deine Sache. Niemand wird nach ihr fragen.«

Ich war so sprachlos und zornig, dass ich, ohne es zu merken, meine Finger so fest in den Arm des Alten gekrallt hatte, dass dieser laut aufschrie. Ich stand auf und verließ ohne ein Wort dieses verdammte Lokal. Die Welt war verrückt, und dies war noch lange nicht das letzte meiner abscheulichen Erlebnisse.

Unsere Kompanie kam während der Operation Épervier 1991 nicht zum scharfen Einsatz. Für einen professionellen Soldaten, der im Prinzip nur auf den Einsatz hinarbeitet, ist »nicht zum Einsatz kommen« immer ein Satz, den er absolut nicht hören will. Natürlich hatten wir ein gutes Leben, aber um ehrlich zu sein, um ein gutes Leben zu haben, hatten wir uns alle nicht freiwillig in der Fremdenlegion engagiert. Vielleicht kann man einen Legionär, vor allem den Legionär der Fallschirmjäger, gut charakterisieren, indem man sich la prière du parachutiste, das Gebet der Fallschirmjäger in Erinnerung ruft. Es stammt von dem hervorragenden Dichter und wohl ebenso exzellenten Soldaten André Zirnheld:

> *Mon Dieu, mon Dieu, donne-moi,*
> *la tourmente donne-moi,*
> *la souffrance ...*[109]

***

---

[109] »Gib mir, mein Gott, die Qualen und die Höllenpein. Gib mir, mein Gott, das Leid!«

Gegenüber dem Camp Kosseï befand sich eine Bar, die la rose des vents hieß. Saß man an der Bar, bekam man zum einheimischen Bier (das bilibili oder auch das Gala-Bier, welche besser waren als das mocaf aus der Zentralafrikanischen Republik) auch eine Schale mit gegrillten Heuschrecken serviert. Hatte man sich daran gewöhnt, machte man zwischen den Erdnüssen, die man in einer Bar in Paris oder in chez Emile's in Calvi bekommen hätte, und diesen hochkarätigen Proteinspendern keinen Unterschied mehr, außer: Letztere (die Heuschrecken) schmeckten eindeutig besser!

Das Camp in N'Djamena glich, genauer betrachtet, einem Hochsicherheitstrakt: Überall schwer bewaffnete Wachtposten, Militär-Polizei sowie nächtliche Streifen der Groupe d'alerte (Interventions-Gruppe), hohe Mauern, Stacheldrahtzaun und, und, und ...

Nicht zuletzt richteten sich diese Maßnahmen auch gegen die Godobés. Das sind Jugendliche, für die Diebstahl eine Art Volkssport ist. Ein guter Godobé zeichnet sich dadurch aus, dass er sogar da hindurch- oder hineinkommt, wo eine Katze die Segel gestrichen hätte. Die Godobés hatten auch fast keine Angst, von uns erwischt zu werden, war doch Risiko ihr täglich Brot.

Einmal hatte es bei uns einen Diebstahl gegeben, bei dem zwei Godobés erst ungesehen über die mit Stacheldraht beschlagene Mauer gelangt und dann durch ein offenes Fenster in ein Gebäude geschlüpft waren. Auf ihrer Diebestour wurde einer von ihnen von einem Caporal-Chef erwischt, doch der hatte den zweiten, der sich hinter einer Tür versteckt gehalten hatte, nicht gesehen und war von hinten mit einer Brechstange niedergeschlagen worden. Als wir die Tat dann rekonstruierten und vor dem Fenster standen, durch das die Diebe rein und wieder raus sind, trauten wir unseren Augen kaum: Die Öffnung war so klein, dass ein normaler Mensch nie durchkommen konnte.

Godobés waren mit allen Wassern gewaschen. Erwischten wir einen, übergaben wir ihn den einheimischen Polizisten, die ihr Büro in Sichtweite hatten. Nicht selten kam es dann vor, dass wir schon kurz darauf aus ihren Büros einen vereinzelten Schuss hörten: Sie hatten den Dieb kurzerhand hingerichtet!

1991 im Tschad. Links ins Bild montiert das Abzeichen der 1. Kompanie, am Flaggenmast links die Tricolore, rechts die Flagge des Tschad.

Die Lage in der Hauptstadt war, wie gesagt, kritisch, und jeder war nervös. Tag und Nacht hörte man sporadisch Schüsse von Schnellfeuer-Gewehren. Verließ der frisch gewählte Präsident seinen Amtssitz, wurde dies schon vorher bekannt gegeben, damit die Bevölkerung Bescheid wusste. Kurz bevor er dann wirklich mit seiner Limousine Richtung Flughafen oder sonst wohin unterwegs war, fuhren noch Armeefahrzeuge mit Blaulicht durch die Straßen. Jeder war gewarnt! Kam jetzt sein Fahrzeug an, und die garde présidentiel, die Leibgarde des Präsidenten, sah nur eine einzige Bewegung auf der Straße, schoss sie sofort.

20

Zurück aus dem Tschad, machte ich im August 1991 im Regiment den Lehrgang 55210 B. Dieser Lehrgang berechtigte mich zum Überprüfen der Springer am Boden und (bei erweitertem Lehrgang, dem zum larguer OPS, welchen ich später absolvierte) auch in der Luft, zum Checken des Passagierraums der Transall C-160 für den Absetzvorgang und – unter der Leitung des Absetzleiters – zum Absetzen der Springer. Als kleines Bonbon durften wir während des späteren Lehrgangs (larguer OPS) auch drei Freifallsprünge aus niedriger Höhe (1200 m) absolvieren.

* * *

Es war an einem dieser schönen Abende, Ende September. Von den Bergen des Monte-Grosso-Massivs strömte ein angenehm milder und warmer Wind, und die Luft war erfüllt vom Aroma der Kaktusblüten und wilder Feigen. Die Touristen verließen nach und nach die Insel. Es kehrte wieder Ruhe ein in die schöne Landschaft der Balagne.

Thomas und ich beschlossen, in die Stadt zu gehen, um zu reden. Unsere Tour begann abends um acht chez Fan Fan. Dann ging es weiter ins son de guitares zum Calypso und endete um vier Uhr früh chez Emile. Irgendwas lag in der Luft. Thomas war melancholisch. Er sah mich zwar an, wenn er mit mir redete, sah aber gleichzeitig durch mich hindurch.

»Weißt du, Tom«, er nannte mich so, »du bist mein bester Freund. Darauf trinken wir!« Er wich mir aus, ein Zustand, den ich nicht akzeptieren wollte. »Was ist mit dir?« Diesmal sah er mich an: »Ich brauch' neue Horizonte. Ich möchte das Leben prügeln, nicht mich von ihm prügeln lassen. Egal, wohin er fährt ... Der nächste Zug gehört mir! Ich bitte dich nur um einen Gefallen.« Ich legte meine Hand auf seine Schulter und nickte. »Falls ich vom Zug falle und mir das Genick dabei breche, leg ein Képi Blanc auf mein Grab und trink ein Bier auf mich, während du dich an alte Zeiten zurückerinnerst.« Ich sagte nichts, nickte wieder und bestellte eine neue Runde. Lorrie, ein schickes Mädchen, bekannt für ihr Einfühlvermögen – und noch für einiges mehr –, spürte die Stimmung ebenfalls. Sie gesellte sich wortlos zu uns. Bei Sonnenaufgang verließ Thomas die Bar mit Lorrie im Arm.

Ich sollte ihn nie wieder sehen. Er desertierte, kämpfte als Söldner im Balkankrieg, in einem Krieg also, der nicht der seine war, und kam dabei auf tragische Art und Weise als Held ums Leben ... In Mostar, wie man mir sagte. Ich fand sein Grab nie, auch keinen Hinweis darauf, wo dieses sein könnte.

Das Képi, welches ich auf seine Ruhestätte legen sollte, hängt heute über meinem Schreibtisch. Ich werde wohl in absehbarer Zeit eine Lösung finden müssen, um den in all den Jahren bis heute angestauten Emotionen, ihn betreffend, freien Lauf zu lassen.

***

Es folgte eine tournante in Djibouti von Mitte März bis Mitte Juli 1992. Hier gab es keine besonderen Vorfälle, sodass ich dieses Kapitel leise schließe, ohne es geöffnet zu haben.

***

Was noch geschah:
- Drama im Fußball Stadion Furiani, Bastia. Am 5. Mai 1992 ereignete sich eine der größten Tragödien der Nachkriegszeit der Insel. Während des Spiels um das Halbfinale des Coupe de France, ausgetragen zwischen dem S.C. Bastia und Marseille, stürzte die Nordtribüne des Stadions ein. Die Bilanz war schrecklich: 17 Tote und über tausend Verletzte.

»Incontrôlée, livrée aux clans, la capitale est l'exemple même de l'échec des troupes américaines. A Baidoa, au contraire, les légionnaires français ont réussi à établir un fragile mais réel sentiment de paix.«[110]

Jean Pierre zurück von einer Patrouille.

- Gegen Ende des Jahres 1992 engagierte sich unsere 3. Kompanie (la 3e CIE du 2e REP) Seite an Seite mit anderen Teilen der französischen und amerikanischen Streitkräfte in Somalia. Die Opération Oryx nahm ihren Lauf. Die Kompanie stand an vorderster Front, als ab dem 9. Dezember in der Hauptstadt Mogadischu militärisch operiert wurde. Am 25 Dezember wurde diese Speerspitze von 400 Legionären der 13e DBLE (Bataillon Bravo) verstärkt. In diesem Einsatz (Opération Oryx oder Restore Hope, wie die Amerikaner ihn nannten) kämpften unsere Jungs der dritten, les noires, Schulter an Schulter mit dem USMC[111], den Marines oder auch Ledernacken, zunächst in Mogadischu und später dann in Baidoa. In beiden Städten gab es überwiegend Scharmützel, punktuelle Gefechte,

---

[110] »Unkontrolliert, den verschiedenen Clans ausgeliefert, ist die Hauptstadt Somalias ein Beispiel des Versagens der amerikanischen Truppen. Anders in Baidoa, wo es den Soldaten der französischen Fremdenlegion gelang, einen – wenn auch fragilen – Frieden zu etablieren.« Auszug aus dem Nachrichtenmagazin *Le Point*, Dezember 1993.

[111] USMC = United States Marine Corps

einen Hinterhalt hier, das Verteidigen eines Checkpoints da. Teilweise hieß es sogar »à l'assaut – Attacke!«, ganz in alter Legionärstradition. Dinge also, welche die Legion und insbesondere das 2e REP dank fortwährender Ausbildung aus dem Effeff beherrschte. Entsprechend zeichnete sich unsere dritte Kompanie in allem aus, was sie tat.

Für Teile 2e REP hieß es gegen Ende Februar '93: La travaille est accomplie, rentrons a la maison! Die Arbeit ist getan, lasst uns nach Hause gehen. Für andere Truppenteile der Fremdenlegion, hauptsächlich des 13^e DBLE, begann die eigentliche Arbeit erst jetzt. Die Halb-Brigade der Legion, Teil der FFDJ – der in Djibouti stationierten französischen Kräfte – war dazu in einem geordneten Verband, der BIAS[112] (ONUSOM II[113]) mit anderen Truppenteilen zusammengefasst. Hauptauftrag des Verbandes, zu dem – unter anderem – auch reguläre französische Fallschirmjäger (9^e RCP[114]) und französische Gebirgsjäger (6^e BCA[115]) teilnahmen, war:

- ■ Wiederherstellen der Sicherheit im Einsatzgebiet (Baidoa)
- ■ Hilfe beim Wiederaufbau
- ■ Unterstützung von Flüchtlingen bei ihrer Rückkehr
- ■ Humanitäre Hilfe allgemein

Die Legionäre machten nicht die selben Fehler wie die amerikanischen GIs. Die Fremdenlegion und Afrika: Das ist eine Liebe, die schon sehr früh entstanden ist und die bis heute noch Bestand hat. Damals wie heute haben die meisten Legionäre schon mehrmals und auch über längere Zeiträume hinweg in Afrika gedient – ob in den Ländern des Maghreb in Nordafrika[116], am Horn oder in Schwarzafrika ... der Legionär war hier in Afrika zu Hause! Weit davon entfernt, den Afrikanern mit Arroganz und Selbstgefälligkeit gegenüberzutreten, krempelten auch damals in Baidoa unsere Legionäre die Ärmel hoch und machten sich an die Arbeit.

Gnadenlos entwaffneten sie zunächst die Miliz und die Banden beziehungsweise Clans in der Zone, doch damit nicht genug: Kontakte zu den Chefs de villages und den Unter-Clans, vor allem den schon älteren, wurden geknüpft und ständig aufrechterhalten. Hier waren vor allem die Legionäre gefordert, die der Sprache mächtig waren – Somali und Arabisch. Es wurden Brunnen freigelegt, tonnenweise Müll entsorgt, Straßen ausgebessert, und die Feldärzte und Krankenpfleger taten rund um die Uhr Dienst, halfen der Bevölkerung, wo es nur ging. Die Menschlichkeit wurde in den Vordergrund gesstellt, nicht das Protzen mit Macht, Waffen oder militärischer Stärke. So wuchs Tag für Tag der Respekt. Man vertraute den Legionären. Frieden schlich in Baidoas Gassen und ins Land ...

... bis zu jenem Tag.

Baidoa, 7. August 1993, 09h00. »Moteur en route, en avant!« Die Schutzeskorte unter dem Befehl des Adjudant Jousse setzte sich um genau 09h03 mit ratternden Motoren in Bewegung. Der Auftrag war alltägliche Routine: Der Zug, knapp dreißig Legionäre, sollte die Sicherheit eines US-Konvois von Baidoa nach Mogadischu gewährleisten: 16 Lastwagen der US Army, unter die sich außerdem noch 4 französische Lkws gemischt hatten.

---

[112] Bataillon (Français) Interarmes de Somalie
[113] ONUSOM = Opération des Nations Unies en Somalie
[114] Régiment de chasseurs Parachutistes
[115] Bataillon de chasseurs alpins
[116] Tunesien, Algerien und Marokko

Daran, dass Konvois in der jüngeren Vergangenheit immer wieder in Hinterhalte geraten waren (in einem der blutigsten ließen am 5. Juni des Jahres in Mogadischu 24 Soldaten aus Pakistan ihr Leben), dachte Adjudant Jousse mit Sicherheit.

Jousse, ein immerfroher Kerl von hoher Gestalt, athletisch gebaut und mit kahl geschorenem Schädel, war ein Profi, und Gefahreneinschätzung sowie eine sorgfältige Abwägung der Situation gehörte für ihn zum täglichen Brot. Dieser Adjudant chevronné, der den Löwenanteil seiner Kariere bei den Fallschirmjägern der Fremdenlegion verbracht hatte, war mit Gefahren bestens vertraut, einige Narben in seinem Gesicht sprachen Bände davon. Sein Instinkt für Blitz und Donner einer unmittelbar bevorstehenden Konfrontation, erworben in zahlreichen Einsätzen, ließ ihn aufhorchen. Mit grimmiger Mine musterte er seine Soldaten, dachte daran, dass es für ihn eigentlich fast unzumutbar war, ohne seine eigenen Männer loszuziehen. Seine Männer, damit meinte er die Legionäre, die er in der 3. Kompanie in Calvi jahrelang tagtäglich für den Einsatz trainiert und ausgebildet hatte. Das Schicksal gewährte ihm diese Gunst jedoch nicht.

Für zwei Jahre von seiner Stammformation, dem 2^e REP, abgestellt (Überseeaufenthalt), hatte er einen Zug der 3^e CIE der 13^e DBLE unter seinem Befehl. Dass er sich jedoch gerade mit diesen Legionären des Wüstenregimentes der Legion seiner Leidenschaft – Legionäre in den Kampf zu führen – bald nahezu grenzenlos hingeben konnte, wusste er zu dieser Stunde noch nicht.

13h10: Der Konvoi überquert unbehelligt die Brücke von Afgooy, einem Ort unmittelbar vor den Toren zu Mogadischu. Als die Nachhut die Brücke knapp 200 Meter hinter sich gelassen hat, wird der Konvoi von allen Seiten angegriffen. Ein Hagel aus Blei schlägt den Legionären aus der dichten Vegetation von links und von rechts aus kurzer Distanz entgegen.

Bis zu diesem Zeitpunkt war es für US- beziehungsweise ONUSOM-II-Konvois Usus, in so einem Augenblick zu beschleunigen, um in rasantem Tempo das Heil in der Flucht nach vorne zu suchen. Die Legionäre jedoch verblüfften mit ihrer Reaktion Freund und Feind: Noch aus der Bewegung heraus und mitten im Kreuzfeuer der Rebellen gab Adjudant Jousse den Befehl zum sofortigen Gegenangriff.

Plötzlich hagelt es ebenso kurze wie präzise Befehle. Ein Lkw der Legionärs-Eskorte prescht nach vorne. Die Soldaten springen von den Fahrzeugen, formieren sich blitzschnell. Blickkontakt mit dem Gruppenführer. Fertig! Fertig! Fertig! Aus sechs Mündern gleichzeitig. »Deckungstrupp?«

»C'est bon, Sergent. Dites bonjour de notre part à ces salopards! – Deckungstrupp steht, Sergent. Grüßen Sie diese Schweinehunde von uns!« Noch in der selben Sekunde hämmern die 7,62-mm-MGs der Legionäre los. Der Sergent holt einmal tief Luft, lässt zum Signal seine Hand sinken, erhebt sich geschmeidig und stürmt voran: »À l'assaut – Angriff!«

Während diese 1. Gruppe zu Fuß in Schützenlinie und von Deckung zu Deckung springend den Feind links auf Höhe des ersten Fahrzeuges angreift und diesem jetzt schon erhebliche Verluste beibringt (drei Rebellen bleiben tot auf der Strecke), übernimmt es Adjudant Jousse selbst, mit dem Rest seiner Truppe ein ähnlich gewagtes Manöver auf der gegenüberliegenden Seite durchzuführen. Mit einem schnellen Seitenblick stellt er gerade noch überrascht fest, dass die Amerikaner schlicht auf ihren Lkws sitzen geblieben sind.

Derweil lässt sich die 1. Gruppe unter der Führung des markigen Sergenten der 13ᵉ DBLE nicht in ihrem Elan bremsen. Über die Stellungen des Feindes hinaus trägt sie ihren Angriff bis zu einer Ruine fort, aus der ihr massives Gewehrfeuer aus nagelneuen Kalaschnikows entgegenschlägt, sie zu Boden und in Deckung zwingt ... doch nur für kurze Zeit. Wie beim Training stürmen die Legionäre weiter voran. Ihrem präzisen Feuer und ihrer wilden Entschlossenheit haben die Rebellen an diesem Tag nichts entgegenzusetzen. Zwei von ihnen werden schwer verletzt, der Rest flüchtet, panische Angst im Nacken.

Jeder andere Gruppenführer hätte spätestens in diesem Moment seinen Männern eine Pause gegönnt.Nicht so dieser Sergent der 13ᵉ DBLE, der nur eines im Sinn hat: Den Gegner so hart wie nur möglich zu treffen, um so zu verhindern, dass sich dieser neu gruppieren kann. Gnadenlos hetzt er die Somalis bis in ihr Versteck, wo zwei weitere von ihnen Opfer der gezielten Schüsse der Legionäre werden und drei andere schwer verletzt endgültig das Handtuch werfen. Sieben weitere Rebellen geben auf, strecken ungläubig ihre Arme in den Himmel: Sie haben genug ... hatten sich den Überfall leichter, einfacher vorgestellt!

Eine ähnliche Situation erlebt derweil Adjudant Jousse mit der 3. Gruppe, deren Gruppenführer, ein erfahrener Caporal-Chef, ein Hauptgefreiter ist. Irrtümlich (oder heimtückisch?) werden sie von einer Gruppe somalischer Polizisten aufs Korn genommen, ohne jedoch Verluste hinnehmen zu müssen. Als die Legionäre unbeirrbar und dem beharrlichen Beschuss zum Trotz auf die Polizisten zustürmen, ergeben sich auch diese. Sie entwaffnen, bewacht hinter die Linien führen und gleichzeitig den nächsten Angriff einleiten ist eins.

Immer noch im gleichen Zeitfenster wird die 1. Gruppe plötzlich von einem Feind beschossen, der sich etwa 400 Meter weiter östlich in einem Gebäude verschanzt hat. Jousse reagiert sofort, befiehlt sämtliche Scharfschützen und Maschinengewehre des Zuges in den Stellungsbereich der 1. Gruppe, wo sie sich unter Führung des Sous-Officier adjoint (stellvertretender Zugführer), einem erfahrenen und ruhigen Sergent-Chef, von hinten geduckt anpirschen, in Stellung gehen und sofort das Feuer eröffnen. Einer der Scharfschützen krümmt den Finger, kaum dass er eine flüchtige Silhouette ihm gegenüber erkennt, und ein Rebell haucht sein Leben aus. »Bon

Scharfschütze des 2ᵉ REI mit FRF2. (Foto: davric, © CC)

boulot!«, nickt ihm der Sergent-Chef durch den Pulverrauch zu. Gute Arbeit! Worauf der Scharf-schütze scheinbar emotionslos seine Fusil a répétition modèle F2 (FRF2) nachlädt, einen Stel-lungswechsel durchführt und nach dem nächsten unvorsichtigen Opfer Ausschau hält.

Spätestens jetzt ist die tödliche Umklammerung gesprengt. Das Blatt hat sich definitiv gewen-det: Aus den Gejagten sind Jäger geworden, aus den hinterhältigen Aggressoren Opfer. Nun, da der Feind lokalisiert und durch Feuer gebunden ist, beginnt der nervenaufreibende Teil: Das Durchkämmen der dichten Vegetation, wo hinter jedem Busch der Tod lauern kann. Die Legio-näre gehen methodisch vor, und es dauert seine Zeit, bis auch das letzte Widerstandsnest ausgehoben ist. Sechs Somalis werden schnell lokalisiert, gefangen genommen, nach hinten abtransportiert und den GIs übergeben.

Plötzlich das Geräusch von Kampfhubschraubern, die sich im Tiefflug nähern. Jousse wirft ei-nen Blick auf seine Uhr, flucht lautlos. Eineinhalb Stunden sind vergangen seit dem ersten Feindkontakt! »Merde, alors!« Er muss zusehen, wie die Helikopter zunächst in Deckung lan-den, damit die Piloten die Frequenz der amerikanischen Einheit, die den Konvoi begleitet, in Er-fahrung bringen. Im Schwebeflug bringen sich die Helikopter dann kurz darauf so in Stellung, dass sie mit ihren Bordkanonen das Gebäude, in dem sich die Rebellen verschanzt haben, wegrasieren können, aber erst, wenn diese Teufelskerle von Legionären am Boden unter ihnen ihre waghalsigen offensiven Manöver stoppen, damit sie nicht in »friendly fire« geraten.

Wieder etwas später erscheinen vier US-Panzer. Ihren Besatzungen vertraut man die Gefan-genen an.

Die Legionäre konfiszieren 13 AK47 (Kalaschnikows), 2 Sturmgewehre G3/HK (deutsche Fa-brikation, Heckler und Koch), 3 RPG7 (russische Panzerfäuste).[117]

Vor der 1. Gruppen und unter den Augen der entsetzten amerikanischen Piloten spielen sich besorgniserregende Szenen ab: Über 500 Zivilisten, unter ihnen viele Bewaffnete, haben sich auf der Straße, die Richtung Mogadischu führt, zusammengerottet. Ihre Zahl wächst ständig, ebenso wie die Anzahl der RPGs und der Schnellfeuergewehre. Adjudant Jousse tut gut da-ran, seine Legionäre zurückzuziehen. Er bläst zum Rückzug, lässt aufsitzen und setzt sich mit dem Führer des Konvois in Verbindung, worauf die Fahrzeuge sich in Bewegung setzen und, ohne Verluste zu beklagen, in höllischem Tempo diese menschliche Barriere durchbrechen. Ohne weiteren Zwischenfall – ein US-Helikopter macht den Weg frei – geht es weiter Richtung Mogadischu.

Nie wieder wurde ein Konvoi der französischen Truppen in diesem Sektor oder anderswo in Somalia Opfer eines Hinterhaltes!

> »15 Bandits mis hors d'état de nuire, 15 armes saisies
> ... c'est carrée, c'est bien!«
> **Kommentar des COMELEF, General Quadri[118]**

---

[117] Anm. des Autors: Was die Beutewaffen betrifft, so gibt es verschiedene Versionen. Ich hielt mich an die Aussage des Mannes, der es eigentlich am besten wissen müsste: Adjudant Jousse.

[118] COMELEF: Commandant des Elements Français, Kommandierender General aller französischen Kräfte im Territorium. »15 Banditen tot oder kampfunfähig, 15 Waffen beschlagnahmt ... das ist geradlinig, das ist gut!« Zitiert aus: *Magazin Figaro*, Ausgabe Nov. 1993.

Dezember 1992 / Januar 1993, Sarajevo

- Der griechische Tanker Aegean Sea mit 80.000 t Rohöl an Bord strandet, bricht auseinander und explodiert in der Bucht des spanischen Hafens La Coruna. Rund 72.000 Tonnen Öl laufen aus.
- Whitney Houston singt »I will always love you«.
- Dizzy Gillespie, amerikanischer Jazzmusiker, stirbt.
- Der bosnische Vize-Regierungschef Turalic wird bei Sarajevo in einem Autokonvoi der UNO von serbischen Soldaten ermordet.
- Die zwölf EG-Staaten, Österreich und die Schweiz erkennen am 15. Januar 1992 Kroatien und Slowenien als unabhängige Staaten an. Deutschland nimmt als erster Staat diplomatische Beziehungen zu beiden Ländern auf. Mit diesem Schritt bemüht sich die EG vergeblich, die seit Juni 1991 in einen Bürgerkrieg verstrickten Parteien zu Friedensverhandlungen zu bewegen.

Übrigens: Auch im Januar, aber im Jahr 1947, wird das 1e REC (1e Régiment Étranger de Cavalerie) nach Indochina verlegt, wo es ab April im Zentrum und im Süden Annams sowie in Cochinchine (heute ungebräuchlicher Name für das damalige Süd-Vietnam und Teiledes östlichen Kambodschas) eingesetzt wird.

21

Sarajevo 1992/93.

Als im August 1992 ein neuer Regimentskommandeur das 2ᵉ REP unter seinen Befehl nahm, machte er uns ein Versprechen: »Ich werde euch in einen Krieg führen oder dorthin, wo ihr euch beweisen könnt!« Der Colonel hielt Wort.

O terre de détresse,
ou nous devons sans cesse,
piocher ...!

Dieses Lied, in Deutschland bekannt unter dem Titel »Die Moorsoldaten« oder als »Börger-moorlied«, drückte etwas die Stimmung der kommenden Zeit aus. Dies nicht in Bezug auf die Fremdenlegion, sondern vielmehr in Bezug darauf, wie ich persönlich die kommenden sechs Monate empfand, und in Bezug auf das Elend und Leid, welches mir dort in Sarajevo auf Schritt und Tritt begegnen sollte.

Als Sergent und bereits stellvertretender Zugführer ging ich Weihnachten in Bastia an Bord des Flugzeuges, das uns in einen Krieg führen sollte, wie wir ihn nicht kannten. In einen Krieg, der uns in seiner Art und in der damaligen Zeit fremd anmutete.

Zum ersten Mal seit Bestehen des Regimentes nahm es an einem Blauhelm-Einsatz teil. Viele sprachen hier von einem hohen Risiko. Davon, dass die Legion niemals derartiges bewältigen könnte! Um es vorwegzunehmen: Diese Kritiker wurden schon nach den ersten Tagen unserer Präsenz auf dem Balkan leiser und verstummten ein paar Wochen darauf ganz. Das Regiment zeigte hier mir großer Bravour, wozu eine Einheit der Fallschirmjäger der Fremdenlegion fähig ist.

Im Vorauskommando (précurseurs) waren alle Stellvertreter der Kampfzüge und der Stabs-, Versorgungs- und Nachschubeinheiten zusammengefasst worden. Wir hatten etwa zwei Wochen Zeit, jeder auf seiner Ebene, die Ankunft des Regiments vorzubereiten. Hauptsächlich ging es für mich wie auch für Jacques (einen guten Freund, Österreicher und stellvertretender Zugführer des vierten Zuges) darum, die Übernahme der Unterkünfte, der gesamten Munition und der spezifischen Zusatzausrüstung sicherzustellen. Dies beinhaltete natürlich auch, sich schon Mal mit dem künftigen Auftrag des Zuges, der ja noch in Calvi war, auseinanderzusetzen, denn spätestens in dem Moment, in dem unsere Männer den Fuß auf diesen Boden setzen würden, sollten die ersten Aufträge bereits auf sie warten. Es würde keine Übergangsphase geben ... Einrichten, duschen, essen und sich groß orientieren, das war für später!

Erstmals verfügte das Regiment über gepanzerte Fahrzeuge, VAB und VBL, doch unsere Fahrer und vor allem auch die Zug- und Gruppenführer hatten sich in Frankreich bereits sehr intensiv mit dieser neuen Art der Kriegsführung auseinandergesetzt.

Die Übergabe/Übernahme von Seiten unserer Vorgänger verlief korrekt. Die Einheiten vor Ort, hauptsächlich das RICM[119], arbeiteten schnell und professionell, und sie zeigten sich bis ins

---

[119] Erbe des Régiment d'Infanterie Coloniale du Maroc, steht dieses Kürzel heute für Régiment d'Infanterie de Chars de Marine.

kleinste Detail sehr kooperativ. Das Material, vor allem der Fuhrpark, war (den Umständen entsprechend) hervorragend gewartet.

Was den Fuhrpark betraf, so erwarteten uns pro Zug vier VAB – einer pro Gruppe und einer für den Zugtrupp. Auf Kompanieebene gab es das VBL, das Véhicule Blindé Léger, später auch frech »Sarajevo-Taxi« genannt, ein Fahrzeug, welches dem Hauptmann zu Verfügung stand und sich für einen nächtlichen Spähtrupp optimal eignete, weil es eine sehr flache Silhouette hatte und auf leisen Sohlen fuhr.

Die VAB waren entweder mit der Feldkanone 20 mm und dem dazugehörigen koaxialen Maschinengewehr 7,62 mm ausgestattet oder mit einer 12,7 Browning. Der VAB C 20 (der mit der 20-mm-Kanone) war ein Unding: Zum Nachladen musste man raus aus dem Gefährt und auf den Turm klettern, um dort an die Munitionszubringer zu kommen. Entweder fuhr man dazu in die nächste Deckung, oder man musste sich eben ganz bewusst dem Sniper-Feuer aussetzen.

Die Serben benötigten nicht allzu viel Zeit, um herauszufinden, dass die hydraulischen Leitungen an einigen Stellen des Turmes teilweise ungeschützt verliefen. Mit ein paar gut gezielten Garben aus ihren Maschinengewehren drängten sie so manch einen VAB C 20 in die Defensive. An solche Details musste man einfach denken: Was, wenn während eines feindlichen Angriffes die Munition verschossen war oder, schlimmer noch, die Hauptwaffe ausfiel, weil ein Gewiefter sich diese rasch hinlänglich bekannte Schwäche zu eigen gemacht und auf die hydraulischen Leitungen geschossen hatte?

Unser Fuhrpark in Sarajevo 1992/1993.

Der Flughafen Sarajevos, kontrolliert von der Artillerie der Serben, die ihre Geschütze auf dem Mont Igman und allen wichtigen Anhöhen um die Stadt herum hatten, glich einer belagerten Festung. Überall waren Sandsäcke aufgeschichtet, gab es Beobachtungsbunker, ausgebaute Kampfposten und Stacheldraht. Sarajevo war zu diesem Zeitpunkt von den serbischen Kräften eingeschlossen.

Die Situation, in der sich das Regiment befinden würde, war alles andere als komfortabel, denn wir verfügten anfangs nicht über schwere Waffen wie Mörser etc. Schoss man auf uns, was bald schon täglich der Fall sein würde, drückten die Rules Of Engagement in etwa aus, dass wir das Feuer erst erwidern durften, wenn der Schaden schon unwiderruflich war. Geschossen werden durfte nur in Notwehr, und dann auch nur, wenn der Feind als solcher ganz klar erkennbar war.

Natürlich gab das Probleme, ich sage mal vorsichtig, psychologischer Natur. Sich eingraben, hinter zentimeterdicken Panzerungen verstecken und Däumchen drehen, während man auf uns schoss? Undenkbar! Das 2^e REP war eine erstklassige Sturmtruppe. Und dabei liegt die Betonung auf »Sturm«, also: Ran, Drauf, Drüber! Ein radikales Umdenken musste also stattfinden.

Das war gewiss eine große Herausforderung für unsere Chefs, die sich mit Sicherheit Fragen stellten wie: Können wir in den entscheidenden Augenblicken unsere Hitzköpfe zurückhalten? Und wie sich bald herausstellen sollte: Entscheidende Augenblicke gab es damals ebenso viele, wie der Tag Minuten hatte!

Da ich von Natur aus ein vorsichtiger Mensch bin, werde ich in diese Richtung nicht weiter spekulieren, aber jetzt, im Nachhinein, und wenn ich für mich ein Resümee ziehen darf, kann ich nur sagen: Hut ab vor unserem damaligen Regimentskommandeur, vor den Zugführern, ob Offizier oder Unteroffizier, und vor jedem einzelnen Soldaten des Regiments! Zu viel Lob? Möglich, aber ich sage meine Wahrheit!

Die Lande- und Startbahn des Flughafens Sarajevo, welche in ihrer Längsachse von den serbischen Flach- und Steilfeuerwaffen vollständig kontrolliert wurde, lag in einem Kessel, der ironischerweise an den Dien Bien Phus erinnerte.

In der Querachse lagen sich Butmir und Dobrinja gegenüber, ein Stadtteil Sarajevos, die beide noch in der Hand der Bosnier waren. Um also nach Sarajevo zu kommen, Munition, Vorräte oder Kämpfer von außen nach innen – und umgekehrt – zu schleusen, überquerten die Bosnier im Schutz der Dunkelheit den Flughafen (später sollten sie Tunnel unter diesem hindurchgraben).

Eine der Bedingungen jedoch, die die Serben daran geknüpft hatten, dass die UNPROFOR[120] den Flughafen (als neutrale Zone) überhaupt für die Einführung von Hilfsmitteln nutzen durfte, war, dass die dort stationierten Truppen – also wir – die Bosnier davon abhalten sollten, diesen zu passieren. Die Mission, mit deren Durchführung diese Bedingung der Serben erfüllt werden sollte und mit der wir beauftragt wurden, erhielt denn auch den passenden Namen »Mission crossing«[121].

---

[120] United Nations Protection Force. UN-Schutztruppe, im Februar 1992 vom UN-Sicherheitsrat ins Leben gerufen.
[121] crossing = Überqueren, Passieren

Unserem Auftrag kamen wir nach, indem zwischen Sonnenunter- und Sonnenaufgang mehrere VAB-Patrouillen nonstop den Tarmac[122] abfuhren. Stießen die Patrouillen auf Bosnier, wurden diese gestellt, entwaffnet und wieder dorthin zurückgebracht, wo sie hergekommen waren. Dieser Auftrag war sehr gefährlich, da die Serben, obwohl sie wussten, dass es unsere Soldaten waren, die dort ihre Pflicht erfüllten, mehr oder weniger auf alles schossen, was sich bewegte. Später, als das Regiment vollzählig eingetroffen war und seinem Auftrag nachkam, gab es auf dem Tarmac jeden Tag Tote und Verwundete unter den Bosniern. Unter ihnen viele Frauen und Kinder. Ich habe wirklich Pferde kotzen sehen!

Nun, bereits in der ersten Nacht begleitete ich eine Patrouille des RICM auf ihrem nächtlichen Ausflug auf den Tarmac. Man muss sich vorstellen, dass eine Patrouille aus zwei VABs bestand, die vom Dach des Towers aus mit Hilfe einer Mira (Wärmebildgerät / Infrarot-Nachtzielgerät für die Milan) über Funk zu ihrem jeweiligen Ziel gelenkt wurden. Meist waren drei oder vier Patrouillen gleichzeitig eingesetzt.

Der Mann hinter der Mira war der Zugführer oder sein Stellvertreter. Auf dem Dach des Towers hatten wir zunächst eine Plane gespannt, die aber keinen ausreichenden Schutz bot – weder vor dem eisigen Wind noch vor dem Regen, der den Beobachter zermürbte, und schon gar nicht vor den Projektilen aller Kaliber, die uns hier immer wieder um die Ohren flogen. Später verlegten wir dann auch einen Stock tiefer, ins Innere des Towers.

Kaum kam in dieser ersten Nacht der VAB ruckartig zum Stehen, erklang auch schon die Stimme des Gruppenführers: »Zwölf Uhr – Dreißig – Vier Mann – Bewaffnet.« Zwölf Uhr, das hieß in Fahrtrichtung, und Dreißig war die grob geschätzte Distanz in Metern. Somit hatten die Infanteristen hinten im VAB einen Anhaltspunkt, wohin sie sich wenden mussten und was sie draußen im Dunkeln erwartete. Jetzt musste alles schnell gehen.

Wir sprangen aus dem Fahrzeug und liefen nach vorne, wo ein zweiter VAB sich bereits als Schutz zwischen uns und die Stellungen geschoben hatte, die wir bereits alle kannten. Rasch wurden die Bosnier gestellt, nach Waffen durchsucht und in den VAB gebracht.

---

[122] Der Begriff »Tarmac« setzt sich zusammen aus dem Wort tar (Teer) und der Silbe mac aus macadam (Makadam). Gemeint ist damit hier das Flughafengelände und insbesondere die Start- und Landebahn.

Vom Einsatz zurück. Deutlich zu sehen: Spuren vom Beschuss.

Noch mal Glück gehabt!

Ich stieg als letzter ein. Genau in dem Augenblick, in dem ich die Hecktüre des VABs geschlossen hatte, trommelte eine Garbe 7,62-mm-Geschosse von außen gegen die Tür. Hätte ich nur eine halbe Sekunde gezögert ... Als ich später nachsah, stellte ich fest, dass dort auf der Tür acht Schüsse ihre Spuren hinterlassen hatten. Genau auf Kopfhöhe – Welcome to Sarajevo!

**

Das Erste, was mich in Sarajevo außerhalb des Flughafens erwarten sollte, war ein Schock: Überall zerbombte Dörfer, in denen oft kein einziges Haus mehr aufrecht stand. Ruinen, überall Spuren von Kämpfen! Das Land lag in Schutt und Asche. Da die Stadt belagert war, gab es keinen elektrischen Strom, kaum Trinkwasser, Medikamente und Essen waren Mangelware, Treibstoff ein Fremdwort.

Die Menschen liefen nicht durch die Straßen; sie rannten, sprangen von einem Schutz zum anderen, hoffend, dass der gegnerische Sniper einen schlechten Tag hatte. Da waren Kinder, die im Keller heranwuchsen, nicht wussten, wie die Sonne aussah, weil diese sich dauernd hinter Rauch und aufsteigendem Pulverqualm versteckte. Ständig, ob Tag oder Nacht, Einschläge von Mörsergranaten, Explosionen und das Zischen der Projektile der Handfeuerwaffen. Leuchtspurmunition hier, Detonationsblitze da: Es war eine Welt für sich, grau, bleiern und unwirklich!

Alltag, wie er in diesen Zeiten in Sarajevo aussah.

Zerstörung. Überall.

Sarajevos Ortsteil Dobrinja unter Beschuss.

Der zerstörte Turm des Hochhauses der Oslobodjenje hob sich wie ein Mahnmal gegen den Horizont ab, und es war eindeutig: Die Stadt im Tal der Miljacka durchlebte schlimme Zeiten. Doch noch steckte Leben in ihr. Sie kam mir vor wie ein Boxer, der angeschlagen in den Seilen hing, sich jedoch immer wieder aufrappelte, um erneut dem Gegner Paroli zu bieten.

Kleiner Einschub: Als Sniper bezeichneten wir einen Scharfschützen der außer der eigentlichen technischen Ausbildung zum Scharfschützen noch eine besondere Ausbildung zum Tarnen und Täuschen, Infiltration, Überleben in feindlichem Gelände, etc genossen hat. Ein Sniper war jemand, der stunden/tagelang unbemerkt in feindliches Gebiet eindrang, sich nachts in Position brachte, einen oder zwei Schüsse abgab um dann wieder ungesehen zu verschwinden. (In diesem Sinne waren die Serben eher Scharfschützen.) Ein Sniper war robust, überdurchschnittlich intelligent und pfiffig, jemand, der seine Emotionen im Zaum halten konnte ... Oder keine hatte!

Es kursierten Gerüchte, dass Zivilisten – Privatleute und einzelne Gruppen aus allen Gesellschaftsschichten, auch aus dem Ausland – nach Sarajevo in die Frontabschnitte kamen, um sich mit einem Scharfschützengewehr »zu amüsieren« ... zu töten, aus Neugier, aus Langeweile, aus Spaß! Sollte das stimmen, es wäre ein schlagender Beweis dafür, dass die Perversion einiger Menschen wohl keinerlei Grenzen kennt!

22

Mein Zug rückte, aus Calvi kommend, im Januar 1993 nach. Es war schön, endlich wieder die eigenen Männer um sich zu haben! Rede ich hier nur von meinem Zug, so waren es tatsächlich die 1. und 4. Kompanie sowie die CCS mit Teilen des Stabes, die in drei Abschnitten, nämlich am 13., 16. und 20. Januar einflogen. Seit Anfang Dezember 1992 befanden sich bereits Teile der CEA und der CCS im Lande, hauptsächlich im PTT-Gebäude[123].

---

[123] PTT = Postal, Telephone and Television

Noch am selben Abend begannen wir mit der Ausführung unseres Auftrags auf dem Tarmac, doch warteten auch noch andere Aufträge auf uns, so z. B. der Ausbau der Stellungen, um den Flughafen zu sichern. Verschiedene Konvois, die Hilfsgüter (des UNHCR[124]) in Orte weit abgelegener Bergregionen brachten, mussten zusammengestellt werden: Gorazde, Zepa, Kamenica und andere.

Hinzu kamen die Transporte von Nahrungsmitteln, Medikamenten etc. nach Butmir, Nedcarici und Dobrinja sowie die Sicherung dieser Transporte. Ich habe hier nur diese drei Orte genannt, weil es uns geläufige Namen waren und weil sie sich in Sichtweite des Flughafens befanden. In Wirklichkeit aber waren es weit mehr! Fast alle Orte, die wir täglich anfuhren, lagen im Frontabschnitt. Meist mussten wir einen oder mehrere Checkpoints der Serben passieren, die uns mit absurden Schikanen erwarteten. Unter anderem fiel uns auch die Bewachung des PTT-Gebäudes zu, welches das Hauptquartier der FORPRONU (oder auch UNPROFOR) beherbergte. Diesen Part jedoch hatte bereits der Zug übernommen (CEA), der Anfang Dezember '92 als erste Einheit des Regiments nach Sarajevo gekommen war. Der Zugführer – Bernd, ein Deutscher, ein guter Freund aus Rheinland-Pfalz, der später sehr erfolgreich im internationalen Security Business, hauptsächlich im Irak und in Schwarzafrika, tätig sein sollte – könnte allein darüber schon ein Buch schreiben, denn in den wenigen Wochen, die er in Sarajevo stationiert war, spielten sich dort haarsträubende Dinge ab.

Täglich rückten kleine Einheiten von uns in Gruppenstärke aus. Jeder Auftrag war mit Risiken verbunden, die etwas Salz in unsere Suppe gaben, denn wir waren nur dieses Leben gewohnt: Dem Leben am Limit! Diese kleinen Einheiten, meist in Gruppenstärke, brachten morgens unter anderem Kontrolleure der verschiedenen Fraktionen (oder die chauffagistes, Heizungsmonteure) nach Lukavica, Voikovici und Ilitza, um sie abends wieder abzuholen. Arbeit gab es genug!

---

[124] United Nations High Commissioner for Refugees, der Hohe Flüchtlingskommissar der Vereinten Nationen. Gemeint ist hier aber nicht nur der Mann an der Spitze, sondern natürlich die gesamte Organisation gleichen Namens, die hinter ihm steht.

Ukrainischer BTR-Schützenpanzer.

So geschützt, kann hoffentlich nichts schiefgehen ...

Es stellte sich bald schon heraus, dass die Fremdenlegion im Rahmen eines Auftrags wie diesem über sich hinauswuchs und weit mehr leistete, als man von ihr erwartet hatte. Wir Legionäre waren in einer komfortablen Lage, denn wir hatten zwei Riesenvorteile auf unserer Seite. Der erste Vorteil war unsere Multi-Nationalität. In jedem Zug gab es mindestens drei (oder mehr) Legionäre, die entweder jugoslawisch oder russisch sprachen oder einen anderen slawischen Dialekt beherrschten. Der zweite Vorteil war ein Legions-typischer. Ich hatte schon mal angesprochen, dass die Legion nicht kommt, sich ins gemachte Nest setzt und dann – womöglich Däumchen drehend! – der Dinge harrt, die da kommen mögen. Nein! Wir waren eben nicht nur Soldaten, beherrschten eben nicht nur unser Soldatenmetier. Wir waren in einem gewissen Sinne – ich hoffe, man nimmt mir diese Ausdrücke nicht übel – auch Trapper, Bauherren und Konquistadoren ... Entdecker!

Im Einsatz genügt es meiner Meinung nach nicht, seine eigenen Waffen und Taktiken und die seines Gegners zu kennen, man muss auch über einen gewissen Entdeckerinstinkt verfügen. Wir Legionäre hatten ihn, und dazu noch ein gerüttelt Maß an Robustheit, eine gesunde Moral und den Willen, Risiken einzugehen.

Die Mannigfaltigkeit der einzelnen unterschiedlichen Berufe unserer Legionäre kam immer wieder zum Tragen: Elektriker, Ingenieure, Köche, Dolmetscher, Maurer, Krankenpfleger, Administratoren, Metzger ... den Rest erspare ich mir (und Ihnen). Alle waren gefordert. Ich glaube auch schlicht, dass wir das Herz am richtigen Fleck hatten: La force de nos cœurs et de nos bras – Die Kraft unserer Herzen und unserer Arme.

Was uns ganz besonders auszeichnete, war das fast blinde Vertrauen in unsere Chefs. Dieses Vertrauen im Gepäck bewirkte bei besonders delikaten Aufträgen manchmal Wunder. Es ließ uns wachsen ...über uns selbst hinauswachsen!

Die Ankunft des Regimentes wurde übrigens in der ersten Nacht von den Serben ebenso gefeiert wie von den Bosniern: Ein stundenlanges, sympathisches Konzert von Schüssen, abgefeuert (in die Luft) aus schätzungsweise fünfzehntausend Handfeuerwaffen, setzte ein, sobald das erste Flugzeug zur Landung ansetzte.

23

»Mike-India, wir haben ein Problem!« Die Stimme eines meiner Gruppenführer klang halb belustigt, halb besorgt. »Grün 12, was gibt's?« – »Feind hört mit! Am besten wäre es, wenn Sie mal kurz runterkämen.«

Der Gruppenführer war ein tunesischer Caporal-Chef, den alle nur boule de feu (Feuerball) nannten. Eins hatte ich schon gelernt: War Caporal-Chef boule de feu besorgt, dann war die sprichwörtliche Kacke längst am dampfen.

Mit Feind war in diesem Fall unser PC (poste de commandement, Stab) gemeint, der unsere Gespräche selbstverständlich mithören konnte. Ich ließ mich von meinem Leutnant unter einem Vorwand ablösen, stieg vom Turm und wartete im Dunkeln auf den VAB.

»Wir haben eine Pistole verloren!«, erklärte mir der Caporal-Chef ohne Umschweife atemlos. »Wir wissen ungefähr, wo sie liegt, aber um sie zu suchen, müssen wir mit dem Teufel pokern.« Zwei Probleme taten sich nun auf. Das erste war das Wetter. Schneeregen war angesagt! Der Schneematsch lag wadentief. Um die Pistole zu finden, brauchte man Glück, denn sie würde total vom Matsch verdeckt sein.

Das nächste, vielleicht größere Problem war: Um überhaupt eine Chance zu haben, die PA (Pistolet Automatique) zu finden, musste man in einer auseinandergezogenen Linie den ungefähren Punkt absuchen. Da die Serben wirklich auf alles schossen, was sich bewegte, konnte das ins Auge gehen. Wegen einer Pistole sein Leben aufs Spiel setzen? Ich musste eine Entscheidung treffen, die mir keiner abnahm.

Eine Minute später fuhren wir los und begaben uns in den Abschnitt, in dem diese verdammte Pistole liegen musste. Was mir bei meiner Entscheidung geholfen hatte, war das Wetter. Man konnte des Nachts bei diesem Wetter selbst mit den besten Restlichtverstärkern nicht allzu weit sehen. Sniper verfügten höchstens über ein IL- (Restlichtverstärker-) oder ein IR-(Infrarot-)Zielfernrohr. Wie diese funktionierten und was sie leisten konnten, das wusste ich. Von daher war das Risiko, sagen wir mal, minimiert. Mit Optiken, wie sie an Bord der T55 und der russischen Truppentransportpanzer zu finden waren, kannte ich mich weniger aus. Ich konnte für uns daher nur hoffen, dass die Serben in dieser Nacht wenn schon nicht schlafen, so doch wenigstens nicht sonderlich gut aufpassen würden.

In einer Linie, den Kopf gebeugt, liefen wir gleichzeitig los. Wir waren kaum zehn Meter weit gekommen, da war links und rechts von mir plötzlich niemand mehr zu sehen. Alle lagen im Dreck. Dann hörte auch ich es: Das typische Geräusch, wenn Projektile ganz nahe am Mann die Luft zerschneiden.

Serbischer Kampfpanzer bei Lukavica.

Im Matsch liegend ließen wir eine Minute verstreichen und suchten dann weiter. Das Spiel dauerte etwa zehn Minuten, bis von links endlich die Meldung kam: Waffe gefunden! Saint Michel, der Schutzpatron der Fallschirmjäger, hatte es in jener Nacht gut mit uns gemeint.

24

Ende Januar erreichten die Kampfhandlungen ihren Höhepunkt. An einem Tag regnete es bis zu zweitausend Artilleriegranaten auf Sarajevo. Auch der Flughafen geriet immer mehr ins Zentrum der Feindseligkeiten – und wir mit ihm. Ob sie absichtlich auf uns schossen, ob das irrtümlich geschah oder im Rahmen von Zielkorrekturen, wird wohl für immer im Ingewissen bleiben. Wie auch immer, jedenfalls landeten die Mörser- und Artilleriegranaten auch in unserem Camp. Und serbische(?) Sniper gaben sich nicht einmal besondere Mühe, sich zu verstecken, wenn sie Blauhelme ins Visier nahmen.

Flugzeuge, die landen mussten, Transalls oder Iljuschins, taten dies bis zur Schlussphase kurz vor dem Aufsetzen fast im Steilflug, weil sie ständig unter Beschuss gerieten. Hut ab vor den Piloten!

Iljuschin-Transportflugzeug.

Die Lage wurde so übel, dass Reaktionen nicht ausblieben. Einige Tage später schon wurden wir darüber informiert, dass Evakuationspläne vorlägen. Auch auf einen Angriff der Serben mit Panzern und Infanterie (den nicht nur ich zu dieser Zeit für wahrscheinlich hielt) machten wir uns ab da ernsthaft gefasst.

Die gut geölte Mit. 7,62 mm[125], die Jacques und ich im gemeinsamen Zimmer im Keller[126] des Gebäudes hatten, war ebenfalls Zeuge davon. (Neben diesem Maschinengewehr hatten wir einen rosa Regenschirm, den wir in einer verlassenen, völlig zerbombten Villa gefunden hatten, in die Sandsäcke gerammt: Noblesse oblige, wussten wir doch ... General Rollet hatte einen ebensolchen, als er im Krieg 1914–1918 seine Soldaten in den Gräben inspizierte!) Von unserem Fenster aus konnten wir den Vorplatz sowie einen Teil des Checkpoints, der auch Haupteingang zum Airport war, mit Feuer belegen, und unter unserem Bett befanden sich Munitionskisten noch und nöcher. Die Gruppen aller Züge hatten ihre gesamte Einsatzmunition ebenfalls in ihrem Lebensbereich, schliefen quasi mit Handgranaten, Panzerfäusten etc. unter ihrem Bett. Überrumpeln konnte man uns sicherlich nicht, und von Camerone (siehe Anhang) hatten bestimmt auch die Serben schon gehört!

---

[125] Mit. = Abkürzung für mitrailleuse (frz. für Maschinengewehr).
[126] Anfangs befanden sich die Unterkünfte im obersten Stockwerk. Zumindest bis zu dem Tag, an dem einige Artilleriegeschosse direkt auf unserem Dach einschlugen und uns zwangen, nach unten auszuweichen. Wenn so eine 152-mm-Granate auf dem Dach explodiert, wackelt die Bude! Ich nehme an, dass die Granaten mit einer Art Aufschlagszünder bestückt waren, sodass sie sofort beim Touch explodierten. Als diese Granaten zum ersten Mal auf unser Dach fielen, befand sich unser ganzer Zug beim Mittagessen im obersten Stockwerk!

Zum Kampfstand ausgebaut: Meine Unterkunft in Sarajevo.

Artilleriegranaten, ich nehme an vom Kaliber 152 mm, fielen eines Tages, ebenfalls um die Mittagszeit, auf einen unserer Beobachtungsposten zwischen dem Speisesaal und unserem Hauptgebäude. Der Posten wurde teilweise zerstört.

Am elften Februar, gegen Mittag, kam bei einem Mörserangriff einer unserer Legionäre (S3 / dritter Zug) ums Leben. Zwei andere (einer davon aus unserem Zug, er verlor infolge dieses Angriffs später sein Bein bis zur Hüfte) wurden verletzt. Unsere Führung reagierte sofort. Noch besaßen wir keine schweren Waffen, aber auch wir verfügten über Sniper und Scharfschützen! Man machte sich an die Arbeit. Es wurden alle Sniper und Scharfschützen zusammengezogen und sorgfältige Einsatzpläne ausgearbeitet. Unsere Schützen, zu denen auch die der vierten Kompanie gehörten (die crème de la crème aller Scharfschützen der Fremdenlegion und somit die besten der Französischen Armee) verfügten über das FRF2 7,62 mm und über die MacMillan 12,7 mm (Cal 50).

Unverzüglich begannen sie mit ihren Observationen. Rund um die Uhr waren unsere Jungs damit beschäftigt, 360 Grad um den Flughafen herum alle Bewegungen, jedes noch so kleinste Detail, minutiös zu beobachten, sich Notizen zu machen.

Die meisten Positionen der gegnerischen Sniper wurden sofort lokalisiert, bei einigen gut getarnten dauerte es etwas länger, aber im Endeffekt gab es keine Stellung, die uns entging! Skizzen wurden angefertigt und Fotos gemacht. Panoramaansichten mit detailfreudigen Gelände- und Gebäudetaufen wurden erstellt. Raffinierte Stellungen wurden angelegt, vor allem auch da, wo man sie niemals vermuten würde.

Der abschließende Befehl ließ nicht lange auf sich warten: Es wurde gezielt zurückgeschossen. Unsere Sniper vermeldeten: Schuss für Schuss ein Treffer! Ab diesem Zeitpunkt hatten wir definitiv unsere Ruhe vor den serbischen Snipern. Légitime défense par excellence – Selbstverteidigung, wie sie im Buch steht!

25

Ein Sonntagmorgen, gegen sechs Uhr. Checkpoint Charlie Sierra war mit einer unserer Kampfgruppen besetzt. Dieser Checkpoint lag am Ende der Start- und Landebahn zwischen den Ortschaften Butmir (östliches Gebiet von Butmir, in bosnischer Hand) und Dobrinja (ebenfalls in bosnischer Hand), also nur einen Steinwurf entfernt von Lukavica (serbische Kräfte).

In Lukavica gab es auch einen festen serbischen Stützpunkt (Kaserne). Dort, am südöstlichen Ende der Landebahn, standen nonstop Panzerkampfwagen mit ihren MGs und den schwereren 14,5-mm-Geschützen. Diese beschossen des Nachts der Länge nach die Piste, während es auf der gegenüberliegenden Seite von Ilitza her (ebenfalls in serbischer Hand) ebenfalls Blei hagelte.

Der Gruppenführer der Kampfgruppe, die den Checkpoint besetzt hielt, war Danny, der Österreicher. Ich befand mich auf der Position Mike-India hinter der Kamera Mira, etwa sechshundert Meter nördlich vom Checkpoint. Eine kalte, schlaflose Nacht lag hinter uns allen.

Plötzlich ein Rauschen über unseren Köpfen: Es war der Auftakt zu einem intensiven Bombardement Butmirs, das aus serbischen Mörsern und Artilleriegeschützen abgefeuert wurde. Eine Stunde lang pflügten die Artilleriegranaten jeden Quadratzentimeter der bosnischen Stel-

Hat wohl ausgedient: T55 am Straßenrand. Im Hintergrund einmal mehr gut zu erkennen ist das Ausmaß der Zerstörungen an den Häusern.

lungen um. Nach der letzten Detonation brachen zwei T-55 (russische Kampfpanzer), begleitet von Infanterie, aus ihrer Deckung und stürmten auf die vermeintlich zerstörten Stellungen unmittelbar vor Butmir zu.

Der Angriff wurde jedoch ebenso brutal wie effizient von den bosnischen Kämpfern abgeschlagen, die, nachdem die Artillerie endlich schwieg, blitzschnell alle Stellungen wieder besetzt hatten. Das Ganze hatte sich in einer Entfernung von höchstens achthundert Metern vor mir abgespielt.

Danny mit seiner Gruppe lag hart an der rechten Grenze des Sturmangriffes. Unser Hund, den wir nach einem General benannt hatten[127], hatte sich winselnd im Bunker verkrochen, während die Legionäre, klar zum Gefecht, in ihren Stellungen und Beobachtungsposten ausgeharrt hatten.

26

An diesem Checkpoint vorbei führte ein Weg ins Hinterland, den wir »Achse Rose« nannten. Ich kann mich noch gut an einen Tag erinnern, an dem ein Hilfsgüterkonvoi, bestehend aus mehreren Lastwagen, auf eben dieser Achse Rose fahrend den Flughafen ansteuerte. Einige Meter vor unserem Checkpoint geriet der Konvoi unter massives Maschinengewehrfeuer. Sofort wurde an alle verfügbaren Einheiten des Regiments Anweisung gegeben, in einer Linie gegenüber dem Feind Stellungen zu beziehen. Dann wurden zu Fuß Parlamentäre ausgeschickt, um so das sofortige Ende der Kampfhandlung zu erzwingen. Ich befand mich in einem VAB C 20, und meine Hand ruhte auf den Auslöser der 20-mm-Feldkanone. Mit einem Blick nach

---

[127] dessen Namen ich hier nicht nennen will, weil das ein falsches Licht auf den General werfen könnte ...

draußen wurde mir klar, dass gut fünfzig Legionäre darauf brannten, ihren angestauten Emotionen Luft zu machen. Überall sah ich wilde Entschlossenheit auf den Gesichtern, Artillerie hin, Mörser her! Unsere Befehle waren klar und deutlich: Feuer frei, sobald einer der Parlamentäre unter Beschuss genommen werden sollte.

Es kam nie soweit.

✳ ✳ ✳

Viele Eindrücke von Sarajevo werden mir wohl ewig im Gedächtnis bleiben. Zum Beispiel, als die Serben wieder einmal mehr unsere Gebäude sowie den Flughafen bombardierten. Generell wurde an solchen Tagen Start- und Landeverbot erteilt, was hieß, der Flughafen war gesperrt. All die Soldaten, die nicht im Dienst auf ihren Observationsposten oder in den Kampfständen waren (eigentlich kann man das so gar nicht sagen, denn wir waren sechs Monate lang rund um die Uhr jede einzelne Minute im Dienst), waren angehalten, sich in den Schutz der Gebäude zurückzuziehen. Und während oben die Granaten fielen, saßen wir unten im Keller: Danny, Jacques und ich. Den Blauhelm auf dem Kopf, spielten wir Schach. Dieses Bild, diese Situation verkörperte die Ohnmacht der FORPRONU, die nicht entscheidend in die Geschehnisse eingreifen durfte. In solchen Momenten machten sich in mir Wut und Enttäuschung breit.

Schachmatt!

Patrick und ich beim Schachspiel 1993 in Sarajevo. Über unseren Köpfen wird gerade wieder einmal der Flughafen bombardiert.

Oder dieser Sonntagmorgen, als ich, von Mike-India kommend, die Piste abfuhr und eine tote Frau im Graben unweit von Dobrinja fand. Ihre Hand hielt den Griff einer Plastiktüte umschlossen, in der sich ein paar Kilo Kartoffeln befanden.

Oder der Tag, an dem ich bei einem crossing in einem unserer VAB saß, ein sechsjähriges Mädchen links und ihren etwas jüngeren Bruder rechts auf meinen Knien. Beide weinten. Ihre Mutter saß mir gegenüber. Sie war höchstens so alt wie ich und hatte eine Schusswunde zwischen den Brüsten. Sie lächelte ihren Kindern tapfer zu ... Und starb ein paar Stunden später.

Oder wie einige bosnische Kämpfer wochenlang jede Nacht versuchten, eine Bahre mit einem Toten darauf über den Tarmac zu schleusen und jedes Mal von unseren Patrouillen abgefangen und wieder zurückgebracht wurden.

In solchen Augenblicken galt es, die eigenen Emotionen unter Kontrolle zu behalten, weil einen die Gefühle sonst unweigerlich in die Tiefe gezogen hätten. Ja, man mag es kaum glauben, aber ich kenne kaum einen – nein, eigentlich keinen Legionär, der den Tod fürchtet, doch es gibt durchaus Situationen, in denen auch ein Soldat der Fremdenlegion Emotionen zeigt. Vor allem in solchen Situationen, in denen Kinder die Betroffenen sind, Kinder, Bedürftige, Frauen ... Und Situationen, in denen man Ungerechtigkeit, ja himmelschreiendem Unrecht ohnmächtig gegenübersteht.

Unverständlich? Gar nicht!

Dennoch: Auch in solchen Momenten durfte man seinen Auftrag nicht vergessen! Stand denn nicht auch im code d'honneur du Légionnaire: Au combat tu agis sans passion et sans haine? – Im Kampf agierst du ohne Leidenschaft, ohne Hass? So sei es!

Im Laufe unseres Aufenthaltes wurden noch andere Legionäre verletzt, einige davon schwer, und einige auch mehrmals! Ich denke da besonders an einen Legionär der vierten Kompanie, der wohl mit dem Teufel ein Bündnis geschlossen hatte ... Innerhalb kürzester Zeit wurde er zweimal verwundet. Da ihn das jedoch nicht allzu sehr beeindruckte, wurde ihm schließlich verboten, sich weiterhin zu exponieren.

Wenn ich im Nachhinein allein unsere Mission auf dem Tarmac, also das crossing überdenke, so scheint es mir fast unglaublich, ja geradezu absolut unmöglich, dass unsere Bilanz nicht weit mehr Verletzte aufwies. Gewiss war da oft auch das entscheidende Quäntchen Glück mit im Spiel, in erster Linie aber muss das zweifelsohne auf die absolute Professionalität unserer Soldaten zurückgeführt werden.

Serben? Bosnier? Kroaten? Wir waren weder pro noch kontra. Wir ergriffen nicht Partei für die einen oder wendeten den anderen den Rücken zu. Wir taten nur, was unsere Chefs von uns verlangten. Politik interessierte uns herzlich wenig, und wie gesagt: Emotionen mussten im Keller bleiben. Den Serben waren wir sicher ein Klotz am Bein, ein aufgezwungenes Übel, während uns von den Bosniern allenfalls eine Art Hassliebe entgegenschlug: Tagsüber empfingen sie uns mit offenen Armen, dann nämlich, wenn wir Medikamente und Verpflegung für sie hatten, und nachts schossen sie auf uns. C'est la vie!

Ich werde mich hüten, zu verallgemeinern: Wenn ich sage »schossen *sie* auf uns«, meine ich damit nur einige têtes brûlées, einige Hitzköpfe. Aber daran, dass eben auch sie (die Bosnier) auf uns schossen, hatte ich nie den geringsten Zweifel! Wenn ich mich recht erinnere, ergaben die Flugbahnberechnungen, dass die Mörsergranate, die unseren jungen Legionär in der Blüte seines Lebens dahinraffte, aus einem Camp der Bosnier abgefeuert worden war, und zwar aus einem Ortsteil, den wir tatsächlich tags zuvor mit Hilfsgütern beliefert hatten! Und aus dem wir wenige Tage zuvor eine hochschwangere Frau, die im Sterben lag, unter schwierigsten Bedingungen ins Lazarett nach Sarajevo brachten.

Trotz Kritik aus den Reihen der Serben wie der Bosnier, und obwohl uns in tausenderlei Beziehung die Hände gebunden waren und wir die Bühne dieses Krieges wieder verließen, ohne irgend eine eine Art von Frieden gebracht zu haben, gingen wir doch mit dem Wissen nach Calvi zurück, dass ohne uns wohl noch mehr Menschen ihr Leben gelassen hätten. Viel mehr.

Dieser (Bruder-)Krieg hatte vieles an den Tag gelegt, und nicht zuletzt die ganze primitive Grausamkeit, zu der Menschen auch in unserem Zeitalter noch fähig sind. Hatte der Zweite Weltkrieg denn nicht genügt, den Menschen in seiner Unfähigkeit und vor allem in seiner ganzen Abscheulichkeit zu entlarven?

27

Noch in der Woche, in der wir aus Sarajevo zurückkamen, wurde ich darüber informiert, dass mein Name auf dem tableau d'avancement (Liste für kommende Beförderungen) zum Dienstgrad eines Sergent-Chefs stand. Freude darüber wollte jedoch so recht keine aufkommen.

Sechs Monate Sarajevo waren eine lange Zeit gewesen. Wenn ich daran zurückdenke, erinnere ich mich an Bilder, die so gar nicht in unsere Welt, in unser Zeitalter zu passen scheinen. Diese Bilder aus jüngster Vergangenheit sind grau, kalt und gefühllos auf der einen und voller lebendiger Empfindsamkeit auf der anderen Seite. Ein unschönes Kapitel, das ich schnell vergessen wollte, lag hinter mir.

Um dies zu tun, sollte es keinen passenderen Ort auf der Welt geben als Korsika. Wir hatten Ende Juli, die Insel war voller Touristen, das Wetter traumhaft schön.

Doch obwohl ich damals von Menschen umgeben war – auch in den eigenen vier Wänden –, blieb ich mit meinen Gedanken allein. Ein tiefgründiges Gespräch, in welchem ich mir vielleicht auch einmal nur ein halbes Kilo Ballast hätte von der Seele reden können, sollte es nie geben. In dieser Hinsicht blieben die Menschen um mich herum stumm.

Es war das alte Spiel: Kam man mit Geschenken heim, mit positiven Nachrichten, mit erhobenem Haupt und womöglich auch noch den Taschen voller Geld, dann war man willkommen, die Welt in Ordnung. Schlich man jedoch herbei, gebeugt unter der Last der Erfahrungen, die Augen müde, der Geist stumpf und die Seele etwas aus dem Gleichgewicht – dann fiel man zur Last! Irgendwann in diesen Tagen begriff ich: Der Mensch will nur das Schöne sehen, das Angenehme hören, er will Honig auf den Lippen schmecken und warmes Öl und Balsam auf seiner Seele spüren ... Das war genau das, wovor ich geflüchtet war, wovor ich heute noch flüchte.

Man lernt eben nie aus! Wo es ging, mied ich in den folgenden Tagen und Wochen die Menschen und suchte Stille an einsamen Stränden und in den Bergen. Oder ich ertränkte mal hier, mal dort meine Trübsal mit gutem Wein. Aber nicht ein einziges Mal spielte ich mit dem Gedanken, die Uniform an den Nagel zu hängen. Denn zum einen hätte ich sie ja gegen Zivilkleider tauschen müssen, und die waren mir gerade zu dieser Zeit verhasster denn je. Und zum anderen steckte in mir noch viel zu viel von dieser Neugier, die, so war ich überzeugt, nur die Legion stillen konnte. Ich war doch gerade erst am Anfang meiner Reise ins Unbekannte!

Am 23. Dezember 1993 verlängerte ich deshalb meinen Vertrag um weitere drei Jahre.

I Muvrini

Hinter »I Muvrini« verbergen sich zwei korsische Brüder. Ihre Musik hörte ich zum ersten Mal seltsamerweise im Tschad, es war 1991. Wenn ich ehrlich sein soll: Bis dahin hatte ich korsische Musik insgeheim immer als öde Folklore abgetan. Was ich hier jedoch zu hören bekam, gefiel mir! Später dann tat sich in Calvi die Möglichkeit auf, sie live zu sehen und zu hören, und dabei tauchte ich ein in eine Welt, die mich bis heute nicht mehr losließ. Die Welt der korsischen Musik!

Offenen Mundes, am Fuße der Zitadelle sitzend, das Meer zu meiner Rechten und einen phantastischen Sonnenuntergang am Horizont, ließ ich das außergewöhnliche Spektakel über mich ergehen. Dort oben auf der Bühne standen keine Bauernmusiker, dort stand in Gestalt dieser beiden Brüder das gesamte korsische Volk vereint. Dort standen die Botschafter dieser Insel, und ihre Botschaft war eine hinreißende Huldigung an das Schöne, das Wahre ... An das Leben! A voce rivolta.[128]

28

Djibouti, 2. Februar 1994.

Anfang des Jahres 1982, genau am 3. Februar, stürzte ein Flugzeug vom Typ Noratlas mit dem 2. Zug der 4. Kompanie des 2e REP am Mont Garbi in Djibouti ab. Die Legionäre in Stärke 01/04/22 (ein Offizier, vier Unteroffiziere und zweiundzwanzig Mannschaftsdienstgrade) kamen dabei alle ums Leben. Seither ist es eine Selbstverständlichkeit, dass jedes Mal, wenn eine Kompanie des Regimentes an besagtem Datum in Djibouti weilt, sie auf dem Mont Garbi selbst ihrer toten Kameraden gedenkt.

Ich kann mich sehr gut an den Tag erinnern, an dem wir im Tal unterhalb des Berges bei Sonnenuntergang ankamen, wo wir sogleich unser Biwak aufschlugen. Wir bekamen in dieser Nacht kein Auge zu, weil sich in dem hohen Gras des breiten Talweges Millionen von Moskitos auf uns stürzten. Verzog man sich in den Schlafsack, erstickte man vor Hitze, tat man es nicht, wurde man unbarmherzig zusammengestochen.

Wir waren deshalb froh, als es dann am Morgen endlich losging. Nach ein paar Stunden Marsch, der uns stetig bergauf geführt hatte, standen wir vor der Absturzstelle, genau an dem Punkt, wo die Noratlas zwölf Jahre zuvor gegen den Berg geprallt war. Als ich die Stelle zum ersten Mal sah, kam mir spontan ein »Komm, komm ... du schafft das noch!« auf die Lippen. Diese Worte wollte ich an den Piloten richten. Nur ein paar Meter nämlich, und die »Nora« (Spitzname für die Noratlas) hätte es geschafft! Der Einschlag war wirklich nur ganz knapp unterhalb des Gipfels erfolgt.

---

[128] Mit lauter Stimme.

Auf dem Gipfel des Mont Garbi war ein Plateau, auf dem wir unsere Waffen und Rucksäcke in Reih und Glied ausrichteten. Jeder holte schweigend seinen tenue combat de parade (Parade-Kampfanzug) aus seinem Sack und machte sich fertig.

Dann – nach ein paar Worten des Chef de corps der 13^e DBLE, der extra im Hubschrauber gekommen war, einer Kranzniederlegung und dem »aux morts« des Trompeters – war die Zeremonie auch schon vorbei.

In solchen Momenten redete man nicht viel. Wir wussten alle, was damals geschehen war und warum wir hier waren, wussten, dass morgen andere um unsere Gräber stehen konnten, wussten um unser tägliches Risiko. Ein Risiko, das uns vorantrieb, motivierte, zum Weitermachen animierte. Ein Adjudant, der früher in der 4. Kompanie gedient hatte, erzählte mir bei Gelegenheit, dass er, als er Caporal war, auf der Passgierliste neben all denen stand, die hier am Mont Garbi ihr Leben verloren hatten. Aus irgendeinem Grund jedoch war sein Name in letzter Minute gestrichen worden. Das Leben hat schon seine eigenen Gesetze!

* * *

Erwähnenswert bei dieser compagnie tournante wären noch ein kurzes, aber interessantes Gespräch mit Loula, einem Mädchen aus Somalia, das ich seit meinem ersten Aufenthalt in Djibouti 1988 kannte und schätzte, und mein unfreiwilliger Marathon in der Wüste.

Zwischen Loula und mir herrschte eine Art von Verständnis, wie sie nur selten zwischen einem Mann im besten Alter und einer ungewöhnlich attraktiven Frau vorkam. Obwohl herzlich, war unsere Beziehung vollkommen enthaltsamer Natur. Ich konnte stundenlang erzählen, und sie wurde des Zuhörens nie müde, und umgekehrt war es dasselbe. Sie war jemand, die, obwohl sehr arm, materielle Dinge zutiefst verachtete. Eine Einstellung also, die ich absolut mit ihr teilte und heute noch teile.

Eines Tages kam unser Gespräch auf die Beschneidung der Frauen in ihrem Land. Ich war neugierig, hatte schon immer alles ganz genau wissen wollen. »Dem Mädchen«, sagte sie, »wird die Klitoris entfernt. Danach wird sie genäht, so kann kein Mann sie besitzen. Nur der Mann, der sie schließlich heiratet, darf mit ihr schlafen. In der Hochzeitsnacht öffnet er sie dazu mit einer Art hölzernem Dolch, den er tief in sie hineinstößt!« Diese Art von Verstümmlung war etwas, was ich wohl nie verstehen würde. Sie hingegen sprach davon, als ob es die normalste Sache der Welt sei ...

Ich war zu der Zeit Munitionswart, während ich mich gleichzeitig auf mein CM2, das Certificat Militaire du 2ème degré, vorbereitete. Dieser Lehrgang war mit dem CT2 ein Muss, um den Rang eines Sous-Officier subalterne, einen höheren Unteroffiziersrang zu erhalten. Man kann ihn in etwa mit einem gehobeneren Feldwebellehrgang vergleichen. Als Nicht-Franzose muss man hier aber volle hundert Prozent geben, denn auch, wenn man die Sprache im Prinzip beherrscht, ist es doch noch mal eine ganz andere Sache, vor einem Ausschuss, bestehend aus hochrangigen Stabsoffizieren, in perfektem Französisch einen Vortrag zu halten. Mir wackelten damals die Knie allein beim Gedanken daran!

Da ich trotz der Vorbereitung auf das CM2 in dieser Periode etwas mehr Zeit hatte und mir diese auch gut selber einteilen konnte, beschloss ich eines Tages, von Arta nach Djibouti Stadt zu laufen. Bis ins Quartier Monclar in Gabode – mein Ziel – waren es 35 Kilometer. Da jedoch Balbala dazwischen lag, musste ich mir helfen lassen. So hatte ich mit dem Chef de liaison (unter anderem verantwortlich für Post und Briefverkehr der Kompanie), einem Sergenten, der Djibouti täglich anfuhr, abgemacht, dass er mich bei Balbala aufspringen lässt. In Monclar hätte ich meine Dusche genommen und wäre dann ohne Stress wieder mit hoch ins Camp Amilakvari nach Arta gefahren. Ich lief also beschwingt um fünf Uhr in der Früh los, eine Stunde vor der Liaison. Zunächst ging es ständig bergab, doch schon bald kroch die Sonne hervor und das Gelände wurde hügeliger. Nach einem etwa einstündigen Lauf begann ich, Balbala schon in Sichtweite, mich immer wieder nach dem Fahrzeug umzusehen. Nichts zu sehen am Horizont! Kurz vor Balbala zügelte ich meinen Elan. Ich hatte bereits zwanzig Kilometer hinter mich gebracht, und ein Europäer, der allein durch Balbala lief ... Das hätte ins Auge gehen können. Der Lastwagen muss wohl eine Panne haben, dachte ich mir. Bis zu diesem Zeitpunkt hatte ich auch kein anderes Fahrzeug gesehen, dass mich hätte mitnehmen können. So wartete ich vor Balbala knapp eine Stunde, während es heißer und heißer wurde. Schließlich zwang ich mich zur Umkehr. Bergauf lief ich nun zwanzig Kilometer im langsamen Laufschritt zurück. Ich war am Ende meiner Kräfte und kurz vor dem Zusammenbruch, als ich kurz vor Mittag in Arta ankam. Was war geschehen?

Nun, das Fahrzeug hatte tatsächlich eine Panne gehabt. Da an diesem Tag in Monclar nichts Wichtiges anstand, hatte man die Liaison kurzerhand auf den nächsten Tag verschoben. Mich hatte der Sergent ganz einfach vergessen.

∗ ∗ ∗

Korsika / Balagne / Calenzana. Der Canadair oder »Wasserbomber«, wie man ihn auch nannte, stieß nach unten und öffnete seinen Bauch, woraufhin sich tausende von Litern Meerwasser auf den neuen Feuerherd ergossen. Völlig in Rauch gehüllt, verschwand er aus dem Blick der Beobachter und das Bangen begann. Und plötzlich ... Da war er wieder. Teufelspilot! Es war immer wieder faszinierend, dabei zuzusehen, wie elegant diese klobig aussehenden Flugzeuge direkt in der Bucht von Calvi auf dem Wasser landeten, binnen Sekunden neues Wasser tankten und sich dann wie angeschlagene Boxer langsam wieder in die Lüfte erhoben. Brände waren im Sommer auf Korsika an der Tagesordnung. Auch das 2e REP verfügte über eine regimentseigene Feuerwehr und stellte dazu noch rund um die Uhr Legionäre zur weiteren Feuerbekämpfung ab. Ausgebildet dazu waren sie! Dabei handelte es sich um jeweils eine SMS und eine SMR[129].

∗ ∗ ∗

Was noch geschah:
- Beginn der Opération Turquoise in Ruanda. Elemente des 2e REP sind daran beteiligt. Die 1. Kompanie jedoch ist davon nicht betroffen.

---

[129] SMS: section militaire spécialise, spezialisierter Militärzug; SMR: section militaire de renfort, Verstärkungszug.

■ 1994 befand sich das Regiment mit Teilen auch im Tschad. Da es in Gabun brodelte, wurde die CEA, welche als Base arrière[130] in Calvi verblieben war, in Alarmbereitschaft versetzt. Eine Art Voralarm, also nichts Dringliches. Die Kompanie ging ihrem normalen Dienst nach, und die Kader gingen abends nach Hause.

Nun gab es damals zwei Unteroffiziere im Regiment. Beide waren bekannt und beliebt ... Nicht wegzudenkende Figuren! Und beide hatten früher in der ersten Kompanie gedient. Nun, da ihre Zeit in der Kampfkompanie vorbei war und sie ihren Dienst in der CCS versahen, der Stabs- und Versorgungskompanie, schoben sie gewaltige Langeweile, eine ganz verständliche Sache, wenn man bedenkt, dass sie noch vor kurzer Zeit verwegene Gruppenführer waren und zahlreiche Einsätze auf dem Buckel hatten. Da war zunächst J.P.[131], ein Franzose. Sergent-Chef J.P. war ein großer Gaillard (Kerl), immer für ein Späßchen zu haben, aber dennoch ein Profi vom Scheitel bis Sohle. Sein Freund, ein bulliger Brite, stand ihm darin in nichts nach: Im Gegenteil! An diesem Abend, in der Unteroffiziersmesse und nach einigen Kronenbourgs (Bier oder »Vitamin K«, wie wir sagten), saß beiden der Schalk (und wohl auch die Nostalgie) tief im Nacken. Ein dritter Legionär gesellte sich zu ihnen, und es kam, was kommen musste: J.P. griff nach dem Telefonhörer, wählte die Nummer des Unteroffiziers vom Dienst der CEA und sagte mit selbstsicherer, tiefer Stimme: »Hier der OP (Offizier vom Wachdienst). Lassen Sie sofort alle Teile CEA antreten. Die Kompanie wird früh morgens über Solenzara nach Gabun / West Afrika verlegt!«

Irritiert, aber dienstbeflissen führte der Caporal-Chef den Befehl aus, und schon kurz nach Mitternacht stand die CEA – über 150 Mann – abmarschbereit auf dem Antrete-Platz. Das war ein gewaltiger Kraftakt, den jedoch alle Kompanien des Regiments gerne auf sich nehmen, denn Einsätze sind für sie die Essenz, von der sie zehren!

Entschlossenheit auf den hageren Gesichtern. Präzise Gesten. Vorfreude bei den einen, völlige Abgeklärtheit bei den anderen. Waffenblitzen im Mondschein. Waffen, getragen von muskulösen, tätowierten Armen, Angst ein Fremdwort: Es geht wieder los, endlich! More Majorum![132]

Die Sache flog auf, als der OP (der echte diesmal) von der Sache Wind bekam. Der Caporal-Chef kam mit einer Verwarnung davon – er hätte sich den Befehl natürlich bestätigen lassen müssen! Die Übeltäter gestanden einige Tage später. Jeder hatte in dieser Nacht wohl etwas dazugelernt, aber auch das ist Teil der Geschichte unseres 2e REP.

■ Am 1. Oktober 1994 wurde ich zum Sergent-Chef befördert.

---

[130] Base arrière sind die Teile, welche nicht von einer Opex oder von geplanten compagnie tournants betroffen sind. Opex heißt Opération Extérieures und meint scharfe Einsätze außerhalb Frankreichs

[131] Jean Pierre Munch (Moser). Ex Sergent-Chef der Fremdenlegion, lange Zeit 2e REP in der 1e CIE. Lebt heute in Korsika unweit von Calvi und ist noch mächtig engagiert, vor allem durch einen hervorragenden Internet-Auftritt (http://www.e-monsite.com/munchexmoser).

[132] Etwa: Im Geist unserer Väter!

Dezember 1994, Zentral- afrikanische Republik

- Untergang der Passagierfähre Estonia auf der Fahrt von Tallinn nach Stockholm. Dabei verlieren 852 Menschen ihr Leben. Größte zivile Schifffahrts-Katastrophe nach Ende des Zweiten Weltkrieges
- Die Sonde Magellan erreicht nach fünfjährigem Flug die Venus und verglüht.
- Königin Elisabeth II. von Großbritannien trifft in Moskau ein. Das ist der erste Besuch eines britischen Staatsoberhauptes in Russland.
- Deutschland wird zusammen mit vier anderen Ländern für zwei Jahre (1995/96) als nicht ständiges Mitglied in den UN-Sicherheitsrat gewählt.
- Jordanien und Israel unterzeichnen nach jahrelanger Feindschaft einen Friedensvertrag

Übrigens: Auch im September, aber schon im Jahr 1930, genau am 1., werden die Tonkin-Bataillone 1, 4, 7 und 9 des 1e Régiment Étranger im 5e REI (5e Régiment Étranger d'Infanterie) zusammengefasst.

29

Zentralafrikanische Republik, 28. Dezember 1994. An einem windigen, regnerischen Tag stiegen wir in Bastia an Bord einer von der Armee gecharterten Maschine. Es war wieder einmal so weit. Das Land, das wir im Frühjahr 1988 unter strittigen Umständen verlassen mussten, rückte wieder in den Blickpunkt kommender, interessanter Aktivitäten. Kaum hatten wir in Bouar Fuß gefasst, winkte schon die erste, keineswegs alltägliche Herausforderung.

Weit oben im Norden Zentralafrikas gab es einen Nationalpark, benannt nach dem Fluss, der in Sichtweite des Camps Richtung Tschad floss: Die Gounda. Da der Park immer wieder von braconniers, von Wilderern heimgesucht wurde, hatte man beschlossen, ständig einen Zug Legion von etwa dreißig Mann vor Ort operieren zu lassen. Der dritte Zug, in dem ich stellvertretender Zugführer war, wurde für diese Aufgabe ausgesucht. Die 950 Kilometer Distanz, die Bouar von der Gounda trennte, legte die Transall in zwei Stunden zurück.

31. Januar 1995.
Breite: Nord   9° 18' 55.3"
Länge: Ost   21° 12' 12.2"
Der Nationalpark Gounda (Parc National Saint Floris) ist einer der abgelegensten und kleinsten Parks, die Afrika zu bieten hat. Er befindet sich in Sichtweite der Grenze zum Tschad, zwischen der Provinzstadt Ndéle, und dem an der sudanesischen Grenze gelegenen Ort Birao. Unweit von hier, in nordwestlicher Richtung, werfen sich der Gounda- und der Koumbala-Fluss in den Bahr Aouk, der sich dann seinerseits im Süden des Tschad mit dem Chari vereinigt.
La Gounda ist ein Paradies, verloren im Nirgendwo! Hier war Afrika, wie man es woanders kaum noch sieht: Neben Elefanten, Löwen und Büffeln drängten sich hier die seltensten Arten von Antilopen wie zum Beispiel der Bongo, den man allerdings nur hin und wieder zu Gesicht bekommt, weil er scheu ist. Weiterhin wimmelt es von Oryxantilopen, Waterbucks und Impalas. Nilpferde tummeln sich Schulter an Schulter mit Krokodilen. Hyänen, gefleckt oder gestreift, beäugen einen scheu.[133]

Der Park wurde von einem französischen Ehepaar geführt. Er, den die französische Presse auch schon Robin des Bois (Robin Hood) genannt hatte, war eine lebende Legende. Ich kannte ihn als Haudegen, Buschläufer und als Mann von großen Prinzipien. Diese eisernen Prinzipien sollte so mancher Wilderer mit seinem Leben bezahlen.

Er schrieb in den Folgejahren seine Biographie mit dem Titel Koumbala[134]. Eine phantastische Lektüre! Auch seine Frau besaß diese Buschläufer-Mentalität. Ihre beiden Kinder, damals vier und zwei Jahre alt, sind quasi in der Wildnis groß geworden.

* * *

---

[133] Eintrag aus dem Tagebuch des Autors.
[134] Koumbala – Bataille pour un Paradis. Georges Fleury, Éditions Livre de Poche.

»Chef! Die Küche, mein Ofen, das Réfectoire?« Es war François, unser Koch, ein Légionnaire de première classe aus meinem Zug. Er war aufgeregt wie eine Jungfrau vor dem ersten Mal. François war eigentlich Bäcker, aber er konnte alles auf den Tisch zaubern. Das Problem waren seine Launen. War er gut drauf, gab es zum Frühstück schon mal Croissants und mittags ofenwarme Pizza (ja, ja … wir sind mitten in der Wildnis), hatte er aber seinen Moralischen, schmeckten sogar seine sonst zarten und saftigen Steaks nach Leder oder altem Schuhkarton.

Während der Zugführer mit dem Leiter des Wildparks Kontakt aufnahm, oblag es mir, das Biwak einzurichten. Obwohl wir einen anderen Zug der Legion ablösten und somit alles schon stand, war ich nicht mit allem einverstanden, hatte andere Pläne: Hier die Küche, dort die Zelte der Gruppen, etwas abseits, den Wind beachtend, die Plumpsklos und fünfzig Meter daneben die Grube, in die wir unsern Müll warfen, um ihn einmal täglich zu verbrennen. Die Duschen nicht zu vergessen und den Koch, der sein Réfectoire dorthin bekam, wo er es haben wollte.

Dieser Legionär war Koch und Bäcker unseres Zuges.

Aus der Macht der Gewohnheit heraus organisierte ich das Camp in wenigen Augenblicken zunächst in meinen Kopf, ließ dann den Zug antreten und gab meine Befehle an die Gruppenführer. »Deine Gruppe beginnt sofort mit der Wache, Ribbo!« Mehr brauchte es nicht. Ribbo war erfahren. Er kannte das Problem, das die Wilderer darstellten, die entweder aus dem Tschad oder aus dem Sudan kamen, zur Genüge. Er wusste auch, dass diese über modernste Waffen verfügten und in Banden von bis zu vierzig Mann auftraten. Davon ableitend wusste er auch, was ich von ihm erwartete. Er postierte seine Legionäre an allen taktisch wichtigen Punkten. Von dort aus kontrollierten sie die Zugänge zum Camp und konnten diese im Falle einer Bedrohung mit Feuer belegen. Ihren wachsamen Augen würde nicht die kleinste Bewegung entgehen, ich konnte mich zu hundert Prozent auf sie verlassen. Das Camp konnte sich in absoluter Sicherheit wiegen!

Die anderen Legionäre arbeiteten mit nacktem Oberkörper, die Famas auf dem Rücken. Viel Zeit hatten wir nicht, denn die Nacht nahte, und ich wollte noch vor der Dunkelheit mit dem Gros der Arbeiten fertig sein.

Am nächsten Tag wählte der Zugführer zwei Gruppen aus, die ihn nach Ndéle begleiten sollten. Ndéle lag in etwa 200 Kilometer südwestlich von unserem Lager. Die Straße war in der Regenzeit unbefahrbar, doch noch regnete es nicht. Wir brauchten Benzin, Öl, frisches Gemüse und anderes mehr. Diese Fahrt gab zudem dem Adjudanten Gelegenheit, sich in der näheren Umgebung umzusehen.

Währenddessen sah ich mir das Camp des Wildhüters an. Im Zentrum stand eine Villa aus gebrannten Ziegeln. Das Imposanteste an ihr war wohl die Veranda, von der aus man einen vortrefflichen Ausblick in Richtung der Gounda (Fluss) hatte. Zwischen dem Fluss und dem Camp lag majestätisch die zentralafrikanische Savanne in ihrer ganzen Pracht. Stundenlang hätte ich hier auf der Veranda sitzen und diese Wildnis beobachten können.

Hinter dem Hauptgebäude, zur Landepiste hin, gab es eine hölzerne Baracke, in der das Stromaggregat stand. Rechts davon waren zwei Bungalows zu sehen, die als Unterkunft für eventuelle Touristen vorgesehen waren. Das gesamte Terrain war von hohen Akazien, Zedern und Mangofruchtbäumen bewachsen. Die Piste lag etwas abseits. In der Regenzeit war sie ebenfalls nicht zu gebrauchen. Dann wurden hier die Gehsteige hochgeklappt, und die Familie des Wildhüters flog aus. Die Straßen waren, wie bereits erwähnt, in dieser Zeit ebenfalls nicht befahrbar.

Nordwestlich vom Camp gab es ein kleines Eingeborenendorf. Ein weiteres, bestehend aus nur fünf oder sechs Hütten, befand sich in südlicher Richtung. Als ich einmal in der Abenddämmerung dort im Rahmen eine Patrouille vorbeikam, sah ich, dass die Eingeborenen alle Öffnungen der Hütten verrammelt hatten. Der Dorfplatz war wie leergefegt, und nur ein alter, verbeulter Topf und ein bis auf die Knochen abgemagerter Hund, der noch nicht mal seinen Kopf hob, als ich mich näherte, erinnerten daran, dass hier tatsächlich Menschen lebten … Ein gespenstischer Ort! Später erklärte mir der Dorfälteste, dass sie nachts Angst hätten. Als ich ihn fragte, wovor, antwortete er ernst: Bämärä – vor den Löwen!

Der König war nicht bereit, auch nur einen Millimeter zur Seite zu weichen.

Gegen Mittag erhielt ich vom Zugführer einen Funkspruch. Es hatte unterwegs Probleme gegeben, eine eingebrochene Brücke hatte sie aufgehalten. Da es sicherer war, nachts nicht zu fahren, würden sie in Manovo Biwak machen und erst am nächsten Tag wieder zu uns stoßen. Ich hoffte nur, dass das nicht der Auftakt zu etwas Schlimmerem wäre.

Das Unglück hatte bereits seine dunklen Schatten auf unsere in Bouar verbliebene Kompanie geworfen: Ein junger Legionär hatte seinem Leben mit einem Schuss aus der Famas selbst ein Ende bereitet. Ein Offizier trug nach einem Sturz einen Schädelbruch davon. Unser Spieß renkte sich die Schulter aus, und ein anderer Legionär beim Sprungdienst in Bossiki den Oberschenkel. Und das alles innerhalb von drei Tagen.

Vom Dorf nordwestlich des Camps engagierte ich zwei Boys, Florent und Jean. Natürlich waren es gestandene Männer. Den Ausdruck »Boy« verpassten die Franzosen jedem Einheimischen, der in irgendeiner Art und Weise für sie arbeitete. Hinter diesem Ausdruck verbarg sich denn auch keinesfalls eine versteckte Art von Rassismus. Florent und Jean bekamen von mir 5000 CFA für jeweils zwei Wochen. Das waren umgerechnet 50 Francs, also etwas weniger als zehn Euro, was für sie ein kleines Vermögen darstellte.

Tags darauf stieß der Zugführer mit dem restlichen Zug zu uns. »Wir müssen vorsichtig sein«, sagte er. »Den Worten des Wildhüters in Manovo zufolge sind im Augenblick ganze Banden von Wilderern unterwegs! Ich will ab jetzt tagsüber nonstop eine Patrouille unterwegs haben. Wir werden abwechselnd etwas afrikanischen Savannenstaub schlucken!«

Wir beschlossen Folgendes: Eine Gruppe sollte entweder mit ihm oder mit mir ständig in der näheren Umgebung Patrouillen fahren oder am Rande verdächtiger Pfade Hinterhalte anlegen. Eine andere Gruppe wurde zum Nichtstun verdonnert. Sie blieb in ständiger Einsatzbereitschaft im Camp: Bereit, in weniger als zwei Minuten auszurücken! Eine dritte Gruppe schob Wache im Camp und tat service, was hieß Kartoffeln putzen, Müll verbrennen, Plumpsklo desinfizieren ... Halt alle Arbeiten, die so anfielen.

Flusspferde in den Gatta-Sümpfen.

Ich begann am folgenden Tag mit der ersten Patrouille. Vom Camp an der Gounda ging es zunächst Richtung marée (marais) de Dongole und marée de Gata, beides Sümpfe, in denen es von Flusspferden nur so wimmelte. Hin und wieder bekam man hier auch ein Krokodil zu Gesicht. Von dort aus ging es weiter bis nach Gordil. Dort nahm ich Kontakt auf mit einem Offizier, einem Kommandanten der FACCA, der zentralafrikanischen Armee. Dieser bestätigte mir die Präsenz von Wilderern in der Gegend und sagte auch wie beiläufig, dass sie bereits einige erwischt und auf der Stelle kurzen Prozess mit ihnen gemacht hätten. Als ich ihn fragte, was sie denn mit den Wilderern angestellt hätten, grinste er: »Sie schneiden dem Elefanten die Stosszähne ab? Dann schneiden wir Ihnen eben auch was ab. Danach ein Schuss in den Pansen und einen ins Genick, und die Sache ist erledigt.«

Dieser Kommandant widerte mich an. Nicht, dass ich etwa mit den Wilderen sympathisierte, ganz und gar nicht. Nur mochte ich sein sadistisches Lächeln nicht, als er mir all diese Dinge erzählte. Ich denke, dass, bevor die Wilderer durch einen Schuss ins Genick von ihren Leiden befreit wurden, sie Dinge ganz anderer Art über sich ergehen haben lassen müssen. Das allerdings war reine Vermutung!

Während der gesamten Patrouille, die von Sonnenauf- bis Sonnenuntergang und darüber hinaus bis in die frühen Morgenstunden dauerte, hielt ich jede Stunde an und nahm mit dem Basiscamp in der Gounda Funkkontakt auf. In der Nacht nach dieser Patrouille, lag ich dann wach in meinem Feldbett und dachte über all das nach.

Draußen herrschte stockdunkle Nacht. Die Nächte hier in der Savanne sind atemberaubend schön. Die Sterne sind von einer Helligkeit, wie ich es in Europa nie gesehen habe. Die Luft ist mild und voller Aromen, die mir unbekannt sind. Wenn der Löwe brüllt – keine Zweifel daran aufkommen lassend, wer hier das Sagen hat – verstummen alle anderen Geräusche augenblicklich. Das sind die Momente, in denen ich dann einmal mehr zu mir sage: Genau das ist es ... Das Leben, wie ich es mir immer gewünscht habe!

30

»Chef!« Ich war sofort hellwach. Neben meinem Feldbett sah ich die Silhouette eines Legionärs aus Ribbos Gruppe. Ein Rumäne. Mit zwei anderen Soldaten hatte er gerade Wachdienst. Ich warf einen Blick auf die Uhr: Es war lange nach Mitternacht. »Was gibt's?« – »Ich dachte, es wäre interessant für Sie, sich das anzuschauen!« Rasch zog ich mich an, schnappte meine Famas und folgte dem Legionär, der sich etwa zwanzig Meter vom Camp entfernte und dann ruckartig stehen blieb: »Dort. Genau dort, hinter den Büschen!«

Er reichte mir das IL, einen Restlichtverstärker, der die Nacht zum Tage machte. Was ich sah, jagte mir zunächst einen eiskalten Schauer über den Rücken. Genau an der Stelle, die er angeben hatte, standen, groß und wuchtig, fünf Löwen und starrten zu uns herüber. Einer von ihnen war ein Prachtexemplar. Als ich das Glas herunternahm, konnte ich seine Augen gelb in der stockfinstren Nacht funkeln sehen. Der Tod starrte mich an!

Ich weiß nicht, wie ich das beschreiben soll. Als ich dem Löwen gegenüberstand – die Entfernung betrug höchstens acht oder neun Meter –, war ich sofort in seinem Bann. Ich wusste, dass, hätte er sich entschlossen, mich anzugreifen, ich keine Chance gehabt hätte. Auch mit der Famas nicht, die mir mehr wie ein Spielzeug denn wie eine wirkungsvolle Waffe in meinen Händen vorkam.

Der Wildhüter sollte mich am nächsten Tag in dieser Einschätzung bestärken. »Wenn ein Löwe angreift«, so meinte er, »überwindet er die ersten fünfzig Meter in weniger als zwei Sekunden. Acht Meter sagst du? Du hättest nie auch nur den Hauch einer Chance gehabt!«

31

Meine zweite Patrouille führte mich am übernächsten Tag in südliche Richtung. Diesmal mit dabei: Ein schwarzer pisteur, ein Fährtenleser. Kaum hatten wir den ersten Kilometer hinter uns gebracht, gab er mir ein Zeichen, worauf ich halten ließ. Meine Männer sprangen vom Fahrzeug und gingen sofort beiderseits des Weges in Stellung. »Ein Panther«, sagte der pisteur kurz und starrte dabei auf einen dunklen Fleck am Fuße eines Baumes.

Wenn er »Panther« sagte, meinte er Leoparden. Ich musste dreimal hinsehen, um etwas Ungewöhnliches zu entdecken. Dort unter dem Baum lag eine Gazelle. Ihr Wanst war aufgerissen, der Körper noch warm. »Woher weißt du, dass ein Panther dies getan hat? Ich dachte, Panther jagen nur nachts?«, fragte ich neugierig. »Nur ein Panther tötet so. Er frisst die Därme und schleift sein Opfer dann auf einen Baum. Dass die Gazelle hier liegt, heißt, dass er durch irgendetwas abgelenkt wurde.«

Ich sah mich um. »Meinst du, wir haben ihn abgelenkt?« Er schüttelte den Kopf. »Das glaube ich nicht.« Mehr wollte er mir nicht sagen. Heimlich gab ich den Männern ein Zeichen. Sie sollten ab jetzt ganz genau das Gelände beobachten. Ich ließ auf die Fahrzeuge aufsitzen. Safari! Nach kaum zehn Minuten deutete der Fährtenleser auf drei kleine Punkte am Himmel. »Aasgeier!«, stieß er hervor. Bald schon waren es vier, fünf ... Bis ich sie nicht mehr zählen konnte. Sie zogen ihre Kreise enger und enger, kamen tiefer. Unbehaglich sah der Fährtenleser auf das hohe Büffelgras. Dahinter oder eher mittendrin, in einer geschätzten Distanz von zweihundert Metern, stiegen diese hässlichen Vögel auf und nieder.

»Ich will sehen, was sie so verrückt macht!« Mein Mund war vom Staub und der ständig steigenden Hitze trocken. »Sie sollten da nicht reingehen«, erwiderte Noel, so hieß der Fährtenleser. »Vielleicht sind Wilderer in der Nähe.« – »Na, umso besser. Deswegen sind wir doch schließlich hier, oder etwa nicht?« – »Oder Löwen«, sagte er kleinlaut.

Während ich ihn mir ansah, fiel es mir wie Schuppen von den Augen: Er hatte Angst. Um Klarheit zu haben, machte ich die Probe aufs Exempel. »Wenn du vorausgehst, kommen wir schneller voran. Was ist?« Noel schüttelte vehement den Kopf. »Löwen«, wiederholte er stoisch. »Sie haben uns gehört. Sie liegen im Gras und warten.«

Ohne weiter auf ihn einzugehen, wählte ich drei Legionäre aus, auf die ich mich, egal was kam, verlassen konnte. Der Gruppenführer, ein Spanier, sprang vom VLRA herunter und schnappte sich sofort eine Shotgun, die mit groben Korn geladen war. »Ich komme mit!«

Da ich wusste, dass er mit dieser Waffe sehr gut umgehen konnte, nickte ich. Er sollte mir den Weg öffnen. Dahinter folgte ich, die Famas auf Dauerfeuer eingestellt und den Finger nahe am Abzug. Der Lauf meiner Waffe war einen Meter vor mir auf den Boden gerichtet. Die beiden anderen Legionäre folgten in jeweils drei bis vier Schritt Abstand. Auch sie hatten die Famas durchgeladen und waren gespannt wie Flitzebögen. Dem Funker gab ich Anweisung, dass er, sobald auch nur ein einziger Schuss fiel, Kontakt mit dem Zugführer aufnehmen und schon jetzt unsere genaue Position durchgeben solle. Da er mit dem Funkgerät auf dem Rücken in diesem hohen, zähen Gras nur hängen bleiben würde, was ihn eventuell in große Gefahr bringen konnte, ließ ich ihn mit dem Rest der Gruppe bei den Fahrzeugen. »En avant!« Vorwärts. Ich muss gestehen, dass ich mehr Angst vor einem Angriff eines Löwen hatte als vor den braconniers. Fast lautlos schlichen wir voran, während ich immer wieder an die Worte des Wildhüters denken musste: »... wenn der Löwe angreift, überbrückt er die ersten fünfzig Meter in weniger als zwei Sekunden.« In diesem Gelände hieß das, dass ich ihn erst sehen würde, wenn er schon über mir war!

Plötzlich eine unförmige Masse vor uns auf einer winzigen Lichtung. Schatten schossen in alle Richtungen davon, ohne dass wir erkennen konnten, um was es sich genau handelte. Vor uns lag ein toter Büffel. »Was zum Teufel ist das?« Mein Gruppenführer brachte urplötzlich die Waffe in Anschlag, zielte auf den Büffel und ging langsam auf ihn zu. Erst jetzt sah ich, was er meinte: Im Leib des toten Büffels bewegte sich etwas. Vorsichtig zog ich mit beiden Händen die Bauchlappen des toten Körpers auseinander, und zum Vorschein kam einer dieser Aasgeier. Er hatte sich so vollgefressen, dass er nicht mal mehr fliegen konnte. Er hüpfte ein, zwei Schritte und kippte dann zur Seite weg, nur um sich wieder aufzurichten und das traurige Spiel von vorne zu beginnen.

Von Wilderern war ebenso wenig zu sehen wie von Löwen. Als ich diese Geschichte jedoch abends dem Wildhüter erzählte, sagte er, dass die Löwen da gewesen wären. Ganz nahe. Sie hätten uns ganz sicher beobachtet und so lange gewartet, bis wir wieder weg waren.

Den Schädel des Büffels trennte ich persönlich ab und brachte ihn mit nach Bouar, wo ich ihn aufwendig über Wochen hinweg präparierte. Die Kopfhaut war nicht mehr zu retten und musste ganz abgezogen werden. Der nackte Schädel jedoch und die eindrucksvollen Hörner waren in einem hervorragenden Zustand. Ich wollte diese Trophäe absolut mit nach Calvi nehmen und startete diesbezüglich eine Anfrage bei unserem Officier adjoint, dem stellvertretenden Kompanieführer (dieser wurde später Chef de section CRAP bzw. GCP und ist heute, soviel ich weiß, Chef de Corps, Regimentskommandeur des 3^e REI). Er gab die Erlaubnis, jedoch unter der Bedingung, dass der Büffelkopf den Eingang des Clubs unserer Kompanie schmücken sollte. Als ich im Februar 2002 das Regiment endgültig verließ, tat ich das jedoch mit dem Büffelkopf im Gepäck. Er ziert heute mein Büro.

**Diesen Büffelkopf habe ich bis in mein
heutiges Büro gerettet.**

Nur einen Steinwurf weiter entfernt fanden wir einen zweiten Büffel. Große Teile seiner Schenkel fehlten. Diese waren sauber mit einem Messer oder einer Machete herausgeschnitten worden. Wir hatten es in diesem Fall auch mit einer Art Wilderei zu tun, die ich persönlich jedoch noch als akzeptabel einstufte: Man tötete aus Hunger, aus der Notwendigkeit heraus; nicht aus Habgier!

Noch am Abend desselben Tages hatten wir Besuch. Eine der Schwestern der Kongregation des Heiligen Geistes, die in Ndéle eine Mission (mission catholique) unterhielten, war eingetroffen. Eine Deutsche! Während wir auf der Veranda des Wildhüters saßen, hatte ich Gelegenheit, mich ausgiebig mit ihr zu unterhalten.

Sie war zu diesem Zeitpunkt bereits zwei Jahre in Ndéle. Dort gab es, so erzählte sie mir, eine Oberschwester und drei Freiwillige, so wie sie. Ihre Arbeit dort beschränkte sich bei weitem nicht darauf, Gottes Wort in alle Ohren und Münder zu tragen. Sie halfen auch bei Entbindungen, verteilten Medikamente, gaben Französischunterricht, berieten Mädchen hinsichtlich all der komplexen Probleme des weiblichen Körpers wie Schwangerschaft, Verhütung etc.

Da ich nicht zum ersten Mal in der Zentralafrikanischen Republik war und somit einen kleinen, bescheidenen Einblick in die jeweils aktuellen politischen und militärischen Gegebenheiten hatte, kam meine erste Frage ganz von selbst. »Lässt man euch in Ruhe?« Sie wusste sofort, wovon ich sprach. Ndéle war schon immer eine Hochburg von Banditen der Grenzgebiete gewesen. Sultan Senoussi, ein Gegner jeglicher Art von Kolonisation und Feind der Franzosen, hatte hier vor weniger als hundert Jahren sein Unwesen getrieben. Dieser Geist der Rebellion schwebte immer noch über der Stadt: Eine Tatsache, die von der Nähe zum Tschad und zum Sudan natürlich begünstigt wurde. Hier trafen sich Wilderer, Elfenbeinschmuggler und Rebellen, die den Franzosen am liebsten schon heute zum Teufel gejagt hätten. In Ndéle wurden, versteckt hinter geschlossenen Fenstern und Türen, Waffen (Kriegswaffen) gehandelt. Hier in dieser Grenzstadt wehte auch der Wind der Korruption.

»Wir haben ein Funkgerät und sind in Kontakt mit den EFAO[135]«, war ihre Antwort. In ihrem Blick sah ich jedoch, dass sie – wie ich – ganz genau wusste, dass es Stunden, ja sogar Tage dauern konnte, bis man ihnen zu Hilfe eilen würde, vor allem, wenn sie ihren Funkspruch nicht rechtzeitig absetzen konnten.

Es wurde ein schöner Abend. Nach langen Wochen in einem Männerkreis ist es zur Abwechslung immer mal schön, sich mit einer Frau zu unterhalten, vor allem, wenn diese attraktiv ist und auch noch dazu deutsch spricht. Beides traf auf sie zu. Außer Deutsch, ihrer Muttersprache, beherrschte diese außergewöhnliche Frau auch noch Französisch und Sango, die Sprache des Landes. Das Schicksal wollte es, dass ich ihr im Jahr darauf noch einmal begegnen sollte.

Am 12. Februar wurden wir von einem anderen Zug abgelöst und verabschiedeten uns vom Paradies.

---

[135] Éléments Français d'Assistance Opérationnelle. Auch wir waren ein Element der EFAO.

32

Bouar, März 1995. Sollte ich dem Eintrag in mein Tagebuch Glauben schenken, ist in dieser ersten Märzwoche bereits der vierte Soldat des Détachements EFAO an der Malaria gestorben. Ein béret rouge, ein Fallschirmjäger der regulären Armee, erlag dieser heimtückischen Krankheit.

In dieser Phase büffelte ich bereits intensiv für mein CT2. Hatte ich das in der Tasche, stand einer Beförderung zum Adjudanten nichts mehr im Wege. Der Schwierigkeitsgrad des CT2 jedoch ist nicht von schlechten Eltern. Dieser Lehrgang findet auf nationaler Ebene in Montpellier an der École d'Application de l'Infanterie (EAI) statt und dauert etwa acht Wochen.

Ich unterhielt mich in dieser Zeit viel mit meinem Boy. Er hieß Fidel, und wie sein Name schon ausdrückte, war er eine treue Seele. Diese Woche zum Beispiel hatte er mich belehrt, in der Bibel stünde, man solle keinen Alkohol trinken ... Der Perfektionist in mir meldete sich sofort zu Wort. Ich besorgte mir eine Bibel und studierte Seite für Seite ... Ohne Erfolg, Hélas!

Ein anderes Mal erzählte er mir vom Höllenfeuer, dem meine Seele im Himmel begegnen würde. Er zeigte mir aber auch, wie man am besten die Mangos von den Bäumen fischte, welche reif waren, und wie man sie schälte und dann genüsslich aß. Es machte einfach Spaß, ihm zuzuhören und sich mit ihm zu unterhalten.

Vom 13. bis 18. März rückte die Kompanie ab zum Manöver Bocaranga. Bocaranga ist ein Ort fünfzig Kilometer östlich der Grenze zu Kamerun.

Kurz vor der Grenze zum Tschad.

Alles was in dieser Zeit geschah, geschah unter taktischem Aspekt. Meldete das élément de tête (Aufklärungselement) eine Ortschaft, jonglierte unser Hauptmann sofort taktisch klug mit seinen Zügen. Noch aus der Bewegung heraus wurden die Befehle erteilt. Die Züge nahmen ihre Positionen ein: Während der Aufklärungszug in Sichtweite zum Objekt wartete, bezog der Deckungszug diskret seine Stellung. Währenddessen brachte der Sicherungszug alle Zufahrtswege unter Kontrolle und machte so das Eingreifen eines eventuellen Feindes von außerhalb unmöglich. Ein Zug in Reserve, und die Schlacht konnte beginnen!

Im Rhythmus von einer Ortschaft etwa alle zwanzig Kilometer bis hinauf nach Bocaranga beherrschten wir alle nur denkbaren Varianten im Schlaf, und dennoch schien der Hauptmann nur mäßig zufrieden. Sein Ziel war es, Bocaranga im großen Stil anzugreifen, wobei saftig Feindeinlagen geplant waren.

Als dann einen Kilometer vor der Stadt die entscheidende Phase des Manövers begann, lief alles wie am Schnürchen. Nach vier Stunden Kampf, in dem zwei Züge gleichzeitig die Stadt von Süden kommend angriffen, flüchtete der Feind mit dem Rest seiner Truppen über die Grenze nach Kamerun.

Mir blieb dieses Manöver seltsamerweise auch wegen Igge und Giri in guter Erinnerung. Als wir nämlich in Bocaranga unser Biwak aufschlugen, kamen die beiden Mädchen im Alter von sechs oder sieben Jahren, um Süßigkeiten zu schnorren. Davon hatten wir massig, denn in unseren Rationen befanden sich unter anderem auch bittere Schokolade und Bonbons sowie auch Marmelade.

Bevor ich den beiden einen Sack zuwarf, der bis oben gefüllt war mit diesen Leckereien, forderte ich sie auf, für uns zu singen oder zu tanzen, was sie auch spontan taten. Mein Gott: Dies taten sie so gut, dass bald fast die ganze Kompanie zusammengekommen war, um zu klatschen und um noch mehr von den Süßigkeiten anzuschleppen. Einige waren so gerührt, dass die beiden ihr Stelldichein noch einmal zum Besten geben mussten.

In der Region Bocaranga trafen wir oft auf die Peul. Die Peul (im Deutschen auch »Fulbe« genannt), ein nomadisches Volk von Rinderhirten, waren zurückhaltende und höchst interessante Menschen. Ihre fast kaukasischen Gesichtszüge, die blauen Augen und ihr oftmals blondes Haar machten sie zu einer geradezu feinen Erscheinung, und hinter ihrem Äußeren verbarg sich zweifellos auch sehr viel Intelligenz. Der Schmuck und die Bemalungen, die sie zur Schau stellten, zeugten darüber hinaus von enormen künstlerischen Talenten. Ich habe nie einen Peul betteln oder sich daneben benehmen sehen. Sie hatten Klasse!

Zu vermerken wäre aus dieser Woche noch ein Unfall: Ein Fahrzeug vom Typ Marmon mit einem Fahrer unserer 2. Kompanie kippte in voller Fahrt um. Auf seinen Sitzbänken befand sich eine Gruppe FACA[136], einheimische Soldaten: Es gab fünf Schwerverletzte, die mit dem Hubschrauber nach Bangui geflogen werden mussten.

Ende März hatten wir Sprungdienst in Bossiki, und danach ging es sofort wieder los mit dem Geländedienst. Dies Mal von Bouar nach Bozoum, Bossangoa, Bouca, Batangafo bis nach Kamba-Kota. Gleich zu Beginn hatten wir zwei Evasan (évacuation sanitaires / Evakuierungen aus gesundheitlichen Gründen, in diesem Fall per Hubschrauber). Ein Fall von Malaria und ein

---

[136] Forces Armées Centrafricaines, reguläre Armee Zentralafrikas.

Blinddarm. Mit im Hubschrauber war zu unser aller Entzücken eine italienische Journalistin und Fotografin. Sie war sehr attraktiv, hatte braunes Haar und verstand ihr Metier (als Journalistin, wohlgemerkt). Ihr Name war Giorgia. Sie hatte sich bereits einen Namen gemacht, indem sie eine Reportage und einen Bildband über Bergarbeiter der Kohleminen in der Ukraine herausgebracht hatte. Genau von den Minen also, die zu den gefährlichsten Arbeitsplätzen der Welt zählten.

Unser Entzücken verwandelte sich rasch in respektvolle Anerkennung, als sich Giorgia am ersten Morgen wie jeder von uns ungeniert einen Eimer schnappte und sich Seite an Seite mit den Legionären der Körperpflege hingab.

So was schafft Eindruck! Dennoch: Es bereitete mir Vergnügen, zu sehen, wie ein Mann oder genauer gesagt in diesem Fall 120 Männer sich im Beisein einer Frau veränderten, und ich nehme mich da absolut nicht aus: Waren unsere Stiefel aus Gewohnheit schon blank, so blitzten sie jetzt geradezu. Die Rasur war mehr als perfekt, und unser aller Benehmen absolut gentleman-like. Jeder wollte der sein, der zuerst »Guten Tag!« sagte, seinen Stuhl anbot oder ihr sonst einen Dienst erweisen konnte. Es war verrückt.

Fazit: Une femme? Ça fout le bordel![137]

Im April wurde uns in Paoua ein teures Nachtsichtgerät gestohlen. Um es wiederzubekommen, musste ich handeln wie ein Kuhhändler und einige Francs lockermachen, was sich aber lohnte, denn wie durch ein Wunder tauchte es tatsächlich wieder auf.

33

Die Woche darauf sollte geprägt sein von einem Auftrag im Norden, wo coupeurs de route ihr Unwesen trieben. Coupeurs de route, das sind Banden, die Hinterhalte auf Fahrzeuge, Konvois, einzelne Personen etc. ausführen, um auf welche Art auch immer Profit daraus zu schlagen. Sie sind bewaffnet und gefährlich, weil sie nichts zu verlieren haben, schrecken vor keiner Gräueltat zurück und sind extrem aggressiv. Unser Auftrag und die Befehle hinsichtlich dessen, was gesehen sollte, wenn wir Teile dieser Banden aufspürten, waren klipp und klar definiert. Ich glaube nicht, dass ich mehr Worte hinzufügen muss.

Unsere Patrouillen erfolgten zu Fuß und führten jeweils in Gruppenstärke auf verschiedenen Wegen genau durch das Operationsgebiet der coupeurs. Am Mann hatten wir nur die Waffe und die Musette, in der sich ausschließlich Wasser, Munition und einige Rationen befanden. Allenfalls noch eine Decke, um uns nachts darin einzuwickeln. Der Auftrag erstreckte sich über drei Tage. In dieser Zeit sahen wir oft Spuren ihrer Präsenz, doch die coupeurs selbst bekamen wir nie zu Gesicht. Die Sache war einfach: Näherten wir uns einem Dorf oder einer Siedlung, die wir jedes Mal gründlich durchkämmten, versteckten sie ihre Waffen im Wald und tauchten in der Population unter. Waren wir wieder weg, zeigten sie erneut ihr wahres Gesicht und die Waffen kamen wieder zum Vorschein. Sie waren überall, waren Meister im Versteckspielen! Noch im Gelände erreichte uns die Nachricht von einem weiteren Opfer: Wieder Malaria, und wieder ein Soldat der regulären Armee.

---

[137] Eigentlich als Kompliment für die Frau gedacht. Hier wörtlich: Eine Frau, das bringt Unruhe hinein!

29. April 1995.

Die Regenzeit beginnt. Es regnet nun jeden Tag, und das jedes Mal drei bis vier Stunden nonstop. Oft sind es sintflutartige Regenfälle, die ohne Vorankündigung auf uns niederge-hen! Beim cross (Lauf) camerone werde ich 19. von über 700 Teilnehmern. Um unter die ersten zehn zu kommen, fehlen mir 40 Sekunden, aber ich bin Soldat und kein Sportler![138]

Am 5. Mai 1995 verließen wir die Zentralafrikanische Republik. Das Regiment sollte am 14. Juli auf dem Champs-Élysées zum Nationalfeiertag marschieren, doch dies ohne uns. Kaum hatten wir nämlich unsere Koffer ausgepackt, ging es schon wieder los. Dieses Mal ging es an Afrikas Westküste, nach Gabun.

34

Kleiner Einschub: Anfang April 1995 muss eine Transall C-160 auf dem Weg von Calvi nach Solenzara im schroffen Gebirge in der Nähe von Occhiatana notlanden. Unser Regiment ereichte die Nachricht, dass der gut erhaltene Rumpf nach Calvi transportiert und dort zur Bo-den-Sprungausbildung wieder hergerichtet wurde. Einer, der sich besonders dabei engagiert hatte, war ein portugiesischer Sergent-Chef unserer 1. Kompanie. Er – Joao – war damals der verantwortliche Moniteur (Ausbilder) der laufenden promo (regimentsinterner Springerlehr-gang). Hut ab vor dieser Leistung. Diese Transall war, als ich das Regiment verließ, immer noch Kern- und Prunkstück der Springerausbildung.

Sechseinhalb Wochen nach unserer Rückkehr aus Zentralafrika befanden wir uns also schon wieder auf afrikanischem Boden. Gabun war für uns aus einem ganz besonderen Grund interessant: Es galt als die Plattform, von der aus man am schnellsten zum Einsatz kam, wenn es in Afrika kriselte. Die beiden COMPARAs (Fallschirmjäger-Kompanien) der TFG[139] waren die, welche man zuerst mobilisierte, noch vor den Elementen Guepard in Frankreich und noch vor den französischen Einheiten, die im Tschad (Épervier) stationiert waren. Dieser Aspekt sollte für das Regiment und vor allem für meine Kompanie und für mich zwei Jahre später 1997 von höchster Brisanz sein.

Gabun war vom Klima her ganz anders als Djibouti, Tschad oder Zentralafrika. Die Nähe zum Äquator (der durch Gabun verlief) sorgte dafür, dass die Durchschnittstemperaturen bei 28 Grad Celsius lagen, und das bei einer relativen Luftfeuchtigkeit von über 80 Prozent. Die Flora ist erdrückend. Dieser Regenwald erinnerte mich sofort an Guyana. Von vornherein brachte man uns jedoch bei, dass unser Hauptauftrag hier hauptsächlich aus Wacheschieben bestehen würde ... Und dem Warten auf einen scharfen Einsatz!

Auch aus Gabun wurde einst eine Kompanie des 2e REP aus disziplinären Gründen frühzeitig nach Hause geschickt, und ich müsste mich schwer täuschen, wenn es nicht auch die 1. Kompanie gewesen war. Das geschah aber in den späten achtziger Jahren, also vor meiner

---

[138] Eintrag aus dem Tagebuch des Autors.
[139] Troupes Française au Gabon, Französische Truppen in Gabun.

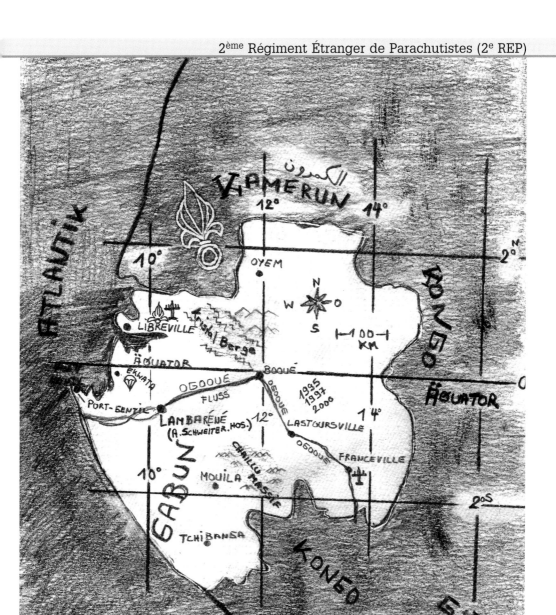

Zeit im 2e REP. Damals sollen angeblich die Legionäre, die mit der Bewachung einer Mystère, dem Flugzeug des Präsidenten, beauftragt gewesen waren, in dieses eingedrungen und sich an den Getränken aus der Bar im Flugzeug gütlich getan haben.

Ein weiterer der Tage, die ewig in meinem Gedächtnis bleiben werden, war der, an dem wir an Bord einer Transall nach Lambarene flogen, wo wir das Albert-Schweitzer-Hospital besichtigten. Da ich vor langer Zeit schon Bücher über diesen Urwalddoktor, Musiker, Theologen und Philosophen gelesen hatte, konnte ich es kaum erwarten, meinen Fuß an den Ort zu setzen, wo er gewirkt hatte.

Die Stätte war eindrucksvoll. Leise, fast ehrfürchtig betraten wir hinter der einheimischen Führerin das Hospital, das einst ein Schweine- und Hühnerstall gewesen war, wie sie uns erklärte. Hier standen die alten Reagenzgläser, die Albert Schweitzer benutzt hatte, seine Bücher und Medikamentenschränke, seine Bilder von den Kranken, teilweise gar nicht schön anzusehen. Man führte uns von Raum zu Raum, und immer war es, als begleitete uns sein menschlicher Geist, sein einzigartiges Genie.

Ein Totenkopf, eine Schlange in Spiritus eingelegt, Korsetts aus Holz und Leder ... Mir war, als könnte ich seine Orgelspiele von Johann Sebastian Bach hören! Leise, durchdringend, hinreißend!

Im Albert-Schweitzer-Hospital in Lambarene.

* * *

Kurz bevor wir wieder abflogen, kehrten wir in ein Restaurant ein. Ganz oben auf der Karte dieses Restaurants stand: Steak vom Krokodil! Ich ließ mich nicht lange bitten. Vom äußeren Aspekt her ziemlich unappetitlich (das Fett war gelb und schwabbelig), war der Geschmack nicht der übelste.

Hier in Libreville, im Camp De Gaulle des 6e BIMA[140], erreichte uns im Juli zunächst die Nachricht des Massakers von Srebrenica und am 30. August die Nachricht, dass NATO-Einheiten massiv serbische Stützpunkte im Raum Sarajevo angegriffen hatten.

Wir wussten, dass zur FRR (Force de Réaction Rapide oder auch Quick Reaction Force, Europas schneller Eingreiftruppe), die bei diesen Angriffen eingesetzt wurde, auch Fremdenle-

---

[140] Bataillon d'Infanterie de Marine, Marineinfanterie-Bataillon.

gionäre gehörten, unter anderem das 2e REI mit seinen 120-mm-Mörsern. Diese Waffe ist präzise und tödlich, vor allem, wenn sie von diesen Legionären gehandhabt wurde, die schon lange mit zu den besten Mörsersoldaten der französischen Armee zählten. Sie kamen höchst effizient zum Einsatz.

Teile des 2^e REP sollten bald darauf schon im Rahmen der IFOR ebenfalls an diesem Einsatz teilnehmen ... ohne blauen Helm dieses Mal! Mostar, Konjic, Mont Igman – Ich könnte mir durchaus denken, dass hier ein paar alte Rechnungen aus den Jahren 1992/93 beglichen wurden!

* * *

In Gabun absolvierten wir die Sprünge auf zwei verschiedenen Sprungplätzen, die nicht nur sehr unterschiedlich, sondern auch weit voneinander entfernt waren. La Pointe Denis, wo Sprünge à la Hollywood stattfanden (nicht gefechtsmäßig, auch mal ohne Sprunggepäck, was eher selten war) und Ekwata (Equata). Der erste Sprung, den ich in Ekwata absolvierte, war ein Nachtsprung. Ein echter Nachtsprung! Er sollte Auftakt zu einem mehrtägigen Manöver werden. Wir wussten nur, dass die Sprungzone von Wald umgeben war und ziemlich klein sein sollte.

Als sich mein Schirm öffnete, hätte ich mir den üblichen Rundumblick sparen können. Es war stockdunkel, man sah absolut nichts ... rien, nada, nothing! Weder am Boden noch in der Luft war irgend etwas zu erkennen.

Ich landete auf einem Termitenhügel, zehn Meter neben einem Hubschrauber vom Typ Allouette, und gewann der Sache einen humoristischen Aspekt ab. Ich hätte ja auch auf dem Hubschrauber landen können, oder auf einem der vierzig Meter hohen Bäume zehn Meter weiter! Ohne besondere Vorkommnisse und ohne weitere Höhepunkte erlebt zu haben, verabschiedeten wir uns vier Monate später aus Gabun, jedoch nicht ohne alle Stufen des CEC, des Centre Entraînement Commando des CEFOGA durchgemacht zu haben.

Inzwischen war ich, was Kommando-Lehrgänge anging, so ungefähr bei gut einem Dutzend angelangt. Deshalb schenkte ich ihnen vielleicht nicht mehr die Beachtung, die ihnen zusteht. Diese famose piste Malibé, von denen die französischen Marineinfanteristen steif und fest behaupten, es sei die schwierigste Urwald-Hindernisbahn der Welt, machten wir so nebenbei: Nichts im Vergleich zu unserem Lehrgang in Guyana oder mit dem in Arta Plage (Kommando-Ausbildungszentrum CECAP der 13. Halb-Brigade der Legion) in Djibouti!

* * *

Ungefähr in diese Zeit fiel die Entsendung von Einheiten der Legion nach Paris. Im Rahmen des Planes Vigipirate trugen sie ihren Teil dazu bei, Anschläge von internationalen Terroristen in den Stationen der Pariser U-Bahn (Métro) zu verhindern. Vorausgegangen waren blutige Anschläge im Juli in der RER Station Saint-Michel.

Auch das 2e REP, insbesondere die 1e CIE, meine Kompanie, war davon betroffen. Für uns war es eine willkommene Abwechslung. Wir nahmen jedoch diesen Auftrag sehr ernst. An den Reaktionen der Pariser – für viele war es das erste Mal, dass sie Képis Blancs bewaffnet in ihrer

Stadt zu sehen bekamen – konnte man erkennen, dass sie für diese Aktion dankbar waren. Sie wiegten sich in Sicherheit! Das Pariser Herz hieß uns ohne Wenn und Aber willkommen, entzückte Rufe, bewundernde Blicke: Vive la légion!

* * *

Notre Dame de la Serra. Diese ganz in Weiß gekleidete Dame und ihre idyllische Kapelle, die Calvi von hoch oben, von einem Felsen herab dominierten, hatten für uns dreierlei Bedeutung. Zunächst, und damit die wichtigste gleich vorneweg: Andacht!

Es war ein Ort, an dem man sich besinnen konnte. Die Ruhe dort oben war absolut, und die kalten Mauern der Kapelle kamen einen Hafen des Friedens gleich. Am 8. September eines jeden Jahres wird hier der Geburtstag der korsischen Schutzheiligen Maria zelebriert. Dieser 8. September ist zugleich einer der bedeutendsten Feiertage der Insel.
Dann hatte man von hier oben einen unvergleichlichen Ausblick über weite Teile der Balagne von Lumio bis fast nach Calenzana, über die Bucht von Calvi und über das herrlich blaue Meer.

In erhabener Gesellschaft: Von hier aus blicken Notre Dame de la Serra und ihre kleine Kapelle auf Calvi. (© GFDL)

Stand der Name »Notre Dame de la Serra« auf der einen Seite für Andacht und Besinnung, für einen Panoramablick, wie man ihn nirgendwo auf der Welt besser fand, so stand er aber auf der anderen Seite auch für Schweiß, für einen immensen inneren Schweinehund, den es zu überwinden galt, und – für den ein oder anderen – für eine Qual schier ohne Ende.

Dann nämlich, wenn es montags früh hieß »rassemblement compagnie, footing«[141] zur Notre Dame de la Serra. Spätestens jetzt konnte man beweisen, was man im Sack hatte. Vom Camp Raffalli aus ging es zunächst fünfzehn Minuten gegen Calvi hin leicht bergauf, bis dann die eigentliche Steigung hinauf zur Kapelle begann. Serpentinenartig ging es durch die korsische maquis schier unendlich steil nach oben. Man fluchte, schimpfte, gar mancher würde sich die Haare raufen, hätte er welche oder wären sie nicht zu kurz: Es half alles nichts. Unsere Dame gab uns unseren Frieden erst zurück, wenn es auf der anderen Seite, rund 45 Minuten später, wieder bergab ging.

Eine andere Variante des körperlichen Austobens war der Aufstieg im Laufschritt zum Croix d'Autrichien, dem österreicherischen Kreuz, das sich fast in Sichtweite befand.

---

[141] Antreten der Kompanie zum morgendlichen Lauf.

März 1996, Zentral- afrikanische Republik

- Der südafrikanische Politiker Nelson Mandela lässt sich von seiner Frau Winnie scheiden.
- Bekanntgabe der Möglichkeit, dass Rinderkrankheit BSE auf Menschen übertragen werden kann.
- Tel Aviv: Urteil gegen Rechtsextremisten Jigal Amir wegen Mordes an Regierungschef Yitzhak Rabin zu lebenslanger Haft.
- Oscar Regen für Spielfilm Braveheart von und mit Mel Gibson, bester Film des Jahres 1995.
- Mike Tyson besiegt in Las Vegas den Briten Frank Bruno durch technischen k.o. in der dritten Runde und wird Schwergewichtsweltmeister des Boxweltverbandes WBC.

Übrigens: Auch im März, jedoch im Jahr 1970, genau am 6., kommt es im Tschad in der Region Safay auf dem Marktplatz von Dabandat zwischen der ersten Kompanie des 2e REP und Banditen (Rebellen) zu einer Schießerei, bei welcher der Hauptmann de Larre de la Dorie schwer verwundet wird und einen Tag später seinen Verletzungen erliegt.

35

Ein höchst reizender und charmanter Vorfall ereignete sich am Camerone-Gedenktag, also am 30. April. Welches Jahr es war? Ich weiß es nicht mehr, und das ist auch nicht von großer Wichtigkeit. Ich stand am Rande der Kirmes und sah mir eine Kampfhunde-Vorführung an, als ein Mädchen mich förmlich in seinen Bann zog.

Sie strahlte Gelassenheit und Abgeklärtheit aus und kam mir recht spitzbübisch vor mit ihren netten Grübchen um die Mundwinkel. Sommersprossen zierten ihre Stupsnase. Sie stand da, mit einem leicht melancholischen Blick, und genoss die Vorführung, was sie durch ein helles Lachen aus ihrem Schmollmund zum Ausdruck brachte. Sie war allein, und man sah ihr an, dass sie nicht darauf bedacht war, aufzufallen, im Gegenteil.

Dort, nur einen Meter neben mir, stand Laetitia Casta[142]. Sie war gelassen, natürlich, schön. Ohne irgendwelche Staralüren. Selbstverständlich ließ ich es mir nicht nehmen, sie in eine – wenn auch kurze – Konversation zu entführen, bevor sie, ein paar Minuten später nur, von hochrangigen Offizieren umringt wurde.

Am 29. März 1996 bekam ich das Diplome CT2 leichte Infanterie ausgehändigt. Für mich hatte dieses Diplom einen ganz besonderen Wert. Zunächst einmal brachte es mich meinem Traum, Zugführer in der Fremdenlegion zu werden, einen Riesenschritt näher, und dann war es noch eine persönliche Anerkennung für all die zahlreichen Stunden, die ich nachts oder an meinen freien Wochenenden für Studien geopfert hatte. Mein Privatleben hatte darunter erheblich gelitten, doch ich denke, dass die Quintessenz des Lebens darin liegt, unbeirrbar das zu tun, wovon man tief überzeugt ist, und das mit all dem nötigen Respekt seinem Umfeld gegenüber. Und zu Paulo Coelho, dessen Bücher ich alle gelesen habe, möchte ich sagen: Ja! Die zwei Tropfen Öl befanden sich auch damals noch im Löffel! Auch wenn man mich vom Gegenteil überzeugen wollte.

Im Juni 1996 verlängerte ich meinen Vertrag um weitere zwei Jahre, und schon kurz darauf wurde ich als Sergent-Chef Zugführer in der Ersten Kompanie des 2^e REP. Ich war 35 Jahre alt, seit elfeinhalb Jahren in der Fremdenlegion und hatte mir meinen Traum erfüllt. Die Verantwortung, die mit der Übernahme dieses commandements nun schwer auf meinen Schultern lag, trug ich gerne, und ich nahm sie sehr ernst.

Dieser Monat Juni war also proppenvoll mit Ereignissen, und so stürzte ich mich voller jugendlichem Elan und voller Selbstbewusstsein in meine erste große Herausforderung als Zugführer, die da (einmal mehr) hieß: Zentralafrikanische Republik!

36

30. Juni 1996, Camp Beal, Bangui, RCA. Camp Beal war mir von Beginn an ein Gräuel. Zwischen Boy-Rabé und den 36 villas gelegen, also am extrem nördlichen Stadtrand von Bangui,

---

[142] Frankreichs Top-Model und Schauspielerin. Man nannte sie damals »die neue Bardot«. Filmpartner waren unter anderen Gérard Depardieu und John Malkovich. Filmographie: »Asterix und Obelix gegen Cäsar«, später aber auch ernste Rollen, u. a. in »Die starken Seelen«, »French Beauty« oder »Rue des plaisirs«, um nur einige zu nennen. In Korsika ist Laetitia Casta längst Kultfigur.

der Hauptstadt Zentralafrikas, war es meines Erachtens zu nahe an der uns nicht gerade freundlich gesinnten Population. Kein Ort, von dem aus ich meine Legionäre schnell und zu Fuß zur Ausbildung ins Gelände führen konnte, und hauptsächlich danach stand mir doch der Sinn: Meinen Zug durch tägliche Ausbildungseinheiten operationell auf ein hohes Level zu bringen und dieses Level peu à peu zu steigern. Mit anderen Worten: Ein Einsatz musste her!

Kleiner Einschub: Die Möglichkeiten, wie ein Fallschirmjägerzug der Legion zum Einsatz kommt, mit welchen Waffen, in welcher Gliederung und auf welchem Weg (Fallschirm, Luftlandung per Hubschrauber, gepanzerte Fahrzeuge, zu Fuß nach Infiltration, per Boot etc., siehe dazu auch die Spezialisierungen der einzelnen Kompanien des 2e REP) sind vielfach. Sie hängen in erster Linie ab vom Auftrag, von der zu erzielenden Wirkung am Feind, vom Gelände, von den zu Verfügung stehenden Mitteln und von der geplanten, unmittelbar auf die Verbringung folgenden Aktion.

Diese Stadt am Bangui-Fluss hatte in der jüngsten Vergangenheit schon manch bittere Träne geweint. Es war die Stadt, in der sich ein sogenannter Bokassa selbst zum Kaiser gekrönt hatte, welcher in den Jahren 1966 bis 1968 von sich reden machte, indem er seine Stadt »säuberte«: Alle Menschen, die auf irgendeine Art behindert waren, Blinde, Taube, Krüppel, geistig Behinderte oder einfach nur Regimegegner, wurden aus seiner Stadt entfernt. Sie wurden zusammengepfercht und ins fast tausend Kilometer entfernt gelegene Birao geflogen, einen Ort an der sudanesischen Grenze, mitten in der Savanne. Jene, die von dort flüchten wollten, fielen im Kugelhagel der Aufseher, und die wenigen, denen die Flucht gelang, wurden Opfer wilder Tiere. Nur einer kleinen Gruppe gelang es tatsächlich, zu flüchten, doch das ist ein anderes Kapitel. Wie wohl inzwischen hinlänglich bekannt sein dürfte, wurde Bokassas Herrschaft durch die von französischen Fallschirmjägern im Jahre 1979 geführte »Operation Barracuda« beendet.

Bangui bestätigte mich persönlich auch wieder einmal mehr in meiner Erkenntnis, dass der Einheimische der Großstadt und der aus der Provinz nichts mehr gemeinsam hatten. Auf dem Lande waren wir immer herzlich willkommen. Die Menschen sowie ihre Hütten waren gepflegt und sauber, jede Art von Banditentum ein Fremdwort. (Seltene Ausnahmen bestätigten natürlich auch hier die Regel.) In der Stadt jedoch waren Diebstahl, Falschheit und Banditentum an der Tagesordnung. Als Europäer allein in Bangui hätten Sie in gewissen Vierteln wie zum Beispiel der Kouanga oder der Bacongo null Chance, sich nachts auch nur hundert Meter weit unbehelligt zu bewegen.

Kaum zwei Wochen in Bangui, begann ich mit dem Lehrgang OMB (Orienteur, Marqueur, Baliseur), den jeder Zugführer damals haben sollte und den meiner Meinung nach sogar alle Gruppenführer hätten machen müssen. Bei diesem Lehrgang ging es darum, die Aufnahme des Zuges per Hubschrauber unter allen nur möglichen Bedingungen zu gewährleisten. Das begann mit der kritischen Auswahl der Landezone und ging über eine realistische Gefahreneinschätzung bis hin zur Kontaktaufnahme über Funk mit den Piloten. In der letzten kritischen Phase musste der Hubschrauber per Funk metergenau herangeleitet werden. Das war umso schwieriger, als dies hauptsächlich nachts, möglichst sogar nachts bei schlechtem Wetter geschehen sollte, damit der Feind so wenig wie nur möglich von einer solchen opération en cours, also einer solchen laufenden Aktion mitbekam. Dieser Lehrgang war interessant.

Hauptsächlich waren wir während des Lehrgangs mit dem Hubschrauber unterwegs oder zu zweit in einem P4 (Nachfolger des Jeep) in einem weitab gelegenen, unwirtlichen Gelände mitten in der Savanne.

Bis auf eine Geschichte verlief der Lehrgang perfekt. Dieses weniger positive Ereignis schreibe ich nur mir selbst und meiner eigenen Dummheit oder meiner stupiden Gutmütigkeit zu. Ich fuhr an diesem Tag mit meinem P4 vom Camp Beal in Richtung Flughafen M'poko. In dem Abschnitt, in dem sich auch das UCATEX befand, eine Textilfabrik, und in dem die Märkte am Straßenrand begannen, fuhr ich schnell und zügig, denn hier war feindliches Gebiet in dem Sinne, dass es hier von Godobés und Gesindel jeglicher Art nur so wimmelte. In Sichtweite zum Flughafen atmete ich wieder auf und fuhr geländebedingt langsamer. Plötzlich, nach einer Kurve, sah ich eine Gruppe junger Männer direkt vor mir auf der Straße. Sie hatten sich über einen ihrer Kameraden gebeugt, der scheinbar verletzt am Boden lag. Da sie mitten auf der Straße waren, konnte ich weder links noch rechts an ihnen vorbei noch auf einem anderen Weg ausweichen: Ich musste da durch! Im sicheren Abstand (dachte ich) von zwanzig Metern blieb ich stehen, und genau in diesem Augenblick teilte sich das Gebüsch links und rechts von mir. Zwei Mann rissen die Fahrertür auf und drückten mich mit roher Gewalt in den Sitz, während gleichzeitig flinke Hände die Abdeckung der Hecktüre zerschnitten, meine Musette packten und dann damit verschwanden.

Die Umklammerung hatte sich kaum gelöst, als ich auch schon mit der PA in der Hand aus dem Fahrzeug sprang. Ich lud durch und zielte auf den Dieb, der rennend die Musette davon trug. Innerhalb einer winzigen Sekunde stellte ich mir selbst die Frage: Was befand sich in der Musette?

Nun gut ... Keine Waffe, keine Munition oder Explosivstoffe, keine wertvolle Optik, keine geheimen Dokument und kein Funkgerät. Das Funkgerät hatte ich in weiser Voraussicht mit Bändern an den Sitzen festgezurrt.

Ich ließ die Pistole in meiner Hand sinken. Hätte ich nur eine einzige der Fragen mit »Ja« beantwortet, ich hätte keine Sekunde gezögert und den Abzug durchgedrückt. So fluchte ich nur lautstark, schimpfte mich selbst einen Narren und fuhr auf der inzwischen wundersam frei gewordenen Straße weiter.

38

Ein familiäres, persönliches Ereignis raubt meinem Traum, meiner Freude Zugführer zu sein, die Euphorie und lässt mich abtauchen in nächtelange Selbstbetrachtungen. Meine Enttäuschung ist riesig, meine Gefühlswelt völlig am Boden. Es war schon Ironie: Erst der Aufstieg, dann der Fall. Aber das Leben ist eben nun mal kein korrupter Kumpane, der sich beeinflussen, ja kaufen lässt.

Ich denke an einen Satz, den ich einmal irgendwo gelesen hatte und der da lautete: Gott hat mir keinen Geist der Verzagtheit gegeben, sondern einen Geist der Kraft, der Liebe und der Besonnenheit! Man kann nichts ungeschehen machen, muss voranschreiten, ein Exempel sein. Bewaffnet mit diesen und ähnlichen Gedanken, stürzte ich mich wie ein Wahnsinniger in die Arbeit, was mir half, wieder zu mir zu finden.

Ende Juli '96 fuhr ich mit meinem Zug nach Zimba. Um dort hinzukommen, benutzten wir eine Baleinière, eine große Piroge also, die uns mit unserem gesamten Material an Bord in zwei Fuhren auf dem Bangui-Fluss Richtung Süden beförderte.

21. Juli 1996.
Abfahrt nach Zimba. Der Fluss mit seinen steilen, dicht bewachsenen Ufern, erinnert mich an Guyane, an den Oyapock, den Maroni.
Ankunft in Zimba nach eineinhalb Stunden Fahrt mit der Baleinière. Ich werde mit meinem Zug vier Tage hier verbringen. Auf dem Programm stehen zwei Tage Dschungelkampfausbildung, Leben im forêt équatoriale, und die restliche Zeit soll den Männern gereichen, sich etwas zu entspannen, da sie in Bangui von morgens bis abends und auch nachts nur Wache schieben![143]

Hier in Zimba gab es eine wenn auch überholungsbedürftige Hindernisbahn und weitere Anlagen, um meinen Männern eine gute Ausbildung zukommen zu lassen. Mein Stellvertreter besaß das troisième niveau commando des CNEC, das damals gleichwertig mit einem CT2 gestellt und auch als solches anerkannt wurde. Er platzte vor Energie, und so ließ ich ihn gewähren, während ich die Abwechslung willkommen hieß und mich etwas im Gelände umsah.

Unweit vom Landeplatz der Baleinière gab es ein Eingeborenendorf, eine winzige Kaffeeplantage und mitten im Fluss eine Insel. Die Eingeborenen begrüßten mich herzlich und führten mich in ihrem Dorf herum. Eine große Pfanne über einem Feuer erregte meine Aufmerksamkeit. Als ich näher trat, sah ich, dass darin hunderte von braunschwarzen Raupen waren, die im eigenen Saft vor sich hin schmorten. Da ich in Gabun schon den ver de palmier (daumendicke, drei Zentimeter lange, weiße Raupe) und im Tschad die köstlich gegrillten Heuschrecken gegessen hatte, konnte mich in dieser Hinsicht nichts erschüttern, und so probierte ich auch das hier. Sicherlich handelte es sich hierbei um exzellente Eiweißlieferanten, doch mein Geschmack waren diese Raupen nicht. Ich hütete mich aber, das laut zu sagen sondern verzog erwartungsgemäß vor »Entzücken« mein Gesicht.

39

16. August 1996, Awakaba.
Breite: Nord   8° 24'
Länge: Ost   19° 59'
Erste motorisierte Patrouille nach Norden, den Bangoran entlang. Keine Spuren von irgendwelchen Spitzbuben. Nach Kontaktaufnahme mit der katholischen Mission in Ndélé entschließe ich mich dazu, am nächsten Tag im Lauf meiner zweiten Patrouille einen Abstecher dorthin zu machen, was auch im Sinne meines Hauptmanns ist.[144]

---

[143] Eintrag aus dem Tagebuch des Autors.
[144] Eintrag aus dem Tagebuch des Autors.

Auf Patrouille.

Wieder Awakaba, und wieder diese Phantome der coupeurs de route und braconniers, die überall und nirgends sind. Diesmal bei uns: Zwei Soldaten der FACA, denen ich aber nicht einmal von zwölf bis mittags über den Weg traute.

Die angekündigte Patrouille nach Ndélé fand schon am darauffolgenden Tag statt. Die katholische Mission in Ndélé lag idyllisch auf felsigem Boden, umringt von hohen Zedern, inmitten der Stadt. Es war ein kühler Ort, der mir Ehrfurcht einflößte. Als ich ihn zum ersten Mal betrat, wünschte ich mir instinktiv, dass Gott auch weiterhin seine schützende Hand über alle Schwestern halten würde.

Das Wiedersehen mit der deutschen Schwester und der Oberschwester (die ich bis dahin noch nicht kannte) war herzlich. Sie erzählten mir von ihren Problemen mit dem Nachschub und davon, wie gut wohl Aprikosen aus Dosen schmecken würden, die sie (wie viele andere Sachen) seit Monaten nicht mehr gekostet hatten.

Nach zwei, drei Stunden mussten wir weiter, da wir uns auf dem Rückweg nicht von der Nacht überraschen lassen wollten. In der Tankstelle in Ndélé, der einzigen im Umkreis von Hunderten von Kilometern, füllten wir unsere Tanks und fuhren dann wieder Richtung Awakaba.

Afrikanische Schönheit.

Die Ruhe vor dem Sturm.

Am 24. August unternahm ich zu Fuß mit einer Gruppe eine Patrouille in südlicher Richtung, wobei ich die Soldaten der FACA bis zum letzten Augenblick im Ungewissen darüber ließ, was anstand und wohin uns der Weg führen würde. Mit einem selbst gefertigten Behelfsfloss überquerten wir den Bangoran und drangen zwanzig Kilometer weit auf Schleichwegen in Richtung Vassako-Bolo vor, einem natürlichen Tierreservat.

Überall fanden wir Spuren von Wilderern. Dass diese nicht nur Hirngespinste waren, erkannte ich auch daran, dass die beiden Soldaten der SP[145] öfters Blicke austauschten und sich unsicher umsahen. Einmal blieben sie gar stehen und deuteten auf das Gebüsch: »Vorsichtig«, sagten sie.«Wir müssen vorsichtig sein!«

Ich denke, dass unsere Taktik, mit kleinen Gruppen auf leisen Sohlen gegen coupeurs und braconniers vorzugehen, schon die richtige war, doch die Sache musste geheim gehalten werden und es hätten viele, sehr viele von diesen Gruppen gleichzeitig zu Werke gehen müssen. Unterstützt von Hubschraubern hätte das dann irgendwann zu einem dauernden Erfolg führen müssen, denn hätten sich die Wilderer so verfolgt gewusst, hätten sie schnell über die Grenze das Weite gesucht. Doch so?

Am 25. August, also tags darauf, schickte ich meinen Stellvertreter mit Nachschub nach Ndéle: Die Schwestern waren entzückt. Auf der Ladefläche eines VLRAs hatte er Trinkwasser und Lebensmittel, keine Silbe von ihren Nöten war mir entgangen. Pfirsiche und Aprikosen in Dosen hatten sie für die nächsten sechs Monate wohl genug!

---

[145] Sécurité présidentielle, Präsidenten-Garde, war damals Teil der FACA.

***

Unser Camp war eine Perle. Nahe am alten Flughafen gelegen, war es auf drei Seiten vom Wald umgeben. Nur einen Steinwurf entfernt war der Bangoran, ein etwa zwanzig Meter breiter Fluss, und ganz in der Nähe gab es den Lac Awakaba, den Awakaba-See.

Da der Wind immer aus derselben Richtung zu wehen schien, ließ ich die Toiletten mitten im Wald anfertigen: Plumpsklos mit Donnerbalken. Schon nach einer Weile stellte ich fest, dass nach Einbruch der Dunkelheit wohl niemand mehr das Verlangen hatte, seine Notdurft zu verrichten. Der Grund war einfach: Auch hier streiften die großen Katzen ganz nahe ums Lager.

Wir hatten im Camp eine Manguste (auch als »Mungo« bekannt). So eine Manguste ist ein drolliges Tier, das, hatte es einmal sein Herrchen ausgesucht, diesem auf Schritt und Tritt folgte, wobei es seine spitzen und schrillen Schreie ausstieß. Sie kroch dann abends zu ihm ins Bett und schlief an seinem Hals. Unsere Manguste fanden wir eines Tages tot unter der Motorhaube eines VLRA.

War die Tagesarbeit vollbracht und lagen keine nächtlichen Patrouillen an, hatte ich es mir zur Angewohnheit gemacht, nach Sonnenuntergang und nach dem Essen den digestif, zwei Fingerbreit guten Whiskeys, hinter meinem Zelt allein einzunehmen. Dieser Moment zählte mit zu den schönsten Augenblicken des Tages. Ich saß dann auf meinem Stuhl zwischen Zedern und Akazien, während die Petroleumlampe aus meinem Zelt gelbes Licht spendete. Der ideale Moment, die Arbeit und das Leben Revue passieren zu lassen! Immer wieder kam ich zur selben Erkenntnis: Ich würde alles wieder genau so tun!

40

15. bis 19. September 1996, Batalimo. Batalimo liegt an der Lobaye (Fluss), etwa 120 Kilometer südwestlich von Bangui und nur zehn Kilometer von Kongo entfernt. Batalimo ist Sitz der IFB, der Industrie Forestière de Batalimo, einer holzverarbeitenden Industrie.

Am anderen Ufer der Lobaye hatten Pygmäen ihre Behausungen. Was ich in Batalimo hörte und sah, schockierte mich zutiefst. Zunächst dieser Raubbau an der Natur durch die IFB, und dann die Art und Weise, in der man die Pygmäen quasi vorführte. Ein Blick in die Gesichter dieser kleinen Männer und Frauen und einige Gespräche, und meine Vermutungen wurden bestätigt: Die Pygmäen wurden diskriminiert, und das in fast allen Bereichen.

Sie sprachen schlecht oder gar kein französisch, hatten so gut wie keinen Zugang zum vorhandenen Gesundheitssystem, und hatten sie Arbeit, wurde ihnen viel weniger bezahlt als ihren »großen« Brüdern, den Bantus. Wurde in den anliegenden Dörfern etwas gestohlen, suchte man die Täter wie selbstverständlich unter den Pygmäen.

Natürlich sah ich mir an diesem Tag ihre Hütten an, ihre Feuerstellen, und staunte über ihre Art, Speisen zuzubereiten, doch ich fürchte, es war alles nur inszeniert, um ein paar CFA zu ergattern, die dann doch nicht in ihre Kassen fließen würden. Mir tat dieses kleine Volk leid.

Unser Aufenthalt in der RCA war auch geprägt von einigen (viel zu wenigen) Manövern im Gruppenrahmen unter gefechtsmäßigen Bedingungen. Diese vor allem mit scharfem Schuss. Das Überschießen der eigenen Truppe oder das Vorbeischießen an dieser mit MG-Feuer bei gleichzeitigem Manövrieren der Sturmgruppe bis zur letzten Deckung vor dem Feind (Sturmausgangs-Stellung), während der angenommene Feind (nur noch 20 m weiter entfernt) bis zur letzten Sekunde vom eigenen Deckungsfeuer niedergehalten wird … Das realistisch üben zu können gehört zu den Dingen, von denen so manch eine Einheit nur träumen kann. Dabei sind das Dinge, die wichtig sind, extrem wichtig.

Wie reagiert der Soldat, wenn nur einige Meter weiter die Kugeln an ihm vorbeipfeifen? Hat er das nötige Vertrauen in die Kameraden, die sein Vorgehen decken? Hat er im entscheidenden Augenblick die notwendige Courage, sich nach dem Handgranatenwurf zu erheben und mit Gebrüll und gezieltem Feuer auf den Feind loszustürmen, während erst jetzt das Deckungsfeuer nach rechts oder links abschwenkt?

In Europa zumindest kenne ich keinen Schießplatz, auf dem solche Manöver so hart am Mann möglich wären, weil die Sicherheitsvorkehrungen dies strikt verbieten würden. Die Kompetenz der Offiziere und Unteroffiziere in der Legion ist Garant dafür, dass auch in diesen Situationen der Soldat niemals einer unnötigen Gefahr ausgesetzt wird. Auch die Disziplin und die Professionalität der Legionäre tragen natürlich dazu bei.

Irgendwann fanden wir auch einen Schießplatz, auf dem wir unsere Apilas abfeuern konnten, also die RAC 112, eine Panzerabwehrgranate (ähnlich einer schweren Panzerfaust, nur dass der Sprengkopf mit 112 mm ungleich größer ist).

Bald schon kannte ich jeden meiner Legionäre in- und auswendig, kannte seine Stärken und seine Schwächen, wusste, welcher Gruppe ich welche Aufgabe zuteil kommen lassen würde, sollten wir heute noch in den Krieg ziehen.

Was uns jedoch definitiv fehlte, war Zeit: Zeit, das Gelernte drillmäßig zu üben, bis es zu einem Reflex wurde. Doch die uns aufgelegten Aufgaben innerhalb der Kompanie ließen das kaum zu: Wachdienst hier, Servitudes da!

Meine Soldaten trugen in diesen Tagen öfter den Wachanzug als den Kampfanzug. Es war extrem selten, dass der Zug geschlossen zusammenkam, und wenn, dann stand da schon der Kompanieführer in der Warteschleife, der Manöver im Kompanierahmen geltend machte.

Wohlgemerkt bedeutete dies, dass es oft Situationen gab, in denen der einzelne Zug in allen Bereichen der Gefechtsausbildung Nachholbedarf hatte: Gefechtsausbildung der Gruppenführer mit ihrer Gruppe, dann im Rahmen des Zuges, denn auch ein Zugführer musste sich ständig weiterbilden. Wir schwenkten also oft rapide vom Individuum und individuellen Fähigkeiten um auf die Kompanie, auf Abläufe also, in denen 120 Mann synchronisiert operieren sollten, und das möglichst mit durchschlagendem Erfolg.

Was dazwischen lag, die Gruppen, diese Feinabstimmung, die den Unterschied ausmachen konnte, der Zug, das wurde oft vernachlässigt. Das geschah nicht aus Ignoranz oder aus Unwissenheit, sondern ganz einfach, weil die Zeit fehlte. Das System wollte es so! Der Hauptmann selbst kannte die Probleme seiner Zugführer, stand aber diesem Phänomen machtlos gegenüber, weil auch er strikte Auflagen hatte. Auch wir, die Legion, hatten wie all die anderen Einheiten unser Soll an (wenn auch teils unnützen?) Diensten zu erfüllen, nicht mehr und nicht weniger. Und das, auch wenn es uns nicht, aber auch gar nicht, in den Kram passte: Basta!

* * *

Was noch geschah:

▪ Ende 1996, Anfang 1997 kam es zur Opération Almandin. An dieser Operation (scharfer Einsatz) nahmen unsere dritte Kompanie, unsere vierte Kompanie und das GCP teil (4e CIE / 3e CIE und GCP du 2e REP). Ort der Geschehen war Bangui in der Zentralafrikanischen Republik, und hier hauptsächlich die Ortsteile Bacongo und die Kouanga. Es ging gegen die sogenannten Mutins (Rebellen). Es handelte sich um Soldaten der regulären Armee, der FACA, die sich gegen das ordentliche Regime erhoben hatten. Sie waren schwer bewaffnet und erfreuten sich der Unterstützung weiter Teile der eigenen Bevölkerung. Das Kämpfen waren sie gewohnt! Gegen unsere Legionäre jedoch nützte ihnen auch ihre in zahlreichen Einsätzen gesammelte Erfahrung nichts.

In der Nacht vom 4. auf den 5. Januar begann die eigentliche Opération. Unsere GCP, die in den COS[146] integriert waren, infiltrierten bei völliger Dunkelheit lautlos wie Schatten die verschiedenen Schlüsselpunkte und sorgte durch plötzliche Angriffe für Unruhe in den Reihen der Rebellen.

Gleichzeitig gingen die Legionäre der 3. und 4. Kompanie Schulter an Schulter vor und zwangen in den Quartieren der Kouanga und des Bacongo dem Gegner Kämpfe auf, denen dieser bald panikartig den Rücken zuwandte. Doch nicht überall suchten die Rebellen ihr Heil in der Flucht, und so kam es, dass unsere Legionäre teilweise in heftige Kämpfe verstrickt wurden.

Die Lage entspannte sich am Morgen peu à peu. Die Machtdemonstration hatte ihre Wirkung nicht verfehlt! Die Einheiten gewannen neue Ausgangsbasen, wobei die 4. Kompanie es am besten getroffen hatte: Sie ließ sich in einer Brasserie nieder, einer Bierfabrik, und zwar in der, die das berühmte Mokaf-Bier herstellte. Zum Wohl!

***

Vive le rois. Haben Weihnachten und Camerone ihren ganz besonderen Platz in der Fremdenlegion, so steht la fête des rois diesen nur wenig nach. Gemeint ist der Tag der Heiligen drei Könige. Dieser Tag beginnt – zumindest in Calvi – mit einem Fußballspiel: Offiziere gegen Unteroffiziere.

Die Legionäre/Mannschaftsdienstgrade begnügen sich damit, dem Spiel als Zuschauer beizuwohnen. Offiziere wie Unteroffiziere sind jeweils entsprechend einem ganz bestimmten Motto verkleidet und geben ein gar lustiges Spektakel ab. Meist gerät das Spiel kurz nach der zweiten Halbzeit, wenn die Unteroffiziere wie üblich haushoch in Führung liegen, aus den Fugen. Die Offiziere, die sich nun nicht mehr anders zu helfen wissen, greifen zu einer schlauen Taktik, die darin besteht, aus dem Fußball Rugby zu machen ... Was ihnen aber auch nichts nützt! Ihre dabei an den Tag gelegte Unfairness jedoch gleichen sie dadurch wieder aus, dass sie die Unteroffiziere nach dem Spiel in die mess des Officiers in die Caserne Sampiero auf die Zitadelle einladen, wo bei einem guten Glas Weißwein die traditionelle Galette (ein Kuchen) gegessen wird. Ein besonderes Spektakel erwartet uns dort: Zunächst gibt es den Roi, den König.

---

[146] Commandement des Opérations Spéciales, Oberbegriff für Spezialeinheiten der französischen Armee.

Der Roi wird verkörpert von einem alten Hasen von Unteroffizier, meist einem Adjudant-Chef. Dann gibt es la reine, die Königin. Diese wird von einem jungen Leutnant gegeben, der erst seit kurzem im Regiment weilt.

Beide sorgen mitsamt ihrem Cour, dem Gefolge, das nach und nach gewählt wird, sowie dem ersten Berater des Königs (der Regimentskommandeur) für lustigen Zeitvertreib. Der König hält seinen Vortrag, der die markanten Ereignisse des vergangenen Jahres widerspiegelt. So verkleidet begeben sich danach Offiziere und Unteroffiziere mit dem Chef de Corps an ihrer Spitze in den Mannschaftsspeisesaal, wo sie von den Legionären schon ungeduldig erwartet werden. Warum? Weil der Chef de Corps, folgt er der Tradition, ein generelles »quartier libre« gibt: Ausgang!

41

Operation Pélican. Am 3. Mai 1997 waren wir wieder unterwegs Richtung Westafrika, nach Gabun, um genauer zu sein. Gabun galt, wie bereits erwähnt, als Sprungbrett für die Verlegung in eventuelle Krisengebiete. Da zu dieser Zeit die Situation in Zaïre (ex Belgisch-Kongo und nach dem Bürgerkrieg 1997 Demokratische Republik Kongo) mehr als angespannt war, haftete dieser compagnie tournante von Anfang an ein Hauch von Pulverrauch an: Alle Zutaten für einen Einsatz schienen gegeben.

Der grobe Kontext bzw. die Lage in Zaïre war mit kurzen und einfachen Worten erklärt: Vom Norden des Landes her rückte Désiré Kabila mit seiner AFDL[147] auf Kinshasa vor, während das diktatorische Regime Mobutus sich bereit machte, die Stadt gegen die Aggressoren zu verteidigen. Man erwartete ein Blutbad!

Angesichts dieser Umstände verlegten wir (1. Kompanie, gefolgt von der CEA) von Libreville, der Hauptstadt Gabuns, nach Brazzaville im Kongo (früher Französisch-Kongo). Brazzaville und Kinshasa lagen sich auf Sichtweite gegenüber, nur der Pool Malebo, eine Erweiterung des Kongoflusses (oder auch Zaïre) trennte sie noch voneinander.

Die Lage spitzte sich peu à peu zu, hatte doch Kabila inzwischen mit seinen Truppen Kinshasa fast erreicht. Da in Kinshasa Hunderte von Europäer und andere Staatsangehörige (Ressortissants) weilten, beschloss man, gemeinsam mit französischen, portugiesischen, amerikanischen, belgischen und britischen Einheiten eine koordinierte und vor allem rechtzeitige Evakuierung durchzuführen.

Jeder Zug im französischen Einsatz-Sektor (also auch meiner) hatte seinen ganz konkreten Auftrag. Dieser beinhaltete im Groben Folgendes:

■ Schnelles Übersetzen mit Booten über den Kongofluss.

■ Vorstoßen bis zu dem designierten Sammelpunkt der Ressortissants, den Îlots[148].

■ Evakuieren der Personen vor Ort, dies unter Einsatz von Waffengewalt, falls notwendig.

■ Das Übersetzen dieses Personenkreises mit den Booten sichern.

■ Nach der Durchführung des Auftrages für andere Verwendung bereitstehen.

Während also die Vorbereitungen für diesen Auftrag auf Hochtouren liefen, begann es in Brazzaville selbst bereits zu brodeln. Diese Tatsache wurde aber von den wenigsten ernst genommen, da Kinshasa absolute Priorität hatte.

Untergebracht im Camp ORSTOM[149], wies ich meinen Zug in die Lage ein und gab die ersten Vorbefehle an die Gruppenführer, während mein Stellvertreter sich um die Munition kümmerte. Die Munition, die originalverpackt auf Paletten eintraf, wurde sofort an die Züge ausgeteilt.

Mit nackten Oberkörper standen oder saßen meine Legionäre an diesem Abend im Schatten hoher Zedern und munitionierten auf. Dabei überprüften sie auch peinlich genau die Lippen der Magazine sowie deren Allgemeinzustand. Das war wichtig, denn waren die Magazine auch nur leicht beschädigt, konnte man in eine Situation geraten, die verdammt peinlich war und schlimmstenfalls den eigenen oder den Tod eines Kameraden bedeuten konnte. Und die Famas war, wie gesagt, sehr empfänglich für Störungen aller Art.

Magazine wurden zusammengepflastert, um einen schnellen Magazinwechsel durchführen zu können, und die Kanonen entölt. Das angestrebte Verhältnis der Munitionsart war 3 : 1. Drei BO (Balle ordinaire, normale Munition) kamen auf einen BT (Balle Tracante, Leuchtspurmunition). Die Munition, besser gesagt die Bänder der Maschinengewehre wurden ganz leicht geölt und die Schützen überprüften, ob die Patronen sauber in den Bändern lagen. Die Sicherungssplinte der Handgranaten wurden gecheckt, und, und, und ...

Man arbeitete still, mit sicheren Handgriffen, Gesten, tausendmal ausgeführt, den ein oder anderen chant Légion auf den Lippen. Manch einer rauchte! Ich beobachtete die Gesichter meiner Soldaten genau. Nirgendwo fand ich ein Zögern oder etwas, das etwas anderes ausgedrückt hätte als: Wann ist es denn soweit? Keine Hitzkopf-Mentalität, sondern stille Abgeklärtheit, die Ruhe vor dem Sturm ... Es lag eine ganz besondere Stimmung über ORSTOM, die sich hier kaum beschreiben lässt.

In meinem Kopf ging ich Lage und Auftrag durch: Zu meiner Verfügung hatte ich drei Kampfgruppen mit einer Stärke von jeweils zwölf Mann. Jede Gruppe bestand aus einem Sturm- und einem Deckungstrupp. Jeder Gruppenführer verfügte weiterhin über einen Scharfschützen. Innerhalb der Deckungstrupps fanden sich (außer der Standardwaffe Famas, die jeder hatte) je eine Minimi (leichtes MG 5,56 mm) und eine LRAC (Panzerfaust).

Jeder Legionär hatte in einem Handgranatensack an seiner Hüfte Splitterhandgranaten (DF) und solche, die nur durch Druck Wirkung ausübten (OF). Außerdem hatten sie Gewehrgranaten AP 34 (Anti personnel / gegen Personen) und AC 58 (Anti char / gegen Panzer).

Die Schutzwesten, die wir trugen, waren allenfalls lästig, weil viel zu schwer. Die meisten von uns hatten das untere Teil, also den Unterleibs- und Hodenschutz, und den oberen Teil, den Schutz für Hals und Kinn, abgenommen.

---

[147] Alliance des Forces Démocratiques pour la Libération du Congo, Allianz der Demokratischen Kräfte für die Befreiung des Kongos.

[148] Îlots, das waren in diesem Zusammenhang, anzulaufende Punkte bzw. Sammelstellen. Jeder Ressortissant hat, abhängig davon in welchem Quartier er wohnt, einen Chef d'Îlot. Dieser verfügt über Mittel zur Kommunikation mit den verschiedenen Autoritäten. Er ist in ständigem Kontakt mit seinen Landsleuten und ordnet ihnen ein Îlot zu, an dem sie sich im Falle von Gefahren treffen um eventuell evakuiert zu werden. Die Franzosen, anders als andere Nationen, arbeiten hier vorbildlich. Ob es kriselt oder nicht, erscheint es wichtig, eng mit den Militärs und den zivilen Autoritäten zusammen zu arbeiten, und genau das tun sie. Diese ständige Kooperation hat schon so manches Leben gerettet!

[149] Office de la recherche scientifique et technique outre mer, frei übersetzt etwa: Amt für wissenschaftliche und technische Forschungen in Übersee.

Mein Zugtrupp bestand aus meinem Funker, einem MG-Schützen, dem Krankenpfleger mit dem trousse d'infirmerie, einem Fahrer, den ich, wenn notwendig, als Melder einsetzen würde, und mir selbst.

Die Männer waren ausgeruht, in einer körperlich hervorragenden Verfassung, die Moral gut. Unser Ausgangspunkt sollte jenseits des Flusses in einem sumpfigen Geländeabschnitt sein, den ich bisher nur vom Finger auf der Karte her kannte. Mein Stellvertreter, der ebenfalls Teil des Zugtrupps war, sollte sich, einmal an Land, zwischen der ersten und der zweiten Gruppe hinten rechts und links bewegen. Die dritte Gruppe wollte ich vorne eng an mich binden, um aus der Bewegung heraus zielstrebig handeln zu können. Mein Ziel war es, in Zugkeilformation schnell vorzustoßen, wissend, dass ich den Rücken frei haben würde und im Falle einer Feindberührung mit sofortigem und gut koordiniertem Deckungsfeuer rechnen konnte. Die Scharfschützen sollten selbstständig, völlig unabhängig und flexibel operieren, dafür waren sie ausgebildet, und genauso hatten sie ihr größtes Rendement – so waren sie am effizientesten. Ihr Instinkt sollte ihr einziger Chef sein!

Die Verbindungen nach links und rechts zu den Nachbarzügen, das wussten wir schon vorher, konnten höchstwahrscheinlich nicht immer aufrechterhalten werden, und das aus zwei Gründen: Erstens war Kinshasa keine Kleinstadt, sondern eine immense bebaute Fläche mit tausend Verschachtelungen, Gassen, Einbahnstraßen, Hinterhöfen etc. Und zweitens lagen die Sammelpunkte nicht immer nahe zusammen. Im Klartext hieß das: Falls es Ärger geben sollte, war mit Unterstützung kaum zu rechnen. Wie die Bevölkerung reagieren würde, wussten wir nicht: War sie uns freundlich oder feindlich gesonnen? Was noch wichtiger war, wie würden sich die beiden kämpfenden Fraktionen uns gegenüber verhalten? Alles konnte glatt über die Bühne laufen, aber ebenso gut konnte alles auch verdammt kompliziert werden. Da wir über keine Unterstützungswaffen wie Artillerie, schwere Mörser, Panzer oder Panzerabwehr verfügten, mussten wir auf unsere Schnelligkeit, unsere Mobilität setzen.

Außer den üblichen Handfeuerwaffen würden wir nur die Musette dabei haben. Darin zwei Rationen, etwas Wasser, Munition und noch mehr Munition. Noch am selben Abend übten wir nachts und so diskret wie möglich das schnelle Besetzen der Boote. Damit fuhren wir in die Flussmitte, gerade so weit, dass man uns von Kinshasa aus mit Sicherheit nicht sehen konnte, drehten dann um und begannen von vorne.

Der Motoriste (Steuermann des Bootes) hatte zwar den Kurs auf seinem Bootskompass exakt eingestellt, dennoch überprüfte ich ständig den Azimut. Mir war wichtig, am anderen Ufer auch genau an der Stelle von Bord zu gehen, die ich vom Hauptmann genannt bekommen hatte. Müsste ich mich, drüben angekommen, erst einmal groß neu orientieren, würde das einen erheblichen Zeitverlust bedeuten, und der Zeitfaktor (Schnelligkeit) war für das Gelingen des Unternehmens von großer, wenn nicht sogar von entscheidender Bedeutung.

Als im Morgengrauen alles perfekt lief und jeder Handgriff blind saß, ging es zurück ins Camp, wo das Warten auf den eigentlichen Einsatz begann.

In Calvi wurde währenddessen der Rest des Regimentes in permanente Alarmbereitschaft versetzt.

Am Morgen des 17. Mai fiel Kinshasa in Kabilas Hände, ohne dass ein einziger Schuss abgefeuert wurde.

»War wohl nichts!« Die Stimme eines meiner Gruppenführer klang enttäuscht. Ich konnte ihn sehr gut verstehen. Als Soldaten einer Eliteeinheit sahen wir uns nicht unbedingt als das Symbol einer drohenden Faust, die den Gegner durch Drohgebärden oder durch bloße Präsenz davon abhalten sollte, einen Krieg vom Zaun zu brechen, nein! Wir wollten das, was wir uns in der täglichen Ausbildung aneigneten, auch immer wieder unter Beweis stellen. Ohne wenn und aber. Innerhalb weniger Tage zogen alle Nationen ihre Truppen wieder aus Brazzaville ab, nur Teile der französischen Einheiten blieben, unter anderem unsere Kompanie.

42

Die Routine hatte uns bald wieder. Wir bauten unser Camp auf dem ORSTOM-Gelände weiter aus und trieben die Ausbildung im Allgemeinen voran. Jetzt war auch die Zeit gekommen, wieder etwas zu entspannen, und so organisierte unser Hauptmann eine Reihe von Quartier Libres. Zugführer und Gruppenführer voraus, ging es in die Bars und Cafés der Stadt. Meist war um Mitternacht Schluss. Etwa um die Zeit begannen auch die unablässigen Patrouillen der police militaire.

Da immer wieder Legionäre nach der Sperrstunde in der Stadt gefunden wurden, wo es dann auch das ein oder das andere Problemchen gab, wurde der QL (Quartier Libre) bald schon gestrichen. Zeit zu schlafen hatten meine Legionäre also genug, und dennoch: Beim morgendlichen Sport sah ich nur müde Gesichter.

Es dauerte nicht lange, bis ich herausfand, warum das so war, denn ich war schließlich auch mal Legionär, kannte deshalb so ziemlich alle Tricks, die gängig waren, um zunächst geschickt die Aufmerksamkeit der Vorgesetzten einzuschläfern und dann rasch auf den Zug aufzuspringen, der da hieß: Let's Party! Doch Vorsicht war geboten.

Mit Hilfe des einen oder anderen Unteroffiziers (die ich mir in einer stillen Minute dafür auch zur Brust nahm) hatten meine Legionäre ein System gefunden, welches es ihnen erlaubte, nach Mitternacht ungesehen das Camp zu verlassen, nur um dann kurz vor dem Wecken mit aufgesetzter Unschuldsmine wieder aufzutauchen.

Am Zaun, unweit des Gebäudes, in dem wir untergebracht waren, gab es eine Lücke. Dort, im unübersichtlichen Gelände, hatten sie einen der ihren postiert. Dieser hatte Sicht auf eine Bar, die nur einige Meter entfernt auf der anderen Seite des Zaunes war. Gleichzeitig konnte er von seinem Beobachtungsposten auch den größten Teil der Unterkünfte überwachen. Die Wache war mit Sicherheit auch eingeweiht. Gab es nun einen Gegenappell, genügte ein Stein gegen das Fenster der Bar, und zwei Minuten später war der Zug vollzählig.

Ich drückte zunächst ein Auge zu oder auch mal beide, doch später dann, als die Sache Dimensionen annahm, die ich nicht mehr verantworten konnte oder wollte, untersagte ich derlei Spielchen, zumal auch die Frauen in diesen Etablissements mit Sicherheit die ein oder andere Krankheit hatten. Wir waren immer noch im Einsatz und konnten es uns nicht erlauben, einen Mann, geschweige denn mehrere, mit Tripper & Co ausfallen zu lassen. Ich schob also definitiv einen Riegel vor dieses Schlupfloch.

Täglich kamen nun auch Flüchtlinge, meist solche aus Ruanda, die aus Kinshasa flüchten mussten: Ein Flüchtlingsstrom, der nicht abriss und der unausweichlich Hilfsorganisationen aus aller Herrenländer im Kielwasser mit sich führte. Es blieb natürlich nicht aus, dass man uns (2e REP) mit ihrer Unterstützung beauftragte, vor allem im logistischen Bereich. Dies bedeutete beispielsweise, dass wir Konvois mit Flüchtlingen zusammenstellten und aus der Stadt heraus in ein Camp nördlich von Brazzaville eskortierten. Mein Zug war von dieser Art Auftrag jedoch nicht betroffen.

* * *

Brazzaville oder Brazzaville-la-verte, die Grüne, wie man die Stadt auf Grund ihrer zahlreichen Grünflächen, der Hibisken, der roten und violetten Bougainvilleen, ihrer Tausenden von Palmen und hohen Bäume auch nannte, das war für mich vor allem auch dieser unglaublich schöne Blick über den Fluss Zaire, der einem den Atem raubte.

Der Fluss war an dieser Stelle, am Pool Malébo, einige Kilometer breit. Brazzaville, das war auch der ELF-Turm, die Basilika St. Anne mit ihren grünen Dächern aus Malachit oder die Kathedrale sacré coeur. Brazzaville, das waren die Märkte unter offenem Himmel: Maniok, Palmenherzen, Früchte verschiedenster Art und afrikanische wie orientalische Gewürze.

Man roch, man fühlte, sah und lebte im Rhythmus dieser Märkte. Hier Fleisch der Phacochères, dieser angriffslustigen Wildschweine, dort Antilopenhälften oder noch lebendige, zum Verzehr gedachte Äffchen. Brazzaville, das war aber auch eine magische Welt, angefüllt mit den magischen Kräften der maskierten Féticheure[150] und der Fetische[151] und denen der traditionellen Wunderheiler der Pygmäen, dazu das Tam-Tam geheimnisvoller afrikanischer Musik, bunte Vogelfedern, geheime Puder, Löwenzähne und Affenköpfe.

Brazzaville war hier modern wie Europa und nur einen Schritt weiter alt wie vor unzähligen afrikanischen Generationen.

Und schließlich war Brazzaville auch Krieg, ein Krieg, der wohl nie enden würde!

Während der vergangenen Jahre hatten die zahlreichen Milizen der verschiedenen Parteien in Brazzaville enorme Waffenarsenale angehäuft. Wir hatten Anfang Juni, und die Präsidentschaftswahlen standen vor der Tür. Die wirtschaftliche Lage war seit der teilweisen Entwertung des Franc CFA katastrophal. Die Soldaten der regulären Armee waren unzufrieden, was sie zum Ausdruck brachten, indem sie massenweise ihrem Präsidenten Lissouba den Rücken zukehrten, um sich den Truppen Sassou-Nguessos, des stärksten Rivalen Lissoubas, anzuschließen. Es war eine Art Rache dafür, dass sie monatelang keinen Sold bekommen hatten, oder wenn, dann nicht in der Höhe, die ihnen zustand.

Natürlich kamen noch andere große Probleme hinzu, die der verschiedenen ethnischen Zugehörigkeiten zum Beispiel. Kurz gesagt: Wir saßen in Brazzaville auf einem Pulverfass, das jederzeit explodieren konnte.

Am 5. Juni, in den frühen Morgenstunden, kam es im östlichen Stadtteil Brazzavilles zu heftigen Kämpfen. Diese Kämpfe führten zunächst zwei Parteien gegeneinander: Die oppositionellen Milizen Sassou-Nguessos ,genannt Cobras, gegen die reguläre Armee Lissoubas, die Zoulous. Der darauf folgende Krieg, vor allem die Brutalität der Kämpfe, schockierte so manch einen.

---

[150] Hexenmeister und Heiler Afrikas.
[151] Gegenstände religiöser Verehrung. Götzen, Amulette etc.

Waffen und Munition schienen geradezu im Überfluss vorhanden, und alle beteiligten Parteien schienen von dem eisernen Willen beseelt, keinen Deut nachzugeben.

Bald schon verschlechterte sich die Lage in Brazzaville so sehr, dass die Sicherheit der Zivilbevölkerung und vor allem die der Europäer und der Nicht-Kongolesen nicht mehr gewährleistet war. Fast täglich erreichten uns Meldungen, in denen von Vergewaltigungen und anderen barbarischen Willkürakten die Rede war.

43

Am Tag, an dem in Brazzaville die Kämpfe ausbrachen, befand ich mich mit einer Gruppe in der Stadt, um Einkäufe für den Zug zu machen. Wir hatten nur Sicherungsmunition dabei. In einer ernsthaften Auseinandersetzung wäre in drei Minuten alles vorbei gewesen. Wir befanden uns mit unserem Fahrzeug in einer engen Straße. Vor und hinter uns wurde heftig gekämpft, ein Ausweichen auf Wegen, die quer von der Straße wegführten, war unmöglich. Ich setzte sofort einen Funkspruch ab, in dem ich meine Position und die Lage angab. Da wir noch nicht behelligt wurden, forderte ich keine Unterstützung an. Einige Stunden später verlagerten sich die Kämpfe, und wir konnten nun ungehindert passieren. Nicht nur wir hatten an diesem Tag Probleme dieser Art.

7. Juni 1997. »Gast, lassen Sie für Ihren Zug Gefechtsbereitschaft herstellen, Sie haben einen Auftrag. Ich erwarte Sie in zwanzig Minuten zur Befehlsausgabe!« Deutlicher ging es nicht. »Ribbo!« – »Chef?« – »Sag dem Chef[152], er soll Gefechtsbereitschaft herstellen und dann den Zug antreten lassen. Ich bin beim Capitaine zur Befehlsausgabe!«

Ich konnte mir ungefähr vorstellen, welcher Art Auftrag auf mich zukam, und fluchte leise vor mich hin. Wir hatten für den ganzen Zug nur zwei (nicht gepanzerte) Fahrzeuge. Das hieß, dass die Gruppen nicht deutlich gegliedert aufsitzen konnten und dass ein Manövrieren einzelner Gruppen unmöglich war. Im Falle eines Angriffs auf unseren Konvoi konnte ein eventueller Feind mit ein paar gezielten Feuerstössen im Vorfeld schon alles klar machen. Diese und ähnliche Gedanken schossen mir durch den Kopf, als ich an der Tür klopfte, hinter der sich das Büro des Hauptmanns befand.

»Kommen Sie rein, Gast!« Im Büro befanden sich außer ihm noch zwei Zugführer der Kompanie. Zwei Leutnants, die mich wortkarg begrüßten. Der Hauptmann kam um den Tisch herum und reichte mir die Hand. Ohne Übergang kam er sofort zur Sache. »Die Lage ist folgende.« Er wandte sich zur Karte an der Wand seines Büros und tippte mit dem Finger auf ein Quartier unweit der Présidence.

»Hier. Genau in dieser Häuserreihe haben sich Franzosen verbarrikadiert. Sie haben uns um Hilfe gebeten, und es scheint, dass sie diese auch dringend nötig haben!« Er sah von der Karte auf. »Sie, Gast, kommen mit mir. Unser Auftrag lautet, die Franzosen da rauszuholen und hierher zu bringen.« Ich sah ihn fragend an. Das konnte noch nicht alles sein. Sein Gesichts-

---

[152] Ich hatte den Dienstgrad Sergent-Chef, war aber bereits Zugführer. Mein Stellvertreter, der SOA oder Sous-Officier adjoint, hatte denselben Dienstgrad wie ich. Er hatte zwar wie ich ein CT2, aber kein CT2/BMP2 infanterie légère, somit konnte er noch kein Zugführer werden. Ich selber wartete damals täglich auf meine Beförderung zum Adjudant.

ausdruck war mir mittlerweile sehr vertraut. Ich konnte in seinen Zügen wie in einem offenen Buch lesen. »Jeder«, fügte er leise hinzu, »der sich uns vor Ort in den Weg stellt und uns daran hindern will, den Auftrag auszuführen, ist als Feind zu betrachten und so zu behandeln!« Das war es also. Der Einsatzbefehl mit allen nötigen Details folgte. Es musste schnell gehen!

Nur einige Stunden vorher hatte ich durch Zufall einen béret rouge getroffen (Träger eines roten Baretts, also ein – regulärer – französischer Fallschirmjäger. Hier sei angemerkt, dass alle Fremdenlegionäre ein grünes Barett tragen, auch jene, die keine Fallschirmjäger sind), den ich persönlich kannte. Er war garde du corps, Leibwächter des Generals, der die Truppen in Brazzaville befehligte. »Ich gebe dir einen Tipp«, hatte er mit ernster Mine gesagt. »Wenn du mit deinen Jungs je da raus musst,« er zeigte mit seinem kantigen Kinn in Richtung Stadtmitte, »dann fackle nicht lang rum, wenn es losgeht. In der Stadt sind Tausende von Kämpfern, und nach Einbruch der Dunkelheit ist die Hälfte davon betrunken oder bekifft. Denen ist es egal, wen sie umbringen, Hauptsache sie sehen Blut!«

Ich nahm die Worte aus dem Mund dieses Mannes zwar ernst, kümmerte mich aber nicht weiter darum, denn es war schließlich unser Job, unser täglich Brot, Aufträge dieser Art durchzuführen; deshalb: Nichts Neues am Horizont! Ich erwähnte diesen Tipp dennoch in einer stillen Minute dem Hauptmann gegenüber.

Als ich zu den Unterkünften zurückkam, stand der Zug vollzählig angetreten. Die musetten mit Munition und Notrationen waren aufgeladen, die Fahrzeuge, ein VLRA und ein Sovamag, standen mit laufenden Motoren bereit. Jeder hatte seine Waffe am Mann, und wie ich sah, waren die Waffen bereits teilgeladen. Mein Stellvertreter hatte gute Arbeit geleistet.

Mit lauter Stimme erklärte ich kurz die Lage, gab den Vorbefehl für das Verlegen Richtung Poto Poto und ließ aufsitzen. Mir war es wichtig, dass all meine Legionäre immer wussten, um was es im Einzelnen ging. Der Soldat muss informiert sein! Das war immer schon mein Standpunkt. Als das geschehen war, ließ ich die Gruppenführer sammeln. »Die jeweilige Situation bestimmt ab jetzt unser weiteres Vorgehen. Keine Provokationen, solange man uns in Ruhe lässt. Die Feindseligkeiten eröffnen die anderen, nicht wir. Dann jedoch wisst ihr, was zu tun ist. Sind die Funkgeräte überprüft?« Ich erntete ein Kopfnicken meines Stellvertreters. »Alles ist fertig. Die Funkgeräte sind okay. Jeder Gruppenführer hat außerdem Ersatzbatterien.« Ich nickte ebenfalls und sah in die Runde: »Fragen?« Einer meiner Gruppenführer sah zu den Fahrzeugen hinüber: »Ziemlich riskant, mit nur zwei Fahrzeugen!« »Du hast Recht. Es geht aber nicht anders, weil keine Fahrzeuge da sind. Sonst noch was?« – »Helme?« Diese Frage hatte ich dem Hauptmann auch schon gestellt. Ich schüttelte den Kopf. »Natürlich nicht!«, sagte ich schroff. »Der Hauptmann meint, das wäre zu aggressiv.«

In diesem Punkt war ich anderer Auffassung. Der Hauptmann hatte einerseits Recht: Wir sollten so schnell und so diskret wie möglich zu den Franzosen kommen, die unsre Hilfe brauchten, und den Auftrag nicht vorher schon durch großes Tamtam in Gefahr bringen. Andererseits ... Ich spann diesen Gedanken nicht zu Ende. »Gast, lass das!«, rief mich eine innere Stimme zur Ordnung.

»Und nun los.« Die Kolonne bestand zunächst aus drei Fahrzeugen, wobei der Hauptmann mit seinem P4 vorneweg fuhr. In seinem Wagen: Der Funker (ein ungarischer Unteroffizier), sein Fahrer, er selbst und noch ein vierter Legionär. Ein Caporal-Chef, einer aus Tahiti. Dahinter folgte ich mit einem VLRA, auf dem die dritte Gruppe und mein Zugtrupp saßen. Ich hielt einen Sicherheitsabstand von fünfzig Metern ein. Hinter mir, ebenfalls fünfzig Meter, folgte der Sovamag mit meinem Stellvertreter und der ersten und zweiten Gruppe.

Bereits am ersten Checkpoint unweit der Avenue Schoelcher kam die Kolonne zum Stehen. Man wollte uns nicht passieren lassen. Ich sah den Hauptmann mit dem Chef des Checkpoints heftig diskutieren, wobei aus allen Richtungen immer mehr bis an die Zähne bewaffnete Kongolesen heranströmten. Die Sache gefiel mir nicht. Das war nicht der Moment, sich auf irgendetwas einzulassen. Vielleicht blieb uns aber auch gar keine andere Wahl!

Ich griff in meine Musette und machte so unauffällig wie möglich eine Gewehrgranate bereit. »Sag deinen Männern, sie sollen sich bereit machen!«, flüsterte ich dem Gruppenführer der dritten Gruppe zu. Danach stieg ich vom Fahrzeug und ging zum Sovamag, der fünfzig Meter hinter mir in den Schatten einiger Bäume gefahren war. Ich winkte den Gruppenführer der ersten Gruppe zu mir.

»Wenn es hier am Checkpoint schon losgehen sollte«, sagte ich wie beiläufig, »dann lass absitzen und beziehe links von der Straße Stellung. Ich versuche dann, den Hauptmann mit der dritten Gruppe rauszuhauen. Ihr müsst uns so lange wie möglich Deckungsfeuer geben.« Dem Gruppenführer der zweiten Gruppe gab ich den Befehl, rechts von der Straße Stellung zu beziehen, wenn es losging.

Plötzlich hörte ich Motorengeräusche. Hinter uns kam eine Gruppe der GCP (vormals CRAP) angebraust. Sie fuhr bis direkt zum Checkpoint, saß ab und bezog sofort Position gegenüber den Kongolesen. Genau das, was ich befürchtet hatte, war nun geschehen: Man goss Öl aufs Feuer! Ich hätte es dem Hauptmann durchaus zugetraut, durch bloßes Verhandeln die Situation zu entspannen. Aber jetzt? Das war wohl der Augenblick, in dem sich alles wendete, die Würfel geworfen wurden!

Die GCP war in jeder Hinsicht eine höchst professionelle Eliteeinheit. Die Männer hatten ihre Befehle. Dennoch denke ich, dass in diesem Augenblick, wo wir uns noch weit vom eigentlichen Einsatzort befanden, diese Machtdemonstration nicht unbedingt hätte sein müssen. Vielleicht, so sagte ich mir, hatte man sie über die Gesamtlage nicht ausreichend informiert? Ein Fragezeichen, das ich ohne Kritik zu üben, sachlich beifüge, denn mein Vertrauen unseren Offizieren gegenüber, vor allem unserem damaligen Chef de Corps, war total!

Tatsache war: Wir mussten am Checkpoint vorbei, und wenn es denn sein sollte, dann auch mit Gewalt! Doch genau diese Option barg Gefahren, die unseren Hauptauftrag gefährden konnten. Was, wenn uns der Gegner hier festnagelte? Über das Kräfteverhältnis konnte ich nur spekulieren.

Im Hintergrund hörte man Bewegungen. Feindliche Truppen bezogen Position. Man konnte sie nicht sehen, und nur vermuten, wo ungefähr sie waren – und dass es viele waren! Seltsamerweise war schon ein paar Minuten später die Situation so, dass man uns erlaubte, den Checkpoint zu passieren. Zu glatt. Zu schnell. Mir gefiel die Sache immer weniger.

Wir saßen auf und bogen langsam auf die Avenue Schoelcher ein. Links von uns die hohe, weiße Mauer einer Kaserne, die sich fast fünfhundert Meter in die Länge zog. Diese Mauer war nur etwa zwanzig Meter von uns entfernt und mit Stellungen, MG-Nestern, Schießscharten etc. nur so gespickt. Rechts von uns und soweit das Auge reichte, freie Fläche und dahinter der

Fluss. Als der Konvoi sich mit allen Fahrzeugen auf der hell beleuchteten Allee befand, wurden all unsere Elemente gleichzeitig mit brutalem Feuer aus kürzester Entfernung belegt. Wir waren in einen sauber ausgeklügelten Hinterhalt gefahren!

Wenn ich jetzt so zurückdenke, danke ich Gott, dass die, die uns den Hinterhalt gestellt hatten, keine serbischen Tschetniks waren, sonst wäre wohl keiner von uns mit dem Leben davongekommen. So aber? Die MG-Garben lagen allesamt etwas hoch oder kurioserweise zu tief. Dennoch war die Bilanz der ersten zwei, drei Sekunden niederschmetternd für uns: Alle Fahrzeuge waren auf Grund von Schüssen in den Motorblock oder auf Grund der zerschossenen Reifen dort festgenagelt, wo sie gerade standen. Fünfzig Prozent der Funkgeräte (damit meine ich vor allem auch die großen Antennen mit ihren Füßen aus Keramik, die ungeschützt an den Fahrzeugen angebracht waren) waren nicht mehr einsatzbereit. Einer meiner Gruppenführer war in den Rücken geschossen worden und lag schwer verwundet im Graben hinter dem Fahrzeug. Unweit davon lag einer meiner Legionäre, der einen Schuss in den Kopf bekommen hatte. (Beide überlebten.) Einer meiner Scharfschützen hatte einen Streifschuss an der Hüfte und verdankte sein Leben wohl seinem Zielfernrohr, das allerdings völlig zertrümmert war. All das erfuhr ich aber erst später.

Wie gesagt, das war die Situation einige Sekunden nach dem ersten Kontakt mit dem Feind. Der Kampflärm war so intensiv, dass Befehle zunächst weder durch Zuruf noch über Funk gegeben werden konnten. Nichtsdestotrotz reagierten meine Legionäre ganz so, wie ich es erwartete. Während einige es auf sich nahmen, ihre Kameraden durch Feuer zu decken (sie selber hatten keine oder nur wenig Deckung), sprangen die anderen ab und suchten sich Stellungen rechts von der Fahrbahn in einem Graben, der gerade mal so hoch war, dass man sich mehr schlecht als recht dahinter vor den heranfetzenden Maschinengewehrgarben in Sicherheit bringen konnte.

Die Situation war nun folgende: Wir lagen wie auf einem Präsentierteller in nur zwanzig bis dreißig Metern Entfernung einem Feind gegenüber, der jede unserer Bewegungen mit massivem Feuer begrüßte. Es genügte, den Kopf nur ein paar Zentimeter zu heben, und schon wurde man unter Beschuss genommen.

Ich selbst war von meinem Fahrzeug abgesprungen, während es dem Fahrer noch gelang, etwa vierzig Meter weiter zu fahren. Dort saß der Rest der dritten Gruppe ab und ging sofort in Stellung: Eine ungünstige Stellung, denn von ihr aus war der Feind mit Handfeuerwaffen nicht zu erreichen.

Neben mir lagen mein Funker und der Panzerfaustschütze der dritten Gruppe. Um mit der Panzerfaust eine der feindlichen Stellungen auszuheben, war der Winkel zu spitz. Die Granaten wären wohl abgeprallt und hätten die eigene Truppe gefährdet (wie ich später selber feststellen sollte!)

Was wir bitter benötigten, war Rauch, doch war es müßig, auch nur daran zu denken: All unsere Rauchgranaten waren auf einem der Fahrzeuge, die allesamt unter massivem Beschuss standen. Die Nacht selber bot keinen Schutz, dafür war es zu hell.

Also: Dritte Gruppe außer Gefecht, weil sie von dort, wo sie sich befand, nicht wirken konnte und weil diese bereits vom Hauptmann nach außen hin in Position gebracht wurde: Eine taktisch kluge Entscheidung, denn der Feind hätte von dort leicht unsere Flanke aufreißen können. Wäre das geschehen, wär's das wohl gewesen! Als ich etwas später zu der Position der dritten Gruppe kam, musste ich feststellen, dass der Hauptmann gut daran getan hatte, den Flügel zu sichern: In der Dunkelheit entlang der Avenue Schoelcher Richtung Poto Poto wimmelt es nur so von schwarzen Soldaten!

Die erste und zweite Gruppe war durch massives Dauerfeuer des Feindes neutralisiert. Jegliche Bewegung – Rückzug aus der mit Feuer belegten Zone oder ein befreiender Gegenangriff – hätte unweigerlich schwere Verluste bedeutet. Eine Kontaktaufnahme per Funk mit den Gruppenführern Eins und Zwei misslang zunächst, dagegen war es mir gelungen, den Hauptmann über Funk zu erreichen. Er hatte bereits Verstärkung angefordert! (Die Verstärkung, es handelte sich um die CEA, sollte vom Camp ORSTOM aus operieren. Das hieß, dass sie aller Voraussicht nach bereits in wenigen Minuten hier eintreffen konnte.)

Etwa zu diesem Zeitpunkt erfuhr ich über Funk, das einer meiner Gruppenführer und ein Legionär schwer verwundet worden waren. Ein Caporal, ein Pole, hatte inzwischen das Kommando anstelle seines Gruppenführers übernommen. Ich befahl ihnen, zu bleiben, wo sie waren, rundum zu sichern und den Feind durch sporadisches Feuer davon abzuhalten, unsere Stellungen zu stürmen.

Eine andere Lösung sah ich vorerst nicht, zumal, wie gesagt, rechts von uns Truppenbewegungen stattfanden, wir aber keine Informationen darüber hatten, wer diese Truppen waren und welche Absichten sie hegten. Alle Szenarien waren möglich! An Munition verfügten wir nur über das, was jeder am Mann in seinen Magazin- oder Munitionstaschen hatte. Die meisten musettes (in denen sich der Löwenanteil der Munition befand) waren auf den Fahrzeugen geblieben, die noch immer unter Feuer lagen.

Ich informierte Gruppe Eins und Zwei darüber, dass eigene Truppen von links (links von ihrer Position aus gesehen, wenn man Feind als geradeaus sieht) kommen würden, und gab, als diese sich der Kampfzone näherten, den allgemeinen Feuerbefehl an all meine Elemente.

Einer meiner Legionäre neben mir schoss eine Gewehrgranate auf eine feindliche Position ab (ein kleines, schwarzes Loch in der Mauer), aus der ich anhaltendes Mündungsfeuer aufblitzen sehen konnte, und links von mir hörte ich nun auch unsere schwere Mit. 7,62 mm (MG): Musik in meinen Ohren! Doch schon nach einer kurzen Salve verstummte sie.

Der Schütze, ein irischer Caporal, sagte mir später, dass fast die gesamte Munition aus Blindgängern bestand. Als ich mir dann skeptisch die Munitionsbänder ansah, packte mich ohnmächtige Wut. Man sah deutlich die Abdrücke des Schlagbolzens auf den Hülsen. Es waren tatsächlich Blindgänger gewesen, jeder einzelne, verdammte Schuss! An der Waffe – Schlagbolzen oder Ähnliches – lag es nicht, das hatten wir geprüft.

Inzwischen war es Elementen der GCP gelungen, sich bis zu meinen verletzten Männern vorzuarbeiten. Bei dieser brillanten und waghalsigen Aktion, die einmal mehr zeigte, wozu diese Einheit fähig war, starb einer ihrer Soldaten im Feuerhagel. Er war auf der Stelle tot. Wären die Soldaten der GCP nicht gewesen, wären mit Sicherheit mein Soldat oder mein Unteroffizier oder gar beide ihren Verletzungen erlegen.

Die Verstärkung (CEA) bezog links von meinen Zug gegenüber dem Feind Position. Dabei gerieten ihre vordersten Elemente unter Beschuss. Bei dieser Aktion wurden ein Offizier, zwei Unteroffiziere und drei weitere Legionäre zum Teil schwer verletzt.

Sobald die Verstärkung ihre Position bezogen hatte, nahm sie ihrerseits den Feind unter starkes Feuer. Ein Feindfahrzeug wurde von einer ihrer AC-58-Gewehrgaranten regelrecht zerfetzt. Hand- und Gewehrgranaten kamen auf kürzeste Distanz ununterbrochen zum Einsatz. Brazzaville befand sich im Krieg!

Die Kongolesen zahlten an diesem Tag einen hohen Tribut. Gut zwei Dutzend von ihnen waren tot oder schwer verletzt außer Gefecht.

Nachdem alles zu Ende war, musste ich mir teilweise massive Vorwürfe anhören: »Man sagt, dass du nicht gerade einen Angriffskrieg geführt hast, mein lieber Gast?!« Was sollte ich darauf antworten? Ich ignorierte ihre Stimmen, auch wenn sie schmerzten. Heute, Jahre danach, bin ich sicher: Hätte ich Gruppe Eins und Zwei durch Feuer und Bewegung manövrieren lassen, um sie in eine bessere Position zu bringen (die es nicht gab), oder gar einen Gegenangriff gewagt (in der damals gegebenen Situation eine total absurde Idee), hätte es ungleich mehr Opfer gegeben. Unter diesem Gesichtspunkt ließ ich mich gerne schief ansehen: Es war wie so oft im Leben. Die, die nicht dabei waren, schrieen am lautesten! Dennoch waren es vielleicht diese Vorwürfe, die mich dazu bewogen, zum ersten Mal daran zu denken, die Uniform an den Nagel zu hängen.

Hatte während dieser ganzen Aktion die Angst mich so im Griff gehabt, dass ich vergessen hatte, welche Uniform ich trug, welches Erbe ich angetreten hatte und welche Verantwortung auf meinen Schultern ruhte? Ich habe mich selbst immer und immer wieder mit diesen oder ähnlichen Fragen konfrontiert, und die Antwort kam ein ums andere Mal ebenso klar und nüchtern – Nein ... Das war es nicht! Es war schließlich nicht das erste Mal, dass ich in einem scharfen Einsatz war.

Aber vielleicht war ja meine fehlende Spontaneität – oder was immer man mir auch vorwarf – auf die Tatsache zurückzuführen, dass ich ein paar Tage zuvor erst erfahren hatte, dass ich bald Vater sein würde? War ich, mit diesem Gedanken im Hinterkopf, unentschlossener in den Kampf gezogen?

War es Napoleon oder vielleicht Friedrich der Grosse, der einmal gesagt hatte, der Soldat sei ein umso besserer, je niedriger sein Lebensstandard? Wer auch immer das gesagt hat, ich gebe ihm da zu hundert Prozent Recht, nur hat er vergessen hinzuzufügen, dass der Soldat auch dann ein umso besserer ist, je weniger er sich mit Dingen umgibt, die ein Chaos in sein Soldatenleben bringen und ihn in irgend einer Form von seinem unbeschwerten Soldatentum ablenken können ... So brutal und hartherzig diese Feststellung auch dem einen oder anderen (oder der einen oder anderen) erscheinen mag!

Selbstzweifel machten sich in mir breit, Selbstzweifel, die mich bis heute verfolgen.

44

Am nächsten Tag wurde eine Luftbrücke eingerichtet, über welche die Französische Armee weitere Truppen zum Einsatzort Brazzaville verlegte. Hauptsächlich gingen von Bord der Transalls unsere Freunde und Waffenbrüder des 2e REI (4e CIE) und die unseres 1e REC (2e Escadron), welche direkt vom Tschad aus (Épervier) zu uns stießen. Es kamen aber auch Truppen, die in Frankreich Alerte Guepard waren. Jetzt auch erschienen die ersten gepanzerte

Fahrzeuge (VAB und VBL) und die Sagaie (ERC 90), kleine agile Panzerjäger. Aus den Bäuchen der Transalls, die jetzt quasi nonstop landeten und wieder abhoben, sobald die Piste frei war, kamen palettenweise Munition, Rationen, Trinkwasser und diverses Kriegsmaterial.

Doch dies nur am Rande, denn während dieser Aktionen waren wir Legionäre des 2e REP dabei, alle wichtigen Hauptverkehrswege, vor allem die Straße von ORSTOM zum Flughafen (Aéroclub) Maya Maya unter Kontrolle zu bringen und offen zu halten. Außerdem antworteten wir ständig auf die Hilferufe der Ressortissants: Wir begannen damit, über 3000 von ihnen aus den umkämpften Zonen zu holen, woraufhin sie zunächst in ORSTOM untergebracht und später dann zum Flughafen eskortiert wurden, um schnellstens außer Landes geflogen zu werden. Da diese Hilferufe immer zahlreicher und dringender wurden, mussten wir unsere Einheiten splitten, sodass oft nur Halbzüge zu einem Einsatz unterwegs waren. Im Laufe dieser Extraktionen kam es immer wieder zu Konfrontationen entweder mit den Cobras oder den Zoulous. Kleine Einheiten von uns wurden in unzählige Scharmützel hier und da verstrickt. Oft genug kam es zu ebenso kurzen wie auch heftigen Kämpfen in der Innenstadt, in Talangaï oder Poto Poto.

Die Kämpfe der rivalisierenden Fraktionen untereinander verlagerten sich nach und nach Richtung Flughafen Maya Maya, der von unseren Einheiten – hauptsächlich dem 2^e REI – verteidigt wurde. Was das bedeutete, wussten wir alle. Alles musste jetzt schnell gehen, denn: Fiel der Flughafen in die Hände der Rebellen, bevor es uns gelang, alle Ressortissants aus der Stadt zu holen und zu evakuieren, würden die Kämpfe, die bislang mehr den Charakter von Straßenkämpfen hatten, eine ganz andere Dimension annehmen: Die eines offenen Schlagabtausches! Auch mein Zug kam wieder zum Einsatz. Schlaf war in diesen Tagen und Wochen ein Fremdwort. Wir begnügten uns oft mit einer halben Essensration am Tag. Unsere Gesichter waren vom Schlafmangel gezeichnet, doch im Grunde unseres Herzens taten wir das, wozu wir ständig ausgebildet wurden. Unsere Reflexe waren gut. Die einzelnen Abläufe griffen reibungslos ineinander … Instinktiv suchten wir ständig die nächste Herausforderung.

45

Nur wenige Tage nach dem 7. Juni erhielt ich folgenden Funkspruch von einem meiner Gruppenführer: »Chef. Meine Stellung hier ist vorläufig unhaltbar. Es wäre angebracht, dass ich mich mit der Gruppe absetze und erst Mal ein bisschen Wasser den Bach runter laufen lasse!« Der Gruppenführer musste mir kein detaillierteres Bild malen: Er und seine Männer steckten in der Klemme. Mein Zug, aufgeteilt in drei Elemente die unabhängig voneinander agierten, hatte den Auftrag, zwei Kreuzungen auf der Achse Orstom / Maya Maya offen zu halten. Eine Gruppe unter Ribbo hatte ich dazu auf Höhe der Kreuzung Rond-point de la patte d'oie und dessen unmittelbarer Umgebung in Stellung gebracht. Ich selbst war mit der zweiten Gruppe etwa einen Kilometer Richtung Maya Maya auf einer anderen wichtigen Kreuzung, während mein Stellvertreter mit der dritten Gruppe ständig durch die angrenzenden Quartiers patrouillierte und mir im Stundenrhythmus wichtige Ereignisse und Entwicklungen des angrenzenden Kampfgeschehens durchgab. Über die Gegebenheiten war ich nicht sehr glücklich, lieber hätte ich den gesamten Zug unter meiner direkten Befehlsgewalt gehabt und ihn, wenn möglich, auch räumlich begrenzt eingesetzt. Doch die Lage erlaubte dies nicht. Und schließlich hatte ich ja in meinem Stellvertreter und in meinem Sergenten Führer, die solche Einsätze gewohnt waren und die unabhängig handeln konnten.

»Kommt nicht in Frage!«, brüllte ich ins Funkgerät. »Du bleibst, wo du bist. Wir erwarten in Kürze einen Konvoi Richtung Flughafen. Komme, was wolle, die Kreuzung muss offen bleiben!« Ein kurzes Zögern, dann wieder die Stimme des Gruppenführers: »A vos ordres, Chef, zu Befehl! Aber der Konvoi sollte lieber warten, denn hier ist die Hölle los! Am besten ist, Sie kommen vorbei und sehen sich die Sache selbst an. Ich rate Ihnen aber zur Vorsicht ... Ende!«

Ich überdachte kurz die Lage. Ich hatte eine Gruppe an dieser Kreuzung, an der die Lage ungewiss, wahrscheinlich nicht rosig war. Es waren keine schweren Waffen vor Ort, und der Gruppenführer hatte kein gepanzertes Fahrzeug. Wie es sich im Augenblick präsentierte, war die aktuelle Situation mit eventuellen Gefahren für den Konvoi verbunden, der in Kürze dort vorbei musste. Es bestand also sofortiger Handlungsbedarf!

Ich griff wieder zum Hörer und machte sofort Meldung beim Hauptmann. Ich bat ihn, den Konvoi, sofern das möglich wäre, noch etwas hinhalten. Da ich meine Gruppe hier nicht abziehen konnte und mein Stellvertreter über Funk gerade nicht erreichbar war, fuhr ich mit nur zwei Legionären und dem Fahrer des VAB los Richtung Rond-point de la patte d'oie. Ich hatte mich dazu stehend hinter der 12,7 mm (Browning Cal 50) postiert.

Als die Kreuzung in Sichtweite war, hörte ich bereits massives Feuer und sah Leuchtspurmunition über die dort in Stellung liegenden Legionäre hinwegfegen. Ribbos Legionäre antworteten mit sporadischen, aber gut gezielten Schüssen. Die Gruppe lag äußerst ungünstig, und die Stellungen boten nur wenig Schutz.

Der Feind, der ihnen gegenüberlag, hatte sich in etwa sechshundert Metern Entfernung in einer breit gefächerten Häuserzeile eingerichtet und schoss von dort aus ohne Unterlass mit MGs und wahrscheinlich einem 14,5-mm-Geschütz. Es schien, als würde er über grenzenlose Munitionsreserven verfügen.

Als ich selbst auf die Kreuzung fuhr und mit dem VAB eine Art Schutzschild zwischen den Legionären und dem Feind bildete, wurde ich sofort unter Beschuss genommen. Ich erwiderte das Feuer mit der 12,7 mm und gab dem Gruppenführer das Zeichen, sich vom Feind zu lösen. Während mein VAB mit der Gruppe hinter sich langsam rückwärts fuhr, nahm ich systematisch alles ins Visier, was mir gefährlich zu sein schien.

Plötzlich die Stimme meines Fahrers, eines rothaarigen Polen: »Ein Uhr, zweihundert, ein leichtes Fahrzeug Typ Toyota mit rückstossfreier Panzerabwehr-Kanone an Bord, schießt auf uns!« Er hatte es mit ruhiger Stimme gesagt, was mich verblüffte, denn ich selbst war völlig außer Atem und in Schweiß gebadet. Ohne zu überlegen – dazu hatte ich gar nicht die Zeit – schwenkte ich das MG in die angegebene Richtung und eröffnete sofort das Feuer. Noch während ich über Kimme und Korn visierte, sah ich gegenüber eine Rauchwolke aufsteigen, die mir sagte, dass soeben eine Rakete auf uns abgeschossen worden war. Knapp daneben! Ich hörte den Einschlag weit hinter mir, bekam eine Gänsehaut: Was wäre gewesen, wenn ...?

Eine Sekunde später explodierte der Toyota (wahrscheinlich hatte ich eine ihrer Munitionskisten getroffen). Die drei Mann Besatzung lagen blutüberströmt am Boden oder auf der Ladefläche. Natürlich war das kein schöner Anblick, doch für aufkommende Emotionen war im Augenblick wenig Platz. Ich musste an den Konvoi denken, der sich bereits näherte. In ihm befanden sich

Zivilisten: Frauen, Kinder, deren Leben man uns anvertraut hatte. Deren Leben vielleicht davon abhing, ob diese Kreuzung passierbar war oder nicht. Außerdem würde ich nie zulassen, dass Gefühlsregungen wie Hass oder Mitleid das Leben meiner Männer in irgendeiner Weise gefährdeten. Erst lange Zeit danach war es mir möglich, in einer stillen Minute all diese Bilder zu verarbeiten. Wer denkt, dass alle Legionäre kalt und gefühllos sind, täuscht sich gewaltig! Angst und Emotionen sind immer dabei, sie sind ein ständiger Begleiter.

Das Feuer der gegnerischen Waffen verstummte, worauf ich die Gruppe wieder postierte, diesmal so, dass sie der Feind erst unter Feuer nehmen konnte, wenn er sich selbst schon im Wirkungsbereich unserer eigenen Waffen befand. Der Konvoi, der mit unseren Hauptmann an der Spitze bereits in Sichtweite wartete, konnte passieren.

***

Wir waren unterwegs Richtung Talangaï, einem nördlichen Stadtteil. Dazu mussten wir durch die wie mit einem Lineal gezogene Frontlinie überqueren, welche die von den Cobras kontrollierte Zone von der trennte, die die Zoulous kontrollierten. Überall, wohin man auch sah, war der Boden mit Leichen übersät. Hier ein Körper ohne Kopf, dort einer mit aufgeblähtem, grotesk gen Himmel gerichtetem Bauch ... Es nahm kein Ende!

Aus vielen Häusern schlugen Flammen, und überall gab es Spuren von Plünderungen. Die Plünderer, meist Soldaten der unkontrollierten Milizen, gaben sich ohne Zurückhaltung diesem Akt hin. Niemand würde sie je dafür zur Rechenschaft ziehen. Erwischten sie ihrerseits aber einen Zivilisten dabei, wurde dieser standrechtlich noch vor Ort exekutiert.

Wir, das waren unser Hauptmann mit einem VBL und ich mit einer Kampfgruppe in einem VAB 12,7. Wir sollten eine einzelne Person (einen Franzosen) aus einem brandheißen Quartier holen. Gleich zu Beginn tauchte hinter unserem kleinen Konvoi ein Toyota auf, der voll war mit einem guten halben Dutzend Journalisten. Der Hauptmann ließ anhalten, um sie zurückzuschicken, da wie gesagt dieser Auftrag alles andere als ungefährlich war und er sich bei seiner Ausführung nicht mit Journalisten herumschlagen wollte. Er nahm Kontakt mit dem PC Pélican auf, der schließlich den Journalisten verbot, die Zone zu betreten, in der wir operieren sollten. Murrend zogen die Journalisten ab. Bevor wir uns wieder auf den Weg begaben, sagte der Hauptmann zu mir: »Ich hoffe, die sind wir los. Falls sie doch noch auftauchen sollten, werden wir nichts tun, um sie eventuell zu schützen. Sie haben das Verbot ausgesprochen bekommen, in diesem Quartier zu filmen. Kümmern Sie sich dann einfach nicht um sie!«

Das war klar, und doch kontrovers. Vielleicht machte ich mir auch zu viele Gedanken, denn wir würden sie ohnehin nicht wieder sehen. Dachte ich!

Zehn Minuten später erreichten wir unseren Zielort: Ein Hexenkessel! Überall Soldaten der Cobras. Viele von ihnen lungerten mit ihrer Kalaschnikow im Arm herum, tranken Alkohol oder schliefen im Schatten hoher Bäume. Es waren gut vierzig Kämpfer auf einem Haufen, und es kamen von Minute zu Minute mehr hinzu. Es schien eine Art Sammelstelle zu sein, an der sie sich von den Kämpfen erholten. Doch das, was mir am meisten Sorgen machte, waren die vielen RPGs (russische Panzerfaust), fast jeder dritte oder vierte Soldat verfügte über eine solche Waffe. Es waren viele, teils feindselige Blicke auf uns gerichtet.

Während der Hauptmann mit einigen Chefs verhandelte – der Ressortissant, den wir herausholen sollten, weigerte sich zunächst, mitzukommen – bezog ich fünfzig Meter abseits mit dem VAB Stellung. Gerade in dem Augeblick, in dem sich die Situation abkühlte und wir den Franzosen fast schon eingeladen hatten, kam plötzlich der Toyota mit den Journalisten angefahren. Diese stiegen mit ihrer ganzen Palette von Kameras und anderem diversen Filmmaterial aus und begannen selenruhig, Aufnahmen zu machen.

Es hätte kaum etwas Schlimmeres passieren können! Mit einem Satz waren plötzlich alle Kämpfer der Cobras auf den Beinen und luden ihre Waffen durch. Einige RPGs richteten sich auf unseren VAB, und man begann lautstark und heftig zu diskutieren. Doch dabei blieb es nicht. Die Rebellen wurden den Journalisten gegenüber handgreiflich. Kurz: Ein Pulverfass drohte zu explodieren!

Über Funk versuchte ich, den Hauptmann zu erreichen, was mir jedoch nicht gelang. Er war plötzlich umringt von einigen Cobras und befand sich, wie es schien, selbst in einem Handgemenge. Plötzlich hagelte es die ersten Schläge für die Journalisten. Man begann, ihre Ausrüstung zu zertrümmern und mit Fäusten auf sie einzuschlagen.

Ich gab meinen Männern diskret das Zeichen, die Schießscharten des VAB zu besetzten, und schwenkte so unauffällig wie möglich den Lauf der 12,7 mm auf eine Gruppe Cobras, die uns am nächsten stand. Ihr grimmiger Blick sprach eine allzu deutliche Sprache.

Ich befand mich in einer Zwickmühle: Würde ich jetzt nicht binnen kürzester Zeit eingreifen, konnte das den Tod der Journalisten bedeuten. Täte ich es, so hätten mit absoluter Sicherheit in derselben Sekunde noch drei oder vier RPG-Granaten meinen VAB in Stücke gerissen, und das wäre das Ende gewesen.

Aus den Gesten und Blicken, die der Hauptmann mir über die Köpfe der Miliz zuwarf, glaubte ich zu verstehen, dass er an dem festhielt, was er vorher gesagt hatte: Kein Eingreifen, wenn die Journalisten in Gefahr gerieten. Durchatmen!

Das Leben meiner Männer? Das der Journalisten? Es waren alles Europäer! Die Entscheidung wurde mir dann in letzter Sekunde doch noch abgenommen (es gibt doch noch einen Gott!). Ein Chef der Miliz pfiff seine Männer plötzlich zurück. Er befal den Journalisten, den Ort sofort zu verlassen. Ruhe kehrte ein, wir erfüllten unseren Auftrag.

Etwas später am Abend sagte mir der Hauptmann wie beiläufig: »Gast, ich hätte nicht in Ihrer Haut stecken wollen. In Ihrem Kopf muss es ausgesehen haben wie Kraut und Rüben.« Oh, wie Recht er damit hatte!

Ich hätte, wenn die Situation so weit eskaliert wäre, dass man auf die Journalisten geschossen hätte, wohl innerhalb einer Sekunde eine Entscheidung getroffen, da war ich mir sicher. Ich weiß auch noch ganz genau, welche Option ich gewählt hätte ...

* * *

Absolut erwähnenswert ist die Aktion unseres 4. Zuges. Dieser operierte von Beginn der Kämpfe an völlig isoliert am Kongo Fluss (Zaire) – und das in den letzten vier, fünf Tagen ohne Nachschub an Trinkwasser, Lebensmittel und Munition. Sein Auftrag lautete unter anderem, die Mittel zum Übersetzen über den Fluss (Schnellboote, Motoren etc) zu schützen, auf welche alle drei kämpfenden Parteien längst ein Auge geworfen hatten. Auch hier kam es zu Kämpfen. Mehrmals musste dieser Zug mit dem jungen Leutnant an seiner Spitze die Frontlinie überqueren, um Ressortissants, die am oberen Flusslauf in Schwierigkeiten geraten waren, zu Hilfe zu eilen. Quasi unter dem Feuer der Milizen setzten sie jede Stunde ihr Leben aufs Spiel. Der Leutnant des Zuges, ein Franzose, sollte die Legion schon bald darauf verlassen und die Laufbahn eines – erfolgreichen und bekannten – Journalisten einschlagen. Unter anderem war er als Korrespondent und Kriegsreporter für den Figaro namentlich im Irak (2003), in Afghanistan und im Libanon(2006) unterwegs.

Nota bene: Es waren Fremdenlegionäre, welche in diesen Tagen in Brazzaville für die Sicherheit und für den Geleitschutz der Staff-Members (Botschaftsangehörige) der russischen und der amerikanischen Botschaft sorgten! Auch der deutsche Botschafter wurde – von meinen Männern und in meiner Anwesenheit – im Rahmen einer solchen Aktion aus seiner Villa heraus in Sicherheit gebracht.

- Am 16. Juni beginnt die letzte Phase der Operation Pélican: Für einige gilt es noch, sich vom Feind zu lösen, für alle jedoch, die Aktion zu einem geordneten Ende zu bringen. Sämtliche Ressortissants (Ausländer wie Franzosen) waren inzwischen ausgeflogen worden. Alle engagierten Truppen sollten geordnet, reibungslos und wenn möglich ohne weitere Verluste abziehen.
- Am 17. Juni schlugen Mörsergranaten in unserem Camp ORSTOM ein. Ein weiterer Legionär (GCP) wurde dabei durch Splitter verwundet.
- Zwei Tage darauf verlässt der Kommandeur (COMFOR) der französischen Truppen die jetzt hochbrisante Kampfzone. Unser Regimentskommandeur (Chef de corps du 2^e REP / Legion) übernimmt, bleibt bis zum Schluss.
- Bleibt vor Ort: Der französische Botschafter. Gut bewacht von mehr als drei Dutzend Elite-Gendarmen, verharrt er in seiner Residenz in der Case de Gaulle, die bis dahin von unseren GCP bewacht wurde.

Am Nachmittag des 20. Juni flog ich mit Teilen meines Zuges mit einer der letzten Maschinen, in der auch Teile der COS (Commandement des Opérations Spéciales) waren, aus Brazzaville aus. Zu der Zeit begann bereits der Kampf um den Flughafen, um den sich alle Parteien stritten. Über uns kreisten französische Kampfflugzeuge. Meine Gedanken waren in diesem Augenblick bei denen, die das letzte Flugzeug nehmen sollten.

46

Ganz nach dem Motto »Nur keine Langeweile aufkommen lassen« ging es drei Tage später schon wieder an einen anderen Schauplatz, einmal mehr mitten hinein in einen anderen Konflikt.

Bangui, Zentralafrikanische Republik. Juni 1997. Dort kämpften Rebellen gegen die reguläre Armee des vorherrschenden Regimes. Diese Ex-Mutins (in diesen Tagen wohl eher ein etwas unglücklicher Ausdruck. Mutin (Rebell) ohne die Vorsilbe »Ex« wäre hier wohl angebrachter gewesen) boten aus ihrem letzten organisierten Widerstandsnest heraus, dem Camp du Kasseï, auch gleichzeitig der MISAB[153] die Stirn. Dort, im Camp du Kasseï, am nordöstlichen Ausgang der Stadt, standen ihre Mörserbatterien, mit denen sie auch vor Attacken auf die französische Botschaft nicht zurückschreckten.

Am Flughafen M'poko bereiteten wir uns darauf vor, die MISAB im Rahmen einer – hauptsächlich logistischen – Mission dabei zu unterstützen, das Camp wieder unter ihre Kontrolle zu bringen. Die Wege der Infiltration zwischen den Collinen (Hügelkette östlich der Stadt) und der Route de Ndri (nördlich davon) hatten wir schon vorher tage- und nächtelang durch Patrouillen ausgekundschaftet, ebenso den Stellungsbereich, den wir zu Beginn der Operation einnehmen sollten. Wir saßen bereits klar zum Gefecht auf den Fahrzeugen, die uns über Schleichwege zum Einsatzort bringen sollten, und in der Luft kreisten bereits Hubschrauber mit Bordkanonen, als im letzten Augenblick – warum auch immer- der Einsatz abgeblasen wurde.

Am 14. Juli flogen wir von der RCA nach Libreville zurück, von wo aus wir Anfang September Afrika wieder Richtung Heimat, Richtung Calvi, verließen. Unser Regiment hatte einmal mehr Geschichte geschrieben.

47

In Calvi, nur einen Monat später, wurde ich zum Adjudant befördert. Mir blieb von diesem Zeitpunkt an noch ein Jahr als Zugführer, und ich wusste, dass dann eine Zeit kommen würde, die ich vorher selbst gerne als »Altweiberperiode« tituliert hatte. Als Zugführer wurde man in der Legion zwei Jahre lang eingesetzt. Es gab Ausnahmen, doch diese bestätigten allenfalls die Regel.

Altweiberperiode?

Ich unterschrieb erneut einen Vertrag über drei Jahre. Es sollte definitiv mein letzter sein! Ende des Jahres '97 ging es für zwei Wochen nach Hammelburg, wo sich unsere Kompanie in der Ortskampfanlage Bonnland im Orts- und Häuserkampf perfektionierte. Ich wage zu behaupten, dass unsere Kompanie in puncto Orts- und Häuserkampf bereits Meister aller Klassen war, auch wenn das natürlich nicht hieß, dass sie nicht ständig noch etwas dazu lernen konnte.

---

[153] Mission Interafricaine de Surveillance des Accords de Bangui, afrikanische Mission zur Überwachung der Friedensabkommen von Bangui.

Trügerische Idylle: Ortskampfanlage Bonnland.
(Foto: Österreichisches Bundesheer)

Anfang 1998, ganz genau am 2. Januar um 3 Uhr 47 morgens, wurde in Bastia meine Tochter Julie geboren. Vater mit siebenunddreißig Jahren: Ich schwebte auf Wolke sieben! Im Oktober 1998 ging es wieder nach Montpellier, wo ich den Lehrgang Maître de Tir et de la Simulation absolvierte. Mit meiner Versetzung in die CCS (Compagnie de Commandement et de Soutien / Stabs- und Versorgungskompanie) im März 1999 war ich somit verantwortlich für die Schießausbildung im Regiment, für die Schießplätze Campanella, Punta Bianca, Fraselli und Casta sowie den Pistolen-Schießstand im Camp Raffalli. Weiterhin unterlag mir die Simulation, was sich zunächst auf das SITTAL[154] und in den Folgejahren auch auf die Sit-Eryx[155] erstreckte. Ich arbeitete von diesem Zeitpunkt ab im Stab und leitete ein Büro mit einem Unteroffizier als Stellvertreter und einem Caporal-Chef als helfender Hand.

***

Juli 1999. Ein neues Regiment der Fremdenlegion erblickt das Licht der Welt: Das 2^e REG, das 2. Pionierregiment der Fremdenlegion.

***

Ende Juli 1999 verlegte das Regiment mit Teilen nach Mostar und von dort aus nach Sarajevo. Ich war im Stab eingesetzt als stellvertretender Officier de renseignement (Stellvertretender Verantwortlicher für militärische und zivile Nachrichten- und Informationsauswertung). Außer einer Aktion (Operation Westar), exzellent geplant von unserem Chef de BOI und nicht minder hervorragend durchgeführt von unseren Kampfkompanien (hauptsächlich der 4. CIE) gab es am Horizont nichts Aufregendes.

Neue Abenteuer warten: Skepsis bei der Ankunft in Sarajevo 1999.

---

[154] Système d'Instruction Technique du Tir aux Armes Légères. Eine Art Schießkino, in dem durch Simulation alle Flach- oder Direktfeuer-Waffen zum Einsatz gebracht werden können. Man kann hier auch eigene Szenarien entwerfen, in denen sich Gefechtslärm, Landschaften, Wind, Hubschrauberangriffe etc. realistisch darstellen lassen. Im SITTAL kann der Gruppenführer seine Zielansprache und die Zielverteilung ebenso trainieren wie die verschiedenen Feuerbefehle. Besonders interessant sind auch die Orts- und Häuserkampf-Szenarien.
[155] Die Sit-Eryx ist ebenfalls ein Simulator, jedoch für den Lenkflugkörper Eryx.

Der Autor 1999 als Ausbilder mit Soldaten der Bundeswehr in Sarajevo.

Es schien, als ginge das Kapitel »Legion« für mich langsam zu Ende.

Inzwischen wurde die CCS in CCL[156] und CBI[157] aufgeteilt. Da mein Büro, also das des maître de tir et de simulation, dem Zweig Instruction, also Ausbildung, angehörte, wurden wir allesamt in die CBI versetzt.

Meine Arbeit teilte ich mir ein, wie ich es für richtig und gut empfand. Der Morgen begann immer mit Sport. Es machte mir ein immenses Vergnügen, im Rahmen eines footings (eines Laufs) die Maquis der Balagne bis Calenzana zu durchstreifen oder an der Küste entlang bis hoch nach Lumio, und dann wieder durch die Olivenhaine der Domäne Columbo[158] zurück ins Camp, wo nach einer Dusche der Tag beginnen konnte. Ich verstand, warum die Korsen ihre Insel, die jetzt auch meine war, île de beauté nannten. Es war ein Paradies!

---

[156] Compagnie de Commandement et de Logistique, Stabs und Versorgungskompanie.
[157] Compagnie de Base et d'Instruction. Ausbildungskompanie (regimentsinterne Ausbildung).
[158] Clos Columbo, vin de Corse, Calvi. Korsischer Wein vom Feinsten!

Oktober 2000, Gabun

- Eröffnung der 52. Internationalen Buchmesse in Frankfurt.
- Ein Schwein fliegt erster Klasse mit einem Flugzeug der US Airways von Philadelphia nach Seattle. Zwei Frauen hatten darauf bestanden, ihren therapeutischen Begleiter mit ins Flugzeug zu nehmen.
- Papst Johannes Paul II. spricht 120 Katholiken heilig, die aus Sicht des Vatikans Opfer religiöser Verfolgung in China geworden sind.
- Uli Hoeness beschuldigt Christoph Daum, Kokain geschnupft zu haben.
- Michael Schumacher wird Formel-1-Weltmeister für Ferrari.
- Bergung von acht weiteren Toten aus der 9. Sektion des gesunkenen russischen U-Bootes Kursk.

Übrigens: Auch im Oktober, aber im Jahr 1963, genau am 1., wird das 5e RMP (5e Régiment Mixte du Pacifique) in Mururoa gegründet. Es behält diesen Namen bis zum Juli 1984 und wird dann wieder zum 5e RE.

48

Im Oktober 2000 ging es noch einmal nach Gabun, Libreville, wo ich als Schießmeister hauptsächlich für die Munition der beiden Kampfkompanien des 2ᵉ REP verantwortlich war und dem BOI der TFG als Berater für das Planen und Durchführen von Gefechtsschießen im Gruppen-, Zug- und Kompanierahmen zur Seite stand.

Erwähnenswert bei dieser meiner vorletzten compagnie tournante war ein erneuter Besuch des Albert-Schweitzer-Hospitals in Lambarene, ein Ereignis, das ich mir durch nichts hätte nehmen lassen, und ein weiterer Flug mit einer Gazelle[159], einem leichtem Aufklärungshubschrauber, über den Äquator.

Noch in der Luft machte mir der Pilot ein Zeichen. »Siehst du den Pfahl dort unten am Strand?« Ich nickte. »Genau vertikal verläuft der Äquator! Wir gehen runter.« Elegant landete er die Gazelle. Zu meiner großen Überraschung gingen daraufhin beide Piloten zu dem besagten Pfahl und pissten ihn an. »Das hat Tradition«, sagten sie lachend und holten eine Flasche Champagner und drei Gläser aus einer Kiste aus Metall. So kam ich, fast auf den Tag genau sechzehn Jahre nach meinem Eintritt in die Legion, genau unter dem Äquator und mitten in der Wildnis zu einem Glas feinen, kühlen Champagners, spendiert von den Herren der Lüfte!

Als wir wieder abhoben, flog der Pilot taktisch in einer Höhe von zehn Metern dem Strand folgend Richtung Ekwata. Unter uns flog die Landschaft in rasender Geschwindigkeit dahin. Ab und zu sah ich Spuren von Meeresschildkröten, die an Land gekrochen waren, um ihre Eier abzulegen. Als wir über die freien Flächen Ekwatas kreisten, zeigte der Pilot wieder aufgeregt nach unten: »Waldelefanten. Siehst du sie?« Und ob ich sie sah. »Und Büffel!«, fügte ich lächelnd hinzu und dachte: Die Welt war ein schöner Ort, um darin zu leben!

49

Am 2. September 2000, ein Datum, das sich fest in mein Gedächtnis geprägt hat, lernte ich meine zukünftige Frau Hilde kennen. Ich nannte sie ... Meinen irischen Bombenleger! Irisch wegen ihrer roten, betörenden Haarpracht. Bombenleger deshalb, weil sie in meine Gefühlswelt einschlug wie eine gerade explodierende Fünfhundert-Pfund-Bombe: Alle Zweifel eines eventuell wiederholten Irrtums hinwegfegend!

Eigentlich müsste ich sagen, ich lernte sie erneut kennen, denn wir waren bereits 1976 für eine ganz kurze Zeit ein Paar gewesen, lange also, bevor ich in die Legion eintrat. Damals, dreißig Jahre zuvor, war es jedoch bei schüchternem Händchenhalten und einigen innigen Küssen geblieben. Die Irrwege des Lebens hatten uns getrennt und nur über Umwege und erst nach langen Jahren der Selbstfindung wieder zusammengeführt. All die Jahre über hatten wir keinen Kontakt zueinander gehabt, und nur dem Zufall war es zu verdanken, dass wir uns überhaupt wiederfanden. Die Zeit hatte uns beide reifer gemacht. Ich fühlte mich wie eine Fregatte, die nach einer langen Irrfahrt auf stürmischer See endlich in den wohlbehüteten und lang

---

[159] In diesem Fall handelte es sich genauer um eine SA 342, einen leichten Transport- und/oder Kampfhubschrauber.

Quintessenz: Das Wichtigste!

ersehnten Hafen einfährt. In den richtigen dieses Mal, unter dessen Wasseroberfläche keine tückischen See-Minen oder andere Gefahren auf mich lauerten!

Mit Entsetzen sahen wir am 11. September die Bilder über den Fernseher flimmern, welche von den Terroranschlägen auf das World Trade Center und das Pentagon berichteten.

Ende September trat ich zu meinem definitiv letzten Auslandsaufenthalt (mit der Legion) an. Diesmal wartete Djibouti auf mich, und das vorab einmal mit einem kleinen Leckerbissen: Ich sollte einen zweiwöchigen Scharfschützen-Lehrgang für einen Zug der djiboutischen Armee durchführen. Ein Auffrischungs-Lehrgang sollte es sein, wie man mir sagte, weil angeblich alle Teilnehmer schon einen Scharfschützenlehrgang absolviert hätten.

Das war ein gar lustig Ding! Zunächst gab es Probleme mit den Waffen. Irgendwie schafften unsere afrikanischen Freunde es nicht, mir mitzuteilen, welche Waffe sie als Standardwaffe ihrer Scharfschützen hatten, und als sich dann abzeichnete, dass es wahrscheinlich die Dragunov[160] sein würde, stand ich vor einem anderem Problem: Zwar kannte ich die Dragunov ziemlich gut, aber mir genügte das nicht. Ein Scharfschützenlehrgang war ein höchst professionelles Unternehmen, das ich schon immer sehr ernst genommen hatte. (Ich hatte in Calvi im Rahmen der stages internes schon einmal einen Scharfschützenlehrgang geleitet und auch als Ausbilder fungiert).

Noblesse oblige, und so fühlte ich mich also verpflichtet, die Sache richtig bei den Hörnern zu packen. Bei den Unteroffizieren unserer Kampfkompanien hörte ich mich um, ob sie in einem ihrer Züge Scharfschützen, Russen, hätten, welche die Dragunov in- und auswendig kannten, und zwar mit allen, auch den geringfügigsten Details wie zum Beispiel das verwendete Zielfernrohr, das Durchführen der Trefferkorrektur, Ballistik etc.

Schnell wurde ich fündig. Der Russe, der sich am nächsten Tag bei mir vorstellte, war wirklich ein As. Drei Tage lang war ich sein Schüler! Als ich dann so weit war, ging ich noch einen Schritt weiter und ersuchte darum, ihn bei dem Lehrgang als einen meiner Ausbilder einsetzen zu dürfen. Ein Ersuchen, das von dem Hauptmann der Kompanie (2^e CIE) genehmigt wurde. Der zweite Schock folgte tags darauf, als sich nämlich die Kandidaten, allesamt Muslims, bei mir vorstellten. Da waren Köche, Fahrer, Funker und andere mehr, ein wahrhaft bunt zusammengewürfelter Haufen. Fakt war: Keiner von ihnen hatte je in seinem Leben eine Waffe in der Hand gehabt, geschweige denn eine Dragunov oder etwas annähernd Ähnliches.

---

[160] Dragunov oder auch SWD (Snaiperskaja Wintowka Dragunova), Kaliber 7,62 x 54R.

Interne Ausbildung, hier am FRF2.

Die Scharfschützenausbildung für die Soldaten der djiboutischen Armee erfolgte an russischen Dragunovs.

Der dritte Schock (längst schon war ich überzeugt gewesen, dass mich nichts mehr aus der Fassung bringen könnte) waren die Waffen selber. Ihr Zustand war beängstigend. Die Läufe wiesen innen Unregelmäßigkeiten auf (Züge und Felder waren eins), die Zielfernrohre chinesischer Fabrikation wackelten auf den Gewehren, und von der Munition, die wohl noch aus der Zeit der Grabenkriege stammte, war eine Kartusche von zweien ein Blindgänger.

Dennoch, allen Widrigkeiten zum Trotz wurde der Lehrgang zur vollsten Zufriedenheit aller Beteiligten auf den Schießplätzen nahe von Ali Sabieh durchgeführt.

Bei der Ausbildung meiner afrikanischen Freunde.

* * *

»Allez mon Adjudant, au travail!« Ich legte meine rechte Hand an mein Képi und grüßte zackig. »Je peux disposer à vos ordres, mon Colonel!« Etwas irritiert verließ ich das gut klimatisierte Büro des Regimentskommandeurs der 13e DBLE. Draußen in der prallen Sonne herrschten Temperaturen von 47 Grad Celsius ... normal in Djibouti!

Der Colonel hatte mir den Auftrag gegeben, eine Crew des Westdeutschen Rundfunks vom Flughafen abzuholen, doch nicht nur das. Er wollte, dass ich diese vierköpfige Crew über einige Tage betreute und ihr nach bestem Wissen und Gewissen Auskunft gab. Mir war von vornherein klar, auf was dies alles hinauslief. Der Teamleader des Fernsehsenders, der damals für das Pariser Studio des WDR arbeitete, bestätigte meinen Verdacht mit wenigen Worten: »Wir wollen eine Reportage drehen!« Dass ich der Hauptakteur sein sollte, war offensichtlich. Ich sagte zu, auch weil ich die damalige Studioleiterin der ARD / des WDR in Paris – eine sehr charmante und erfolgreiche Korrespondentin, die in den Folgejahren die Redaktionsleitung eines bekannten ARD-Magazins übernehmen sollte – bereits in Calvi kennen und schätzen gelernt hatte. Damals hatte sie persönlich eine Reportage über Russen in der Fremdenlegion gedreht und war mitsamt ihrem Team einige Tage lang von mir als Dolmetscher – und nach

Dienst quasi auch als Reiseführer – betreut worden.

Der Dreh in Djibouti war in zwei Tagen im Kasten. Das ein oder andermal war ich gezwungen gewesen, den doch recht aufdringlichen Teamleiter in die Schranken zu weisen. Meine Legionäre wollten in Ruhe gelassen werden. Kameras waren ihnen zuwider, und auf Fragen antworteten sie genervt oder gar nicht. Ich konnte sie nur allzu gut verstehen. Es waren Kämpfer, und was sie interessierte, war der Einsatz, der Rucksack oder ein Fallschirm auf dem Rücken und allenfalls noch eine Bar mit hübschen Mädchen, um sich, vom Einsatz zurück, die Wunden lecken zu können. Ich hatte einige Arbeit, den einen oder anderen davon abzuhalten, Hand an die Journalisten und das Kamerateam zu legen.

Ich sah die Reportage – »Ein Leben für die Front, Deutsche als Kommando in der Fremdenlegion!« – einige Monate später, im Mai 2002, durch Zufall. Sie war gelungen, aber wieder einmal stellte ich fest:

Der Autor als Adjudant am Tage seines Abschieds aus der Legion in Aubagne.

Keine Kamera der Welt kann einen Legionär so einfangen, wie er im Grunde ist ... die Öffentlichkeit wird ihn immer nur so zu sehen bekommen, wie er sich selbst darstellen will.

***

Der allerletzte Auftrag, den für die Fremdenlegion, für meine Familie auszuführen ich die Ehre hatte, war die Organisation und der Aufbau eines Wochenendcamps mitten in der Wüste am Lac Abbé, in Sichtweite Äthiopiens. Dort sollte für die Offiziere aller in Djibouti stationierten Einheiten und deren Familien eine Art »Wüsten-Picknick« durchgeführt werden. Im Endeffekt war es weit mehr als das, denn als ich Quartier Monclar an der Spitze des Logistik-Konvois verließ, hatte ich an die fünfzehn voll beladene Lastwagen hinter mir.

Am Lac Abbé angekommen, organisierte ich das Camp nach den dortigen Gegebenheiten. Zunächst bauten wir die Zelte auf. Es folgten eine Funkstation, eine Erste-Hilfe-Anlaufstelle, die Toiletten (selbstverständlich strikt getrennt nach Geschlecht), Bänke, Tische, Feldbetten etc. Wir ackerten fast ununterbrochen an die zwanzig Stunden lang, bis alles stand und ich zufrieden war.

* * *

Wissend, dass ich diesen Ort wohl nie wiedersehen würde und dass die Glocken bereits zu meinem Finale in der Legion läuteten, schnappte ich mir noch in der selben Nacht ein halbes Dutzend dieser Dosenbiere, eine Decke und Zigaretten und begab mich unter den verwunderten Blicken der Wachen an eine ruhige Stelle abseits des Camps mitten in der Wüste.

Es war eine milde Nacht, schier ohne Ende. Doch ich wollte diese Nacht bis zum Ende gehen, mich nicht noch einmal in ihr verlieren. Mit einem Lächeln auf den Lippen und begleitet von einer Stimme, die leise und sanft in mein Ohr flüsterte: »Du hast alles richtig gemacht!«, ließ ich mein Leben in der Legion Revue passieren. Ich kehrte erst ins Camp zurück, als der Trompeter zum Wecken blies. Von weitem, tief aus meinem Inneren aufsteigend, hörte ich ein Lied:

> *Combien d'fois a t'on parcouru,*
> *Cette petite piste*
> *En traversant la lande herbue*
> *Lorsque le jour se lève...*
> **Aus: La petite piste**[161]

Und sollte mich einmal einer fragen, ob mir denn nicht nun siebzehneinhalb Jahre meines Leben fehlten, ob ich nicht bereue ... dem antworte ich mit einem Chanson von Edith Piaf. Non ... je ne regrette rien!

---

[161] »Der kleine Pfad«, Lied der Fremdenlegion. »Wie oft schon haben wir diesen kleinen Pfad beschritten, die grüne, begraste Landschaft durchquert, wenn der Tag beginnt!«

Schwer fällt dem Autor, hier schon in Zivil, der Abschied von »seiner« Insel.

Epilog

Viele von meinen Kameraden aus der damaligen Zeit sind tot. Fast alle starben eines gewaltsamen Todes. Sterben, wie man gelebt hat?

Ist ein solcher gewaltsamer Tod die logische Folge vom »Anders-Sein« eines jeden Legionärs? »Ich will unter keinen Umständen ein Allerweltsmensch sein«, hat Albert Schweitzer einmal gesagt. Wird der kleine Teufel, der auf meiner Schulter sitzt, auch mich eines Tages wieder wecken und zu mir sagen: »Du bist noch nicht am Ende angekommen. Folge mir, ich zeige dir den Weg!?« Warte ich gar auf ihn?

Ich denke, das Leben wird noch so manch eine Überraschung auf Lager haben für alle diejenigen, die wie ich nicht »Nein« sagen können, sich verführen lassen. Und erst recht für alle, die der Légion Étrangère mit »Honneur et Fidélité« gedient haben ...

Anhang

Camerone

Frankreich, England und Spanien griffen in Mexiko militärisch ein, um Präsident Juarez dazu zu zwingen seinen eingegangenen Verpflichtungen nachzukommen. Nachdem die Engländer und Spanier sich zurückgezogen hatten, plante Kaiser Napoleon 3, Juarez zu stürzen und Mexiko in ein katholisches Königreich zu verwandeln. Die Krone dieses Königreiches wurde dem Archiduc versprochen, dem Erzherzog Maximilian, Bruder des Kaisers von Österreich.

1863

In diesem Kontext belagerte die französische Armee die Stadt Puebla. Anfang des Jahres 1863 wurde ein Regiment der Fremdenlegion nach Mexiko beordert. Einer ihrer Aufträge war es, die Nachschubkonvois für die Einheiten zu sichern, die Puebla belagerten.

Genau am 29. April 1863 erfuhr Colonel Jeanningros, der Befehlshaber, dass ein großer Konvoi, der Geld, diverses Belagerungsmaterial und Munition beförderte, in Richtung Puebla unterwegs war.

Um die Sicherheit dieses Konvois zu gewährleisten, wurde beschlossen, diesem eine Kompanie entgegenzuschicken. Dieser Auftrag fiel der 3. Kompanie zu. Da aber die 3. Kompanie gerade zu der Zeit über keinen freien Offizier verfügte, übernahm Capitaine Danjou diese Aufgabe.

Am 30. April um ein Uhr morgens ritt die 3. Kompanie in Stärke von drei Offizieren und zweiundsechzig Mann los. Bereits nach zwanzig Kilometern hielt sie an, um genau um sieben Uhr morgens bei Palo Verde Kaffeepause zu machen.

Bereits hier kam es zum Kampf. Obwohl zahlenmäßig weit unterlegen, fügten Capitaine Danjou und seine Legionäre dem Feind die ersten schweren Verluste zu und zogen sich auf eine nahe Hazienda namens Camerone zurück. Diese Hazienda war von einer drei Meter hohen Mauer umgeben, und der capitaine beschloss, sich hier dem Feind zu stellen und ihn so lange wie möglich hinzuhalten, um so dem Konvoi Zeit zu geben, sich unbehelligt weiter Richtung Puebla zu bewegen.

Die Legionäre richteten sich in der Hazienda zur Verteidigung ein. Während dieser Zeit näherte sich ein mexikanischer Offizier und forderte Danjou im Hinblick auf die haushohe Überlegenheit seiner Truppen auf, sich zu ergeben.

»Wir haben Munition, und wir ergeben uns nicht!«, erwiderte jedoch Capitaine Danjou. Er hob seine Hand und schwor, sich bis zum seinem Tode zu verteidigen, ein Schwur, den er auch jedem seiner Männer abverlangte. Es war bereits zehn Uhr. Bis abends um sechs Uhr – die Legionäre hatten bereits seit vierundzwanzig Stunden weder gegessen noch getrunken – verteidigten sie sich gegen den übermächtigen Feind: Achthundert Reiter und eintausendzweihundert Fußsoldaten!

Am Mittag wurde Capitaine Danjou durch einen Schuss in die Brust getötet. Kurze Zeit darauf starb Leutnant Vilain durch einen Kopfschuss.

Etwa zur gleichen Zeit gelang es den Mexikanern, Feuer in der Hazienda zu legen. Der Hitze und dem erstickenden Rauch zum Trotz schlugen sich die Legionäre weiterhin tapfer. Um fünf Uhr am Nachmittag waren dem Leutnant Maudet nur noch zwölf Männer geblieben, die in der Lage waren, zu kämpfen.

Der Verantwortliche mexikanische Offizier scharte seine Truppe um sich und führte seinen Männern in aller Deutlichkeit vor Augen, mit welcher Schande sie sich bedeckten, wenn es ihnen nicht bald gelänge, diesen Haufen tapferer Soldaten zu überwältigen.

In den Reihen der Legionäre übersetzte einer, der der Sprache mächtig war, jedes einzelne Wort.

Noch bevor die Mexikaner den finalen Angriff einleiteten, versuchte ihr Befehlshaber ein letztes Mal, die Legionäre zur Aufgabe zu überreden, was diese verächtlich abwiesen.

Bald blieben Leutnant Maudet nur noch fünf Soldaten: Caporal Maine und die Legionäre Catteau, Wensel, Constantin und Leonhard. Den Rücken zur Wand, das Bajonette aufgepflanzt und jeder noch im Besitz einer einzigen Kugel, warteten sie auf den Feind.

Auf ein Zeichen des Leutnants hin verschossen sie die letzte Kugel und stürmten dem Feind, nur mit dem Bajonette bewaffnet, entgegen. Leutnant Maudet und zwei seiner Legionäre starben im Kugelhagel. Caporal Maine und die beiden anderen waren drauf und dran, vom Feind hingemetzelt zu werden, als in letzter Sekunde ein mexikanischer Offizier seine Männer zurückhielt.

»Ergebt euch!«, rief er den Legionären zu. »Wir ergeben uns, wenn ihr uns versprecht, dass wir uns um unsere Verwundeten kümmern können, und wenn wir unsere Waffen behalten dürfen«, antworteten diese. Bis zuletzt hielten sie ihre Bajonette bedrohlich auf die mexikanischen Soldaten gerichtet. »Männern wie euch verweigern wir nichts«, erwiderte der mexikanische Offizier.

Bis zum Schluss hatten die zwei Offiziere und die sechzig Legionäre das Versprechen, das sie Capitaine Danjou gegeben hatten, gehalten. Zwölf Stunden lang hatten sie sich gegen zweitausend mexikanische Soldaten behauptet. Während dieser Zeit war es ihnen gelungen, etwa dreihundert mexikanische Soldaten zu töten und ebenso viele zu verwunden.

Durch ihre Courrage hatten sie erreicht, dass der Konvoi in seinem sichern Hafen ankam: Sie hatten ihren Auftrag erfüllt.

Kaiser Napoleon entschied, dass der Name »Camerone« auf der Fahne des Regimentes stehen solle, und dass die Namen Danjou, Vilain und Maudet in goldenen Buchstaben im Invalidendom in Paris eingraviert werden sollten.

Im Jahr 1892 wurde am Schauplatz des Geschehens ein Monument errichtet. Darauf steht zu lesen:

*ILS FURENT ICI MOINS DE SOIXANTE
OPPOSÉS A TOUTE UNE ARMÉE.
SA MASSE LES ÉCRASA.
LA VIE PLUTÔT QUE LE COURAGE
ABANDONNA CES SOLDATS FRANÇAIS
LE 30 AVRIL 1863.
A LEUR MÉMOIRE LA PATRIE ÉLEVA
CE MONUMENT.*[162]

---

[162] Sie waren weniger als sechzig, gegenüber einer ganzen Armee. Die Masse begrub sie unter sich. Das Leben eher als der Mut verließ diese französischen Soldaten am 30. April 1863. Zu ihrem Gedenken errichtet das Vaterland dieses Denkmal.

Le Code d'Honneur du Légionnaire

(Der Ehrencodex des Fremdenlegionärs)

1 Légionnaire, tu es un volontaire servant la France avec Honneur et Fidélité.

(Legionär, du bist ein Freiwilliger, dienst Frankreich mit Ehre und Treue.)

2 Chaque Légionnaire est ton frère d'arme, quelle que soit sa nationalité, sa race, sa religion. Tu lui manifeste toujours la solidarité étroite, qui doit unir les membres d'une même famille.

(Jeder Fremdenlegionär ist dein Waffenbruder, egal, welcher Nationalität er angehört, welcher Rasse oder welcher Religion. Du bezeugst ihm zu jeder Zeit die gleiche vorbehaltlose Solidarität, die Mitglieder ein und derselben Familie vereinen soll.)

3 Respectueux des traditions, attaché à tes chefs, la discipline et la camaraderie sont ta force, le courage et la loyauté tes vertus.

(Voller Respekt Traditionen gegenüber und verbunden mit deinen Vorgesetzten, sind Disziplin und Kameraderie deine Stärke, Mut und Loyalität deine Ideale.)

4 Fière de ton état de Légionnaire tu le montres dans ta tenue toujours élégante, ton comportement toujours digne mais modeste, ton casernement, toujours net.

(Stolz darauf, Legionär zu sein, zeigst du dies durch deinen immer eleganten Anzug, dein stets würdiges und bescheidenes Auftreten und deine jederzeit saubere Unterkunft.)

5 Soldat d'élite tu t'entraînes avec rigueur, tu entretiens ton arme comme ton bien le plus précieux, tu as le souci constant de ta forme physique.

(Als Elitesoldat trainierst du verbissen, du pflegst deine Waffe, als wäre es der beste Teil von dir. Ständig bist du um deine körperliche Fitness bemüht.)

6 La mission est sacrée, tu l'exécutes jusqu'au bout, dans le respect des lois, des coutumes de la guerre et des conventions internationales et si besoin, au péril de ta vie.

(Der Auftrag ist dir das wichtigste, du führst ihn bis zum Ende aus, wenn es sein muss unter Einsatz deines Lebens. Du hältst dich dabei strikt an die Gesetze, an die geläufigen Kriegsregeln und an die internationalen Konventionen.)

7 Au combat, tu agis sans passion et sans haine. Tu respectes les ennemis vaincus, tu n'abandonnes jamais ni tes morts, ni tes blessés, ni tes armes.

(Im Kampf agierst du ohne Leidenschaft, ohne Hass. Du respektierst den besiegten Feind, lässt deine Toten, deine Verwundeten und deine Waffen nie zurück.)

Fakten

Die Fremdenlegion operiert dort, wo Frankreich entscheidet, sie einzusetzen, in Europa oder in Übersee. Sie ist eine Armee von Freiwilligen aus aller Welt, das heißt, sie engagiert Soldaten auf Zeit. Die Legion nimmt jährlich etwa achttausend Kandidaten auf. Das Durchschnittsalter bei der Rekrutierung liegt zwischen 23 und 24 Jahren. Fakt ist, dass das »Niveau General« (vergleichbar mit dem IQ) des normalen Legionärs überdurchschnittlich hoch ist, was erklärt, dass die Unteroffiziere der Legion ebenso wie die etwa zehn Prozent ihrer späteren Offiziere aus den Reihen der Fremdenlegion selbst hervorgehen.

Zurzeit sind in der Fremdenlegion etwas mehr als 135 Nationen aus aller Welt vertreten. Es sind heute ungefähr 7700 Männer aktiv in ihren Reihen, darunter etwa 415 Offiziere, 1735 Unteroffiziere und 5550 Legionäre. Diese sind verteilt auf zehn Regimenter. Acht von diesen Regimentern sind rund um die Uhr einsatzbereit.

Allein in den Jahren 2006 bis 2009 waren diese Regimenter bei Konflikten in folgenden Ländern eingesetzt: Haiti, Libanon, Afghanistan, Irak, Kosovo, Elfenbeinküste, Indonesien und Zentralafrikanische Republik.

Innerhalb der französischen Armee genießt die Fremdenlegion einen ganz besonderen Status. Bewerbungen sind einzig und allein möglich bei den Rekrutierungsbüros der Fremdenlegion in Frankreich, außerhalb Frankreichs kann keine Bewerbung erfolgen. Informationsbüros, die sogenannten PILEs – zwölf an der Zahl, drei allein schon in Paris – gibt es in Frankreich in fast jeder größeren Stadt, fragen Sie einen Gendarmen, er wird Ihnen gerne Auskunft geben. Verlangen Sie aber bitte nicht, dass die Fremdenlegion Ihr Zugticket dorthin ersetzt oder Sie irgendwo abholt. Auch ein Visum, falls Sie eines zur Einreise benötigen, wird niemand für Sie beantragen, niemand auch die Kosten dafür übernehmen.

Um in die Legion aufgenommen zu werden, sind zunächst folgende Voraussetzungen zu erfüllen:

- Die 40 Jahre nicht überschritten.
- Mindestens 17 Jahre. Falls jünger als 18, benötigt der Kandidat das Einverständnis der Eltern.
- Körperliche und psychische Eignung.
- Besitz eines gültigen Ausweises (Personalausweis/Reisepass).

Die Fremdenlegion ist eine Männerwelt, es werden keine Frauen unter Vertrag genommen. Der Status »verheiratet« wird bei Eintritt in die Legion ignoriert. Das heißt, Verheiratete genießen als Legionär keinen Sonderstatus, sie erhalten also beispielsweise weder einen höheren Sold als ihre ledigen Kameraden noch bekommen sie aufgrund ihres Familienstatus irgendwelche Extraurlaube oder Ähnliches. Kurz: Für die Fremdenlegion gilt zum Zeitpunkt des Eintrittes jeder als ledig.

Wer sich entschließt, der Fremdenlegion beizutreten, sollte mit sich selbst im Reinen sein, denn: Er lässt Vaterland, Familie und Vergangenheit hinter sich, definitiv! Es ist, als habe es ihn nie gegeben! Er wird neu geboren: Als Legionär. Waren Sie vorher auch General, bei der Legion beginnen Sie bei Null: Als Legionär.

Der Fremdenlegion stehen genügend Kandidaten zur Auswahl, nur etwa jeder achte wird genommen. Der erste Vertrag hat eine Laufzeit von fünf Jahren. Nach diesen fünf Jahren sind Verlängerungen grundsätzlich möglich (Halb-, Ein-, Zwei- oder Drei-Jahres-Verträge, dies bis hin zu einer Gesamtdienstzeit von 15 und mehr Jahren). Wer innerhalb einer gewissen Frist (die sich über die ersten paar Wochen der Dienstzeit erstreckt) feststellt, dass er seinen Eintritt in die Legion bereut, nicht mitkommt oder was auch immer, der kann seine Koffer packen und wieder gehen. Niemand wird ihn daran hindern. Nach Ablauf dieser Frist jedoch bleibt nur die Flucht, also die Desertion – und die gilt nicht als ein leichtes Vergehen!

Der (Fremden-)Legionär kann sich theoretisch nach drei Jahren französisch »naturalisieren« lassen. Mit diesem Akt erwirbt er alle notwendigen Rechte, um später die französische Staatsbürgerschaft zu erhalten. Nach fünf Jahren kann er diese endgültig beantragen, und die französische Staatsbürgerschaft wird ihm dann nur in seltenen Ausnahmefällen verweigert. Voraussetzung ist allerdings, dass die Vorgesetzten dem Antrag des Legionärs zustimmen. Ohne eine solche Zustimmung besteht keinerlei Chance auf den Erhalt der Staatsbürgerschaft, und die Zustimmung hängt natürlich vor allem von den Leistungen und dem Verhalten des Legionärs in den zurückliegenden fünf Jahren ab.

Es besteht die Möglichkeit, seine wahre Identität hinter dem sogenannten »Anonymat« zu verbergen. Dies dient in besonderen Fällen dem Schutz des Betroffenen. Angemerkt sei in diesem Zusammenhang aber nochmals, dass Schwerverbrecher nicht in die Fremdenlegion aufgenommen werden. Diesbezügliche Täuschungsmanöver sind absolut aussichtslos, Schwerkriminellen bietet die Fremdenlegion keinen Unterschlupf.

Bei entsprechender Eignung kann der Kandidat nach drei Jahren zum Unteroffizier (Sergent) avancieren. Realistischer hierfür sind jedoch fünf Jahre. Nach mindestens drei Jahren als Sergent ist der Dienstgrad Stabsunteroffizier (Sergent-Chef) möglich, wieder drei Jahre später der eines Adjudanten (Hauptfeldwebel). Die Dienstgrade der Legion kann man mit deutschen Dienstgraden der Bundeswehr oder mit denen anderer Armeen nicht vergleichen. So ist ein »alter« Hase von einem Caporal der Fremdenlegion einem Hauptfeldwebel anderer Armeen in allen Bereichen ebenbürtig, im operationellen Bereich in aller Regel gar weit überlegen. Dies ist vor allem zurückzuführen auf seine Erfahrungen im Einsatz, sein ständiges Engagement in den Krisenherden der Erde, seine breit gefächerten Fähigkeiten, seine harte Ausbildung – und auf seinen »Esprit«, den Ésprit Légion!

Die Dienstgrade der Unteroffiziere reichen bis hin zum Major (Oberstabsfeldwebel). Wer ganz normaler Soldat bleiben will (Mannschaftsdienstgrad), kann die Laufbahn eines Caporal-Chefs anstreben. Dies dürfte in sechs Jahren zu schaffen sein. Der Dienstgrad eines Caporal-Chefs ist ebenfalls sehr attraktiv. Ein Caporal-Chef der Fremdenlegion ist wie ein Maréchal, ein Fels in der Brandung!

Einen dieser oben genannten Dienstgrade zu erhalten, ist grundsätzlich ein Geschenk, welches die Legion nur dem gibt, der die nötigen Fähigkeiten besitzt, mit Ernst und Eifer seinen Dienst versieht, immer sein Bestes gibt und sich mit der Legion auch identifiziert. Einem solchen Kandidaten steht bei entsprechender Eignung auch die Offizierslaufbahn offen.

Die Verdienstmöglichkeiten bei der Fremdenlegion sind gut. Der Grundsold eines einfachen Legionärs von 1200 bis 1400 Euro pro Monat (Zirka-Angaben, je nach Regiment) im ersten

Jahr kann sich in Übersee-Regimentern (mit Ausnahme von Guyana) weit mehr als verdoppeln. Besondere Zulagen gibt es für Fallschirmjäger, Taucher etc. Kost und Logis sind bis zum Dienstgrad Caporal (Obergefreiter) frei. Der Sold ist natürlich progressiv, erhöht sich mit den Jahren und dem Dienstgrad.

Sind bestimmte Voraussetzungen erfüllt, kann ein Legionär eine eigene Wohnung mieten, heiraten, Kinder haben, sich ein Konto zulegen, Auto fahren etc. Das jedoch ist abhängig von Dienstzeit, Dienstgrad, Anonymat-Status und von der Zustimmung der Chefs. Im Rahmen des ersten Vertrages sind viele dieser Dinge jedoch noch tabu.

Urlaub: 45 Tage (Werktage) im Jahr, etwa acht Wochen.

Der Erwerb einer Pensionsberechtigung ist grundsätzlich möglich, diese wird natürlich lebenslang und anstandslos auch ins Ausland (Ihrer Wahl) gezahlt.

Die Legion sorgt für ihre Soldaten, gibt jedem eine neue Chance!

Verschiedene Lehrgänge sorgen dafür, dass Spezialisten aus den Reihen der Fremdenlegion heranwachsen. Die Grundausbildung in Castelnaudary durchläuft jeder, danach scheiden sich die Wege: Sekretär, Koch, Mechaniker, Funker, Fahrer, Kellner, Maurer, Musiker, Schweißer oder einfach nur Soldat (Panzergrenadier, Fallschirmjäger, Kavallerist, Pionier etc., später gekoppelt mit einem der oben aufgeführten Berufe) ... nahezu jede Tätigkeit kann man (mit später im Zivilleben anerkannten Diplom) anstreben. Jeder von den Spezialisten kann jederzeit in einer Kampfeinheit Dienst tun, das eine beißt sich mit dem anderen nicht. Heute Koch im kühlen Lande, morgen Scharfschütze an der Elfenbeinküste, im Tschad oder an einem anderen Kriegsschauplatz: Durchaus möglich! Natürlich hat in diesem Fall der Koch den Scharfschützenlehrgang absolviert, bestanden und sich auf diesem Gebiet ausgezeichnet, wohlgemerkt. Sport, egal in welchem Regiment, wird in der Fremdenlegion groß geschrieben!

Besonderheiten

■ Die Farben der Fremdenlegion sind Grün und Rot. Grün für das Land, die Hoffnung, Rot für die gebrachten Opfer, das vergossene Blut.

■ Die Devise der Fremdenlegion ist legendär: Honneur et Fidélité! Ehre und Treue.

■ Symbole der Fremdenlegion sind unter anderem:
  ■ Das weiße Käppi / le képi blanc.
  ■ Die Granate mit den sieben Flammen / la grenade à sept flammes oder la flamme legion.
  ■ Das grüne Barett / le béret vert und die grüne Krawatte / la cravate verte.
  ■ Die Fremdenlegion fällt auf durch ihren langsamen Marschschritt.

Letzteren kann man jedes Jahr am 14. Juli (dem französischen Nationalfeiertag) in Paris bewundern. Dann nämlich, wenn die Fremdenlegion mit anderen Truppenteilen auf den Champs-Elysées marschiert. Alles in allem defilieren an diesem Tag etwa 50 Einheiten aus Heer, Luftwaffe, Marine, Polizeieinheiten, Pferde und Kutschen der Garde Républicaine die schönste Straße der Welt hinunter. Panzer, Flugzeuge (La Patrouille de France u.a.), Motorräder und, mit viel Abstand: Die Fremdenlegion.

Abstand, weil die Legion »behäbig« marschiert. Mit 88 Schritt pro Minute geht es auf die Ehrentribüne zu, wo neben Frankreichs Präsidenten Staatsmänner aus aller Welt zunächst verblüfft, dann überwältigt ihren Augen kaum trauen, wie fasziniert auf diese Flut weißer Käppis starren, zumal sich die Legion vor der Tribüne – im Gegensatz zu allen anderen Einheiten – nicht trennt. Eine hochsymbolische Geste: Die Fremdenlegion ist eine unzertrennliche Einheit! Die MLE, das Orchester (Musique de la Légion Étrangère), bärtige, Äxte schwingende Pioniere, 400 Legionäre und allen voraus die Fahnen der marschierenden Truppen der Legion – Was für ein Spektakel! Die Zuschauer erheben sich, klatschen in die Hände: Bravo la Légion!

Nur den wenigsten ist bekannt, dass Frank Sinatra einst ein Lied mit dem Titel »The french foreign legion« komponiert und gesungen hat. Edith Piaf besang die Fremdenlegion mit Erfolg in zahlreichen Liedern, die bekanntesten wohl »Le fanion de la legion« und »Mon legionnaire«. Zahlreiche Filme, Bücher und Gedichte spinnen ein Garn um diese Einheit, um diese letzte Männerbastion unserer Zeit. Filme wie »Il était une fois la Legion« mit Gene Hackman, Catherine Deneuve und Terence Hill oder auch »Legionär« mit Jean Claude Van Damme. Literarisch kommen mir spontan Ernst Jüngers »Afrikanische Spiele« in den Sinn oder »Männer ohne Namen« von Jean des Vallières. Was Dee Brown mit »Begrabt mein Herz an der Biegung des Flusses« erreichte und bewegte, das schaffte, umgemünzt auf die Fremdenlegion, Paul Bonnecarrère mit einem der wohl besten Bücher, welches je über die Fremdenlegion geschrieben wurde: »Par le sang versé«. Ein erstaunliches Buch! Die bekannte italienische Fotografin Giorgia Fiorio verewigte die Fremdenlegion in »Legio Patria Nostra«, und wer kennt nicht die Ballade »Gefangen in maurischer Wüste«?

Die Fremdenlegion fasziniert und verführt. Damals wie heute.

Bekannte Fremdenlegionäre

Susan Travers	Erste und einzige Frau, die in der Legion Dienst tat[163].
Hélie Denoix de Saint Marc	Partisan der frz. Widerstandsbewegung 1941–1943. Ab 1943 bis zum Ende des Krieges interniert im KZ Buchenwald, danach Offizier in der Fremdenlegion, u. a. 3e REI in Indochina 1948, hernach zweiter Aufenthalt in Indochina 1951 beim 2e BEP. Er wird Chef der 2e CIPLE[164] und schließlich, nach einer erfolgreichen Karriere, Kommandeur des 1^e REP. Kämpft in Algerien, ist einer der Hauptakteure des Putsches von Alger (Algerien) 1961. Verfasser der beiden Bücher »Asche und Glut« und »Die Wächter des Abends«.
Eugene Bullard	Erster und einziger schwarzer Kampfpilot im ersten Weltkrieg.
Cole Porter	Pianist, Komponist, Textschreiber.
Prinz Aage von Dänemark	Geb. 1887. Dänischer Prinz, später Offizier in der Fremdenlegion.
Prinz Amilakvari	Georgischer Prinz, flüchtete 1921 mit seiner Familie vor der heranrückenden roten Armee, starb als Oberstleutnant der Fremdenlegion in der Schlacht um El-Alamein.
Ernst Jünger	Deutscher Schriftsteller, 1895–1998.
Blaise Cendrars	Schweizer Schriftsteller, 1887–1961.
Arthur Köstler	Österreichischer Schriftsteller, 1905–1983.
Simon Murray	Geschäftsmann. Flog von der Hochschule, ging zur Fremdenlegion, wurde Multimillionär.
Hans Hartung	Deutsch-französischer Maler und Grafiker, 1904–1989.
Dominique Vandenberg	Geb. 1969 in Belgien. Kampfsportler, Produzent, Hollywood-Schauspieler, Choreograph für Kampfszenen.

[163] Susan Travers nenne ich ganz bewusst zuerst. Sie ist wohl die berühmte Ausnahme von der Regel, die erste und wohl auch letzte Frau in den Reihen der Fremdenlegion! Korrekterweise müsste man sagen, sie war die erste und auch letzte Frau, die als Legionär »matrikuliert« wurde, also in die lange Liste der numerisch gezählten Legionäre eingereiht. 1909 in England geboren, war sie die Tochter eines Admirals der britischen Kriegsmarine. Susan war semiprofessionelle Tennisspielerin, später Fahrerin einer Ambulanz in Finnland und nahm unter anderem im Kongo an Krokodiljagden teil. Nach langen abenteuerlichen Irrwegen wurde sie im Zweiten Weltkrieg Geliebte und Fahrerin des französischen Generals Koenig, der wiederum Oberbefehlshaber der Brigade der FFL, der Freien Französischen Streitkräfte in Bir Hakeim war: Der Gegner Rommels also. Im weiteren Kriegsverlauf wurde sie verletzt, als ihr Fahrzeug auf eine Mine fuhr. Nach dem Krieg trat Susan in die Fremdenlegion ein und erlangte den Dienstgrad eines Adjudant-Chef. Sie diente in Indochina und heiratete einen Legionär, ebenfalls einen Adjudant-Chef. Susan Travers starb im Dezember 2003. Die einzige Frau, die je als legitimer Legionär in der Fremdenlegion gedient hat, hinterließ ihre sehr interessanten Memoiren unter dem Titel »Allein unter Männern. Meine Jahre als Fremdenlegionärin«.
[164] Compagnie Indochinoise Parachutiste de la Légion Etrangère, indonesische Fallschirmjäger-Kompanie der Fremdenlegion, bestand hauptsächlich aus Vietnamesen.

Drei Dinge ...

... von denen ich überzeugt bin:

1 Es gibt für einen Mann nichts Angenehmeres, als ein kühles Bier an einem heißen Sommerabend.
2 Es gibt nichts Verführerischeres als einen Traum.
3 Es gibt nichts, was es mehr wert ist zu leben, als, wenn das Bierglas leer ist, bis ans Ende seiner Träume zu gehen ... Auch wenn die Nacht dazwischen liegt und der Weg dorthin steinig ist.

Der Autor

Die Regimenter der Fremdenlegion

Metropole / Basisregimenter

Regiment	Garnison	Emblem	Details
COM.LE **Commandement de la Legion Étrangere**	**Aubagne, Quartier Viénot** *Unter der Bezeichnung COM.LE erst seit Juli 1984*	Rechteck mit der Legionsflamme und den Farben der Fremdenlegion, Grün und Rot. Vorreiter des COM.LE war der erste Inspekteur der FL, General Rollet. Mit der gleichzeitigen Gründung des Dépôt commun des Régiments Étrangers (DCRE). Es folgten das Groupement autonome de la Légion étrangère (GALE), das Commandement de la Légion étrangère (COLE) und das Groupement de Légion Étrangère (GLE)	An der Spitze des COM.LE steht ein Zwei-Sterne-General: Der »Vater der Fremdenlegion«. Die Zelle COM.LE besteht weiterhin aus 47 Militärs, darunter etwa 23 Offiziere. Die Aktionen und Aufgabengebiete des COM.LE sind sehr umfangreich. Folgende Tätigkeitsschwerpunkte (erstrecken sich auf die gesamte FL): • Administration. • Aus- und Weiterbildung. • Schutz der Legionäre. • Hüter der Traditionen und des Erbes der FL und Garant für die Moral der Truppe. Der General COM.LE verfügt zur Durchführung dieser Aufgaben über ein sehr mächtiges Instrument, das 1e RE.
1e RE	**Aubagne, Quartier Viénot** *Seit 1962*	Ein schwarzer Adler, der eine grüne Schlange im Schnabel hält / Grün-rotes Andreaskreuz. Ursprung des Emblems: Mexikofeldzug, ab 1863.	Hauptaufgabe: Administration. • Mutterhaus der Legion. • Ältestes Regiment der FL (1841 in Algerien gegründet, bis 1962 stationiert in Sidi Bel Abbes). Unter anderen findet man hier die MLE – die Musik der FL –, Pioniere, das Museum, das Monument aux Morts, das Redaktionshaus des Magazins Kepi Blanc, die CSI sowie die CAPLE, eine CCSR und die CSLE. Die Karriere eines jeden Legionärs beginnt hier.

Metropole / Basisregimenter

Regiment	Garnison	Emblem	Details
GRLE	Fontenay sous Bois, Fort de Nogent	Legionsflamme, Farben der Legion (Grün und Rot), das Schiff als Symbol der Stadt Paris.	Gegründet im Juli 2007, hat diese Formation vor allem folgende Aufgaben: • Rekrutierung/Information in 12 PILEs (Informationsposten) in Paris (3), Lille, Nantes, Straßburg, Marseille, Lyon, Perpignan, Nizza, Bordeaux und Toulouse. • Vorauswahl der Kandidaten. Mittels der CTLE, der Transit-Kompanie, werden alle Legionäre administrativ unter die Fuchtel genommen, die sich auf dem Sprung nach Übersee befinden, im Krankenhaus sind oder welche sich isoliert von ihrer Stammformation in der Region Île de France aufhalten.
4e RE	Castelnaudary, Quartier Capitaine Danjou *Seit 1976* *(noch als GILE)*	Granate mit den sieben Flammen, der Ziffer 4 und den Farben Grün und Rot der FL. Ursprüngliche Garnison des 4e RE in Marokko. Im Abzeichen die Koutoubia von Marrakesch und das Atlasgebirge.	Ausbildungsregiment der FL, gegründet 1920 in Marrakesch. Jeder Legionär durchläuft hier die infanteristische Grundausbildung. Dieses Regiment ist die Schmiede für die künftigen Elitesoldaten. In diesem Regiment erwirbt der junge Legionär sich das Kepi Blanc. Er lernt die Sprache und bekommt den Esprit Légion eingehaucht. Kader für Kampftruppen und andere Spezialisten (Funker, Fahrer, Sekretäre, Köche etc) werden in diesem Regiment ausgebildet. Dieses Regiment ist direkt dem COM.LE unterstellt. Nach Bedarf werden Soldaten des Regimentes als Verstärkung für die Kampfregimenter der Legion in Krisengebiete abkommandiert, z. B. nach Afghanistan, Tschad, Djibuti oder Elfenbeinküste.

Metropole / Kampfeinheiten 1

Regiment	Garnison	Emblem	Details
1e REG	**Laudun, Quartier Général Rollet** *Seit 1984* *(als 6e REG)*	Legionsflamme, Farben der FL (Grün und Rot), die 3 Säulen der Pont du Gard und die Rüstung als Symbol für Sturm- bzw. Kampfpioniere. Vormals 6e REG	Kampfpioniere. Noch relativ jung, hat sich dieses Regiment (knapp 1000 Legionäre) bereits einen exzellenten Ruf erworben. Es wurde während der Operation Dessert Storm u. a. auch in Kuwait eingesetzt, wo es die Strände von Minen zu befreien hatte. Weitere Einsätze folgten auf dem Fuß: Elfenbeinküste, Afghanistan, Kosovo. In der Stabs- und Versorgungskompanie ist unter anderen auch eine Zelle NEDEX zu finden (Neutralisation von Explosivstoffen). Weiterhin gibt es die Pionier-Kampftaucher, die ehemals unter den Namen DINOPS geführt wurden. Das Regiment ist taktisch der 6e BLB unterstellt.
1e REC	**Orange, Quartier Labouche** *Seit 1967*	Silberner Lorbeerzweig, Legionsflamme, die Farben Grün und Rot der FL, zwei gekreuzte Säbel. Beschriftung: Honneur et Fidelité 1635–1921 und Nec Pluribus Impar. Erbe des Royal Etranger de Cavalerie von 1635	Panzerjäger. Exzellentes, traditionsreiches Regiment mit einem extrem guten Leumund. Verfügt über den Kampfpanzer AMX 10 RC: Gefürchtet, schnell, agil, sehr stark bewaffnet. Die Liste der Einsätze ist zu lang, um hier vollständig aufgezählt zu werden: Tschad, Libanon, Irak, Kambodscha, Elfenbeinküste, Kosovo, Kongo, Afghanistan etc. Das Regiment ist taktisch der 6e BLB unterstellt.
2e REG	**Saint Christol, Quartier Marechal Koenig** *Seit 1999*	Die Legionsflamme, die Pagode, welche an die Linie der Pionier-Einheiten der Legion in Indochina erinnert, und natürlich die Farben Grün und Rot der FL. Das Ensemble Berg und Rüstung weist auf Sturmpioniere hin.	Junge Einheit (1999). Gebirgskampf- bzw. Sturmpionier-Regiment. Struktur und Aufträge ähnlich wie beim 1e REG, nur dass gezielt in Gebirgsregionen operiert wird. Jeder Legionär durchläuft eine Formation bzw. Ausbildung zum Alpinisten (u. a. auch Bergführer, Heeresbergführer etc.) Auch in diesem Regiment findet man Zellen NEDEX und Pionier-Kampftaucher. Das Regiment ist taktisch der 27e BIM (Brigade d'Infanterie de Montagne) unterstellt, der Gebirgsjäger-Brigade.

Metropole / Kampfeinheiten 2

Regiment	Garnison	Emblem	Details
2ᵉ REI	**Nimes, Quartier Colonel de Chabrieres** *Seit 1983*	Rechteck mit dem Hufeisen eines Maultiers und der Legionsflamme mit den Farben der Legion, Grün und Rot. Die Compagnies montées des 2ᵉ REI ritten einst auf Maultieren in den Kampf.	Panzergrenadier-Regiment (zurzeit von der Stärke her das größte Infanterie-Regiment des frz. Heeres). Besonderheiten: • Vier Züge Panzerabwehr HOT (Panzerabwehr-Lenkflugkörper mit einer Reichweite von 4000 m) • Stand bei der Operation Desert Storm 1991 im Irak an vorderster Front. • Ständig in einem der Erdteile im Einsatz. • Kampferprobtes Regiment. Das Regiment ist taktisch der 6ᵉ BLB unterstellt.
2ᵉ REP	**Calvi/Korsika, Camp Raffalli** *Seit 1967*	Dreieck mit der 2 oben links und dem Drachen von Annam, goldene Legionsflamme, Farben der Legion (Grün und Rot). Der Drache als Hinweis auf die Stationierung der Vorgänger-Regimenter bzw. -Bataillone in Indochina von 1948–1955.	Fallschirmjäger-Elite-Regiment. Einzige Fallschirmjäger-Einheit der FL. Besonderheiten: • Sehr häufig im (Kampf-)Einsatz. • Jede Kampfkompanie ist auf ein anderes Gebiet der Kampfführung spezialisiert. • GCP (Ex- CRAP). • Kampfhunde-Staffel. • Eigene Springerschule. • Eigener Fallschirmpackerzug. • Insularität. • Einsatz per VAB oder mittels Gefechtssprung. • Ohne Anlaufzeit ständig einsatzbereit. Das Regiment ist taktisch der 11ᵉ BP (11ᵉ Brigade Parachutiste, 11. Fallschirmjäger-Brigade) unterstellt.

Übersee (Détachements/Kampfeinheiten)

Regiment	Garnison	Emblem	Details
13e DBLE	Djibouti, Quartier Monclar *Seit 1962*	Legionsflamme auf dem Lothringer Kreuz, Zahl 13, Farben der Legion (Grün und Rot) über einem goldenen Drachen. Aufschrift DBLE. Das Lothringer Kreuz als Hinweis auf die Angehörigkeit des Regimentes zur 1e DFL (2. Weltkrieg), der ersten Freien Französischen Division. Der Drache weist hin auf die Stationierung 1946 in Indochina.	Wüstenregiment. Besonderheiten: • Strategisch hervorragend platziert am Horn von Afrika, ist die Plattform Djibuti aktives Sprungbrett in Konfliktzonen im mittleren Osten, auf der arabischen Halbinsel oder in Nachbarländern wie Somalia, Sudan, Tschad. • Das Regiment ist *der* Wüstenexperte schlechthin. Von hier aus startete u. a. auch die Operation Restore Hope, bzw. Oryx (Somalia). Hier im CECAP, in Arta Plage, gibt es den härtesten Kommandolehrgang der Fremdenlegion.
3e REI	Kourou (Französisch-Guyana), Quartier Forget *Seit 1973*	Goldenes Rechteck, goldene Legionsflamme auf grün-rotem Feld. Aufschrift Legio Patria Nostra, darunter 3e REI. Erbe des RMLE. Das Abzeichen trug einst die Aufschrift *France d'abord*.	Dschungelkampf-Regiment. Besonderheiten: • Bewachung der Grenzen zu Brasilien und Surinam. • Bewachung der Europarakete Ariane. • Einsatz gegen illegale Goldwäscherei. • Dieses Regiment ist *der* Experte der Fremdenlegion im Dschungelkampf: Fast alle Eliteeinheiten der Welt machen hier Station, lassen sich von den Legionären in dieser ihrer Spezialdisziplin ausbilden.
DLEM	Mayotte, Quartier Cabaribere *Seit 1967 (aber erst seit 1975 als DLEM)*	Auf dem goldenen Rechteck die Umrisse der Insel Mayotte. Legionsflamme oben rechts, Aufschrift DLEM links. Das Abzeichen weist hin auf das Détachement der Fremdenlegion der Komoren – DLEC.	Kleinste Einheit der Fremdenlegion. Als einsamer Wächter im Indischen Ozean beschränkt sich der Auftrag dieses Détachements auf seine bloße Präsenz. Unweit vor der Küste von Mosambik liegend, beherbergt es in seinen Mauern ständig eine Kompanie MCD (Mission de courte durée), eine Kampfkompanie also, welche, ähnlich einer compagnie tournante, vier Monate im Wechsel mit anderen Einheiten dort stationiert ist. Das Détachement umfasst (MCD inbegriffen) etwa 250 Mann.

Die wichtigsten Abkürzungen

1e BEP	1er Bataillon Étranger de Parachutistes
1e RE	1er Régiment Étranger
1e REC	1er Régiment Étranger de Cavalerie
1e REG	1er Régiment Étranger de Génie
1e REP	1er Régiment Étranger de Parachutistes
2e BEP	2eme Bataillon Étranger de Parachutistes
2e CIPLE	2eme Compagnie Indochinoise Parachutistes de Légion Étrangère
2e REG	2eme Régiment Étranger de Génie
2e REI	2eme Régiment Étranger d'Infanterie
2e REP	2eme Régiment Étranger de Parachutistes
3e REI	3eme Régiment Étranger d'Infanterie
3e REP	3eme Régiment Étranger de Parachutistes
4e RE	4eme Régiment Étranger
5e RE	5eme Régiment Étranger
6e BLB	6eme Brigade Légère Blindée
6e REG	6eme Régiment Étranger de Génie
11e BP	11eme Brigade Parachutistes
13e DBLE	13eme Demi-brigade de Légion Étrangère
27e BIM	27eme Brigade d'Infanterie de Montagne

A

ANP	Appareil Normal de Protection

B

BLU	Bande Latérale Unique
BMP	Brevet Militaire Professionnel
BO	Balle Ordinaire
BSLE	Bureau des Statistiques de la Légion Étrangère
BSTAT	Brevet Supérieur de Technicien de l'Armée de Terre
BT	Balle traçante

C

CAPLE	Compagnie Administrative des Personnels de la Légion Étrangère
CCS	Compagnie de Commandement et de Service
CCSR	Compagnie de Commandement et des Services Régimentaires

CE	Compagnie d'Équipement
CEA	Compagnie d'Éclairage et d'Appui
CECAP	Centre d'Entraînement Commando d'Arta Plage
CEC-FOGA	Centre d'Entraînement Commando en en Forêt Équatoriale du Gabon
CEFE	Centre d'Entraînement (la Forêt Équatoriale
CEV	Compagnie d'Engagés Volontaires
CIC	Compagnie d'Instruction des Cadres
CM1	Certificat Militaire 1
CME	Certificat Militaire Élémentaire
CNES	Centre National d'Études Spatiales
COMSEC	Commandant en Second
CSG	Centre Spatial Guyanaise
CSI	Centre de Sélection et d'Incorporation
CSLE	Compagnie des Services de la Légion Étrangère
CT	Certificat Technique
CTE	Certificat Technique Élémentaire
CTLE	Compagnie de Transit de la Légion Étrangère

D

DINOPS	Détachement d'Intervention Opérationnelle Subaquatique
DLEM	Détachement de Légion Étrangère de Mayotte

E

EAI	École d'Application de l'Infanterie
EOD	Explosive Ordnance Disposal

F

FAMAS	Fusil Automatique (d'assaut) de la Manufacture d'Armes de Saint-Étienne
FFL	Forces Française Libres
FL	Fremdenlegion
FORPRONU	Force de Protection des Nations Unies
FRAC	Formation Rationnelle Accélérée des Conducteurs
FRF2	Fusil a Répétition Modèle F2

G

GPS	Global Positioning System
GR	Grande Randonnée
GRLE	Groupement de Recrutement de la Légion Étrangère

I

IILE	Institution des Invalides de la Légion Étrangère

L	
LE	Légion Étrangère
LGI	Lance Grenade Individuel
LRAC	Lance Roquette Antichar

M	
MCD	Mission de courte durée
MLE	Musique de la Légion Étrangère
MPLE	Musique Principale de la Légion Étrangère

N	
NEDEX	Neutralisation des Munitions Explosives

O	
OP	Officier de Permanence
OPEX	Opération Extérieur

P	
PILE	Poste d'Information de la Légion Étrangère
PR4G	Poste Radio de 4ème Génération

R	
RMLE	Régiment de Marche de la Légion Étrangère

S	
SADA	Section d'Autodéfense Anti-aérien
SMPS	Section Militaire de Parachutisme Sportive
SOP	Sous-officier de permanence

T	
TAP	Troupes Aéroportées
TRM	Toutes Roues Motrices

U	
UNPROFOR	United Nations Protection Force

V	
VAB	Véhicule de l'Avant Blindé
VBL	Véhicule Blindé Léger
VLRA	Véhicule Léger de Reconnaissance et d'Appui

Dank

Zunächst möchte ich meiner Frau Hilde danken. Ohne sie würde dieses Buch nicht existieren. Es war ihre Idee, von Anfang an ihre Idee.

Besten Dank an Colonel Stéphane Coevoet, Chef de Corps du 2e REP in den Jahren 1988 bis 1990, Regimentskommandeur des 2. Fallschirmjäger-Regimentes der Fremdenlegion. Seine aufmunternden Worte beflügelten mich. Merci mon colonel.

Wildgans Oliver Kuhlmann (C/C e.r.), Hauptgefreiter der Fremdenlegion im Ruhestand, war von Anfang an dabei. Er war mein Gedächtnis, mein Waffenbruder, mein Freund.

Noel Contart (Adjudant e.r.), Hauptfeldwebel der Fremdenlegion im Ruhestand und mein erster Zugführer im 2^e REP, gibt mir nach all diesen Jahren auch heute noch das Gefühl, dass wir alle eine Familie sind. Und das sind wir auch! Merci mon adjudant! Pace et Salute nach Ajaccio, Korsika.

Dank an Dominique Vandenberg. In alter Legionsmanier hast Du als Ancien die Tür nicht hinter Dir geschlossen, schenktest mir Gehör. Es war wunderbar, sogar über eine so große Distanz alten Enthusiasmus wieder geweckt zu haben, nach so langer Zeit noch Begeisterung für eine gemeinsame Sache zu spüren. Deine Geschichten sind sehr wertvoll für mich gewesen.

Patrick Daniels (C/C e.r.), Hauptgefreiter der Fremdenlegion im Ruhestand, und Ilse. Immensen Dank bin ich Euch schuldig. Ihr seid unvergleichbar.

Jean-Pierre Munch - ex légionnaire Moser - (Sergent-chef e.r.) Feldwebel der Fremdenlegion im Ruhestand. Immer noch professionell von Scheitel bis Sohle hat dein Gedächtnis mir sehr geholfen. Hüte weiter unsere Insel. Sie ist es mehr als wert.

Pierre Jousse (Adjudant-chef e.r.), Stabsfeldwebel der Fremdenlegion im Ruhestand. Dir gilt besonderer Dank. Immer schon hab ich Dich bewundert, und ich denke, es ist an der Zeit, dies öffentlich zu machen. Männer wie Du prägten die Fremdenlegion. Danke für Deine Berichte über Orxy, Somalia, Baidoa. Sie lassen jedes Soldatenherz höher schlagen.

Dank an Peter Scholl-Latour für seine aufmunternden Worte und den ganzen Rest.

Mein aufrichtiger Dank gilt allen Offizieren, Unteroffizieren, Legionären und Anciens – Ehemaligen der Légion Étrangère, der Fremdenlegion. Ihr habt mich noch immer in Eurem Bann. Lasst mich nicht zu schnell los.

Weiterlesen

David Jordan

Fremdenlegion

Seit Gründung der Fremdenlegion im Jahre 1831 wandelten sich die bunt zusammengewürfelten Bataillone aus Abenteurern, Kriminellen, Romantikern und gescheiterten Existenzen aus vielen Ländern bald zur Elite innerhalb der französischen Armee. Die heutige Légion Etrangère ist eine moderne Truppe, gleichwohl geprägt von den Mythen ihrer zahllosen Feldzüge und dem Nimbus außergewöhnlicher Härte und militärischer Effizienz. Dies ist ihre Geschichte

192 Seiten, 200 Bilder, davon 120 in Farbe
ISBN 978-3-613-30556-4
€ 24,90

IHR VERLAG FÜR ZEITGESCHICHTE-BÜCHER

Postfach 10 37 43 · 70032 Stuttgart
Tel. (07 11) 2 10 80 65 · Fax (07 11) 2 10 80 70
www.paul-pietsch-verlage.de

Stand Januar 2010
Änderungen in Preis und Lieferfähigkeit vorbehalten